Menopause

Die Hormonsubstitution im Wandel der Zeit
Neueste Kenntnisse und Therapiekonzepte

Herausgeber: Univ. Prof. Dr. Franz H. Fischl, Univ. Prof. DDr. Johannes C. Huber, Wien

Verleger: Krause & Pachernegg GmbH, Verlag für Medizin und Wirtschaft, 3002 Purkersdorf

Umschlaggestaltung: Studio Kugler, 3011 Tullnerbach

Druck: Menzel & Co. GesmbH, 1120 Wien

Printed in Austria auf umweltfreundlich chlorfrei gebleichtem Papier.

ISBN 3-901299-03-3

MENOPAUSE

Die Hormonsubstitution im Wandel der Zeit
Neueste Erkenntnisse und Therapiekonzepte

Herausgeber: Franz H. Fischl, Johannes C. Huber

1. Ausgabe 1995

Es gibt erfülltes Leben,
trotz vieler unerfüllter Wünsche.

Vergiß nicht –
Man benötigt nur wenig,
um ein glückliches Leben
zu führen.

Dieses Buch ist allen Kolleginnen und Kollegen in der freien Praxis gewidmet, die sich intensiv mit diesem Lebensabschnitt der Frau im Interesse ihrer Patientinnen auseinandersetzen.

VORWORT

Aufgrund der sich ändernden Altersstruktur besonders in der westlichen Welt und den geänderten Lebensbedingungen befinden sich zunehmend mehr Menschen im zweiten bzw. dritten Lebensabschnitt. Dies bedingt in vielen Lebensbereichen, darunter auch in der Gesundheitsvorsorge und in der Medizin, eine intensive Auseinandersetzung mit diesem Lebensabschnitt. Neue Erkenntnisse in der medizinischen Forschung, immer besseres Wissen und Verständnis über die hormonellen Regelkreise, aber auch die Möglichkeit mit der hormonellen Substitutionstherapie Mangelerscheinungen auszugleichen, Alterungsprozesse zu verlangsamen und damit auch in späten Jahren lebensqualitätssteigernd zu wirken, eröffnen einen wichtigen und zugleich auch faszinierenden Ausblick, hier einen sichtbaren Fortschritt für die Menschen, besonders aber für die Frauen im dritten Lebensabschnitt zu erreichen.

Die endokrinologische Wissenschaft scheint also die Frauenheilkunde zu verändern. Viele krankhafte Zustände werden durch die Kenntnisse hormoneller Zusammenhänge erkannt und können in zunehmendem Maße auch therapiert werden.

Dieses Buch gibt einen Überblick der neuesten Erkenntnisse über die vielfältige Problematik der Menopause und der Osteoporose, angefangen vom psychologischen Aspekt, bis zu den neuesten Behandlungsmethoden. Die bekanntesten Fachleute des deutschsprachigen Raumes, aus Deutschland, der Schweiz und Österreich haben sich interdisziplinär in den einzelnen Kapiteln damit auseinandergesetzt und die neuesten Ergebnisse der Forschung dargelegt. Es soll dem interessierten Kollegen aus allen Fachbereichen, aber auch dem interessierten Allgemeinarzt die Problematik breit gefächert darlegen und die neuesten Behandlungsmöglichkeiten aufzeigen.

Es sei allen Koautoren an dieser Stelle für ihre Mühe, Sorgfalt und für die hervorragende Zusammenarbeit im Namen des Verlages Krause und Pachernegg und auch in unseren Namen als Herausgeber auf das Herzlichste gedankt.

Franz Fischl und Johannes Huber, Herausgeber

Wien, im Mai 1995

INHALT

F. Fischl, J. C. Huber	*Vorwort*	*7*
F. Fischl	*Einleitung*	*13*
A. Schmeiser-Rieder, M. Kunze	*Gesundheitliche und sozialmedizinische Aspekte des Klimakteriums*	*17*
H. P. Rosemeier B. Schultz-Zehden	*Psychologische Aspekte des Klimakteriums*	*23*
F. Fischl	*Begriffsbestimmung und Pathophysiologie*	*35*
H. Kuhl	*Pharmakokinetik der Östrogene*	*39*
H. Kopera	*Pharmakokinetik von Progestinen*	*51*
P. J. Keller	*Hormonsubstitution mit natürlichem, mikronisiertem Progesteron*	*59*
Ch. Egarter, F. Fischl	*Tibolon versus konjugierte Östrogene und Medrogeston in der Behandlung klimakterischer Beschwerden*	*67*
J. C. Huber	*Die Bedeutung der Androgene in der menopausalen Substitutionstherapie*	*75*
A. E. Schindler	*Prämature Menopause – Bedeutung in Klinik und Therapie*	*81*
C. Lauritzen	*Hormonsubstitution in der Prä-, Peri- und Postmenopause*	*89*
D. Hönigl, F. Mahnert, H. G. Zapotoczky	*Neuroendokrine Veränderungen im Klimakterium*	*107*
R. D. Hesch	*Östrogenmangel – Risikofaktor für den Morbus Alzheimer*	*115*
E. Schlicht, A. Teichmann	*Kardiovaskuläre Wirkungen substitutiver Steroide*	*121*

INHALT

T. von Holst, B. Salbach	Der Einfluß der Hormonsubstitution auf den Lipidstoffwechsel	133
J. C. Huber	Gewicht und Klimakterium	145
M. Metka, F. Fischl	Der Stellenwert der „extragenitalen" Symptomatik in der Menopause	151
J. B. Schmidt	Einfluß der Perimenopause auf Haut, Haare und Anhangsgebilde	161
E. Petri, H. Kölbl	Effekte der Hormonsubstitution im Urogenitaltrakt	168
T. von Holst, B. Salbach	Hormonsubstitutionsbehandlung – Unkenntnis, Bedenken, Ängste	175
H. P. G. Schneider	Hormonsubstitution bei Malignomen	185
M. Peterlik	Ätiologie und Pathogenese der Osteoporose	203
M. A. Dambacher, M. Felder, H. Bröll	Osteoporose und ihre diagnostischen Möglichkeiten	211
E.-G. Loch	Kritische Stellungnahme zu den unterschiedlichen Ultraschallmethoden der bildgebenden Verfahren am Knochen	233
R. Ziegler	Therapie der Osteoporose aus heutiger Sicht	241
M. H. Birkhäuser	Osteoporoseprophylaxe mit Östrogenen	255
H. Kopera	Osteoporose und Anabolika	267

Sachwortverzeichnis 273

AUTORENVERZEICHNIS

Hans Martin Birkhäuser, Dr., Univ. Prof.
Universitätsfrauenklinik Bern, Abteilung für gynäkologische Endokrinologie
CH-3012 Bern, Schanzeneckstraße 1

Maximilian A. Dambacher, Dr., Univ. Prof.
Orthopädische Universitätsklinik, Klinik Balgrist
CH-8008 Zürich, Forchstraße 340

Christian Egarter, Dr., Univ. Doz.
Universitätsfrauenklinik Wien, Abteilung für Geburtshilfe und Gynäkologie
A-1090 Wien, Spitalgasse 23

Franz H. Fischl, Dr., Univ. Prof.
Universitätsfrauenklinik Wien, Abteilung für gynäkologische Endokrinologie und Sterilitätsbehandlung
A-1090 Wien, Spitalgasse 23

Rolf-Dieter Hesch, Dr., Univ. Prof.
D-78464 Konstanz, Seestraße 1

Doris Hönigl, Dr., Ass.
Universitätsklinik für Psychiatrie
A-8036 Graz, Auenbruggerplatz 22

Thomas von Holst, Dr., Univ. Prof.
Universitätsfrauenklinik Heidelberg, Abteilung für gynäkologische Endokrinologie und Fertilitätsstörungen
D-69115 Heidelberg, Voßstraße 9

Johannes C. Huber, DDr., Univ. Prof.
Universitätsfrauenklinik Wien, Abteilung für gynäkologische Endokrinologie und Sterilitätsbehandlung
A-1090 Wien, Spitalgasse 23

Paul J. Keller, Dr., Univ. Prof.
Universitätsspital, Departement für Frauenheilkunde, Klinik für Endokrinologie
CH-8091 Zürich, Frauenklinikstraße 10

Heinz Kölbl, Dr., Univ. Doz.
Universitätsfrauenklinik Wien, Abteilung für Gynäkologie und Geburtshilfe
A-1090 Wien, Spitalgasse 23

Hans Kopera, Dr., Univ. Prof.
Institut für Experimentelle und Klinische Pathologie der Universität Graz
A-8010 Graz, Universitätsplatz 4

Herbert Kuhl, Dr., Univ. Prof.
Universitätsfrauenklinik der Johann-Wolfgang-Goethe-Universität, Abteilung für gynäkologische Endokrinologie
D-60590 Frankfurt/Main, Theodor-Stern-Kai 7

AUTORENVERZEICHNIS

Christian Lauritzen, Dr., Univ. Prof.
Universitätsklinik
D-89075 Ulm, Prittwitzstraße 43

Ernst Gerhard Loch, Dr., Univ. Prof.
Deutsche Klinik für Diagnostik
D-65191 Wiesbaden, Aukammallee 33

Markus M. Metka, Dr., Ass. Prof.
Universitätsfrauenklinik Wien, Abteilung für gynäkologische Endokrinologie und Sterilitätsbehandlung
A-1090 Wien, Spitalgasse 23

Meinrad Peterlik, Dr., Univ. Prof.
Institut für Allgemeine und Experimentelle Pathologie der Universität Wien
A-1090 Wien, Währinger Gürtel 18–20

Eckhart Petri, Dr., Univ. Prof.
Frauenklinik
D-19063 Schwerin, Wismarsche Straße 397

Hans Peter Rosemeier, Dr., Univ. Prof.
Institut für Medizinische Psychologie der Freien Universität Berlin
D-14195 Berlin, Habelschwerdter Allee 45

Adolf E. Schindler, Dr., Univ. Prof.
Zentrum für Frauenheilkunde, Universitätsklinikum Essen
D-45122 Essen, Hufelandstraße 55

Erik Schlicht, Dr., OA
Klinikum Aschaffenburg, Frauenklinik und Hebammenschule
D-63739 Aschaffenburg, Am Hasenkopf 1

Anita Schmeiser-Rieder, Dr.
Institut für Sozialmedizin der Universität Wien
A-1080 Wien, Alserstraße 21

Jolanta B. Schmidt, Dr., Univ. Doz.
Universitätsklinik für Dermatologie
A-1090 Wien, Währinger Gürtel 18–20

Hermann P. G. Schneider, Dr., Univ. Prof.
Zentrum für Frauenheilkunde der Westfälischen Wilhelms-Universität
D-48149 Münster, Albert-Schweitzer-Straße 33

Reinhard Ziegler, Dr., Univ. Prof.
Medizinische Klinik und Poliklinik der Ruprechts-Karl-Universität,
Abteilung Innere Medizin I
D-69115 Heidelberg, Bergheimer Straße 58

EINLEITUNG

F. FISCHL

„Unter Klimakterium, aus dem griechischen Klimax, bedeutet Stufenleiter, versteht man den Übergang in das Alter der Unfruchtbarkeit, das Aufhören der Zeugungsfähigkeit, also den Beginn der Greisenhaftigkeit. Daß diese Übergänge nicht plötzlich eintreten, daß sie nicht gleichbedeutend mit Gebrechlichkeit, und Häßlichkeit sein müssen, ist selbstverständlich, auch stellen sie sich nicht bei allen Individuen zum gleichen Zeitpunkte ein. Anatomisch und physiologisch kennzeichnet sich diese Altersstufe durch ein Schrumpfen der Keimdrüsen (Eierstöcke beim Weibe, Hoden beim Manne), durch ein Versiegen der monatlichen Blutung (Menstruation beim Weibe, Samenergüsse beim Manne). Dann stellen sich gleichzeitig andere Veränderungen ein, die aber auch nur allmählich eintreten: größere Ruhe, Wachsen des Fettpolsters, Verlangen nach Behaglichkeit, Fältchen im Gesichte, Verminderung der Schamhaare, Erschlaffung der Brüste, Verlust der früheren Prallheit der Glieder usw. ... ."

Mit diesen Worten beschreibt bereits 1911 die Schweizer Ärztin Fischer-Dückelmann in ihrem Buch „Gesunde Frauen" als Einleitung dieses Lebensabschnittes den Beginn des Klimakteriums [1].

Die stark angestiegene Lebenserwartung bewirkt, daß die Frau rund ein Drittel ihrer Gesamtlebenszeit in der Postmenopause und im Senium verbringt (Abb. 1). Dieser Zeitraum ist also im Verhältnis zu früher erheblich länger geworden. Betrug das Lebensalter am Ende des 19. Jahrhundert noch rund 50 Jahre, so ist es bis in unsere Zeit auf etwa 80 Jahre angestiegen. Das Eintreten der Menopause ist im Verhältnis allerdings etwa gleich geblieben bzw. nur geringfügig angestiegen und liegt derzeit bei rund 50–52 Jahren (Abb. 2) [2, 3]. Hinweise und Berichte über das Eintreten der

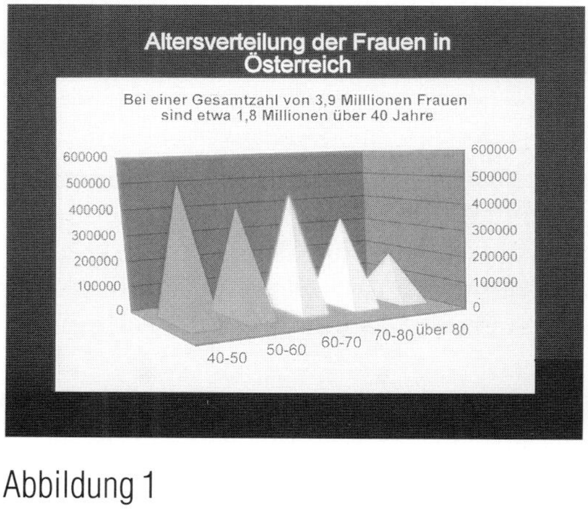

Abbildung 1

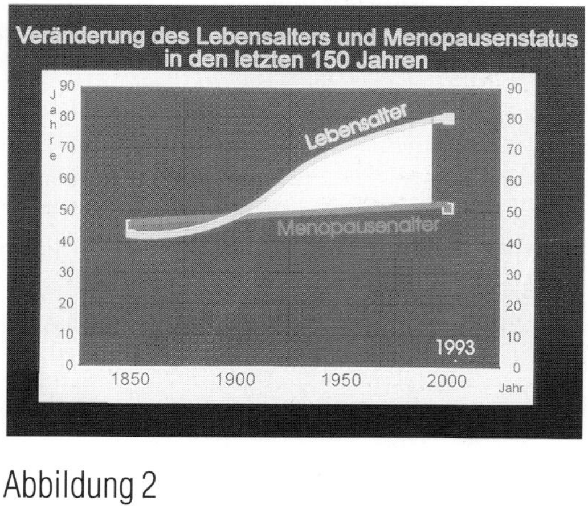

Abbildung 2

Menopause gibt es schon seit der Antike und dem Mittelalter, zuverlässige Angaben jedoch fehlen darüber.

Erst im 18. und 19. Jahrhundert wurden von den Wissenschaftlern und Ärzten die Zusammenhänge zwischen der Menses und der Ovarialfunktion gefunden. Von dem Wiener Arzt Halban wurde 1901 der experimentelle Beweis erbracht, daß die Menstruation ausschließlich über das Blut hormonell gesteuert wird [4]. Der Grieche Papanicolaou machte durch seine Zellfärbung und zytologische Auswertung der Vaginalzellen von Scheidenabstrichen den Nachweis der Abhängigkeit der Zellen dieses Zielorgans von der Östrogeneinwirkung möglich und zeigte so auch einen Weg der Ovulationsbestimmung [5].

Zunehmend befaßten sich die Wissenschaftler mit dem Versiegen der Sexualhormone, den damit verbundenen Beschwerden und Krankheitsbilder in der Menopause. Seit Ende der 50er Jahre unseres ausklingenden Jahrhunderts wurde unter anderem von Lauritzen die Auseinandersetzung mit der Östrogensubstitution im Klimakterium, deren Vorteile und Nebenwirkungen, eingeleitet [6].

Nach Abschluß der reproduktiven Phase folgt mit der Menopause, also dem Aufhören der Menstruation, ein markanter Einschnitt im Leben der Frau. Normalerweise wird diese Phase der zyklischen Ovarialfunktion nicht abrupt, sondern über die Rückbildungsphasen der Gelbkörperinsuffizienz, Follikelpersistenz und abnehmende Östrogeninkretion allmählich abgebaut. Das Klimakterium ist also als Übergangsphase zu betrachten, die sich als Prae- und Postmenopause über mehrere Jahre erstreckt [7].

Neben einer Vielfalt von biologischen Prozessen kommt es häufig auch zu einschneidenden Veränderungen der persönlichen Lebenssituation in diesem Lebensabschnitt. Physiologische und somatische Veränderungen, welche direkt mit Sexualität assoziiert und/oder anfällig für Ängste von Trennung sind, rufen häufig intensive psychische Reaktionen hervor, die mit der subjektiven Lebensgeschichte der betroffenen Frau und ihrem sozialen Umfeld verbunden sind (z. B. Trennung von der Jugend, von der Schönheit, von der Fähigkeit Kinder gebären zu können u. ä. m.). Ebenso spielt die Körpererfahrung (Stellenwert, der in unserer Gesellschaft der Schönheit und Funktionsfähigkeit des Körpers zukommt) eine nicht unwesentliche Rolle. Vergleichsweise definieren sich Männer häufiger über Leistung im beruflichen und intellektuellen Bereich, während Frauen sich relativ stärker über ihren Körper und vor allem über ihr Aussehen definieren bzw. von anderen definiert werden. Frauen haben ein kulturgeprägtes stereoypes Idealbild von ihrem Körper. Sie zeigen sich sicherer in der Beschreibung ihres Idealbildes als ihres Realbildes. Bei der Mehrzahl der Frauen kann in dieser Lebensphase eine psychische Labilität erhoben werden. Klagen über depressive Verstimmung, erhöhte Reizbarkeit, Lust- und Antriebslosigkeit, allgemeiner Vitalitätsverlust, Müdigkeit, Schlafstörungen, Konzentrationsverlust, Angst- und Panikgefühle, Vergeßlichkeit, Libidoverlust u. ä. m. werden zusätzlich zu den bekannten klimakterischen Beschwerden wie Hitzewallungen und Schweißausbrüche geäußert [8].

Bemerkenswert ist, daß auch Frauen, die in einem gefestigten sozialen Umfeld leben, keine wesentlichen beruflichen oder familiären Veränderungen durchmachen und bei denen auch anamnestisch eine relativ gute psychische Stabilität erhoben werden konnte, über depressive Verstimmungen in diesem Lebensabschnitt klagen.

Die Entdeckung des Endokrinums sowie der hormonellen Beeinflussung psychischer Vorgänge hat dem medizinischen Denken neue Perspektiven eröffnet. Ein Zusammenhang zwischen psychischem Geschehen und Veränderung im Sexualhormonhaushalt in den verschiedensten Lebensphasen der Frau (Pubertät, Praemenstruelles Syndrom, depressive Verstimmung in den ersten Tagen nach der Entbindung wie auch in der Laktationsperiode) kann beobachtet werden. Im niedrigen Östrogenspiegel vermutet man die Ursache dieser depressiven Verstimmung. Auch für die oft erstmals im Klimakterium auftretenden phasisch verlaufenden depressiven Verstimmungen wird ein zu niedriger Östrogenspiegel mit verantwortlich gemacht.

Die Problematik von Kausalitätszuweisung ist offensichtlich, wenn auch vieles noch offen ist. Es zeigt sich jedoch, daß gerade im Klimakterium neben der medizinischen Seite, die Berücksichtigung einer interdisziplinären Sichtweise von somatischen, physiologischen, psychologischen und soziokulturellen Einflußfaktoren nötig ist.

LITERATUR

1. Fischer-Dückelmann A. Gesunde Frauen, Hesperus Verlag, 1911; 19.

2. Krailo MD, Pike MC.Estimation of the distrubutionof age at natural menopause from pevalence data. Am J Epidemiol 1983; 117, 356.

3. Amundsen DW, Diers CJ. The age of menopause in medieval Europe. Hum Biol 1973; 45: 605.

4. Halban J. Ovarium und Menstruation. Verhandl Deutsch Gesellsch Gynäkol 1901; 619.

5. Papanicolaou GN. Historische Entwicklung der Zytologie als Werkzeug in praktischer Medizin und Krebsforschung. Acta Un Int Cancer 1958; 14: 249.

6. Lauritzen C. The management of the premenopausal and postmenopausal patient. In: van Keep PA, Lauritzen C (Hrsg.). Ageing and Estrogens, Karger Verlag, Basel, 1973.

7. Strecker JR, Lauritzen Ch. Praxis der Hormonbehandlung im Klimakterium. Ferdinand Enke Verlag Stuttgart 1992.

8. Fischl F. Das Klimakterium und seine Behandlung, ein Leitfaden. Schering AG, Wien, 1989.

Gesundheitliche und sozialmedizinische Aspekte des Klimakteriums

A. SCHMEISER-RIEDER, M. KUNZE

Die Sozialmedizin beschäftigt sich mit den wechselseitigen Beziehungen zwischen Gesundheit bzw. Krankheit und der Gesellschaft. Die Position der Sozialmedizin im Rahmen des Gesundheitswesens kann auch als „Stabsfunktion" bezeichnet werden, da sie für verschiedene Aufgaben im Bereich der vorbeugenden, kurativen und rehabilitierenden Medizin herangezogen wird. Aufgabe der Sozialmedizin ist es auch, Prioritäten im Bereich der Gesundheitsvorsorge, aber auch der Therapie zu identifizieren.

Am Beispiel der Beschäftigung mit der Lebenserwartung einer Population kann man demonstrieren, daß das Fach Sozialmedizin auch als Fach für und von der Gesundheitspolitik verstanden werden kann, indem Entscheidungsgrundlagen geliefert werden.

Die Lebenserwartung ist ein Maß für die in einem Zeitraum herrschenden altersspezifischen Sterbeverhältnisse. Sie ist außerdem einer der wichtigsten Indikatoren für den Gesundheitszustand der Bevölkerung. In den vergangenen hundert Jahren hat die mittlere Lebenserwartung Neugeborener in allen Industrienationen ständig zugenommen und ist z. B. in Österreich auf mehr als das Doppelte angestiegen. Es ist auch zu einem Wandel des Krankheitsspektrums gekommen.

Frauen haben eine höhere Lebenserwartung als Männer. Betrug die Lebenserwartung der Frauen im Jahr 1930 noch um die 58 Jahre, so ist sie heute auf annähernd 80 Jahre angestiegen. In Österreich beträgt dzt. die Lebenserwartung der Frauen 79,4 Jahre, die Lebenserwartung der 60jährigen Frau 22,5 Jahre, und die Lebenserwartung nimmt weiterhin zu (Tab. 1) [1].

Dies führt uns zum Begriff des soziobiochemischen Differenzmodelles. Angewandt auf die Menopause bedeutet dies, daß die Entwicklung der Lebenserwartung die physiologische Evolution überholt hat und heute der Zeitpunkt der Menopause, welcher bis vor wenigen Jahrzehnten oftmals nicht erlebt wurde, nun bereits in das zweite Lebensdrittel hineinfällt. Aus dem daraus sich entwickelnden Zeitraum des Östrogendefizits, nun etwa ein Drittel der Lebensspanne der Frau, ergeben sich sowohl individuelle als auch volksgesundheitliche Problemstellungen.

Die Arbeitsmethoden der Disziplin Sozialmedizin umfassen vor allem epidemiologische, soziologische, ökonomische und psychologische Verfahren. Bei fast allen Studien spielen epidemiologische Verfahren eine große Rolle, so auch beim Themenbereich Klimakterium. Die Epidemiologie ist als das „Nachrichtensystem" des Gesundheitswesens anzusehen und erbringt unter anderem folgende Leistungen:

- Information über Häufigkeit von Krankheiten und Todesursachen;
- Hinweise auf bislang unbekannte Gesundheitsstörungen;

- Mitarbeit bei der Aufklärung von Erkrankungsursachen und Risikofaktoren;
- Bestimmung der Verteilung der für Gesundheitsstörungen kausalen Bedingungen und Merkmale in der Bevölkerung und Umwelt;
- Kontrolle der Wirksamkeit von Maßnahmen im Gesundheitswesen.

Somit sind, natürlich nun im Sinne einer Sozialmedizin der Wechseljahre, epidemiologische Grundlagen wesentlich und die Epidemiologie der Herzkreislauferkrankungen, die Epidemiologie der Osteoporose wie auch die Epidemiologie der Befindlichkeitsstörungen zeigen uns das Ausmaß der sozialmedizinischen Problematik.

In diesem Zusammenhang ist ein anderer Bereich der Epidemiologie zu nennen, nämlich jener der Pharmakoepidemiologie, wenn es um das individuelle, wie auch volksgesundheitliche Management des Klimakteriums geht.

Die Bedeutung der Östrogen-Substitution ergibt sich aus der epidemiologischen Datenlage. Wesentliche Indikationen sind Therapie klimakterischer Beschwerden, die Osteoporose (Therapie und Prävention) sowie die Reduktion des kardiovaskulären Risikos.

Wir alle wissen um das höhere Risiko der postmenopausalen Frauen in bezug auf Herzkreislauferkrankungen und Osteoporose. Daraus ergeben sich sowohl individuelle als auch volksgesundheitliche Problemstellungen. Die Östrogen-Substitution stellt nun eine enorme Möglichkeit im „Menopause-Management“ dar. Jede Frau hat primär das Recht auf eine Östrogen-Substitution, und es soll lediglich die Kontraindikation die Ausnahme darstellen. Die Frau soll eingehend beraten und betreut werden.

Die individuelle Indikation zur Behandlung von Beschwerden hat therapeutischen Charakter; daneben ist die präventive Indikation zur Behebung des Östrogenmangelzustandes ein volksgesundheitliches Anliegen, wenn man u. a. die Atherosklerose-bedingten Gesundheitsstörungen wie auch die Osteoporose berücksichtigt. Um dem therapeutischen wie besonders dem präventiven Aspekt der Östrogensubstitution gerecht zu werden, spielt natürlich die Compliance eine große Rolle. Nur durch sie kann auch eine positive Beeinflussung der volksgesundheitlichen Bilanz erzielt werden. Die Einstellung der Ärzte zum Thema am Beispiel der Osteoporose: Eine Untersuchung aus dem Jahr 1991 des Instituts für Sozialmedizin führte eine Umfrage innerhalb der österreichischen Ärzteschaft zum Thema Osteoporose durch. Diese Umfrage soll einerseits einen Beitrag zur Osteoporose-Epidemiologie leisten wie andererseits die Bedeutung der Osteoporose in der klinischen Praxis darstellen. Es wurden Fragebögen zum Thema Osteoporose an 2.555 niedergelassene österreichische Ärzte (66 % Praktiker, 20 % Fachärzte für Innere Medizin, 14 % Fachärzte für Frauenheilkunde und Geburtshilfe), nach Fachrichtung und Bundesland repräsentativ geschichtet und randomisiert, ausgesandt. Der Rücklauf betrug 10 %. Zu den Ergebnissen dieser Umfrage zählt u. a., daß der volksgesundheitliche Stellenwert der Osteoporose im Vergleich zu anderen Erkrankungen als gering eingestuft wird. Diese Meinung wird von der Hälfte der Ärzte geteilt, wobei innerhalb der einzelnen Fachbereiche sich kaum Unterschiede zeigten. In Hinsicht auf die in der Literatur beschriebenen Osteoporose-Risikofaktoren wird dem Östrogenmangel, dem Bewegungsmangel, einer positiven Familienanamnese und einer calciumarmen Ernährung die größte Bedeutung beigemessen. So sind dies beim Östrogenmangel 95 % der Ärzte, beim Bewegungsmangel 83 % der Ärzte, bei der positiven Familienanamnese 80 % und bei calciumarmer Ernährung 64 % der Ärzte, die diesen Faktoren großen Einfluß auf das Osteoporose-Risiko zuschreiben. Alle anderen bezeichneten Risikofaktoren haben dabei einen geringeren Stellenwert. Mit Bezug auf die Osteoporose-Präventionsmaßnahmen wird sowohl prä-, als auch postmenopausal von 91 % der Ärzte vermehrte Bewegung als besonders wichtig erachtet, an zweiter Stelle calciumreiche Ernährung (von über 70 %), postmenopausal Östrogene von 83 % der Ärzte. Ein entsprechendes Osteoporose-Bewußtsein ist in der Ärzteschaft wie in der Bevölkerung, mit Bezug auf die steigende Lebenserwartung, von besonderer Bedeutung. Der Erfolg von Osteoporose-Präventivmaßnahmen wird von etwa zwei Dritteln der Ärzte als sehr gut eingeschätzt. „Osteoporose-Management" ist somit eine besondere Aufgabe der Lebensstilmedizin [2].

Im Bereich des Klimakteriums muß der Risikofaktor Rauchen in seiner Komplexität mit dem Risikofaktor Hypercholesterinämie gesehen werden. Das sogenannte mediterrane Problem, als ein Beispiel „prognostischer" Epidemiologie, zeigt hier Parallelen zum „menopausalen" Problem. In den Ländern mit mediterraner Ernährung findet sich ein wesentlich niedriger durchschnittlicher Cholesterinspiegel als in den Ländern mit westlicher Ernährung. Die Herzinfarktrate liegt ebenfalls niedriger, trotz hohem Tabakkonsum. Kommt es zu einer Umstellung der Ernährung, die Entwicklung zeichnet sich dahingehend ab, wird es auch zu einem Anstieg der Cholesterinspiegel kommen und zu einem wesentlichen Anstieg der Herzinfarktrate [3].

Die Veränderung der Lipidmuster als Folge der abnehmenden Östrogenspiegel führt dazu, daß der atheroprotektive Effekt der Östrogene ebenfalls zurückgeht, und daß es nach der Menopause zu einem Anstieg der Herzinfarktrate kommt. Nun als Parallelbeispiel zum mediterranen Problem: Bei Beibehaltung der Rauchgewohnheiten postmenopausal ist mit einem sprunghaften Anstieg der Herzinfarktrate postmenopausaler Frauen zu rechnen, da es zu einer Potenzierung der Risikofaktoren kommt. In diesem Zusammenhang ist der Umstand bedeutend, daß jüngere Frauen in zunehmender Weise rauchen (die Anzahl der 15-jährigen Raucherinnen liegt bereits über derjenigen der männlichen Bevölkerungsgruppe gleichen Alters). Falls sich an den Trends bzw. an den Rauchgewohnheiten der Frauen nichts verändert, bedeutet dies natürlich auch, daß bei den über 50-jährigen in Zukunft ein wesentlich höherer Anteil an rauchenden Frauen zu erwarten ist, und somit ein höherer Anteil von postmenopausalen Frauen mit dem Risikofaktor Rauchen. Bei den Frauen ergibt der Tabakkonsum ein vielfältiges Risikomuster, bezugnehmend auf Rauchen und die Einnahme der Kontrazeptiva, Rauchen in der Schwangerschaft (häufigeres Auftreten von Frühgeburten, geringes Geburtsgewicht als bei Nichtraucherinnen ...) und in der Stillzeit (Nikotin wird auch über die Muttermilch ausgeschieden). Rauchende Frauen erreichen durchschnittlich 1–2 Jahre früher das Klimakterium, d. h. erhöhtes Herzkreislauf-Risiko, erhöhtes Osteoporose-Risiko, abgesehen vom Krebsrisiko. Die Raucherinnenberatung ist somit eine wesentliche Einrichtung auch für postmenopausale Frauen, die sich in Wien bereits etabliert hat. Es sind vielfach peri- und postmenopausale Frauen, die in die Raucherinnenberatung kommen, oftmals bereits mit Osteoporose, Herzkreislauferkrankungen, Hypertonie, Thrombose, Hypercholesterinämie, Adipositas oder auch Befindlichkeitsstörungen [4].

Es zeigt sich also, daß ein breites Spektrum von Interventionsmaßnahmen zur Verfügung stehen muß, die neben medikamentösen Verfahren auch solche aus dem Bereiche der Verhaltensmodifikation einschließen; in diesem Zusammenhang ist vor allem zu verweisen auf Ernährungsberatung und Gewichtsreduktion, Rauchertherapie, Streßkontrolle und Bewegungstraining. Postmenopausale rauchende Frauen, die aus welchem Grund auch immer, nicht zu rauchen aufhören (konsonante Raucherinnen, erfolglose Raucherentwöhnung), stellen eine besondere Gruppe mit spezieller Risikokonstellation dar, sowohl mit Bezug auf kardiovaskuläres Risiko als auch Osteoporoserisiko und somit auch eine Gruppe mit spezieller Indikationsstellung für Östrogen-Substitution. Dies bedeutet eine Senkung ihres Risikos aber eventuell auch Motivation für eine erfolgreiche Raucherentwöhnung.

Es geht aber nicht nur um die Frage der Behebung eines Östrogen-Mangelzustandes, sondern um die Entwicklung von Konzepten im Sinne der Lebensstilmedizin (sinnvolle Kombination von medikamentösen und nicht-medikamentösen Verfahren, sofern erforderlich; enge Zusammenarbeit von Ärzten und betreuten Personen, Anwendung dieser Konzepte sowohl im Bereich der Prävention als auch im Bereich der Therapie; diese beiden Tätigkeitsbereiche sind vor allem auch beim Themenkomplex Klimakterium und Menopause nicht immer exakt von einander zu differenzieren). Diese Überlegungen bedeuten eine Herausforderung für das medizinische und soziale System, das sich in zunehmendem Maße auch um diese Dienstleistungsbereiche kümmern muß.

Östrogen-Substitution bedeutet eine Befreiung der Frau vom althergebrachten Bild der postmenopausalen Frau, es wird ein völlig neues Bild der postmenopausalen Frau der Zukunft ermöglicht werden.

LITERATUR

1. Maxwald R. Vergleich Lebenserwartung in den Industrieländern 1965–1991. Österr. Statist. Zentralamt 1994, 4: 294–303.

2. Rieder A, Schwarz B, Kunze M. Osteoporose: Einstellung und Meinung österreichischer Ärzte. WMW 1993, 143: 307–11.

3. Kunze M, Rieder A, Kiefer I. Ernährung, Gesundheit, Lebenserwartung: Wo steht Österreich im internationalen Vergleich? Ernährung/Nutrition 1990; 14 (3): 127–9.

4. Rieder A, Schoberberger R, Kunze M. „Helping Women to Stop Smoking" International Journal of Smoking Cessation 1993; 2 (3): 34–9.

Tabelle 1: Lebenserwartung bei der Geburt in Industrieländern 1965/69 und 1991 für Männer und Frauen zusammen (ÖSTAT, 1994) [1]

1991			1965/69		
Rang	Land	Jahre	Rang	Land	Jahre
1	Japan	79,6	1	Schweden	74,2
2	Schweiz	77,8	2	Norwegen	74,0
3	Schweden	77,7	3	Niederlande	73,8
4	Kanada	77,4	4	Dänemark	72,9
5	Griechenland	77,2	5	Schweiz	72,6
	Niederlande	77,2		Griechenland	72,6
7	Norwegen	77,1	7	Kanada	72,2
8	Frankreich	77,0	8	Frankreich	71,9
	Australien	77,0	9	Spanien	71,7
10	Italien	76,9	10	Verein. Königreich	71,6
11	Spanien	76,8	11	Japan	71,5
12	Belgien	76,2	12	Neuseeland	71,3
13	Verein. Königreich	76,1	13	Australien	71,0
14	BR Deutschland	76,0	14	Bulgarien	71,0
15	Österreich	75,9	15	Belgien	70,8
	Verein. Staaten	75,9	16	Italien	70,7
17	Finnland	75,5		Irland	70,7
18	Dänemark	75,4		ehem. DDR	70,7
19	Neuseeland	75,0	19	BR Deutschland	70,5
	Irland	75,0		Verein. Staaten	70,5
21	Portugal	73,6	21	ehem. Tschechoslowakei	70,3
22	ehem. DDR	72,9	22	Österreich	70,0
23	ehem. Jugoslawien	72,0		ehem. UdSSR	70,0
24	Bulgarien	71,5	24	Polen	69,9
25	ehem. Tschechoslowakei	71,4	25	Finnland	69,5
26	Polen	70,8		Ungarn	69,5
27	Rumänien	70,2	27	Rumänien	68,1
28	Ungarn	69,6	28	ehem. Jugoslawien	67,1
29	ehem. UdSSR	69,1	29	Portugal	66,2

Psychologische Aspekte des Klimakteriums

H. P. ROSEMEIER, B. SCHULTZ-ZEHDEN

Die *Menopauseforschung* hat sich historisch wesentlich auf der Basis endokrinologischer Fragestellungen und Forschungsergebnisse entwickelt. Die Untersuchungen setzten sich in erster Linie mit den verbreiteten Beschwerden im Zusammenhang mit der perimenopausalen Umstellung der Frau auseinander, in der Intention so unmittelbar wie möglich der ärztlichen Praxis zu dienen.

Im Jahre 1870 hatte eine Frau im Mittel nur noch 6 Jahre zu leben, wenn ihr jüngstes Kind mit 20 Jahren das Haus verließ. Heute dagegen lebt die Frau und Mutter durchschnittlich noch etwa drei Jahrzehnte, nachdem ihre Kinder die Familie verlassen haben. Der gesundheitspsychologische Status dieser großen Frauengruppe ist von beachtlicher gesellschaftlicher Relevanz.

Patientinnenstichproben, die über frauenärztliche Sprechstunden gewonnen wurden, dürften im Hinblick auf die Gesamtpopulation der weiblichen Bevölkerung einem beachtlichen selektiven systematischen Stichprobenfehler unterliegen. Patientinnen, die sich durch das Aufsuchen ärztlicher Hilfe selbst als krank oder gesundheitlich beeinträchtigt definieren, können als Gruppe folgerichtig nur für die Lage der beschwerdeführenden Frau als repräsentativ gelten.

Selten wurden bisher diejenigen Frauen untersucht, die den Arzt womöglich gar nicht konsultieren. Es fehlen empirische Studien von Frauen im Menopausealter aus der Normalbevölkerung, mit deren Hilfe erheblich leidende Untergruppen ebenso wie Frauengruppen mit nur mäßigen Beschwerdegraden und geringen Beeinträchtigungen auf ihre soziale und psychische Situation während des Klimakteriums untersucht werden.

Wir haben Berliner Frauen (eine quasi-gesunde Großstadtstichprobe) untersucht, die sich während des Erhebungszeitraumes nicht notwendig in einer frauenärztlichen Behandlung befanden, die aber von den sonstigen Randbedingungen her alle klimakterischen Merkmale aufweisen konnten. Damit können wir erstmals Aussagen machen zum Gesamtbefindlichkeitsspektrum von Frauen (zunächst nur aus einem Ballungsgebiet).

Kausalattribution: Wir konnten zwar feststellen, daß die Beschwerden während ihrer Wechseljahre aus der Perspektive der Frau in erster Linie dem hormonellen Wandel zugeschrieben werden. Da sich die Frau jedoch als biographisch gewachsene Gesamtpersönlichkeit sieht, bewältigt sie die eigene menopausale Neuorientierung keinesfalls ohne die ihr innewohnenden psycho-sozialen und individuellen Aspekte.

Die primär endokrinologische Kausalattribution der klimakterischen Beschwerden durch die Frau sollte in einer anspruchsvollen Arzt-Patientinnen-Interaktion durch Angebote von über die hormonelle Versorgung hinausgehenden Copingstrategien für psychosoziale Aspekte von Lebensqualität im Klimakterium ergänzt werden. Eine solche Kooperation dürfte die Compliance erhöhen.

Neben den durch Östrogenmangel bedingten Hitzewallungen, Schweißattacken und dem nächtlichen Aufwachen werden weitere Einschränkungen des Wohlbefindens und der Lebensqualität der Frau im Klimakterium berichtet. Zu solchen Befindlichkeitsstörungen zählen weitere Schlafunregelmäßigkeiten und Gewichtsentgleisungen.

Psychische Beschwerden: Wenn die Menopause-Patientinnen Anzeichen von Depressivität, Reizbarkeit, Ängstlichkeit, Klagsamkeit entwickeln, dürfen diese als psychische und je nach Schweregrad als psychopathologische Symptome und Syndrome gelten. Hier enthebt uns eine wahrscheinliche hormonelle Herleitung nicht der differentialdiagnostischen Abklärung anderer lebensbezogener Zusammenhänge.

Die Überlagerung von klinisch-psychologisch und endokrinologisch erklärbaren Ursachenkomplexen zeigt sich in Form des perimenopausal veränderten sexuellen Verhaltensspektrums: Libidoverlust, geringere vaginale Lubrikation und Abnahme der Koitusfrequenz. Wer kann auf diesem Feld ohne weitere Untersuchung den Anteil depressiver Episoden und versandeter Beziehungen gegenüber einem endokrinen Mangelzustand abschätzen?

Frauen mit einem höheren Bildungsstatus waren häufiger mit nur leichten klimakterischen Beschwerden belastet. Die Zugehörigkeit zu einer niedrigeren sozialen Schicht macht höhere klimakterische Beschwerdegrade wahrscheinlich.

Rollenwandel: Auf der Erlebensseite stellen die „Wechseljahre" einen tiefgreifenden Rollenwandel im Leben der Frau dar. Je nach dem, wie die betreffende Frau ihre Berufsrolle, ihre Rolle als Hausfrau, Mutter oder oft in einer Doppelrolle wahrgenommen hat, verliert sie durch die Menopause einige Positionsmerkmale. Die Erwartungen an sie als Positionsinhaberin verändern sich. Das Ende der Reproduktivität ergibt einen Wechsel der Rolle in Ehe und Gesellschaft. Der nun sinnfällige Abbau der Mutterrolle beraubt sie wichtiger Funktionen in der Institution Familie. Das kann zu einer Krise ihres Selbstbildes führen. Der *Verlust der Mutterrolle* kann unter anderem schmerzlich erlebt werden, weil Mutterschaft gemessen an anderen Selbstverwirklichungschancen der Frau gesellschaftlich so positiv sanktioniert wird, oder weil der Wegfall der Reproduktivität als Kränkung erlebt wird. Der Weggang der Kinder kann depressive Reaktionen auslösen. Nach einer biographischen Konzentration auf mütterliche Aufgaben fällt es schwer (unter Einschluß eines Mißerfolgsrisikos), sich neu zu orientieren. Sollte sich die Frau lange auf die Mutterrolle beschränkt haben, kann dies die psychischen Risiken erhöhen.

Empty-nest-Syndrom: Manchmal wird ein funktionslos weiterwirkender mütterlicher Impetus beobachtet. Nach subjektiver Sinnentleerung der familiären Struktur und einer sich neu entwickelnden Machtverteilung können mütterliche Verhaltensimpulse im „leeren Nest" fortwirken, obgleich sie mittlerweile ihrer Funktion enthoben sind. Die Mutterrolle kann verlängert werden in positiven Ersatzfunktionen wie in der Übernahme außerfamiliärer caritativer Tätigkeiten oder in der Pflege fremder Kinder als Tagesmutter. Manche Mutter versteht es nur schwer, die eigenen Kinder aus ihrer Rolle zu entlassen.

Familiendynamik: Die Ehestatistiken weisen diesen Wandel deutlich aus: hohe Trennungsquoten nach Weggang der Kinder, der Partner wendet sich nach langem gemeinsamem Eheleben einer jüngeren Partnerin zu. Würde sie jedoch in dieser Umorientierungsphase selbst zu experimentieren beginnen, indem sie einer neuen Paarbeziehung oder neuen Lebenszielen sich zuwendete, müßte sie mit einer kritischen Kontrolle durch ihre Umgebung und die Jüngeren rechnen.

Nicht selten tritt zu der krisenhaften Entwicklung noch die plötzlich notwendig werdende Pflege der eigenen Eltern oder Schwiegereltern hinzu, so daß Visionen erst einmal zurückgestellt werden. Oft ist es die Frau im Menopausealter, die dann die Verantwortung für und die Versorgung von Familienangehörigen übernimmt.

Die *Erwerbstätigkeit* einer Frau, ihre Dauer und Intensität spielen für die Verarbeitung des Klimakteriums offenbar eine gewichtige Rolle. Die Gruppe der Hausfrauen fühlt sich am stärksten klimakterisch belastet; intensiv berufstätige Frauen zeigen zwar klimakterische Beschwerden, aber diese sollen weniger ausgeprägt sein.

Psychosoziale *Entlastungen* können durchaus als positive Aspekte der Verarbeitung des Klimakteriums angesehen werden. Die Menstruationsblutung mit ihren hygienischen Lästigkeiten oder die praemenstruellen Beschwerden entfallen. Leidige Verhütungsaufgaben erledigen sich. Frauen von nicht kooperierenden Partnern fühlen sich befreit von der Furcht vor einer unerwünschten Schwangerschaft. Die Verweigerung unerwünschter sexueller Aktivität kann als Befreiung erlebt werden. Das nahende Ende der ununterbrochenen Fürsorge für den Nachwuchs stellt eine spürbare – manchmal ambivalente – Entlastung dar.

Methodik

Prä- und postmenopausale Frauen aus der Normalbevölkerung von Berlin wurden mit verschiedenen psychologischen Instrumentarien untersucht. Erreicht wurden die Befragten auch über viele nicht gynäkologisch ausgerichtete Arztpraxen und andere öffentliche Institutionen. Aufgrund der unterschiedlichen demographischen Gegebenheiten innerhalb Berlins werden hier nur die Ergebnisse aus Berlin (West) vorgestellt (N = 145). Die Stichprobe wurde zur Prüfung ihrer Zusammensetzung mit der entsprechenden Grundgesamtheit verglichen.

Instrumentarium: Um die klimakterischen Beschwerden der Probandinnen zu ermitteln, haben wir die Menopause-Bewertungs-Skala (MRS von Hauser et al.) verwendet, mit der das Vorhandensein und der Schweregrad unterschiedlicher körperlicher und psychischer Beschwerden (z. B. Hitzewallungen, Schlafstörungen) ermittelt wurden.

Des weiteren verwendeten wir das Freiburger Persönlichkeits-Inventar, einen umfangreichen Fragebogen, der eine Beschreibung von Individuen hinsichtlich der

Ausprägung wichtiger Persönlichkeitsdimensionen liefert wie Aggressivität, Nervosität, Depressivität, Gelassenheit, Offenheit, emotionale Labilität oder Extraversion/ Introversion.

Das Selbstwertgefühl der Frauen wurde anhand einer validierten Skala erhoben („Alles in allem bin ich mit mir selbst zufrieden"). Als weiteres Instrument setzten wir eine kognitive Bewertungs-Skala des Klimakteriums ein, mit der wir versucht haben zu erfassen, ob und inwieweit die Frauen ihr Klimakterium als eine Phase der Neuorientierung, des Verlustes, der Bedrohung oder der Entlastung erleben.

Qualitative Technik: Ein Herzstück unserer Studie bildet das projektive „Satzergänzungsverfahren", bei dem den Probandinnen 20 unvollendete Satzanfänge dargeboten wurden, die sie im Sinne ihres Erlebens im Klimakterium persönlich handschriftlich ergänzten („Meine Wechseljahre bedeuten für mich ..."). Unsere Aufgabe bestand darin, die fast 2000 Antworten systematisch in psychologische Kategorien zu ordnen. Aus dem umfangreichen empirischen Material ließen sich individuelles Erleben, Assoziationen und Einstellungen zu Rollenkonflikten und Krisen im Klimakterium ablesen.

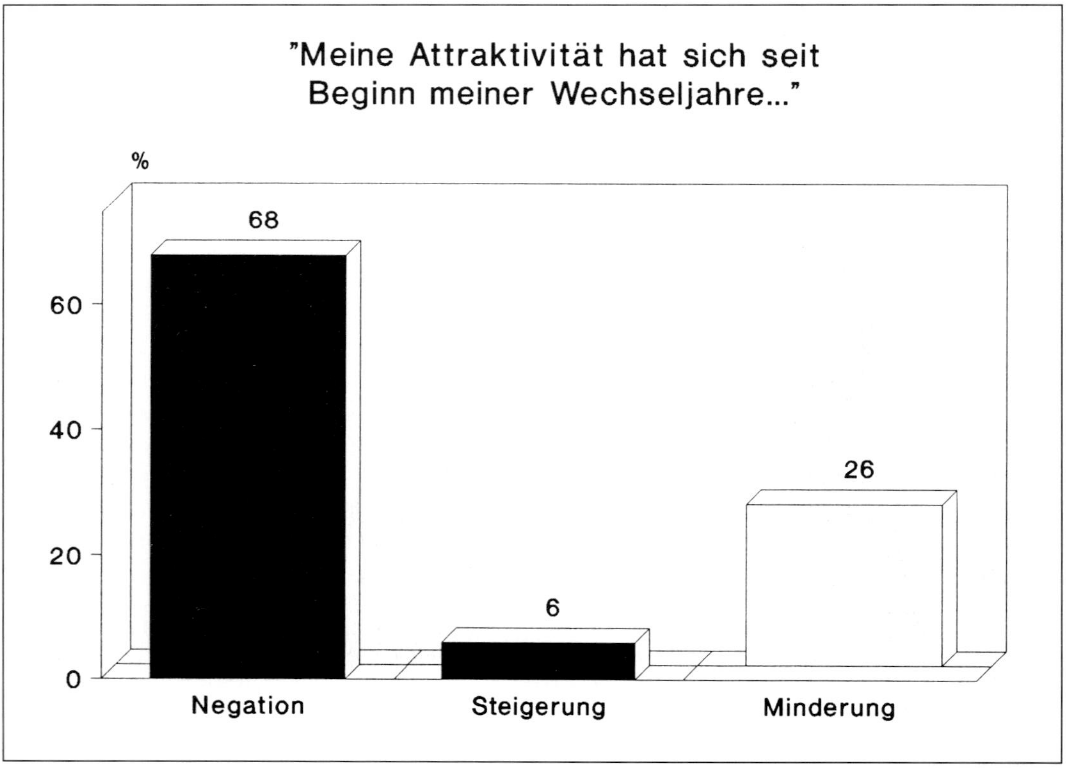

Abbildung 1: Ergänzungen obigen Satzanfanges von 138 Frauen persönlich formuliert und psychologischen Kategorien zugeordnet.

Ergebnisse

Attraktivität: In einem Teil der Literatur wird ein Zusammenhang zwischen der Klimakteriumsverarbeitung und Verlusten wie durch Trauer um die verlorene Fruchtbarkeit, die verlorene Jugend oder Kränkung wegen Attraktivitätsverlustes hergestellt. Entgegen der vorherrschenden Meinung, Frauen würden Attraktivitätseinbußen vor allem erleben, konnten wir aufzeigen, daß 3/4 der Frauen aus ihrem subjektiven Empfinden heraus für sich Beeinträchtigungen ihrer Attraktivität zurückweisen (Abb. 1).

Gesellschaftliche Attribution: Ein anderes Ergebnis aus den Satzergänzungen betrifft das öffentliche Bild der Frau in der Lebensmitte. Die Frau erlebt sich von der Gesellschaft ganz anders wahrgenommen als sie sich selbst wahrnimmt. Über die Hälfte der Frauen sehen sich als durch die Gesellschaft „abgewertet" oder „bereits zum alten Eisen gezählt". „Eine Frau im Klimakterium zu sein, bedeutet in der Gesellschaft": „Geringschätzung", „abgeschrieben zu werden", „im Abseits zu stehen", „nicht mehr gefragt zu sein", „belächelt zu werden", „jenseits von Gut und Böse zu stehen", „alt und unbrauchbar sein", „ohne Übergang Seniorin" (Abb. 2).

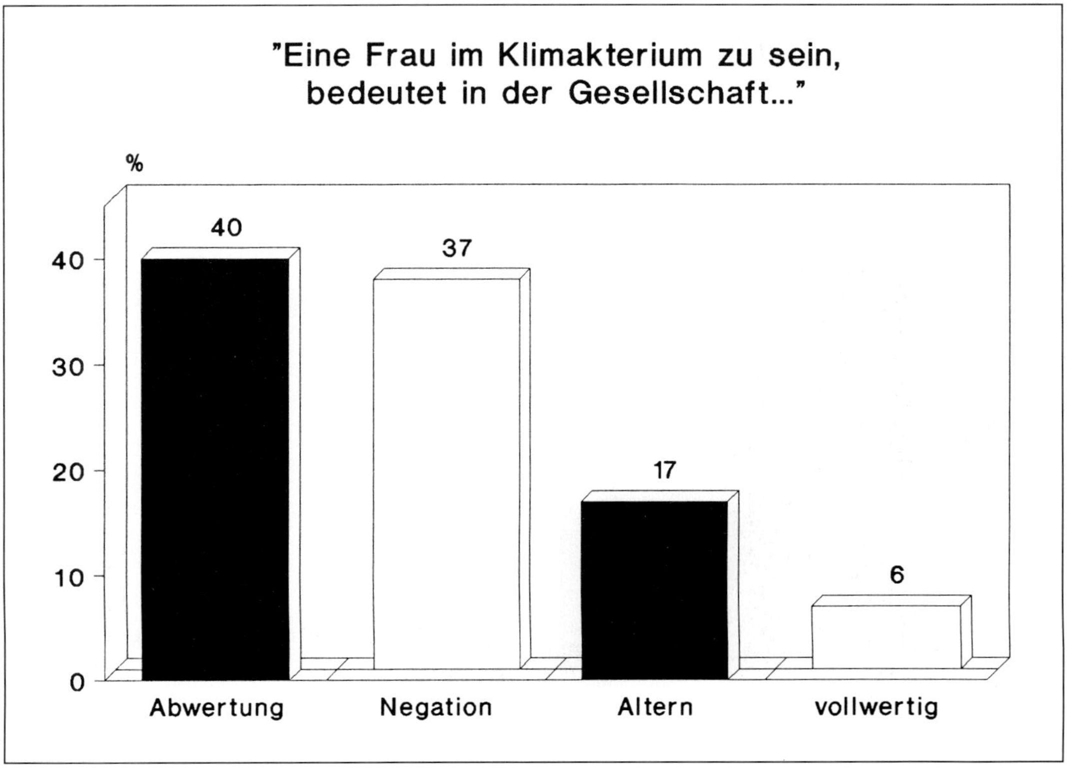

Abbildung 2: Ergänzungen obigen Satzanfanges von 131 Frauen persönlich formuliert und psychologischen Kategorien zugeordnet.

Klimakterische Beschwerden: Bezüglich Vorhandensein und Schweregrad klimakterischer Beschwerden (erhoben mit MRS) ergab sich folgendes Bild: bezüglich der Häufigkeit gaben zwei Drittel der Frauen Hitzewallungen an, betrachtet man den

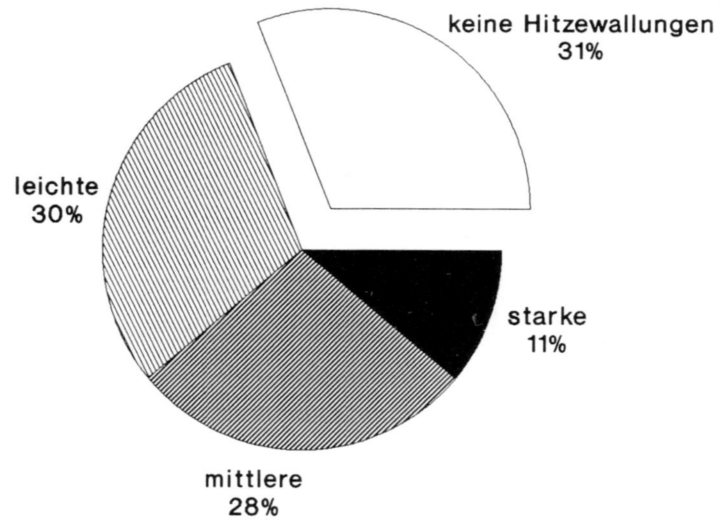

Abbildung 3: Hitzewallungen und Schweregrade, Vorkommen 69 %, N = 126

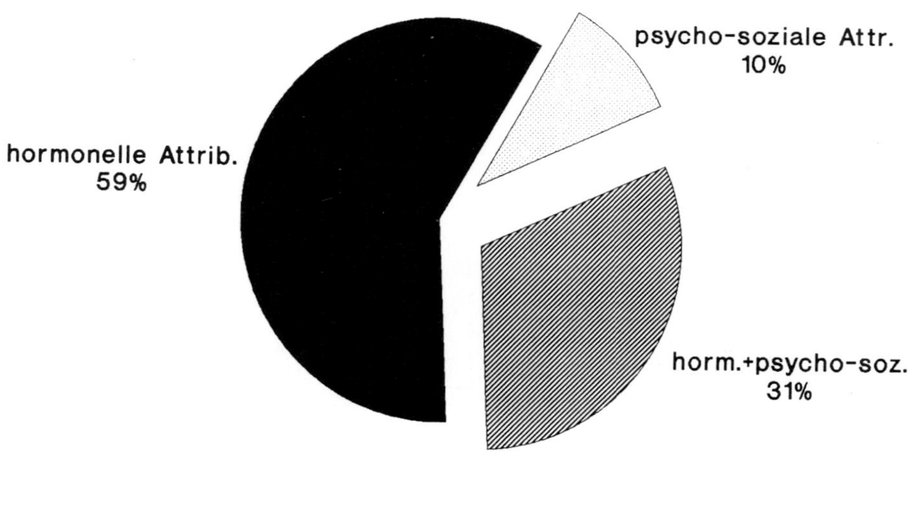

Abbildung 4: Kausalattribution klimakterischer Beschwerden

Schweregrad, litten 11 % unter starken Hitzewallungen. Mehr als zwei Drittel leiden unter Schlafstörungen und mehr als zwei Drittel durchleben depressive Episoden. Auf der anderen Seite zeigen die Frauen unserer eher gesunden Stichprobe bezüglich des Schweregrades, wie zu erwarten, eher mittlere und leichte Beschwerdeausprägungen (Abb. 3).

Die Schweregrade der vorhandenen Symptome sind unterschiedlich verteilt. Die Probandinnen hatten für Gelenk- und Muskelbeschwerden sowie Schlafstörungen hohe Ausprägungen angegeben, gefolgt von Reizbarkeit und Ängstlichkeit, Abnahme der Sexualität, depressive Verstimmungen, Hitzewallungen und allgemeine Leistungs- und Gedächtnisminderung. Für das Symptom einer mangelnden vaginalen Lubrikation ergaben sich niedrigere Werte. Die 35 % der Probandinnen, die unter diesem Symptom litten, gaben überwiegend mittelstarke Ausprägungen an, am geringsten ausgeprägt waren Herz- und Harnwegsbeschwerden.

Die Kausalattribution der klimakterischen Beschwerden: Wichtig für den niedergelassenen Gynäkologen ist, daß 90 % der Frauen ihre Wechseljahresbeschwerden hormonell herleiten. Die Frauen stellen weniger psychische oder soziale Ursachen in den Vordergrund, sondern sehen den Hauptgrund für ihre Beschwerden in der hormonellen Umstellung. Damit wird der Gynäkologe zum klassischen Ansprechpartner, weil er der Experte für endokrinologische Fragen ist (Abb. 4).

In der Behandlung von Frauen mit klimakterischen Beschwerden besteht daher für den Arzt folgendes Risiko: Die Patientin und der Arzt verstehen sich in einem Bündnis, die Patientin schreibt seelische Probleme ihrer hormonellen Umstellungen zu, und der Arzt sieht sich als der Experte für körperliche und hormonelle Vorgänge. Die Patientin vermeidet, sich mit ihren seelischen Problemen auseinanderzusetzen,

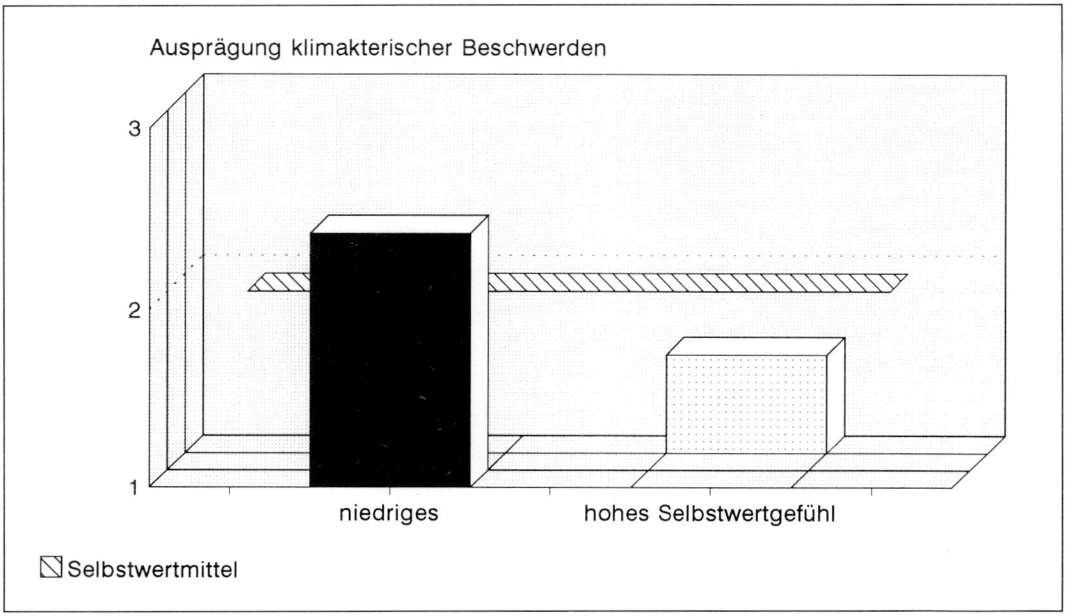

Abbildung 5: Selbstwertgefühl und klimakterische Beschwerden

der Arzt ist damit entlastet, weil er seelische Probleme weniger thematisieren muß. Sollte nun z. B. eine Hormonsubstitution nicht optimal verlaufen, so wären psychische Anteile zu thematisieren. Beide Seiten verhalten sich kontraproduktiv, weil sie einer psychischen Beratung ausweichen.

Selbstwertgefühl: Wir fanden einen statistisch bedeutsamen Zusammenhang: Frauen mit einem niedrigen Selbstwertgefühl leiden stärker unter klimakterischen Beschwerden, mit Ausnahme von Hitzewallungen. Um Frauen bei ihrem Coping im Klimakterium zu unterstützen, müßten insofern Aktivitäten gefördert werden, die das Selbstvertrauen stärken (Abb. 5).

Kognitive Bewertung: Wie schätzen die Frauen in unserer Studie ihre Wechseljahre kognitiv ein: als eine Lebensphase zahlreicher Verluste oder eher als eine der Neuorientierung? Entgegen der oft vertretenen Verlust-Hypothese, die das Klimakterium weitgehend als Tragödie oder als narzißtische Kränkung wegen des Verlustes der Fruchtbarkeit betrauert, konnten wir nur bei etwas über einem Viertel der Frauen in unserer Studie ein Verlusterleben erkennen. Diese Gruppe leidet stark unter klimakterischen Beschwerden.

Hingegen meinte die Mehrzahl aller Probandinnen (fast 60 %), daß sie ihre Wechseljahre als eine Lebensphase der Neuorientierung erleben. Mit dieser Einschätzung gehen eher psychische Beschwerden einher. Für den Gynäkologen hilft dieses Ergebnis zu einem besseren Verständnis der Patientin; wenn er die Beschwerden weniger pathologisch als vielmehr als Ausdruck einer Orientierungskrise in einem Lebensübergang versteht, hilft er ihr, indem er ihr zuhört und ihre Gereiztheit und ihre Stimmungsschwankungen einfach als solche akzeptiert (Abb. 6).

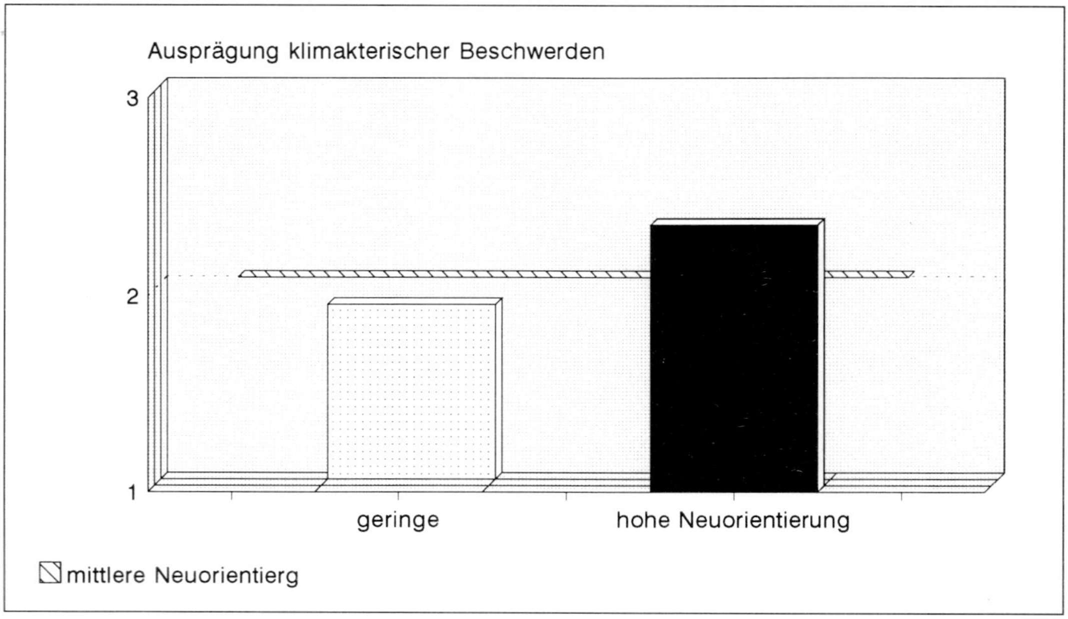

Abbildung 6: Neurorientierung und klimakterische Beschwerden

Clusteranalyse: Ein wichtiges Ergebnis dieser Studie ist es, daß sich hinsichtlich der klimakterischen Beschwerdelage und einzelnen Spezifika des Klimakterium-Erlebens mittels einer Clusteranalyse drei Gruppen der Klimakteriumsverarbeitung unterscheiden lassen (Abb. 7):

- die Problemlose
- die Bewußte
- die Leidende

Die Problemlose: Mehr als ein Drittel der von uns befragten Frauen erleben ihre Wechseljahre als relativ problemlos. Für die Frauen dieser Gruppe ändert sich im Hinblick auf ihre Lebensqualität wenig, und es besteht kaum Anlaß zur Neuorientierung oder für Verlusterleben. Sie verfügen über einen hohen Grad an Selbstwertgefühl und Gelassenheit. In Bezug auf ihre demographischen Merkmale ist die Gruppe der Problemlosen normalverteilt.

Die Bewußte: Die zweite Gruppe, ein knappes Drittel, haben wir „die Bewußte" genannt. Sie gibt mittelstark ausgeprägte Beschwerden an und erlebt einen Wandel in ihrem Lebensgefühl. Diese Gruppe läßt sich am ehesten durch eine Bewertung ihrer Wechseljahre als einer Phase der Neuorientierung im Sinne einer positiven Herausforderung charakterisieren, bei der sie es schafft, sich kritisch und bewußt mit den Problemen des Klimakteriums auseinanderzusetzen. Diese Gruppe hat den höchsten Bildungsstand und ist fast ausschließlich berufstätig.

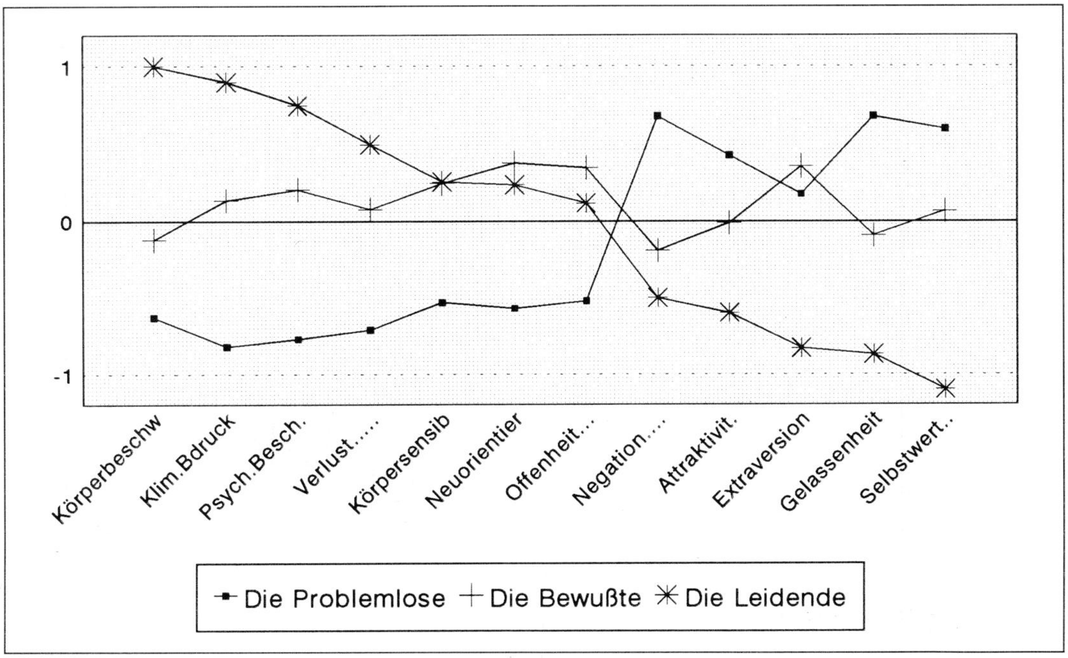

Abbildung 7: Klimakteriumserleben: Clusteranalyse (z-standardisierte Variable)

Die Leidende: Die dritte Gruppe umfaßt beinahe ein Drittel der Probandinnen. Gemessen an der gesamten Untersuchungsgruppe äußerten sie die stärksten klimakterischen Beschwerden, weshalb wir sie als „die Leidenden" bezeichnet haben. Symptome wie Hitzewallungen, Schlafstörungen oder depressive Verstimmungen sind bei ihnen besonders ausgeprägt. Sie haben im Vergleich zu den beiden anderen Gruppen das niedrigste Selbstwertgefühl, das höchste Maß an Verlusterleben und Attraktivitätseinbußen. Es fällt auf, daß sich in dieser Gruppe am häufigsten Frauen mit einem niedrigen Bildungsstand befinden. Der Anteil geschiedener und alleinlebender Frauen ist besonders hoch. Wir nehmen daher an, daß sich bei ihnen offensichtlich vorhandene Defizite der Lebensqualität durch das Klimakterium noch verstärken.

Vernetzt man die Ergebnisse des qualitativen Satzergänzungsverfahrens mit den herkömmlich empirisch gewonnenen Daten oder der Clusteranalyse, so können die drei Gruppen noch eingehender beschrieben werden. Die gesellschaftliche Attribution des Klimakteriums verteilt sich auf die Cluster verschieden: die „Problemlose" fühlt sich gesellschaftlich kaum abgewertet. Der „Bewußten" könnte es am ehesten gelingen, die Kräfte aufzubringen, um sich dem auch von ihr empfundenen gesellschaftlichen Druck zu widersetzen. Bei der „Leidenden" dagegen verstärkt das Gefühl des Abgeschriebenseins ihr negatives Selbstbild.

Mit der Clusteranalyse sollen Frauen nicht vorschnell typisiert werden. Dazu sind die Lebenssituationen, in denen sich die Menopausefrau befindet, viel zu unterschiedlich. Doch können wir mit dieser Form der Analyse Charakteristika aufdekken, die eine günstige Verarbeitung des Klimakteriums von einer ungünstigen unterscheidbar macht, wie bei der „Leidenden" das geringe Selbstwertgefühl oder bei der „Bewußten" den Aspekt der Neuorientierung.

Zusammenfassung

Bei dieser Studie handelt es sich nicht um eine kombinierte Längs-und Querschnittsuntersuchung. Unsere Berliner Stichprobe hat die demographischen Eigenschaften einer großstädtischen Bevölkerung. Wir haben uns zunächst wegen der Stichprobenkonsistenz auf die westlichen Bezirke von Berlin beschränkt; die Daten für alle Bezirke sind in Vorbereitung. Labordaten wie etwa ein Hormonstatus wurden nicht erhoben. Lediglich für ein Instrument der kognitiven Bewertung des Klimakteriums liegt keine Vergleichsstichprobe vor.

Defizite der Lebensqualität im Klimakterium verstärken sich bei der Gruppe der leidenden Frauen. Frauen mit niedrigem Selbstwertgefühl berichten über ausgeprägtere klimakterische Beschwerden. Ein Zusammenhang von niedrigem Bildungsstand und höheren klimakterischen Beschwerden wird bestätigt. Die Menopause-Frauen attribuieren ihre Wechseljahrsbeschwerden überwiegend als hormonell verursacht.

Neuorientierung spielt bei der Verarbeitung des Klimakteriums eine stärker zu berücksichtigende Rolle bezüglich der Lebensqualität und im Sinne eines kritischen Lebensereignisses. Die Verlust-Hypothese kann für die Frauen generell nicht bestätigt werden, mit Ausnahme einer hochbelasteten Beschwerdegruppe. Ein großer Teil der Frauen erklärt die Wechseljahre für relativ problemlos oder übergeht mögliche Belastungen.

Im öffentlichen Bild erlebt sich die Frau im Klimakterium als abgewertet. Diese Abwertung steht im Zusammenhang mit psychischen Beschwerden im Klimakterium. Der Großteil der Frauen empfindet keinen Attraktivitätsverlust im Klimakterium, spürt jedoch, für ihre Umgebung weniger attraktiv geworden zu sein.

LITERATUR

1. Fahrenberg J, Hampel R, Selg H. Das Freiburger Persönlichkeitsinventar FPI-A1. 4. revidierte Auflage, 1984, Hogrefe, Göttingen.

2. Hauser GA, Huber IC, Keller PJ, Lauritzen C, Schneider HPG. Evaluation der klimakterischen Beschwerden (Menopause Rating Scale – MRS). Zentralblatt für Gynäkologie 1994; 116: 16–23.

3. Hiltmann H. Wortassoziation und verbale Ergänzungsverfahren. In: Thomae H (Hrsg). Psychologische Diagnostik, Handbuch der Psychologie, Bd. 6, 1971, Hogrefe, Göttingen.

4. Rosemeier HP. Medizinischen Psychologie und Soziologie. Enke-Verlag, Stuttgart, 1991.

5. Strecker J, Lauritzen C. Praxis der Hormonbehandlung im Klimakterium. Enke-Verlag, Stuttgart, 1992.

BEGRIFFSBESTIMMUNG UND PATHOPHYSIOLOGIE

F. FISCHL

BEGRIFFSBESTIMMUNG

Der Begriff der Menopause stammt aus dem 19. Jahrhundert und bedeutet den Zeitpunkt zu dem die zyklischen Monatsblutungen aufhören. Das heißt, es ist damit die letzte ovariell hormonell gesteuerte uterine Blutung gemeint. Diese kann aber praktisch erst retrospektiv als solche erkannt werden, wenn im darauffolgenden Jahr keine Blutung mehr eingetreten ist und umfaßt damit noch dieses Jahr. Während die Menopause also als Zeitpunkt klar definiert ist, sind die Begriffsbestimmungen der Zeitabschnitte davor und danach häufig verschwommen und uneinheitlich im Sprachgebrauch [1]. Es soll hier versucht werden, die gebräuchlichsten Ausdrücke aufzulisten und zu definieren und somit etwas Klarheit zu schaffen.

Menopause: Zeitraum von der letzten spontanen ovariell gesteuerten Menstruationsblutung und ein Jahr danach (da erst nach Ablauf eines Jahres bestimmbar).

Perimenopause: Ist ein unterschiedlich langer Zeitraum von Jahren vor und nach der Menopause, in dem bereits charakteristische Symptome auftreten, die auf eine abnehmende Ovarialfunktion hinweisen.

Prämenopause: Im engeren Sinn der Zeitabschnitt von einigen Jahren vor Eintritt der Menopause, welcher durch Progesteron- und Östrogenmangel gekennzeichnet ist. Hier kann es bereits sowohl zu vegetativen Beschwerden, als auch zu Blutungsunregelmäßigkeiten kommen. Im weiteren Sinn ist damit auch der gesamte Zeitraum der fortpflanzungsfähigen Phase vor der Menopause gemeint.

Postmenopause: Der gesamte Zeitabschnitt, der nach 12monatiger Amenorrhoe beginnt, also von der Menopause bis zum Senium reichend.

Senium: Lebensabschnitt früher vom 65., heute eher vom 70. Jahr aufwärts gerechnet.

Klimakterium: Allgemein werden damit die Wechseljahre gemeint. Ein Zeitraum, wo es zu Hormonmangelzuständen (Progesteron, Östrogen) mit Zyklusstörungen und Beschwerden vielschichtiger Art durch den Hormonmangel bedingt, kommt. Dieser beginnt in der Prämenopause und erstreckt sich über einen variablen Zeitraum bis einige Jahre in die Postmenopause.

Klimakterium präcox (vorzeitige oder frühzeitige Menopause): Dieses vorzeitige Eintreten der letzten Blutung wird von einzelnen Autoren im Alter sehr unterschiedlich beurteilt und beginnt zwischen dem 35. und 45. Lebensjahr [2].

Klimakterium tardum: Verspätet eintretende Menopause nach dem 54. Lebensjahr.

Iatrogene (chirurgische) Menopause: Tritt bedingt durch radiologische, zytostatische oder chirurgische Maßnahmen, wie Oophorektomie mit oder ohne gleichzeitiger Hysterektomie, vor Erreichen der physiologischen Menopause, auf. Dabei treten die Hormonentzugserscheinungen meistens wesentlich abrupter auf und werden entsprechend stärker und heftiger empfunden.

PATHOPHYSIOLOGIE

Auf Grund des Nachlassens der Ovarialfunktion steigen die Konzentrationen von FSH und LH im Serum in bzw. nach der Menopause deutlich an, verglichen mit den Werten bei der geschlechtsreifen Frau. Diese hohen Werte bleiben dann etwa bis zum Eintritt ins Senium bestehen. Danach fallen sie wieder, bedingt durch die Altersinvolution der Hypophyse, ab und bleiben dann auf einem mehr oder weniger mäßig erhöhten Niveau bis zum Lebensende bestehen. Die hormonellen Charakteristika der Menopause bzw. Postmenopause sind das **Ansteigen von LH und FSH**, sowie ein **Absinken der Östrogene und des Progesterons**, verbunden mit einem **relativen Überwiegen der Androgene**. Dadurch kommt es zu zunehmend anovulatorischen Zyklen, die Menses wird unregelmäßig, bis schließlich zum Ausbleiben der Menstruation. Von dem relativ weitgehenden Ausfall der ovariellen Steroidbildung wird vor allem über den negativen „feed back"-Mechanismus die Hypothalamus-Hyphophysen-Achse beeinflußt. Das beginnende Klimakterium kann daher relativ leicht durch FSH und E_2 Kontrollen im Serum, am Beginn des Zyklus abgenommen, festgestellt werden (FSH über 40 mU/ml, bei eventuell 2–3maliger Kontrollen in etwa 3 monatigem Abstand, wenn Werte erst grenzwertig oder nur geringfügig über 40 mU/ml) sind.

Der Hauptgrund für das Auftreten der verschiedenen Beschwerden im Klimakterium liegt im Sistieren der Hormonproduktion der Ovarien. Das Ovar ist eine der wenigen Drüsen, das seine Funktion vorzeitig, relativ lange vor dem Ende des Lebens einstellt. Wobei die abnehmende Produktion der Hormone mit der Abnahme des Progesterons beginnt, über das Sistieren der Östrogenproduktion fortschreitet und schließlich mit dem Aufhören der Androgenproduktion, die bis in das 6. Lebensjahrzehnt reichen kann, seine Funktion völlig einstellt. Das heißt die Androgene, besonders das Androstendion und Testosteron, werden auch noch nach der Menopause in den Hilus- und Zwischenzellen produziert. Allerdings geht die Konversion dieser Androgene zu Östradiol im Ovar verloren, weil das aromatisierende Enzymsystem an die Granulosazellen gebunden ist [3]. Die Nebennierenrindenfunktion zeigt erst wesentlich später, nämlich im Senium, einen doch deutlich geringeren Abfall in der Sekretion von Dehydroepiandrosteron, Androstendion, Androsten-3 ß,17 ß-diol und Testosteron, die als Vorstufen für die Östrogenbildung gelten [4]. Die Schilddrüse zeigt im Laufe der Menopause und Postmenopause keine wesentlichen Veränderungen, d. h. Schilddrüsenfunktionsstörungen sind im Klimakterium nicht wesentlich häufiger. Die Ursache für das Auftreten der Menopause ist die zunehmende Abnahme der Ovarialfunktion durch Atresie der Follikel. Es kommt im Laufe des Lebens zu einer stetigen Reduktion der in großer Anzahl angelegten Follikel, sodaß um das 5. Lebensjahrzehnt nur mehr wenig Primordialfollikel übrigbleiben, die noch auf eine Gonadotropinsekretion ansprechen und zu einem Follikel ausreifen können. Zum Beginn des Klimakteriums ist die Anzahl der in den Ovarien vorhandenen Primordialfollikel von rund 500.000 in der Pubertät auf wenige Tausend gesunken. Dadurch kommt es zunehmend zu einem Absinken der Östrogenproduktion [5, 6]. Die Progesteronwerte sinken aber bereits einige Zeit früher ab, bedingt durch die zunehmend geringere Zahl von Ovulationen und damit durch das Ausbleiben der Gelbkörperbildung in der zweiten Zyklushälfte [7].

Ein weiterer einschränkender Faktor für die Ovarialfunktion ist die stetige Abnahme des Organgewichtes. Das Gewichtsmaximum der Ovarien wird zwischen dem 25. und 30. Lebensjahr erreicht, danach nimmt es regelmäßig langsam ab. So wiegt ein atrophisches Ovar im Senium nur mehr etwa ein Drittel eines voll funktionsfähigen Ovars. Ausgelöst wird diese Gewichtsabnahme durch die Sklerosierung der Hilusgefäße, mit nachfolgender Minderperfusion, sowie durch vermehrte Bindegewebseinlagerung und Kapselverdickung. Interessanterweise zeigen diese ovariellen Veränderungen im zeitlichen Auftreten nur geringe rassische Unterschiede. So liegt das Menopausenalter in Amerika zwischen Weißen und Schwarzen nur unwesentlich auseinander [8]. Allerdings werden sozialökonomische Unterschiede diskutiert. Frauen mit niedrigem Sozialstatus und niedrigem Einkommen kommen früher in die Menopause als Frauen aus höherem Sozialstatus. Ebenso scheinen Unterschiede sowohl im Menarchenalter wie auch im Menopausenalter im Vergleich Entwicklungsländer zu den westlichen Industrienationen zu bestehen. Auf Grund des besseren Ernährungsstatus kommt es in den Industrienationen neben einem größeren Körperwachstum auch zu einem früheren Auftreten der Menarche und späteren Eintritt der Menopause [9]. Andererseits spielen aber auch Lebensgewohnheiten der westlichen Hemisphäre zunehmend eine negative Rolle in der Beeinflussung des Menopausenalters. So konnte Kaufmann in einer Multizenterstudie nachweisen, daß erhöhter Nikotingenuß das Menopausenalter bis zu zwei Jahren früher eintreten läßt [10]. Das Nikotin bedingt eine stärkere ovarielle Gefäßkonstriktion, was zu vermindertem Sauerstofftransport durch gebundenes Hämoglobin führt. Durch die dadurch hervorgerufene Minderdurchblutung kommt es zu einer eingeschränkten Östrogenproduktion im Ovar. Zusätzlich wird durch andere Inhaltsstoffe der Zigaretten die Aromatisierung von Androgenen als Östrogenvorläufer gehemmt. Die dadurch hervorgerufene Minderproduktion von Östrogenen kann noch zusätzlich als eine Ursache des erhöhten Osteoporoserisikos von Raucherinnen angesehen werden.

Das klimakterische Syndrom, auch als eine Reihe von Symptomen in den Sammelbegriff Wechselbeschwerden impliziert, ist also das typische Beschwerdebild als Folge eines relativen Östrogenmangels, das in der Perimenopause beginnt und sich über einen variablen Zeitraum, d. h. auch über mehrere Jahre bis hin in die Postmenopause, erstrecken kann. Es setzt sich aus mehreren hormonell bedingten Komponenten zusammen, wie Östrogen-Mangelsymptome, Probleme, die mit einem relativen Östrogenüberschuß und Progesteronmangel verbunden sind (diese stehen am Beginn des Klimakteriums) und Probleme die durch eine Östrogen/Gestagen Substitutionstherapie hervorgerufen werden können. Klassisch teilen wir sie ein in *vasomotorisch vegetative Störungen*, wie z. B. Hitzewallungen, Schweißausbrüche, Kreislaufinstabilität, in *psychische Störungen*, wie z. B. Antriebsarmut, Konzentrationsschwäche, depressive Verstimmung, Schlafstörung, zunehmende Nervosität, in

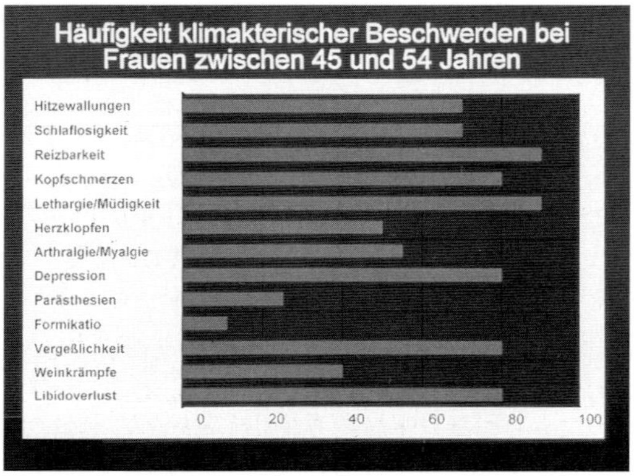

Abbildung 1

organische Störungen, wie z. B. lokale Atrophie im Bereich des Urogenitaltraktes mit atrophischer Kolpitis, Fluor, Inkontinenz- und Kohabitationsbeschwerden, Dyspareunie, generalisierte Atrophie der Haut mit Austrocknung und Faltenbildung, Hirsutismus und Effluvium, Aufttreten von Osteoporose in etwa einem Drittel der sich im Klimakterium befindenden Frauen, sowie in *metabolische Störungen* im Fettstoffwechsel – Abfall der HDL-Lipoproteine und Anstieg der LDL-Lipoproteine, wodurch es zur Förderung der Arteriosklerose mit verstärktem Herzinfarkt- und Apoplexierisiko kommt [11]. Das bei den Frauen völlig unterschiedliche Auftreten der klimakterischen Beschwerden, die individuell völlig verschieden im Symptomenkomplex wie auch in der Intensitivität sein können, ist trotz allem bisherigen Wissen noch nicht völlig erforscht und geklärt (Abb. 1). Mehrere Faktoren scheinen aber dieses Auftreten der Beschwerden zu beeinflussen:
1. Die Höhe des Östrogenverlustes und die Geschwindigkeit des Östrogenabfalles.
2. Die genetisch determinierte bzw. erworbene Neigung, dem gesamten Alterungsprozeß sowohl psychisch wie auch physisch leichter oder schwerer standzuhalten.
3. Rassische, soziokulturelle und erzieherische Einflüße mit den auftretenden Beschwerden fertigzuwerden.

LITERATUR:

1. Speroff L, Glass RH, Kase NG. Gynäkologische Endokrinologie & steriles Paar. In: Bohnet HB (Hrsg. deutsche Ausgabe). Diesbach Verlag Berlin, 1989; 125–7.

2. Pauerstein CJ, Ash RH. Menopause. In: Pauerstein CJ (ed.). Gynecologic disorders: Differential diagnosis and therapy. Grune & Stratton, New York-London-Paris-Toronto 1982; 341.

3. Judd HL, Judd GE, Lucas WE, Yen SSC. Endocrine function of postmenopausal ovary: Concentration of androgens and estrogens in ovarian and peripherial vein blood. J Clin Endocrinol Metab 1974; 39: 1020.

4. Vermeulen A. Adrenal androgens and aging. In: Genanzzani AR, Thijssen, Siiteri PK (eds.). Adrenal androgens. Raven Press New York 1980; 207.

5. Leidenberger FA. Klinische Endokrinologie für Frauenärzte. Springer Verlag Berlin, Heidelberg, New York 1991; 334-5.

6. Baker TG. A quantitative and cytological study of germ cells in human ovaries. Proc Soc 1963; 158: 417-33.

7. Speroff L, Glass RH, Kase NG. Gynäkologische Endokrinologie & steriles Paar. In: Bohnet HB (Hrsg. deutsche Ausgabe). Diesbach Verlag Berlin 1989; 105–9.

8. Flint MP, Garcia M. Culture and the climacteric. J Biosocial Sci 1979; Suppl. 6: 197.

9. Shermann BM, Wallace RB, Treloar AE. The menopausal transition: Endocrinological and epidemiological considerations. J Biosocial Sci 1979; Suppl. 6: 19.

10.Kaufmann DW, et al. Cigarette smoking and age natural menopause. Amer J Public Health 1980; 70: 420.

11. Fischl F. Das Klimakterium und seine Behandlung, ein Leitfaden. Schering AG, Wien, 1989.

PHARMAKOKINETIK DER ÖSTROGENE

H. KUHL

Die Substitutionstherapie mit Östrogenen und Gestagenen dient dem Ziel, die ungünstigen Folgen des Ausfalls der endogenen Estradiol- und Progesteronproduktion zu vermeiden. Es kommt also primär nicht darauf an, die physiologischen Verhältnisse eines ovulatorischen Zyklus zu restaurieren, sondern es geht darum, das angestrebte Ziel der Behandlung in optimaler Weise zu realisieren. Für diese Zwekke stehen verschiedene Präparate zur Verfügung, die eine weitgehende Berücksichtigung der individuellen Gegebenheiten ermöglichen. Die Auswahl des Östrogens richtet sich danach, ob nur bestimmte Beschwerden (z. B. atrophische Erscheinungen) behandelt werden sollen oder ob das gesamte therapeutische und präventive Potential einer Substitution ausgeschöpft werden soll, ob Blutungen noch akzeptiert und welche Nebenwirkungen in Kauf genommen werden. Im Hinblick auf das Risiko schwerwiegender Komplikationen gilt Ethinylestradiol für die Substitution als obsolet, da mit den für die Frau natürlichen Östrogenen Estradiol, Estronsulfat und Estriol ausreichend wirksame Präparate vorhanden sind, für die es kaum noch Kon-

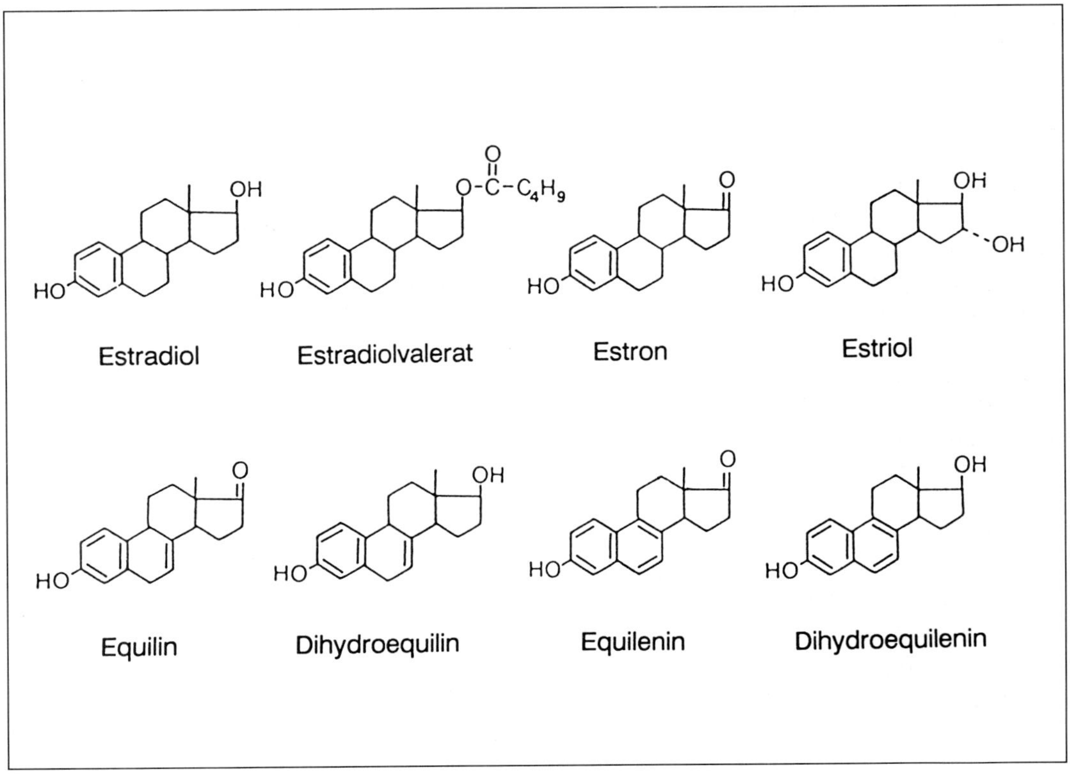

Abbildung 1: Strukturformeln der bei der Substitutionstherapie angewandten Östrogene

Tabelle 1: Relative Bindungsaffinitäten (RBA) der verschiedenen Östrogene zum Östrogenrezeptor (Estradiol-17β = 100 %).

(Die Daten sind aus der Literatur entnommen und nicht konsistent, da sie von den Inkubationsbedingungen abhängen. Sie stellen keinen Maßstab für die biologische Wirkung dar)

Östrogen	RBA
Estradiol-17β	100
Estradiol-17α	32
Estron	11
Estriol	10
Equilin	40
Dihydroequilin-17β	47
Dihydroequilin-17α	31
Equilenin	7
Dihydroequilenin-17β	46
Dihydroequilenin-17α	18
Östrogensulfate	2

traindikationen gibt. Ergänzt werden diese Präparate durch die equinen konjugierten Östrogene, die allerdings eine stärkere Wirkung auf den hepatischen Stoffwechsel haben als z. B. Estradiol. Bei bestimmten gesundheitlichen Einschränkungen (z. B. Lebererkrankungen, gastrointestinale Beschwerden, Hypertriglyceridämie) erleichtern die verschiedenen Alternativen der Applikationsweise die richtige Behandlung. Estriol, das wegen der fehlenden hepatischen Wirkung praktisch keine Nebenwirkungen verursacht, ist allerdings zur Prävention der Osteoporose nicht geeignet und hat auch keinen Einfluß auf den Fettstoffwechsel. Für die Beurteilung der Vor- und Nachteile der verschiedenen Therapieschemata ist die Kenntnis der Pharmakokinetik und des Metabolismus des angewandten Präparats von großer Bedeutung. Dabei ist zu beachten, daß es große interindividuelle Unterschiede bei der Absorption und Metabolisierung gibt, die für die individuellen Variationen bei den Serumspiegeln, Wirkungen und Nebenwirkungen verantwortlich sind. Die Beachtung der zeitabhängigen Veränderungen der Östrogenspiegel nach der Applikation sowie ihrer Akkumulation oder Verringerung bei längerfristiger Anwendung stellt die Voraussetzung für eine korrekte Beurteilung von Hormonanalysen dar, falls diese zur Überwachung der Therapie oder Prävention als notwendig erachtet werden sollten.

Wirkungsstärke der Östrogene

Es gibt zahlreiche natürliche und synthetische Östrogene, die in ihrer Wirkungsstärke stark variieren (Abb. 1). Voraussetzung für eine starke östrogene Wirkung ist einerseits eine starke Bindung an den Östrogenrezeptor (Tab. 1), wobei der resultierende Komplex die „richtige" sterische Konfiguration haben muß, um an der DNS ausreichend lange gebunden zu bleiben und die biologischen Wirkungen auszulösen. Eine hohe Affinität allein bedeutet nämlich nicht unbedingt eine starke östrogene Wirkung, wie das Beispiel der Antiöstrogene zeigt. Darüber hinaus muß die Applikation zu ausreichend hohen Konzentrationen des Östrogens in der Zielzelle führen, die in erster Linie von den Serumspiegeln und der lokalen Metabolisierung in der Zelle abhängen. Von den für die Frau natürlichen Östrogenen weist Estradiol die stärkste Wirkung auf, während Estron aufgrund seiner geringen Bindungsaffinität nur schwach wirksam ist. Die Bedeutung des Estrons liegt darin, daß es gleichzeitig Metabolit und Präkursor des Estradiols ist (Abb.2). Es wird weiter zum Estronsulfat konjugiert, das in hohen Konzentrationen zirkuliert, sowie zu Estronglucuronid, das größtenteils ausgeschieden wird.

Estriol ist nur ein schwaches Östrogen, das in der üblichen Dosis keinen proliferativen Effekt auf das Endometrium hat. Dies hängt damit zusammen, daß Estriol ein kurzzeitig wirkendes Östrogen ist, das zwar mit gleicher Assoziationsrate wie Estradiol vom Rezeptor gebunden wird, jedoch wegen der raschen Dissoziation nur 1 bis 4 Stunden gebunden bleibt. Dadurch können jene biologischen Wirkungen nicht ausgelöst werden, die von der Bindung des Östrogen-Rezeptor-Komplexes an der DNS über 8 bis 12 Stunden abhängig sind. Estriol stellt ein Endprodukt der Metabolisierung dar, das nicht mehr zu Estradiol retransformiert werden kann. Es wird ebenfalls als Konjugat ausgeschieden. Zwar korrelieren die Serumspiegel der Östrogene und ihrer Metaboliten mit der applizierten Dosis, doch variieren – ähnlich wie die Serumspiegel bei Einnahme der gleichen Dosis – auch die Wirkungen individuell zwischen den Patientinnen, selbst wenn die gemessenen Östrogenspiegel identisch sind. Dementsprechend ist die Frage eines optimalen Estradiolspiegels nicht zu beantworten und der Wert einer Estradiolbestimmung zur Überwachung des

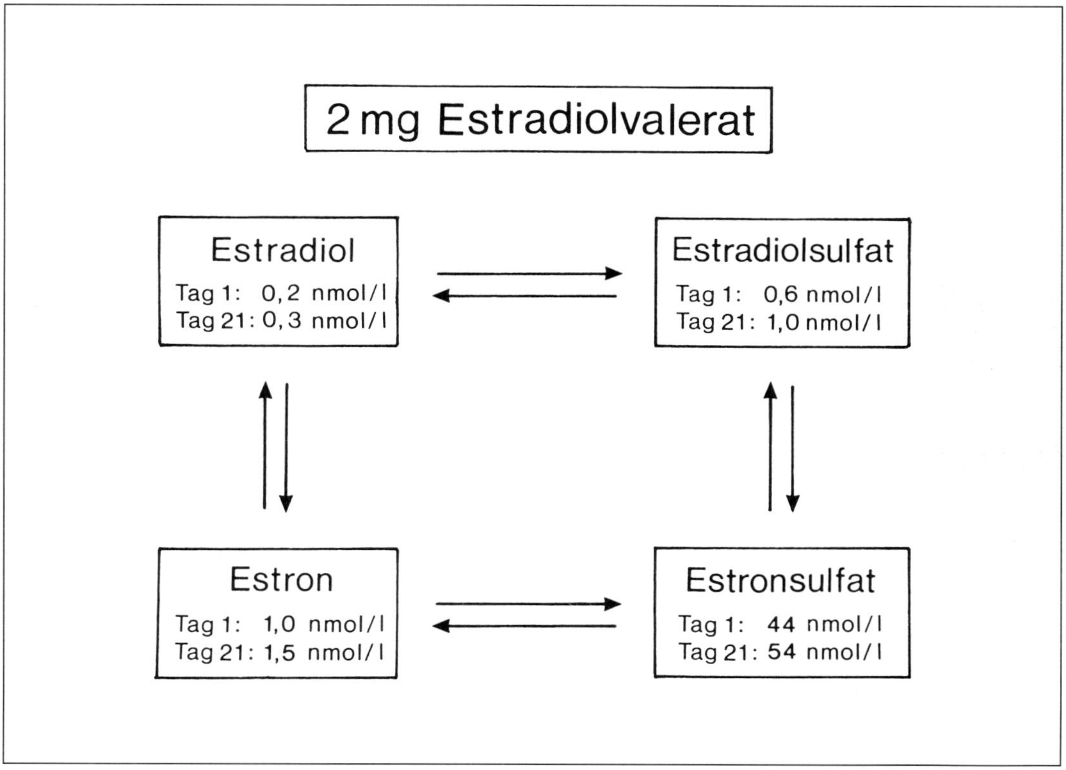

Abbildung 2: Wechselseitige Transformation von Estradiol, Estron, Estronsulfat und Estradiolsulfat während der Behandlung mit Estradiol oder Estronsulfat.

Tabelle 2: Zusammensetzung der equinen konjugierten Östrogene

Östrogenkonjugat	Anteil
Estronsulfat-Na	50 %
Equilinsulfat-Na	25 %
17α-Dihydroequilinsulfat-Na	15 %
Equileninsulfat	
17β-Estradiolsulfat-Na	
17α-Estradiolsulfat-Na	
17β-Dihydroequilinsulfat-Na	
17β-Dihydroequileninsulfat-Na	
17α-Dihydroequileninsulfat-Na	

Therapieerfolgs fraglich. In ähnlicher Weise läßt sich die Wirkungsstärke der verschiedenen Östrogene nur als durchschnittliche Schätzung verstehen, die erhebliche individuelle Abweichungen einschließt. Dabei ist zu beachten, daß die Wirkungen der Östrogene von dem jeweiligen Organ bzw. Testsystem abhängig sind, so daß z. B. der Effekt auf den karyopyknotischen Index nicht unbedingt mit dem auf den Knochenmineralgehalt, auf die Hitzewallungen oder auf die hepatische Angiotensinogensynthese korreliert [1].

Hinsichtlich ihrer klinischen Wirkung entspricht die Dosis von 1 bis 2 mg Estradiol bzw. Estradiolvalerat der von 0,6 bis 1,25 mg equiner konjugierter Östrogene, die man im allgemeinen als minimale effektive Dosis für die Therapie und Prävention der östrogenmangelbedingten Beschwerden und Erkrankungen betrachtet. Sie läßt sich annähernd mit der einer transdermalen Behandlung mit 100 µg Estradiol vergleichen [1].

Dagegen unterscheiden sich Estradiol und die konjugierten Östrogene erheblich in ihrer Wirkung auf den hepatischen Metabolismus. Die equinen konjugierten Östrogene, ein Gemisch verschiedener Östrogenkonjugate, haben einen erheblich stärkeren stimulierenden Effekt auf die Synthese vieler Proteine (z. B. Angiotensinogen, SHBG) als Estradiol, was in erster Linie auf die Equiline zurückzuführen sein dürfte. Dazu kommt, daß die orale Behandlung aufgrund der hohen lokalen Konzentrationen in der Leber während der ersten Leberpassage einen stärkeren Effekt hat als die parenterale [1]. Dementsprechend ist bei Patientinnen mit schweren Lebererkrankungen oder Störungen des hepatischen Metabolismus die transdermale Estradioltherapie der oralen vorzuziehen, während auf die Anwendung der equinen konjugierten Östrogene verzichtet werden sollte. Estriol hat dagegen in den empfohlenen Dosierungen keinen Effekt auf die Leber.

Estradiol und Estradiolester

Orale Applikation

Bei oraler Anwendung wird mikronisiertes Estradiol bereits im Duodenum und Jejunum sowie in der Leber zu einem großen Teil zu Estron, Estronsulfat und Estradiolsulfat metabolisiert. Aufgrund der großen Oberfläche des Mikrokristalle wird jedoch ein ausreichender Anteil des Estradiols rasch absorbiert und entgeht so der Metabolisierung. Ähnliche Verhältnisse findet man bei der Behandlung mit Estradiolvalerat, das rasch nach der Einnahme gespalten wird, wobei Estradiol frei wird. Innerhalb

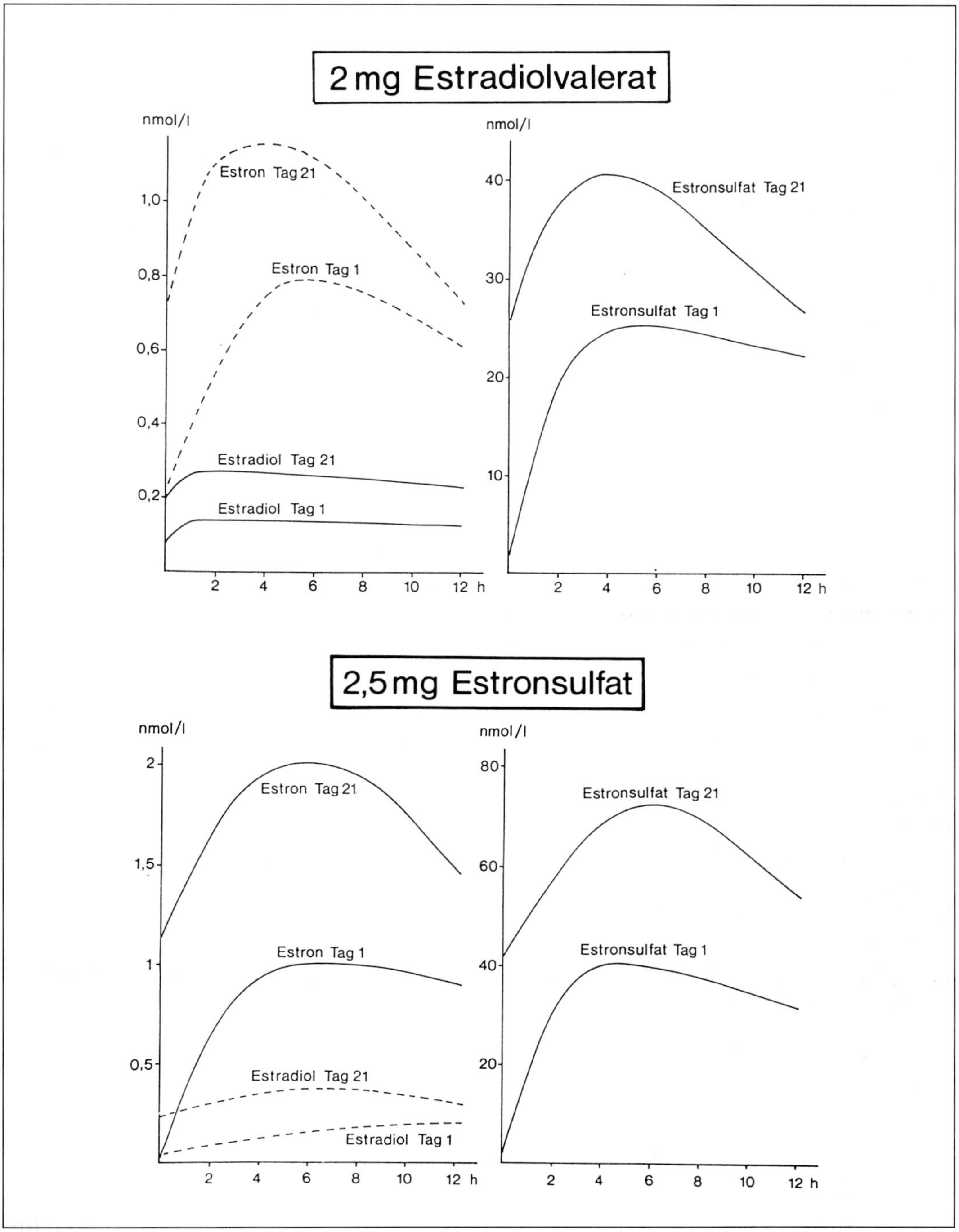

Abbildung 3: Durchschnittlicher Verlauf der Serumkonzentrationen von Estradiol, Estron und Estronsulfat nach oraler Applikation von 2 mg Estradiolvalerat (oben) oder 2,5 mg Estronsulfat (unten). (Modifiziert nach [2]).

kurzer Zeit kommt es nach der Einnahme von z. B. 2 mg Estradiolvalerat zu einem Anstieg der Serumkonzentration des Estradiols auf ein Maximum, das am ersten Tag im Durchschnitt bei etwa 50 pg/ml liegt und bei täglicher Einnahme auf 80 bis 100 pg/ml ansteigt. Die Serumspiegel des Estrons erreichen Werte, die etwa 4- bis 5mal so hoch sind wie die des Estradiols, während das in großen Mengen entstehende Estronsulfat 30- bis 40mal höhere Konzentrationen erreicht als das Estron (Abb. 3) [2]. Auch Estradiolsulfat steigt an, wenn auch in weit geringerem Maße als Estronsulfat. Die Halbwertszeiten des Estradiols im Serum liegen bei 35, des Estrons bei 20, des Estradiolsulfats bei 20 und des Estronsulfats bei 12 Stunden [2]. Im Vergleich zu mikronisiertem Estradiol findet man bei Einnahme der gleichen Dosis Estradiolvalerat etwas niedrigere Estronspiegel, während die Estradiolkonzentrationen ähnlich sind [3]. Demnach verzögert das Valerat die intestinale Metabolisierung des Estradiols. Im weiteren Verlauf der Behandlung mit Estradiolvalerat akkumulieren Estradiol und seine Metaboliten im Serum, so daß am 21. Behandlungstag die Serumspiegel des Estradiols und Estrons um 50 %, die des Estronsulfats um 25 % und des Estradiolsulfats um 65 % höher liegen als am ersten Tag (Abb. 3) [2].

Im Gegensatz zu Ethinylestradiol oder Estriol, bei denen man nach der Einnahme einen raschen Anstieg und einen ebenso raschen Abfall der Serumspiegel beobachtet, nimmt Estradiol hinsichtlich seiner Pharmakokinetik eine Sonderstellung ein. Die maximale Estradiolkonzentration wird nämlich erst nach etwa 5 Stunden erreicht, und es kommt auch danach nur zu einer allmählicheren Abnahme, so daß man über viele Stunden einen hohen Estradiolspiegel findet (Abb. 3) [2]. Dementsprechend ist die Halbwertszeit ($t_{1/2ß}$) des Estradiols im Serum mit 35 Stunden relativ lang. Die Ursache liegt darin, daß Estron, Estronsulfat und Estradiolsulfat nicht nur als Metaboliten, sondern auch als Präkursoren des Estradiols zu betrachten sind und in Estradiol zurücktransformiert werden (Abb. 2). Diese Zusammenhänge werden deutlich, wenn man die Konzentrationen des Estradiols, Estrons und Estronsulfats nach Einnahme von Estradiol mit denen nach Einnahme von Estronsulfat vergleicht (Abb. 3). Da Estron und Estronsulfat in weitaus höheren Konzentrationen zirkulieren, stellen sie eine große, hormonal inaktive Reserve dar, die dafür verantwortlich ist, daß der Estradiolspiegel auch 24 Stunden nach der Einnahme noch erhöht ist. Das vielfach als Kriterium für eine „physiologischere" oder „unphysiologischere" Therapie herangezogene Verhältnis Estron/Estradiol, das bei der oralen Therapie 4:1, bei der transdermalen 1:1, bei jungen Frauen 1:2 und bei postmenopausalen Frauen 2:1 beträgt, ist ohne jede klinische Bedeutung.

Transdermale Applikation

Die transdermale Behandlung vermeidet die starke Metabolisierung im Intestinaltrakt und während der ersten Leberpassage. Sie ist vor allem für Frauen geeignet, die an gastrointestinalen oder hepatischen Störungen leiden. Bei der Anwendung eines Pflasters, das täglich 25, 50 oder 100 µg Estradiol freisetzt, diffundiert das in Alkohol gelöste Östrogen durch das Stratum corneum und erreicht im Korium die Kapillargefäße. Die Diffusion ist von dem Konzentrationsgradienten zwischen Reservoir und den Kapillargefäßen abhängig, wobei der Alkohol nicht nur die Diffusion erleichtert, sondern auch die Metabolisierung des Estradiols in der Haut hemmt. Das System ist nur effizient, solange das Pflaster haftet und die alkoholische Lösung vorhanden ist. Auch bei der transdermalen Behandlung kommt es zu starken individuellen Fluktuationen der Estradiolspiegel, die sich bei Anwendung des 50 µg-Pflasters zwischen 30 und 65 pg/ml, mit dem 100 µg-Pflaster zwischen 60 und 100 pg/ml bewegen können (Abb. 4). Das Pflaster wird zweimal pro Woche gewechselt, doch kommt es bereits am zweiten Tag zu einem Abfall der Estradiolspiegel.

Einem anderen Prinzip folgt die Anwendung eines estradiolhaltigen Alkohol-Wasser-Gels, das auf eine festgelegte Fläche im Bereich des Abdomens oder der Oberarme aufgetragen wird. Das Hormon penetriert sehr rasch solange, bis das Gel (innerhalb von 2 Minuten) getrocknet ist. Als Speicher dient hierbei das Stratum corneum, von dem aus das Estradiol allmählich bis zu den Kapillargefäßen des Koriums diffundiert. Bei täglicher Anwendung auf die gleiche Hautstelle wird das Stratum corneum, das durch Aufnahme von Wasser seine Speicherkapazität erhöht, mit Estradiol gesättigt. Deshalb beobachtet man während der ersten 4 bis 5 Tage einen Anstieg des Estradiolspiegels bis zum Erreichen eines Steady-state. Bei dieser Methode ist für die Höhe des Estradiolspiegels die bestrichene Hautfläche wichtiger als die aufgetragene Dosis. Bei täglicher Applikation eines Gels mit 1,5 mg Estradiol auf 400 cm^2 Hautfläche werden Serumspiegel von 65 bis 105 pg/ml erreicht.

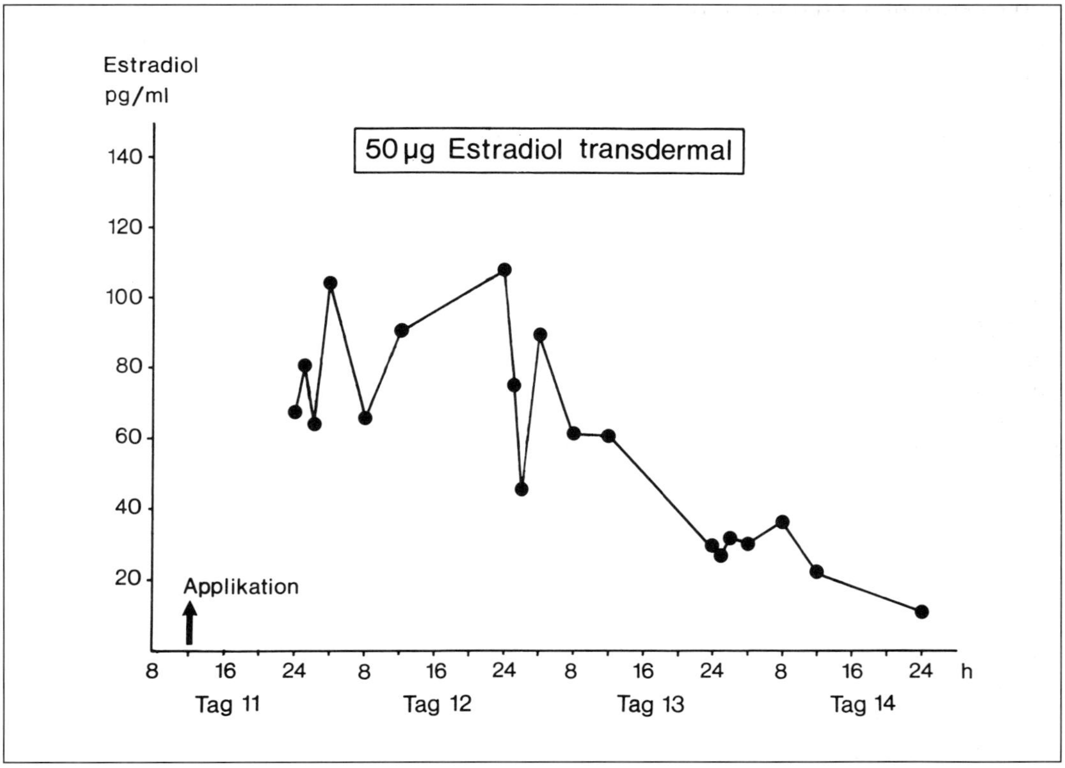

Abbildung 4: Kurzfristige Schwankungen der Serumkonzentration von Estradiol bei einer Patientin, die mit 50 µg Estradiol transdermal behandelt wurde.

Subkutane Applikation

In England und den USA stehen Estradiolpreßlinge aus kristallinem Estradiol zur Verfügung, die subkutan implantiert werden und über mehrere Monate das Hormon in relativ gleichmäßigen Raten freisetzen. Mit einem Pellet von 100 mg erreicht man Estradiolspiegel zwischen 150 und 250 pg/ml, die nur langsam abfallen und nach 12 Monaten noch bei etwa 50 pg/ml liegen. Deshalb ist bei wiederholten Implantationen mit einer Akkumulation des Estradiols zu rechnen.

Intramuskuläre Applikation

Die intramuskuläre Injektion eines Estradiolesters führt zu einem mikrokristallinen Primärdepot an der Injektionsstelle oder zu einem Sekundärdepot im Fettgewebe, aus denen der Ester allmählich freigesetzt und in der Leber zu Estradiol gespalten wird. Der Depoteffekt ist umso ausgeprägter, je lipophiler die enthaltene Fettsäure ist. Nach der Injektion von 4 mg Estradiolvalerat wird innerhalb von 3 bis 5 Tagen ein maximaler Estradiolspiegel von etwa 400 pg/ml erreicht, der anschließend allmählich abfällt und nach 2 Wochen bei 50 pg/ml liegt. Wird dagegen Estradiolcipionat (Estradiolcyclopentylpropionat) verwendet, so ist zwar der Gipfelwert des Estradiolspiegels niedriger, doch dauern Anstieg und Abfall weitaus länger als nach der Injektion von Estradiolvalerat.

Vaginale Applikation

Nach der vaginalen Applikation von 0,5 mg Estradiol kommt es wegen der guten Absorption und der im Vergleich zum Intestinum relativ geringen Metabolisierung zu Estradiolspiegeln, die mit etwa 2.700 pg/ml 10- bis 20mal so hoch sind wie bei oraler Einnahme [7]. Dagegen gibt es hinsichtlich der Serumkonzentrationen des Estrons, Estronsulfats und Estradiolsulfats keinen Unterschied zwischen vaginaler und oraler Anwendung [7]. Dementsprechend stellt die topische Anwendung eines Östrogens in ausreichender Dosis nicht nur eine starke lokale, sondern auch eine systemische Therapie dar, die weitaus stärker ist als die orale. Die Beschränkung auf einen rein topischen Einfluß auf das Vaginalepithel ist nur möglich, wenn die applizierte Dosis des Estradiols sehr niedrig ist. Bei vaginaler Anwendung von 25 µg findet man nur am ersten Tag einen leichten Anstieg des Estradiolspiegels auf 50 pg/ml, während nach 14-tägiger Behandlung kein systemischer Effekt mehr zu erwarten ist [8]. Dies beruht vermutlich darauf, daß das bei Beginn der lokalen Therapie atrophische Vaginalepithel praktisch keine metabolische Kapazität besitzt, mit zunehmender Proliferation und Normalisierung jedoch einen großen Teil des absorbierten Estradiols inaktiviert [9].

Konjugierte Östrogene

Als konjugierte Östrogene oder Östrogenkonjugate bezeichnet man normalerweise die Schwefelsäure- und Glucuronsäureester der Östrogene, die wasserlöslich sind und – insbesondere die Sulfate – in hoher Konzentration zirkulieren. Sie sind für den Metabolismus und die Ausscheidung der endogenen und exogenen Steroide von besonderer Bedeutung. Wenig bekannt ist, daß Steroidkonjugate direkt, d. h.

ohne vorherige Hydrolyse, als Substrat zahlreiche Enzymsysteme in Anspruch nehmen und dadurch die Steroidbiosynthese beeinflussen können. Sie haben allerdings nur eine geringe Affinität zum Rezeptor, so daß sie als Hormon erst nach Spaltung als freies Steroid wirksam werden.

Bei den konjugierten Östrogenen, die zur Substitutionstherapie eingesetzt werden, handelt es sich um Sulfate verschiedener Östrogene, die als Natriumsalz vorliegen. In den USA kann das Natrium durch Piperazin, eine starke organische Base, ersetzt sein. Die wichtigsten bei der Therapie eingesetzten Konjugate sind das Estronsulfat und das Equilinsulfat (Abb. 1). Die equinen konjugierten Östrogene stellen eine Mischung aus 9 verschiedenen Konjugaten dar, wobei Estronsulfat zu 50 %, Equilinsulfat zu 25 % und 17-α-Dihydroequilinsulfat zu 15 % an der Gesamtdosis beteiligt sind (Tab. 2). Für die Östrogenwirkung sind im wesentlichen das aus dem Estronsulfat gebildete Estradiol und das aus Equilinsulfat entstehende 17-β-Dihydroequilin verantwortlich. Das 17-α-Dihydroequilin ist dagegen hormonal kaum wirksam, obwohl es mit relativ hoher Affinität vom Östrogenrezeptor gebunden wird (Tab. 1) [10].

Nach der Einnahme der konjugierten Östrogene wird ein großer Teil des Estronsulfats bzw. der anderen Konjugate unverändert absorbiert. Innerhalb von 5 Stunden nach Applikation von 2,5 mg Estronsulfat kommt es zu einem Anstieg des Estrons auf etwa 250 pg/ml, der bei weiterer täglicher Applikation auf über 400 pg/ml ansteigt (Abb. 3). Die Konzentration des Estronsulfats liegt 30- bis 40mal so hoch wie die des Estrons [2]. Der Serumspiegel des Estradiols steigt am ersten Behandlungstag nur langsam an und erreicht nach 12 Stunden einen Wert von etwa 50 pg/ml; im weiteren Verlauf der Einnahme beobachtet man eine Zunahme des Estradiols auf durchschnittlich 100 pg/ml [2]. Ein Teil des Estronsulfats wird direkt in Estradiolsulfat umgewandelt, das im Serum Konzentrationen erreicht, die 3- bis 4mal so hoch sind wie die des Estradiols [2, 4]. Etwa 3 Stunden nach Einnahme von 10 mg konjugierter equiner Östrogene beobachtet man einen maximalen Serumspiegel des Equilins von etwa 530 pg/ml und des Estrons von 1400 pg/ml [5]. Es ist anzunehmen, daß es bei täglicher Einnahme auch beim Equilin und Equilinsulfat zu einer Akkumulation im Serum kommt.

Hormonal wirksam werden die konjugierten Östrogene erst nach Abspaltung der Schwefelsäure und nach Umwandlung in die eigentlichen Wirksubstanzen. Die Hydrolyse der Sulfate erfolgt dabei nicht nur in der Leber, die sie größtenteils unverändert passieren, sondern auch im peripheren Gewebe [4]. Ähnlich wie bei der Umwandlung von Estron in Estradiol spielt auch die Bildung des Dihydroequilins und Dihydroequilenins aus Equilin und Equilenin eine wichtige Rolle für deren Östrogeneffekt (Abb. 1). Aufgrund seiner relativ starken Bindung an Albumin ist die Halbwertszeit des Equilinsulfats im Kreislauf weitaus länger als die des Equilins [1]. Allerdings werden sowohl Equilin als auch Equilinsulfat erheblich schneller ausgeschieden als Estron und Estradiol bzw. Estronsulfat [6].

Estriol und Estriolester

Orale Applikation

Nach oraler Einnahme wird der größte Teil des Estriols im Intestinaltrakt rasch metabolisiert, so daß nur 1 bis 2 % der Dosis unverändert in den Kreislauf gelangen [1]. Innerhalb von 1 bis 4 Stunden nach Gabe von 4 mg wird im Serum ein Gipfelwert von 35 pg/ml erreicht, wonach es zu einem relativ steilen Abfall kommt. Die Hauptmenge des eingenommenen Estriols zirkuliert in Form seiner Glucuronide und Sulfate, deren Konzentration 500mal höher liegt als die des unkonjugierten Estriols. Bei täglicher Einnahme kommt es jedoch zu einer Akkumulation, und die Estriolspiegel steigen bis auf 130 pg/ml an [11]. Da Estriol einer ausgeprägten enterohepatischen Zirkulation unterworfen ist, kann es innerhalb von 1 Stunde nach einer Nahrungsaufnahme zu einem zweiten Gipfelwert im Serum kommen [1]. Da auf diese Weise der Aufenthalt des Estriols in der Zielzelle bzw. die Interaktion mit dem Rezeptor verlängert wird, kann langfristig eine Proliferation des Endometriums nicht ausgeschlossen werden. Gleiches gilt für sehr hohe Estrioldosen oder für eine Aufteilung der Tagesdosis auf eine zwei- oder dreimalige Einnahme. Deshalb sollte die gesamte Estrioldosis auf einmal eingenommen werden, wobei die abendliche Einnahme zu empfehlen ist.

Estriolsuccinat (Estriol-16,17-di-hemisuccinat) wird nach oraler Einnahme nahezu unverändert und erheblich langsamer resorbiert als das freie Estriol, da die intestinale Mukosa den Ester kaum hydrolysiert. In der Leber wird die Substanz jedoch rasch gespalten und entsprechend weiter metabolisiert [12]. Nach der erstmaligen Einnahme von 8 mg erreicht der Estriolspiegel erst nach 12 Stunden ein Maximum von 40 pg/ml, steigt aber bei täglicher Behandlung innerhalb von 5 Tagen auf 80 pg/ml [13].

Vaginale Applikation

Durch die Vermeidung der starken intestinalen Metabolisierung findet man nach vaginaler Applikation Estriolspiegel, die 10 bis 20mal höher sind als bei der oralen Einnahme [1]. Dies bedeutet, daß man bei der lokalen Therapie mit z. B. 0,5 mg Estriol ähnliche Estriolspiegel und ähnliche systemische Wirkungen erzielt wie bei der oralen Behandlung mit 10 mg Estriol (Abb. 5). Nach vaginaler Gabe von 0,5 mg Estriol tritt nach 1 bis 2 Stunden im Serum ein Maximum von 100 bis 160 pg/ml auf. Wird die vaginale Dosis verdoppelt, so steigt die Serumkonzentration jedoch nur um 10 % an. Dementsprechend wird bereits mit 0,5 mg der maximale Effekt einer vaginalen Estriolbehandlung erreicht, und eine Verdopplung der Dosis bringt keine signifikante Verbesserung. Bei einer längerfristigen lokalen Therapie kommt es – im Gegensatz zur oralen Gabe – zu einer kontinuierlichen Abnahme der Estriolspiegel, die nach 4 Wochen um 30 bis 50 % niedriger liegen als am ersten Behandlungstag [14]. Ursache ist vermutlich die Normalisierung des Vaginalepithels, das eine ähnliche metabolische Aktivität besitzt wie das Endometrium [9]. Da bei dieser Applikationsweise die Bildung von Estriolkonjugaten im Vergleich zur oralen Behandlung sehr gering ist, spielt die enterohepatische Zirkulation des Estriols keine Rolle.

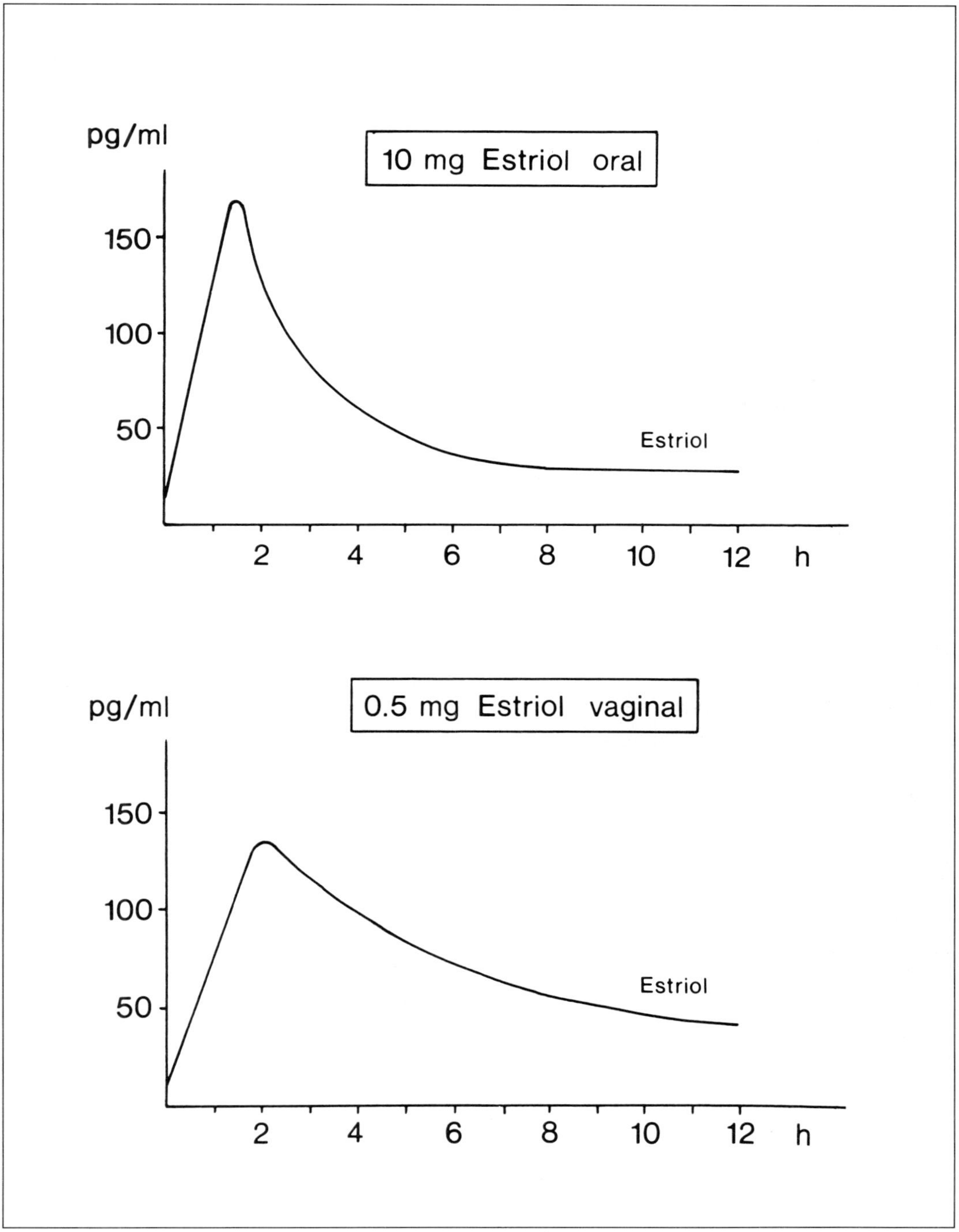

Abbildung 5: Durchschnittlicher Verlauf der Serumkonzentrationen von Estriol nach oraler Gabe von 10 mg Estriol (oben) oder nach vaginaler Applikation von 0,5 mg Estriol (unten).

Für die vaginale Anwendung von Estriolsuccinat, das nach der Absorption in der Leber hydrolysiert wird, gilt ähnliches wie für Estriol.

LITERATUR

1. Kuhl H, Taubert HD. Das Klimakterium. Thieme, Stuttgart. 1987; 90–118.

2. Aedo AR, Landgren BM, Diczfalusy E. Pharmacokinetics and biotransformation of orally administered oestrone sulphate and oestradiol valerate in post-menopausal women. Maturitas 1990; 12: 333–43.

3. Svensson LO, Hedman Johnson S, Olsson SE. Plasma concentrations of medroxyprogesterone acetate, estradiol and estrone following oral administration of Klimaxil, Trisequence/Provera and Divina. A randomized, single-blind, triple cross-over bioavailability study in menopausal women. Maturitas 1994; 18: 229–38.

4. Jasonni VM, Naldi S, Ciotti P, Bulletti C, Flamigni C. Comparative metabolism of oestrone sulphate after oral and intravenous administration in post-menopausal women. Maturitas 1987; 9: 201–5.

5. Bhavnani BR, Sarda CA, Woolever CA. Radioimmunoassay of plasma equilin and estrone in postmenopaisal women after administration of premarin. J Clin Endocrinol Metab 1981; 52: 741–7.

6. Bhavnani BR, Woolever A, Benoit H, Wong T. Pharmacokinetics of equilin and equilin sulfate in normal postmenopausal women and men. J Clin Endocrinol Metab 1983; 56: 1048–56.

7. Nahoul K, Dehennin L, Jondet M, Roger M. Profiles of plasma estrogens, progesterone and their metabolites after oral or vaginal administration of estradiol or progesterone. Maturitas 1993; 16: 185–202.

8. Nilsson K, Heimer G. Low-dose oestradiol in the treatment of urogenital oestrogen deficiency – a pharmacokinetic and pharmacodynamic study. Maturitas 1992; 15: 121–7.

9. Wiegerinck MAHM, Poortman J, Donker TH, Thijssen JHH. In vivo uptake and subcellular distribution of tritium-labelled estrogens in human endometrium, myometrium and vagina. J Clin Endocrinol Metab 1983; 56: 76–86.

10. Stern MD. Pharmacology of conjugated oestrogens. Maturitas 1982; 4: 333–9.

11. Schiff I, Wentworth B, Koos B, Ryan KJ, Tulchinsky D. Effect of estriol administration on the hypogonadal woman. Fertil Steril 1978; 30: 278–82.

12. van der Vies J. Fate of oestriol-16,17-dihemisuccinate after oral administration to rats. Acta Endocrinol 1965; 48: 630–44.

13. Rauramo L, Punnonen R, Kaihola HL, Grönroos M. Serum oestriol, oestrone and oestradiol concentrations during oral oestriol succinate treatment in ovarectomized women. Maturitas 1978; 1: 71–8.

14. Haspels AA, Luisi M, Kicovic PM. Endocrinological and clinical investigations in postmenopausal women following administration of vaginal cream containing oestriol. Maturitas. 1981; 3: 321–7.

PHARMAKOKINETIK VON PROGESTINEN

H. KOPERA

EINLEITUNG

Progestine werden vom Präklimakterium an bis weit in das Postklimakterium der Frau zu therapeutischen und prophylaktischen Zwecken eingesetzt. Man verwendet sowohl das Gestagen Progesteron, als auch und vor allem die Progestagene (Tab.1). Von letzteren sind derzeit in Österreich nur Norethisteronazetat, Levonorgestrel, Medroxyprogesteronazetat, Cyproteronazetat und Medrogeston in Handelspräparaten enthalten. Wegen der erwünschten Kürze dieser Übersicht, die sich nur auf eine sehr komprimierte Darstellung der Pharmakokinetik beschränkt, und in der auf kinetische Einzelheiten der verschiedenen Steroide nicht eingegangen werden kann, wird eine Besprechung anderer, in Untersuchung befindlicher Progestagene unterlassen.

Als selbständige Therapeutika werden Progestine bei dysfunktionellen Blutungen in der Prämenopause und sehr selten zur therapeutischen Beeinflussung der postmenopausalen Osteoporose gebraucht. In der überwiegenden Mehrzahl der Fälle werden die Progestine jedoch bei nicht hysterektomierten Frauen prophylaktisch während einer Östrogenbehandlung verwendet, um einen „unopposed" Östrogeneffekt auf das Endometrium zu verhindern.

Tabelle 1: Progestagene [1]

Derivate von Nortestosteron	Derivate von Progesteron
Norethisteron-Gruppe	Progesteron-Derivate
(13-Methyl-Gonane, Estrane)	Quingestron
Norethisteron (Norethindron)	Dydrogesteron
– azetat	
– enanthat	17α-OH(-nor-)Progesteron-Derivate
Ethinodioldiazetat	Megestrolazetat
Lynestrenol	Medroxyprogesteronazetat
Allylestrenol	Chlormadinonazetat
Norethynodrel	Cyproteronazetat
	Medrogeston
Norgestrel-Gruppe	
(13-Äthyl-Gonane)	
Levonorgestrel	
Gestoden	
Norgestimat	
Desogestrel	

Im Gegensatz zur Pharmakodynamik, die sich mit den Wirkungen von Substanzen auf den Körper und seine Funktionen beschäftigt, behandelt die Pharmakokinetik alle Einflüsse, die der Körper auf eine Substanz ausübt. Zur Pharmakokinetik der Progestine liegen Ergebnisse eingehender Untersuchungen vor [2, 3, 4, 5, 6]. Sie beziehen sich indes fast ausnahmslos auf Prüfungen, bei denen möglichen Besonderheiten im (Post)Klimakterium keine Beachtung geschenkt wurde, sodaß die meisten nachstehenden Daten, die auf den genannten Literaturangaben basieren, als allgemeine Aussagen und nicht als Resultate gezielter Untersuchungen in dieser Lebensperiode und unter den dafür gebräuchlichen speziellen Behandlungsbedingungen aufgefaßt werden müssen.

Verabreichung

Progestine werden zwar am häufigsten peroral, meist nicht kontinuierlich, sondern intermittierend während 10 bis 14 Tagen verabfolgt, doch erfreut sich die parenterale Applikationsform (transdermal, intramuskulär, intravaginal, intrauterin) zunehmender Beliebtheit.

Aufnahme, Verteilung

Nach oraler Gabe werden Progesteron, das nur in mikronisierter Form einem sofortigen Abbau im Darm und in der Leber entgeht, und die vom Progesteron abgeleiteten Progestagene rasch und meist vollständig aus dem Gastrointestinaltrakt resorbiert und erscheinen nach der primären Leberpassage im Kreislauf, wo sie zu 90 bis 95 % an Plasmaproteine gebunden werden. Ihre Bioverfügbarkeit ist nahezu hundertprozentig, da sie keinem „first-pass" Abbau unterliegen. Eine maximale Plasmakonzentration (C_{max}) wird nach 1 bis 6 Stunden (t_{max}) erreicht; sie kann bei Medrogeston durch Mikronisierung erhöht werden [7].

Bei allen Progestagenen, den Nortestosteron- und den Progesteronabkömmlingen, beobachtet man sowohl erhebliche interindividuelle Unterscheide (Blutspiegel, die sich bei gleicher Dosis bis zum Zehnfachen unterscheiden), als auch solche zwischen den einzelnen Steroiden. Eine erwartete Korrelation zwischen den verabfolgten Dosen und den Serumspiegeln wurde demnach nicht gefunden. Interessanterweise scheint dies für die freien, also nicht an Proteine gebundenen Steroide nicht zu gelten, denn deren errechnete Serumkonzentrationen (und damit auch die angenommenen am Erfolgsorgan) sind ähnlich; ausgenommen davon ist nur Norethisteron, das offenbar wegen kürzerer Eliminationshalbwertszeit in deutlich höherer Konzentration vorhanden ist [3].

Die überraschend große Variabilität pharmakokinetischer Parameter, zu der auch noch der Einfluß des Östrogens auf den Plasmaspiegel des gleichzeitig verabfolgten Progestagens und Unterschiede zwischen verschiedenen Populationen kommen [9,

10], erschweren die Deutung und die Beurteilung der biologischen Wertigkeit pharmakokinetischer Untersuchungen von Progestinen ganz erheblich.

Einem erst schnellen Abfall des Plasmaspiegels folgt später ein allmählicher. Die Halbwertszeit beträgt anfänglich 1 bis 3 Stunden; der steile Abfall der Konzentrationskurve kommt durch die Verteilung des Steroids im Zielorgan, im Fett- und im Muskelgewebe zustande. Nach Erreichen eines Gleichgewichts wird die Verteilungsphase von der Eliminationsphase (Metabolismus und Ausscheidung) abgelöst, und die Plasmakonzentration sinkt langsam ab (Abb. 1). Viele Progestagene werden zum Teil im Fettgewebe gespeichert.

Die terminale Halbwertszeit steht unter dem Einfluß von Bindungen an Serumproteine (Albumin und sexualhormonbindendes Globulin: SHBG), Speicherung, Abbau und Ausscheidung, hängt aber auch vom Ernährungszustand des Patienten ab (beschleunigte Metabolisierung und Ausscheidung bei Unterernährten). Sie beträgt bei Progesteronderivaten etwa 10 bis 60 Stunden.

Bei topischer Applikation von Progesteron in einem alkoholischen Gel gelangt nur etwa 10 % der Dosis durch die Haut und wird rasch metabolisiert. Die Plasmaspiegel, die erreicht werden, sind niedrig.

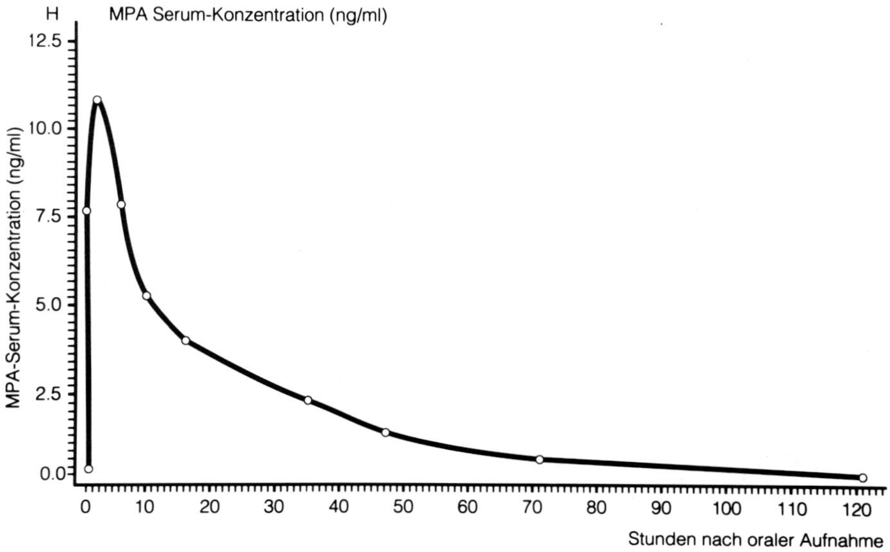

Abbildung 1: Serumkonzentration von Medroxyprogesteronazetat (MPA) nach oraler Einnahme einer Einzeldosis von 10 mg; Mittelwerte aus 24 Proben [11].

Nach intramuskulärer Verabreichung einer wässrigen mikrokristallinen Suspension von Medroxyprogesteronazetat (MPA) erfolgt die Freisetzung aus dem primären Depot ziemlich gleichmäßig. Die C_{max} ist niedriger und die t_{max} länger (etwa 1 Woche) als nach oraler Aufnahme.

Norethisteronazetat (NETA) wird nach oraler Gabe gut resorbiert und rasch zu Norethisteron (NET) hydrolysiert; die C_{max} ist nach 0,5 bis 4 Stunden erreicht, die Halbwertszeiten betragen etwa 2,5 und 8 Stunden (Abb. 2). Durch Stoffwechselvorgänge in der Darmwand und einem massiven „first-pass" Abbau in der Leber ist die Bioverfügbarkeit auf 40 bis 80 % erniedrigt; sie zeigt 3- bis 5fache interindividuelle Schwankungen.

NETA, zusammen mit Östradiol mittels eines Pflasters appliziert, wird prompt in den Körper aufgenommen, wobei die Haut die für die Resorption geschwindigkeitsbestimmende Barriere darstellt und für die weitgehende Spaltung zu NET sorgt. Die Resorption erfolgt in linearer Abhängigkeit von der Fläche des Medikamentenreservoirs (Abb. 3). Es ist gelungen, Pflaster zu entwickeln, die innerhalb von 24 Stunden einen steady-state Plasmaspiegel von NET erzeugen, der während 4 Tagen zum erwünschten Endometriumeffekt führt [13]. Zwei Tage nach Entfernung des Pflasters erreicht der NET-Spiegel den unspezifischen Ausgangswert. Eine Depotbildung wird auch bei wiederholter Applikation nicht beobachtet.

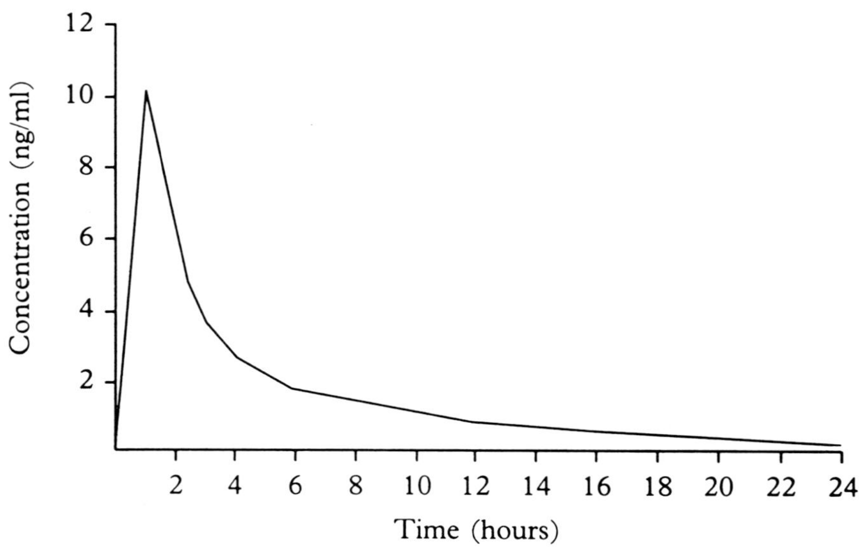

Abbildung 2: Serumkonzentration von freiem Norethisteron nach oraler Einnahme einer Einzeldosis von 1 mg; Mittelwerte von 24 gesunden weiblichen Freiwilligen [12].

Levonorgestrel, das biologisch wirksame d-Isomer von dl-Norgestrel, wird nach oraler Einnahme rasch resorbiert und ist wegen fehlendem „first-pass" Abbau nahezu 100 %ig bioverfügbar. Die C_{max} wird nach 1 bis 3 Stunden beobachtet, die Halbwertszeiten betragen 1 und 24 Stunden.

Stoffwechsel, Ausscheidung

Der Stoffwechsel der Steroide findet vorwiegend in der Leber statt. Die dadurch entstehenden Metaboliten, meist verestert mit Schwefelsäure oder Glukuronsäure, sind nur zum Teil pharmakologisch aktiv. Durch den Harn werden sie in der Regel in konjugierter Form als Sulfate und Glukuronate ausgeschieden, der Rest wird teilweise über die Galle mit den Fäces eliminiert. Ein enterohepatischer Kreislauf ist für Progestagene ohne nennenswerte Bedeutung.

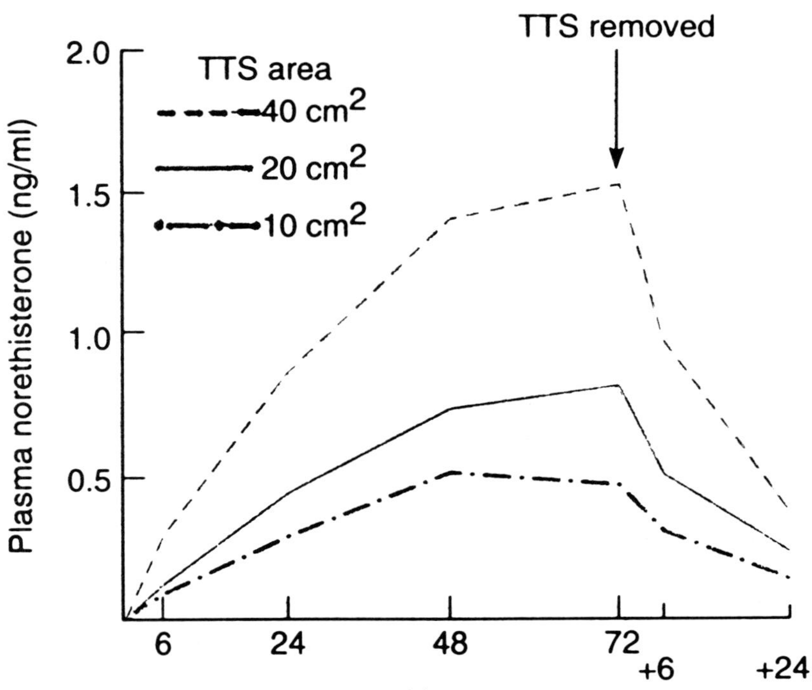

Abbildung 3: Serumkonzentration von Norethisteron nach Applikation mittels Hautpflaster mit verschieden großer Fläche des Steroidreservoirs (TTS area); Mittelwerte nach einmaliger 72-Stunden Applikation bei 9 postmenopausalen Frauen [13].

Wechselwirkungen

Über Interaktionen zwischen Progestinen, die im (Post)Klimakterium verwendet werden, und anderen Arzneimitteln liegen weder schlüssige Untersuchungen noch alarmierende klinische Beobachtungen vor. Es ist aber denkbar, wenngleich nicht sehr wahrscheinlich, daß eine Langzeitbehandlung durch Stimulation oder Hemmung von Leberenzymen, die für den Stoffwechsel von Medikamenten verantwortlich sind, eine Änderung der Abbaugeschwindigkeit von Steroiden oder gleichzeitig verwendeten Medikamenten bedingen kann. Desgleichen können Beeinflussungen von Resorption, Eiweißbindung, Rezeptorbindung und Ausscheidung die Folge von Interaktionen unbestimmter klinischer Relevanz sein [14]. Da indes beweisende Untersuchungen fehlen, bleibt es Aufgabe des Behandlers, durch sorgfältige Beobachtung der pharmakologischen Wirkungen und deren richtige Interpretation den Behandelten vor unliebsamen Wechselwirkungen zu bewahren.

Zusammenfassung

Von den Progestinen werden Progesteron eher selten, einige Progestagene jedoch sehr häufig zu therapeutischen und prophylaktischen Zwecken in den Wechseljahren und danach eingesetzt. Über mögliche pharmakokinetische Eigenheiten der in diesem Zeitraum verwendeten Steroide liegen kaum gerichtete Untersuchungen vor. Die Angaben beziehen sich daher größtenteils auf Ergebnisse pharmakokinetischer Studien in anderen Therapiebereichen.

Neben der am meisten geübten peroralen Einnahme von Progestinen gewinnt die parenterale, namentlich die transdermale Applikation zunehmend an Bedeutung.

Alle Steroide werden rasch resorbiert und erreichen in wenigen Stunden einen maximalen Plasmaspiegel. Die Bioverfügbarkeit ist bis auf Norethisteron bei allen Steroiden sehr hoch. Durch Verteilung, Stoffwechsel und Ausscheidung sinkt die Serumkonzentration erst rasch, dann langsamer ab. Eine weitgehende Elimination erfolgt bei den Nortestosteronderivaten innerhalb eines Tages, bei den Progesteronabkömmlingen im Laufe von 1 bis 3 Tagen und zwar über Nieren und Darm.

Arzneimittel-Wechselwirkungen sind denkbar, doch bislang noch nicht belegt.

LITERATUR

1. Kopera H. Hormonelle Therapie für die Frau. Springer-Verlag, 1991.

2. Kuhl H. Pharmacokinetics of oestrogens and progestogens. Maturitas 1990; 12: 171–97.

3. Fotherby K. Potency and Pharmacokinetics of Gestagens. Contraception 1990; 41: 533–50.

4. Fotherby K. Pharmacokinetics of gestagens: Some problems. Am J Obstet Gynecol 1990; 163: 323–8.

5. Stanczyk FZ, Roy S. Metabolism of Levonorgestrel, Norethindrone, and structurally related contraceptive steroids. Contraception 1990; 42: 67–96.

6. Shenfield GM, Griffin JM. Clinical Pharmacokinetics of Contraceptive Steroids, An Update. Clin Pharmacokinet 1991; 20: 15–37.

7. Jagarinec N, Givner ML. Measurement of a progestational and antiandrogenic compound by a competitive protein binding assay. Steroids 1974; 23: 561–78.

8. Dennerstein L, Fotherby K, Burrows GD, Laby B, Wood C. Plasma levels of ethinyl oestradiol and norgestrel during hormone replacement therapy. Maturitas 1980; 2: 147–54.

9. Goldzieher JW. Pharmacology of contraceptive steroids: A brief review. Am J Obstet Gynecol 1989; 160: 1260–4.

10. Gustavson LE et al. Menopause: Pharmacodynamics and pharmacokinetics. Exper Gerontology 1994; 29: 437–44.

11. Wissenschaftl. Informationsbüro der Fa. Upjohn, Wien

12. Novo Nordisk. Bioequivalence evaluation of two different oestradiol + norethisterone acetate (NETA) preparations with 24 healthy female volunteers. Internal report 1989.

13. Schenkel L. Characteristics of the combined norethisterone acetate/estradiol transdermal therapeutic system (TTS).Transdermal Hormone replacement therapy – a new sequential approach. Wells Medical 1993.

14. Kopera H. Wechselwirkungen von Arzneimitteln. Pharmaceutika Acta Helvetiae 1977; 52: 79–88.

HORMONSUBSTITUTION MIT NATÜRLICHEM MIKRONISIERTEM PROGESTERON

P. J. KELLER

Aus präventiven Gründen ist es heute allgemein üblich, östrogensubstituierten Frauen mit erhaltenem Uterus sequentiell oder kontinuierlich Gestagene zu verschreiben. Damit werden nicht nur unkontrollierte Durchbruchblutungen verhindert, sondern auch das Risiko des Endometriumkarzinoms drastisch gesenkt.

Da synthetische Gestagene verschiedene unerwünschte Nebenwirkungen aufweisen, kommt dem natürlichen, mikronisierten Progesteron seit einiger Zeit nicht nur in der Reproduktionsmedizin, sondern auch zu substitutiven Zwecken in der Peri- und Postmenopause vermehrtes Interesse zu. Nach den bisherigen, wenn auch noch beschränkten Erfahrungen stellt es eine beachtenswerte Alternative dar. Im folgenden sollen die wichtigsten Aspekte zusammengefaßt werden.

PHARMAKOLOGISCHE UND METABOLISCHE EIGENSCHAFTEN

Progesteron ist ein C_{21}-Steroid, welches physiologischerweise im Ovar, in der Nebennierenrinde und in der Plazenta gebildet wird. Bemerkenswert ist seine hohe Affinität zu den Progesteronrezeptoren. Der Abbau erfolgt überwiegend in der Leber, die Ausscheidung als Pregnandiol und Pregnanolon in glukuronidierter Form über die Niere. Im Gegensatz zu den therapeutisch eingesetzten 19-Nortestosteron- und

Tabelle 1: Einfluß natürlicher und synthetischer Gestagene auf die Lipidspiegel bei östrogensubstituierten Frauen [nach Lobo, 1991]

	P 200 mg	MPA 5 mg	MPA 10 mg	NET 1 mg	NG 0,15 mg	NG 0,25 mg
HDL	– 2	– 6	– 6	– 10	– 14	– 18
HDL_2	0	– 11	– 19	– 27	– 23	– 25
HDL_3	0	0	– 2	– 1	0	– 8
LDL	0	+ 3	+ 7	+ 10	+ 6	+ 1
Apo-A_1	+ 1	– 5	– 11	– 11	– 15	– 15
Apo-B	0	0	+ 3	+ 10	+ 8	+ 10

Prozentuale Veränderung bei sequentiellem Gestagenzusatz. P = mikronisiertes Progesteron, MPA = Medroxyprogesteronacetat, NET = Norethisteron, NG = Norgestrel.

17-Hydroxyprogesteronderivaten ist Progesteron ein Aldosteronantagonist, dem östrogene und androgene Eigenschaften fehlen. Als Endorphinagonist wirkt es zudem sedierend, gleichzeitig beeinflußt es die Stimmungslage positiv. In metabolischer Hinsicht sind vor allem die aus diesen Eigenschaften resultierende antimineralokortikoide Wirkung und die geringe Beeinflussung des Lipidstoffwechsels zu erwähnen. Orales mikronisiertes Progesteron wirkt natriumdiuretisch und damit blutdrucksenkend [1], seine Hemmwirkung auf Aldosteron entspricht etwa derjenigen von Spironolacton [2]. Im Gegensatz zu den synthetischen Gestagenen hemmt Progesteron den östrogeninduzierten, zumindest teilweise für die antiatherogene Wirkung verantwortlichen Anstieg des HDL-Cholesterin und seiner Subfraktionen nicht [3, 4, 5, 6, 7], ebensowenig führt es zu einer Erhöhung des LDL-Cholesterins, das als kardiovaskulärer Risikofaktor betrachtet wird (Tab. 1). Ergänzt werden diese Erkenntnisse durch die Untersuchungen von Parks an menopausalen Makaken, denen eine atherogene Diät verabfolgt wurde [8, 9]. Trotz vergleichbaren HDL-Cholesterinwerten fanden sich in den Koronarien östrogensubstituierter Tiere sehr viel weniger arteriosklerotische Plaques als bei unbehandelten Kontrollen, ein günstiges Ergebnis, das durch zusätzlich verabfolgtes Progesteron nicht beeinträchtigt wurde (Abb. 1). Allein schon aus diesen Gründen müßte den natürlichen Gestagenen der Vorzug gegeben werden.

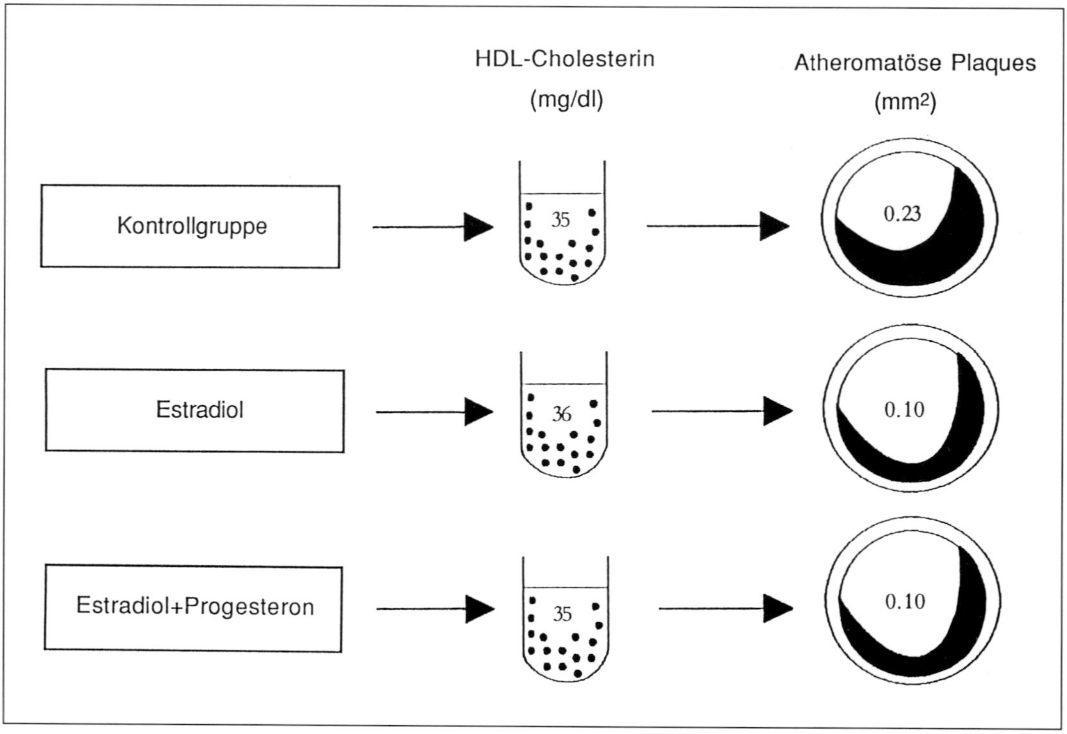

Abbildung 1: Einfluß von Östradiol und Progesteron auf atheromatöse Plaques bei menopausierten Makaken unter atherogener Diät [nach Clarkson, 1992].

Der Vollständigkeit halber sei erwähnt, daß orales Progesteron selbst in Kombination mit perkutanem Östradiol keinerlei Veränderungen der Gerinnungsfunktion, insbesondere des Antithrombin III und des Plasminogens, bewirkt [10, 11].

Applikationsmodus und Dosierung

Mikronisiertes Progesteron kann wie andere Sexualsteroide auf unterschiedliche Weise zugeführt werden. Von praktischem Interesse sind derzeit vor allem der orale und der vaginale Weg, wobei die erforderlichen Dosierungen bei postmenopausalen Frauen 100–200 mg/d betragen. Nach peroraler Einnahme kommt es in der Leber zu rascher Verstoffwechselung des Progesterons, was die im Vergleich zur vaginalen Applikation [12] wesentlich niedrigeren und nur während kurzer Zeit aufrechterhaltenen Serumspiegel erklärt (Abb. 2). Anders als bei natürlichen Östrogenen ist der transdermale Weg wenig geeignet, da sich die notwendigen Serumspiegel infolge der lokalen Einwirkung der 5-α-Reduktase weder mit einem Patch noch einem Gel erzielen lassen. Die nasale Applikation [13] ist wohl von wissenschaftlichem Interesse, dürfte aber von der Akzeptanz her problematisch sein, während De-

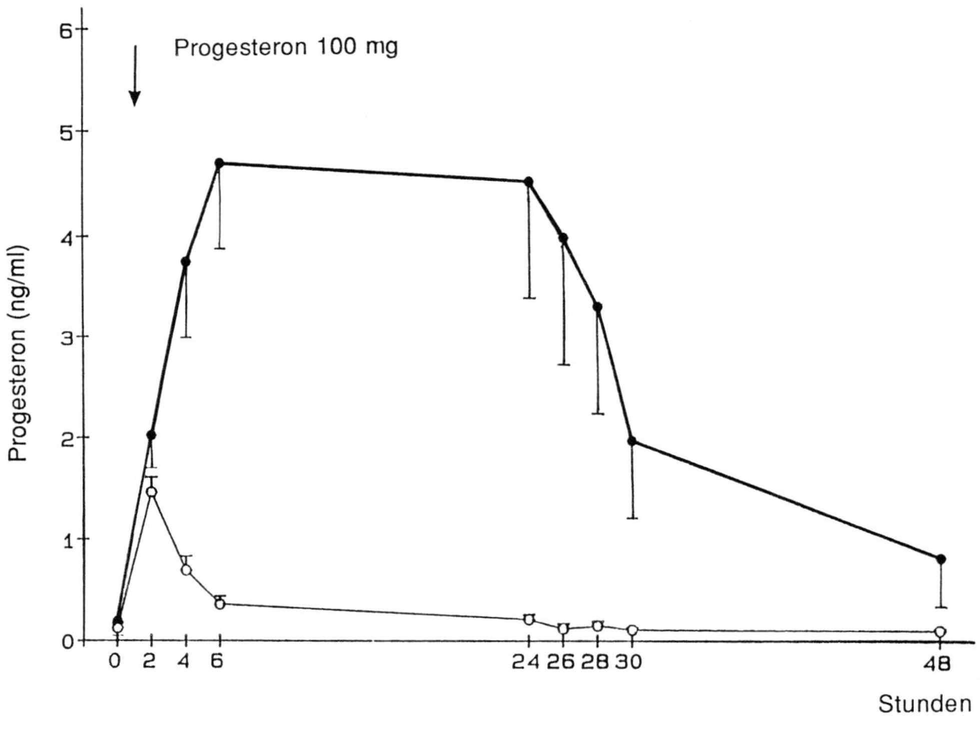

Abbildung 2: Unkonjugierte Plasmaprogesteronspiegel nach einmaliger oraler (❍) bzw. vaginaler (●) Applikation von 100 mg mikronisiertem Progesteron [nach Nahoul, 1993]

potinjektionen inkonstante, besonders bei sequentiellem Einsatz schlecht steuerbare Serumkonzentrationen ergeben. Wenn man von dem für Substitution ungenügend wirksamen perkutanen Gel (Progestogel) und selbst rezeptierten Vaginalsuppositorien absieht, steht mikronisiertes Progesteron derzeit nur in Form von Kapseln (Utrogestan) zur Verfügung, die eingenommen oder in die Scheide eingeführt werden können.

Behandlungsschemata

Prinzipiell kann Progesteron wie alle anderen Gestagene, d. h. sequentiell oder kontinuierlich-kombiniert, eingesetzt werden (Abb. 3). Bei sequentieller Applikation empfiehlt sich eine Dosierung von 200 mg/d, deren Einnahme wegen des sedativen Effekts vorzugsweise abends erfolgt. Bei kombinierter oder kontinuierlicher, insbesondere vaginaler Verabfolgung genügen möglicherweise 100 mg/d.

Ausgezeichnete Erfahrungen wurden verschiedenenorts mit einem modifizierten Schema gemacht, nach welchem Östrogene und Progesteron über 25 Tage pro Kalendermonat zugeführt werden, jeweils gefolgt von einem 5–6tägigen behandlungsfreien Intervall. Empfehlenswert ist dabei der perkutane/transdermale bzw. der vaginale Weg. Selbstverständlich sind auch andere Varianten denkbar, so etwa die kontinuierliche Östrogentherapie mit zyklischem Zusatz von Progesteron während 10–14 Tagen pro Monat.

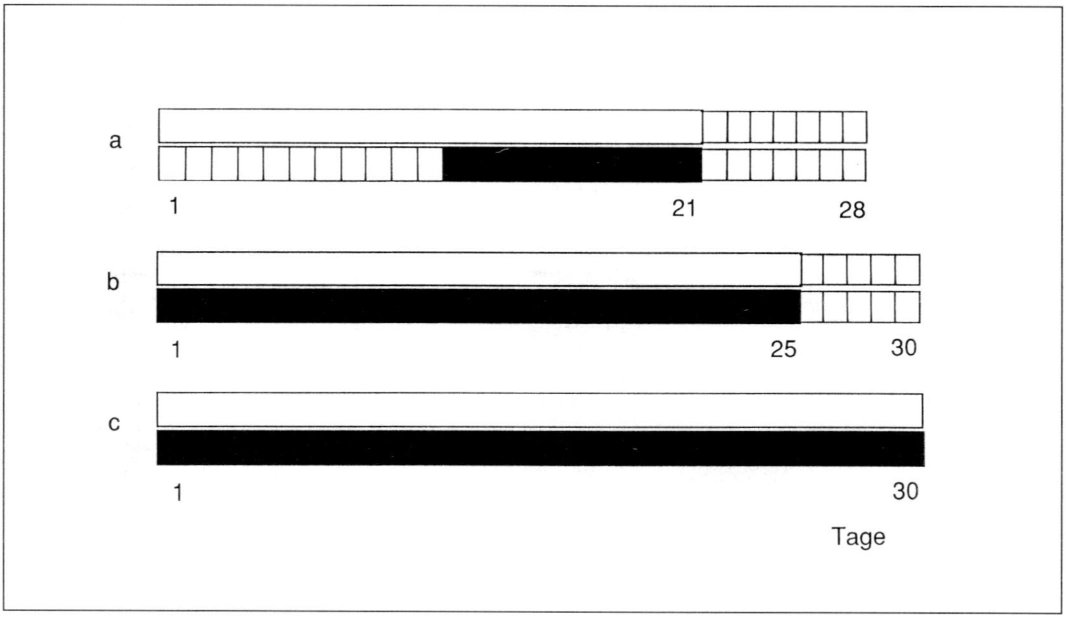

Abbildung 3: Behandlungsschemata zur Substitution mit Östrogenen (❐) und mikronisiertem Progesteron (■). a. Sequentieller Progesteronzusatz während 10–12 Tagen pro Monat. b. Kombinierte Behandlung während je 25 Tagen pro Monat. c. Kontinuierlich-kombinierte Therapie.

Endometriale Effekte und Zykluskontrolle

Der sequentielle Zusatz von Progesteron in den genannten Dosierungen führt in einem hohen Prozentsatz, nach Moyer [14] bei 21,7 % der Frauen zu regelmäßigen Entzugsblutungen, 77 % blieben amenorrhoisch. Bei kombinierter Applikation über 25 Tage resultierte in rund 92 % eine Amenorrhö, in nur 8 % traten Abbruchblutun-

Tabelle 2: Blutungsverhalten nach drei- und sechsmonatiger Substitution von 1,5 mg Östradiol perkutan und 100 mg mikronisiertem Progesteron peroral während 25 Tagen pro Monat [nach Faguer, 1993]

	3 (n = 90)	6 (n = 84)
Abbruchblutungen	8,7 %	8,4 %
Spotting	20,0 %	8,2 %
Amenorrhö	91,3 %	91,6 %

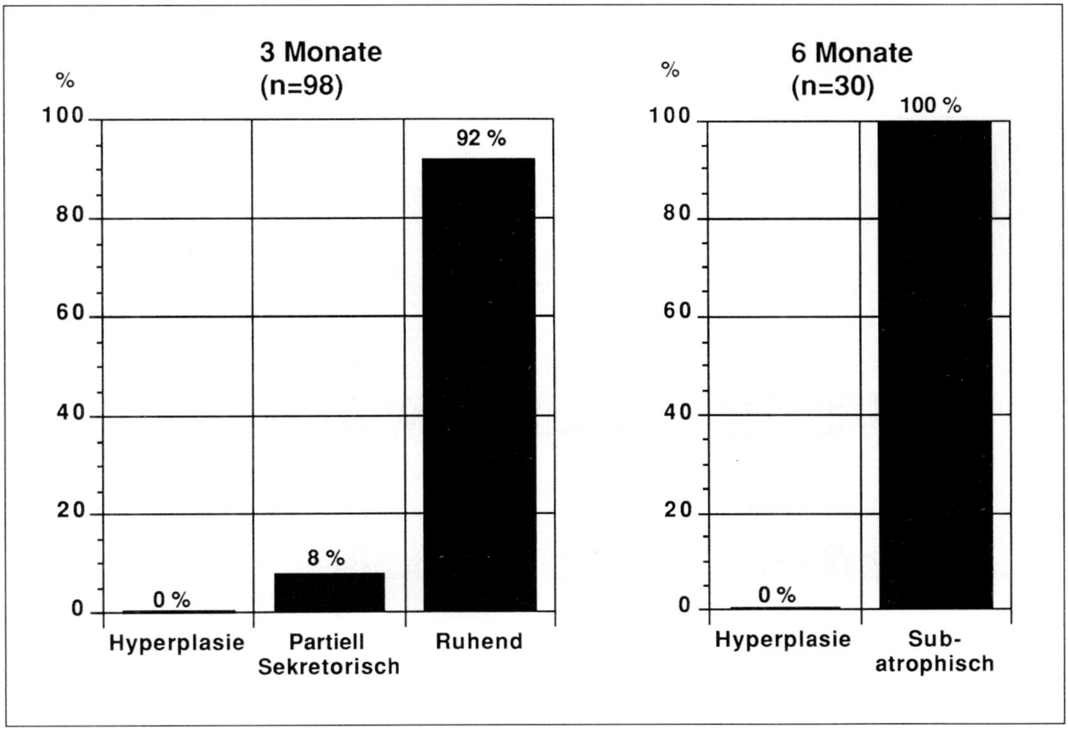

Abbildung 4: Endometrium nach sechsmonatiger (links) respektive zwölfmonatiger (rechts) Hormonsubstitution mit Östradiol (1,5 mg/d perkutan) und Progesteron (100 mg/d oral) in der Postmenopause [nach Faguer, 1993, und Foidart, 1993]

gen ein [15, 16], allerdings kam es zumindest anfänglich bei einem Fünftel der Patientinnen zu Spotting. Nach ersten Erfahrungen läßt sich bei kontinuierlich-kombinierter Behandlung in fast allen Fällen eine Amenorrhö erzielen. Ähnlich wie bei anderen Kombinationen muß jedoch in den ersten Monaten ebenfalls mit gelegentlichen Schmierblutungen gerechnet werden, namentlich bei erst seit kurzer Zeit menopausierten Frauen.

Von besonderer Bedeutung ist in diesem Zusammenhang die Frage der endometrialen Effekte. Auch hier sind die Resultate ermutigend, indem sich in neueren Untersuchungen nach 6–12 Monaten in 92–100 % der Fälle ein ruhendes bis subatrophisches Endometrium (Abb. 5) fand. In keinem einzigen Fall wurde eine Hyperplasie beobachtet [15, 17], ein Ergebnis, das den eigenen Erfahrungen entspricht [18]. Des weiteren hat eine kürzlich abgeschlossene Studie gezeigt, daß vaginal appliziertes Progesteron auch vorbestehende Hyperplasien günstig beeinflußt [19], so daß selbst ohne größere prospektive Untersuchungen auf eine ausreichende Schutzwirkung hinsichtlich Endometriumkarzinom geschlossen werden darf.

Nebenwirkungen

Allein aufgrund der metabolischen Eigenschaften von Progesteron sind wenig unerwünschte Nebenerscheinungen zu erwarten, wie sich dies denn auch in der Praxis bestätigte. Übereinstimmend kommt es in Einzelfällen zu Brustspannen, Gewichtszunahme oder Müdigkeit (Tab. 3), selten auch zu Schwindelgefühl, wobei die Beschwerden meist vorübergehender Natur sind [15, 18]. Akzeptanz und Compliance sind deshalb insgesamt sehr zufriedenstellend.

Tabelle 3: Nebenerscheinungen einer kombinierten Hormonsubstitution mit perkutanem Östradiol und oralem Progesteron [nach Faguer, 1993, und Keller, 1995]

	n = 98	n = 40
Schläfrigkeit	–	5
Gewichtszunahme	2	2
Ödeme	–	1
Schwindelgefühl	1	2
Übelkeit	1	–
Dysphorie	–	2
Mastodynie	2	4

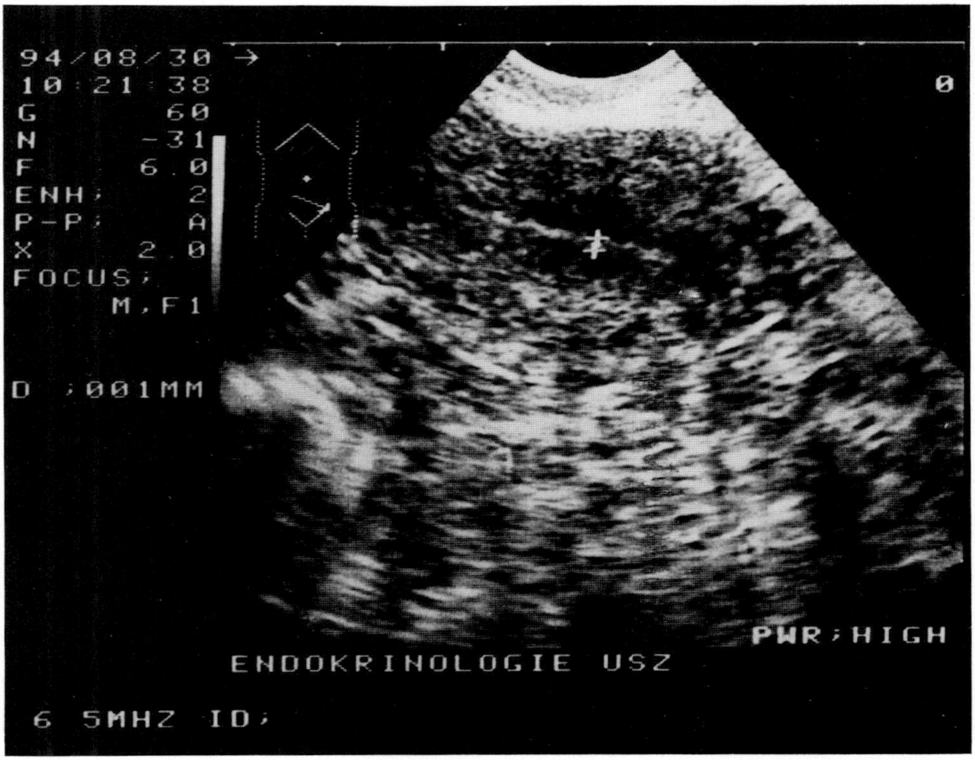

Abbildung 5: Vaginalsonographisch ruhendes Endometrium nach sechsmonatiger Hormonsubstitution mit konjugierten Östrogenen (0,6 mg/d oral) und Progesteron (100 mg/d oral) während jeweils 25 Tagen.

Schlussfolgerungen

Nicht nur aus theoretischen Erwägungen, sondern auch nach den vorliegenden klinischen Daten eignet sich mikronisiertes Progesteron durchaus zur Kombination mit substitutiven natürlichen Östrogenen. Die Applikation kann oral, mit Vorteil aber auch vaginal erfolgen, wodurch der Firstpass-Effekt der Leber entfällt. Die üblichen, vergleichsweise niedrigen Dosierungen erlauben eine gute Zykluskontrolle und verhindern eine endometriale Hyperplasie mit ausreichender Sicherheit. Sind Blutungen unerwünscht, empfiehlt sich ein kombiniertes Schema mit oder ohne monatliche Behandlungspause. Nebenerscheinungen sind unbedeutend, womit natürliche Gestagene auch in der Hormonsubstitution zunehmend an Bedeutung gewinnen dürften.

LITERATUR

1. Rylance P, Brincat M, Lafferty K et al. Natural progesterone and antihypertensive action. Br Med J 1985; 290: 13–4.

2. Corvol P, Elkik F, Feneant M et al. Effect of progesterone and progestins on water and salt metabolism. In: Bardin C (ed.). Progesterone and Progestins. Raven Press, New York, 1983; 179–86.

3. Fahraeus L, Larsson-Cohn V, Wallentin L. Levonorgestrel and progesterone have different influences on plasma lipoproteins. Europ J Clin Invest 1983; 13: 447–53.

4. Jensen J, Riis B, Strom V et al. Long-term effects of percutaneous estrogens and oral progesterone on serum lipoproteins in postmenopausal women. Am J Obstet Gynecol 1987; 156: 66–71.

5. Lobo RA. Effects of hormonal replacement on lipids and lipoproteins in postmenopausal women. J Clin Endocrinol Metab 1991; 73: 925–30.

6. Ottosson UB, Carlstrom K, Damber JE, von Schoultz B. Serum levels of progesterone and some of its metabolites including deoxycorticosterone after oral and parenteral administration. Br J Obstet Gynaecol 1984; 91: 1111–9.

7. Ottosson UB, Johansson B, von Schoultz B. Subfractions of high-density lipoprotein cholesterol during estrogen replacement therapy: a comparison between progestogens and natural progesterone. Am J Obstet Gynecol 1985; 151: 746–50.

8. Parks JS, Pelkey SJ, Babiak J, Clarkson TB. Contraceptive steroid effects on lipids and lipoproteins in cynomolgus monkeys. Arteriosclerosis 1989; 9: 261–8.

9. Clarkson TB, Williams JK, Adams MR, Wagner JD, Potvin Klein K. Experimental effects of progesterone versus progestins on the arterial wall. In: Lobo RA, Naftolin F (eds.). Progesterone in hormonal replacement therapy. Parthenon Carnforth, 1992; 19–36.

10. Fenichel P, Balarac N, Isetta M et al. Effects d'une association estradiol percutané-progesterone micronisée orale sur l'hémostase en période de periménopause. Rev Fr Gynecol Obstet 1982; 77: 93–7.

11. Conard J, Samama M, Basdevant A, Guy-Grand B, de Lignières B. Differential AT III-response to oral and parenteral administration of 17 β-estradiol. Thromb Haemostas 1983; 49: 245.

12. Nahoul K, Dehennin L, Jondet M, Roger M. Profiles of plasma estrogens progesterone and their metabolites after oral or vaginal administration of estradiol or progesterone. Maturitas 1993; 16: 185–202.

13. Cicinelli E, Cignarelli M, Resta L et al. Effects of the repetitive administration of progesterone by nasal spray in postmenopausal women. Fertil Steril 1993; 60: 1020–4.

14. Moyer DL, de Lignieres B, Drigues P, Pez JP. Prevention of endometrial hyperplasia: no correlation with secretory changes and cyclical bleeding. Fertil Steril 1993; 59: 992–7.

15. Faguer B, Gillier JY, André G, Philippe E. Amenorrhée lors du traitement hormonal substitutif de la ménopause par l'association d'estradiol percutane et de progesterone orale micronisée. Contracept Fertil Sex 1993; 21: 849–52.

16. Gillyer JY, André G, Faguer B, Erny R, Buvat-Herbaut M, Domin MA, Kuhn JM, Hedon B, Drapier-Faure E, Barrat J, Lopes P, Magnin G, Leng JJ, Bruhat MA, Philippe E. Induction of amenorrhea during hormone replacement therapy: optimal micronized progesterone dose: A multicenter study. Maturitas 1994; 19: 103–16.

17. Foidart JM, Dombrowicz N, Greimers R, Smet M, de Lignieres B. Endometrial tolerance of long term combined hormone replacement therapy: analysis of the cell cycle. In: von Schoultz B, Christiansen C (eds.). Hormone replacement therapy: standardized or individually adapted doses? Parthenon Carnforth 1994; 47–58.

18. Keller PJ. Erfahrungen mit mikronisiertem Progesteron in der Postmenopause. 8.Tagung Menopausegesellschaft deutschsprachiger Länder, Baden bei Wien 1994. Im Druck.

19. Affinito P, Di Carlo C, Di Mauro P, Napolitano V, Nappi C. Endometrial hyperplasia: efficacy of a new treatment with a vaginal cream containing natural micronized progesterone. Maturitas 1995; 20: 191–8.

TIBOLON VERSUS KONJUGIERTE ÖSTROGENE UND MEDROGESTON IN DER BEHANDLUNG KLIMAKTERISCHER BESCHWERDEN

CH. EGARTER, F. FISCHL

EINLEITUNG

Eine Östrogensubstitutionstherapie wird in der Behandlung klimakterischer Beschwerden und der Prophylaxe der postmenopausalen Osteoporose als sinnvoll erachtet. Da eine alleinige Therapie mit Östrogenen insofern problematisch ist, als sie zu Endometriumhyperplasie und möglicherweise einem erhöhten Risiko eines Endometriumkarzinoms führen kann, wird in letzter Zeit die zyklische Verabreichung eines Progestagens als notwendig angesehen [1]. Diese Kombinationstherapie kann jedoch zum Wiederauftreten von Menstruationsblutungen führen, die die Compliance der Patientinnen vermindert.

Untersuchungen mit Tibolon*), einem Wirkstoff mit schwacher östrogener, progestagener und androgener Komponente [2], haben gezeigt, daß sich damit klimakterische Symptome unterdrücken lassen [3, 4], und zwar ohne stimulierende Wirkung auf das Endometrium [4, 5, 6]. Eine zusätzliche Verabreichung von Progestagenen ist deshalb nicht notwendig, und es treten keine unerwünschten Monatsblutungen auf. Tibolon ist ein Steroid, in seiner Struktur ähnlich den Progestagenen Norethynodrel und Norethisteron. Es unterscheidet sich vom Norethynodrel durch eine hinzugefügte 7α-methyl-Gruppe und vom Norethisteron durch eine Doppelbindung bei C5 und C10 statt bei C3 und C4 und durch die 7α-methyl-Gruppe (Abb. 1).

Ziel der vorliegenden Studie war es, die Wirksamkeit einer oralen Behandlung mit Tibolon bei klimakterischen Beschwerden im Vergleich zu konjugierten Östrogenen/Medrogeston zu evaluieren und gleichzeitig die Auswirkungen auf das Endometrium sowie das Auftreten von Nebenwirkungen festzustellen.

*) In verschiedenen Ländern bereits unter den Namen Livial® bzw. Liviel® registriert

Patientinnen und Methodik

129 postmenopausale Frauen, deren letzte spontane Menstruation zumindest 12 Monate zurücklag, und die in den letzten 6 Monaten vor Studienbeginn keinerlei Hormone eingenommen hatten, wurden in 5 verschiedenen Zentren in die vorliegende Studie einbezogen. Wegen der präsumptiven Entzugsblutungen in der konjugierten Östrogen/Medrogeston-Gruppe wurde von einem doppelblinden Design Abstand genommen. Die Patientinnen wurden nach Aufklärung und Zustimmung in einem 2:1 Schema randomisiert; 77 Patientinnen erhielten 2,5 mg Tibolon (= 1 Tablette Liviel®) pro Tag durchgehend über einen Zeitraum von 6 Monaten. 52 Patientinnen wurden in die konjugierte Östrogen/Medrogeston-Gruppe randomisiert und erhielten 0,625 mg (= 1 Tablette Premarin®) pro Tag kontinuierlich über 6 Monate und zusätzlich vom 1. bis zum 12. Tag im Monat 2 x 5 mg Medrogeston (= 2 x 1 Tablette Colpron®).

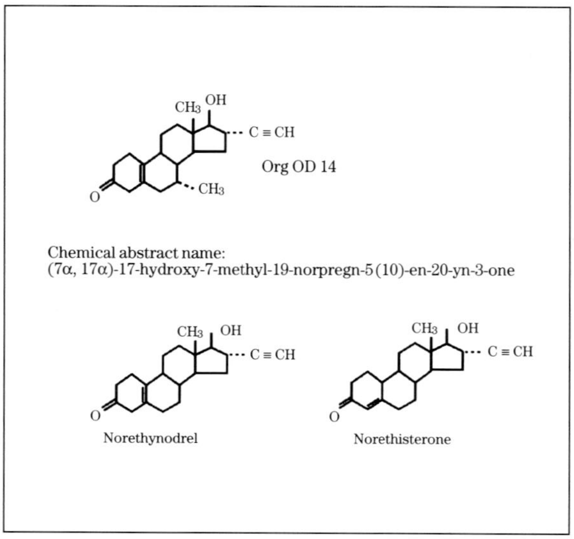

Abbildung 1: Chemische Struktur von Tibolon, Norethynodrel und Norethisteron

Unmittelbar vor der Medikamenteneinnahme sowie nach 1, 3 und 6 Monaten wurden die klimakterischen Beschwerden mit Hilfe eines Fragebogens (modifizierter Kupperman-Index) erhoben: Hitzewallungen, Schweißausbrüche, Parästhesien, Schlaflosigkeit, Scheidentrokkenheit, Dysphorie, Herzklopfen, Kopfschmerzen, Nervosität, Schwindel, depressive Zustände, Libidoverlust, Hauttrockenheit sowie Muskel-, Gelenks- und Knochenschmerzen. Die Beurteilungsgrade

Tabelle 1: Ursachen für Behandlungsabbruch in beiden Gruppen

	Liviel n = 77	Premarin/Colpron n = 52
Keine Wirkung	2	1
Gewichtszunahme	2	1
Vaginalblutungen	–	4
Abneigung gg. Medikament	–	1
Kopfschmerzen	1	–
Unbekannt	10	11
p < 0,05	15 (19,4 %)	18 (34,6 %)

waren: 0 = keine Beschwerden, 1 = leichte Beschwerden, 2= mäßige Beschwerden und 3 = starke Beschwerden.

Bei jeder Kontrolluntersuchung wurde die Endometriumdicke vaginosonographisch an den echographisch breitesten Stellen evaluiert. Derartige Messungen sind, wie Untersuchungen über interindividuelle Messungsunterschiede bei ein und demselben Patienten zum selben Zeitpunkt zeigten, mit einer Streubreite von nur etwa 1 mm verbunden. Die Ultraschalluntersuchungen in der konjugierten Östrogen/Medrogeston-Gruppe wurden während der zusätzlichen Einnahme von Medrogeston durchgeführt. Darüber hinaus wurden die Patientinnen gebeten, bei jeder Kontrolluntersuchung eine Einschätzung der Schwere ihrer klimakterischen Symptome anhand eines „Visual Analog Scale" (VAS 0/253 mm) abzugeben. Die Patientinnen führten zusätzlich auch ein Blutungstagebuch, um vaginale Blutungen bzw. Zwischenblutungen während der gesamten Studiendauer entsprechend zu dokumentieren.

Die statische Auswertung erfolgte durch Students-t-Test, Varianzanalyse und chi square-Test; $p < 0{,}01$ wurde als signifkant, $p < 0{,}001$ als hoch signifikant gewertet.

Ergebnisse

Das mittlere Alter der Patientinnen lag in der Tibolon-Gruppe bei 53, in der Premarin/Colpron-Gruppe bei 54 Jahren. Hinsichtlich Dauer der Menopause vor Studienbeginn, Alter, Körpergröße und Körpergewicht lagen zwischen beiden Gruppen kei-

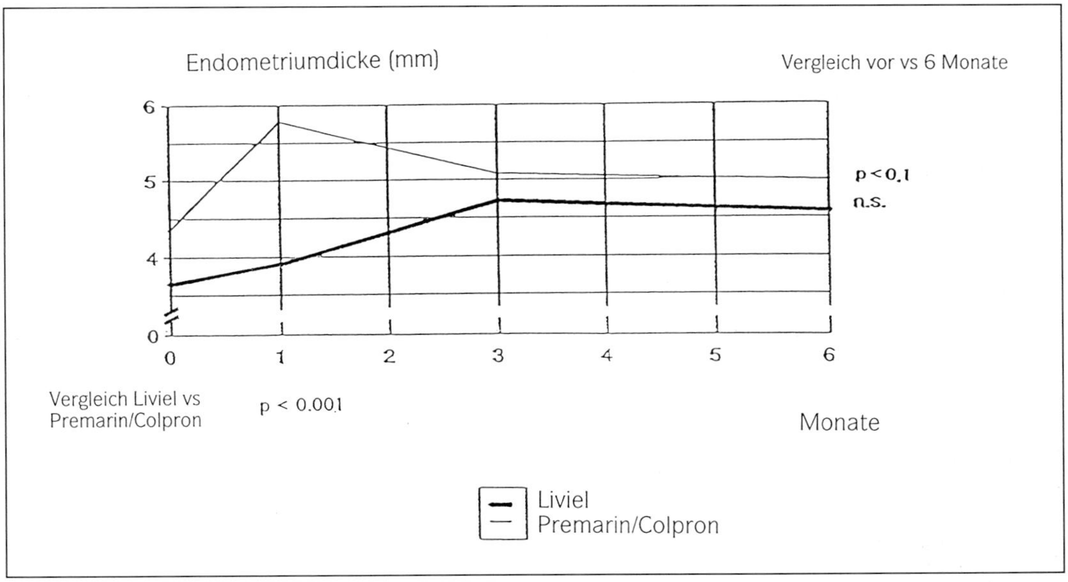

Abbildung 2: Sonographisch gemessene Endometriumdicke in mm; Liviel® n = 57; Premarin/Colpron®, n = 31; n. s. = nicht signifikant, p < 0,1, Trend in Richtung Signifikanz

Tabelle 2: Besserung der klimakterischen Symptome in beiden Gruppen. Bei jeder Kontrolluntersuchung wurden die Mittelwerte (0 = keine Beschwerden bis 3 = starke Beschwerden) genommen.

	Behandlungsbeginn	1. Monat	3. Monat	6. Monat	Vergleich Behandlungsbeginn/6. Monat
Hitzewallungen					
Tibolon	2,2	1,3	0,6	0,4	p < 0,001
Premarin/Colpron	2,1	1,2	0,6	0,4	p < 0,001
Vgl. Tib./Prem	n. s.	n. s.	n. s.	n. s.	
Schweißausbrüche					
Tibolon	1,9	1,0	0,5	0,2	p < 0,001
Premarin/Colpron	2,0	0,9	0,4	0,2	p < 0,001
Vgl. Tib./Prem	n. s.	n. s.	n. s.	n. s.	
Parästhesie					
Tibolon	0,7	0,3	0,2	0,1	p < 0,001
Premarin/Colpron	0,5	0,3	0,2	0,1	p < 0,001
Vgl. Tib./Prem	n. s	n. s.	n. s.	n. s.	
Schlaflosigkeit					
Tibolon	1,7	0,9	0,6	0,3	p < 0,001
Premarin/Colpron	1,5	0,8	0,7	0,4	p < 0,001
Vgl. Tib./Prem	n. s.	n. s.	n. s.	n. s.	
Scheidentrockenheit					
Tibolon	1,0	0,4	0,2	0,1	p < 0,001
Premarin/Colpron	0,6	0,3	0,2	0,1	p < 0,001
Vgl. Tib./Prem	n. s.	n. s.	n. s.	n. s.	
Dysphorie					
Tibolon	1,0	0,3	0,2	0,1	p < 0,001
Premarin/Colpron	0,8	0,4	0,3	0,2	p < 0,001
Vgl. Tib./Prem	n. s.	n. s.	n. s.	n. s.	
Herzklopfen					
Tibolon	0,9	0,4	0,2	0,2	p < 0,001
Premarin/Colpron	0,7	0,3	0,2	0,1	p < 0,001
Vgl. Tib./Prem	n. s.	n. s.	n. s.	n. s.	
Kopfschmerzen					
Tibolon	0,9	0,3	0,2	0,2	p < 0,001
Premarin/Colpron	0,6	0,5	0,2	0,2	p < 0,001
Vgl. Tib./Prem	n. s.	n. s.	n. s.	n. s.	
Nervosität					
Tibolon	1,3	0,7	0,5	0,2	p < 0,001
Premarin/Colpron	0,8	0,3	0,3	0,2	p < 0,001
Vgl. Tib./Prem	p < 0,05	p < 0,05	n. s.	n. s.	
Schwindel					
Tibolon	0,5	0,3	0,2	0,1	p < 0,001
Premarin/Colpron	0,3	0,0	0,1	0,1	n. s.
Vgl. Tib./Prem	n. s.	n. s.	n. s.	n. s.	
Depressive Verstimmung					
Tibolon	1,2	0,6	0,3	0,2	p < 0,001
Premarin/Colpron	1,0	0,5	0,5	0,4	p < 0,01
Vgl. Tib./Prem	n. s.	n. s.	n. s.	n. s.	
Stimmungsschwankungen					
Tibolon	0,8	0,4	0,2	0,1	p < 0,001
Premarin/Colpron	0,7	0,2	0,1	0,3	n. s.
Vgl. Tib./Prem	n. s.	n. s.	n. s.	n. s.	
Libidoverlust					
Tibolon	1,0	0,6	0,3	0,2	p < 0,001
Premarin/Colpron	1,0	0,6	0,5	0,4	p < 0,05
Vgl. Tib./Prem	n. s.	n. s.	n. s.	n. s.	
Hauttrockenheit					
Tibolon	1,2	0,5	0,4	0,3	p < 0,001
Premarin/Colpron	0,9	0,5	0,4	0,4	n. s.
Vgl. Tib./Prem	n. s.	n. s.	n. s.	n. s.	
Muskel-, Gelenks- und Knochenschmerzen					
Tibolon	1,4	0,9	0,7	0,4	p < 0,001
Premarin/Colpron	0,9	0,6	0,4	0,5	p < 0,05
Vgl. Tib./Prem	n. s.	n. s.	n. s.	n. s.	

ne signifikanten Unterschiede vor. 15 Patientinnen (19,4 %) der Tibolongruppe und 18 Patientinnen (34,6 %) der Premarin/Colpron-Gruppe stiegen aus unterschiedlichen Gründen frühzeitig aus der Studie aus (Tabelle 1); in dieser Hinsicht ist der Unterschied zwischen beiden Gruppen signifikant. Eine Patientin der Premarin/Colpron-Gruppe mußte sich aufgrund anhaltender vaginaler Blutungen einer Currettage unterziehen; die histologische Untersuchung zeigte ein sekretorisches Endometrium.

Wie aus Tabelle 2 ersichtlich kam es in beiden Gruppen nach 6 Monaten zu einer hochsignifikanten Linderung folgender Symptome: Hitzewallungen, Schweißausbrüche, Parästhesie, Schlaflosigkeit, Scheidentrockenheit, Dysphorie, Herzklopfen, Kopfschmerzen und Nervosität.

Unter Tibolon kam es zudem zu einer signifikanten Besserung von Schwindelanfällen ($p < 0,001$), während in der Premarin/Colpron-Gruppe in dieser Hinsicht keine Besserung feststellbar war. Vor Behandlungbeginn bestehende depressive Verstimmungen und Stimmungsschwankungen wurden durch Liviel ebenso hoch signifikant gebessert ($p < 0,001$), während Premarin/Colpron in dieser Hinsicht offensichtlich weniger wirksam war ($p < 0,01$ für depressive Verstimmungen und n. s. für Stimmungsschwankungen). Libidoverlust wurde unter Tibolon hochsignifikant gebessert ($p < 0,001$), unter Premarin/Colpron war eine signifikante Besserung zu beobachten ($p < 0,05$). Auch andere Symptome wie Muskel-, Gelenk- und Knochenschmerzen wurden in beiden Gruppen signifikant gelindert, zu einer signifikanten Besserung der Hauttrockenheit hingegen kam es nur unter Tibolon ($p < 0,001$ versus n. s.). Wie die Auswertung des „Visual Analog Scale“ zeigte, kam es bei al-

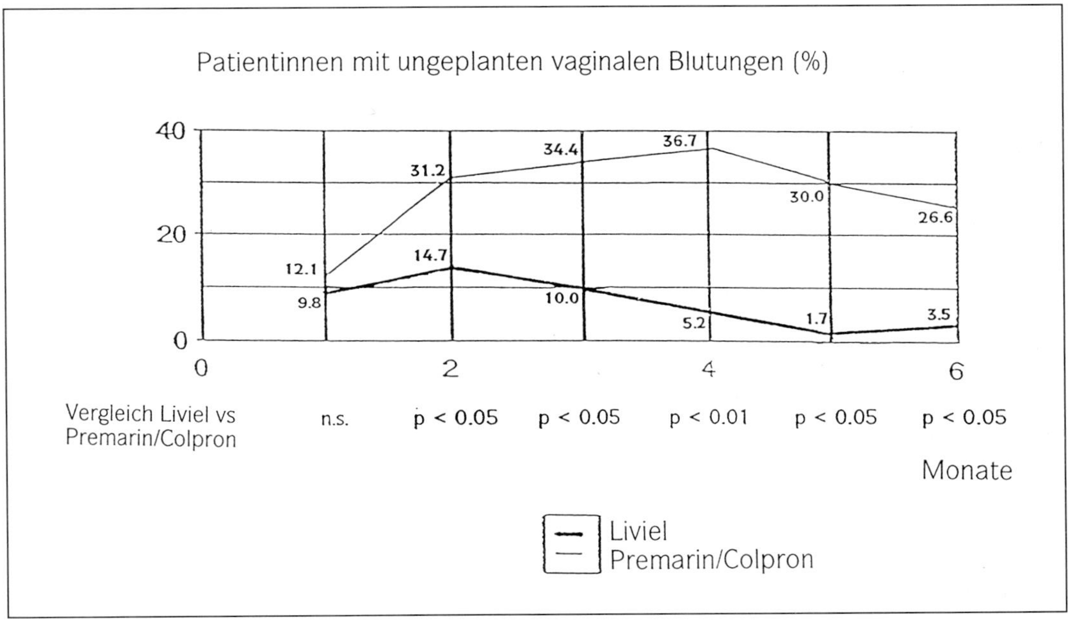

Abbildung 3: Anzahl der Patientinnen mit Zwischenblutungen, Liviel®: n = 53; Premarin/Colpron®: n = 27

len Patientinnen auch subjektiv zu einer hochsignifikanten Besserung der klimakterischen Symptome.

Eine Zunahme der Endometriumdicke war in der Tibolongruppe nicht feststellbar, während es in der Premarin/Colpron-Gruppe nach einem Monat zu einer signifikanten Zunahme gekommen war und nach 6 Monaten noch ein Trend in Richtung Signifikanz feststellbar war (Abb. 2).

Zum Zeitpunkt der Auswertung fehlten etwa 15 % der Blutungskarten; zudem waren nicht alle Karten korrekt ausgefüllt worden. Mißverständliche oder fehlende Daten wurden nicht in die statistische Auswertung aufgenommen. Die Anzahl der Patientinnen, bei denen es zu Zwischenblutungen kam, war in der Tibolon-Gruppe signifikant niedriger als in der Premarin/Colpron-Gruppe (Abb. 3).

Unerwünschte Wirkungen, die nicht zu einem Behandlungsabbruch führten, sind in Tabelle 3 zusammengefaßt.

Diskussion

Aus den Ergebnissen dieser Studie läßt sich ableiten, daß Tibolon bei Verabreichung über einen Zeitraum von 6 Monaten in einer Tagesdosis von 2,5 mg die klimakterische Symptomatik der Postmenopause ebenso wirksam lindert wie eine konventionelle Hormonsubstitutionstherapie mit konjugierten Östrogenen und sequentiellen Progestagenen. Alle klimakterischen Symptome zeigten unter Tibolon eine hochsignifikante Besserung, was auch mit der Auswertung der VAS, nach derzeitigem Wissensstand das optimale Instrument zur Erhebung subjektiver Beschwerden, übereinstimmte. Die Ergebnisse dieser Studie untermauern damit die anderer Vergleichstudien, in denen bereits gezeigt werden konnte, daß Tibolon klimakterische Symptome wirksam zu lindern vermag [7, 8]. Hinsichtlich der Stimmungsparameter scheinen in der Tibolongruppe geringfügig bessere Ergebnisse erzielt worden zu sein als in der Vergleichsgruppe. Diese stimmungsaufhellende Wirkung wurde auch in einer Placebo-kontrollierten Vergleichstudie nachgewiesen [9]. Die Begründung dafür könnte in dem durch Tibolon verursachten Anstieg des Plasma-Endorphinspiegels liegen; im allgemeinen kommt es während der Menopause zu einem Abfall des Endorphinspiegels, der vermutlich an der Pathogenese klimakterischer Stimmungsschwankungen beteiligt ist [10]. Zudem scheint auch die Wirkung von Tibo-

Tabelle 3: Unerwünschte Wirkungen in beiden Gruppen

	Liviel n = 62	Premarin/Colpron n = 34
Venenschmerzen (Beine)	4	–
Gewichtszunahme	–	4
Kopfschmerzen	2	–
n. s.	6	4

lon auf Libidoverlust geringfügig stärker ausgeprägt zu sein als die der Vergleichspräparate.

Der vielleicht interessanteste praktische Aspekt liegt jedoch darin, daß es unter Tibolon nur zu einer überaus geringfügigen Stimulation des Endometriums kommt. Wie anhand von Endometriumbiopsien festgestellt werden konnte [11], führt Tibolon nur bei etwa 10 % aller behandelten Frauen zu einer schwachen Endometriumproliferation; zu einer Hyperplasie kommt es hingegen auch bei bis zu 5jähriger Anwendung nicht. Auch in der vorliegenden Studie kam es in der Tibolongruppe zu keiner signifikanten Zunahme der Endometriumdicke, während in der Premarin/Colpron-Gruppe nach einem Monat ein signifikanter Zuwachs, nach 6 Monaten immer noch ein Trend in Richtung Signifikanz festzustellen war, und zwar trotz zyklischer Gabe eines Progestagens. Darüber hinaus kam es in der Tibolongruppe wesentlich seltener zu Vaginal- und Schmierblutungen. Da viele Frauen in der Postmenopause ein Wiedereinsetzen vaginaler Blutungen als überaus unangenehm empfinden, liegt darin sicherlich einer der wichtigsten Vorzüge von Tibolon, der auch die Compliance entscheidend verbessern könnte. So kam es in der Tibolongruppe zu keinem frühzeitigen Behandlungsabbruch wegen Blutungen, in der Premarin/Colpron-Gruppe hingegen brachen 4 Patientinnen (7,7 %) aufgrund des Wiedereinsetzens von Vaginalblutungen die Behandlung ab.

Zusammenfassend läßt sich sagen, daß Tibolon mit seinem vielfältigen Hormonprofil die klimakterischen Symptome der Postmenopause ebenso wirksam lindert wie konventionelle Therapiekonzepte, gleichzeitig aber signifikant seltener zum Wiederauftreten von Vaginalblutungen führt.

LITERATUR

1. Schiff I, Komarov Sela H, Cramer D, Tulchinsky D, Ryan KJ. Endometrial hyperplasia in women on cyclic or continuous estrogen regimens. Fertil Steril 1983; 37: 79–82.

2. De Visser J, Coert A, Feenstra H, Van der Vies J. Endocrinological studies with Org OD 14. Arzneim Forsch 1984; 34: 1010–7.

3. Jelinek J, Kappen A, Schönbaum E, Lomax P. A primate model of human postmenopausal hot flushes. J Clin Endocrinol Metab 1984; 59: 1224–8.

4. Trevoux R, Dieulangard P, Blum A. Efficacy and safety of Org OD 14 in the treatment of climcateric complaints. Maturitas 1983; 5: 89–96.

5. Lindsay R, Hart DM, Kraszewski A. Prospective double-blind trial of synthetic steroid Org OD 14 for preventing post-menopausal osteoporosis. BMJ 1980; 280: 1207–9.

6. Fogelman 1, Bessent RG, Smith ML, hart DM, Lindsay R. Assessment of synthetic steroid Org OD 14: effect on skeletal metabolism by 24-h whole body retention of diphosphonate. Maturitas 1981; 3: 265–9.

7. Volpe A, Facchinetti F, Grasso A, Petraglia F, Campanini D, Genazzani AR. Benefits and risks of different hormonal replacement therapies in postmenopausal women. Maturitas 1986; 8: 327–34.

8. Crona N, Samsioe G, Lindberg UB, Silfverstolpe G. Treatment of climacteric complaints with Org OD 14: A comparative study with oestradiol valerate and placebo. Maturitas 1988; 9: 303–8.

9. Tax L, Goorissen EM, Kicovic PM. Clinical profile of Org OD 14. Maturitas 1987; Suppl 1: 3–13.

10. Genazzani AR, Petraglia F, Facchinetti AD, Genazzani M, Bergamaschi A, Grasso A, Volpe A. Effects of Org OD 14 on pituitary and peripheral ß-endorphin in castrated rats and in postmenopausal women. Maturitas 1987; suppl 1 : 35–48.

11. Punnonen R, Liukko P, Cortes-Prieto J, Eydam F, Milojevic S, Trevoux R, Chryssikopoulos E, Franchi F, Luisi M, Kicovic PM. Multicentre study of effects of Org OD 14 on endometrium, vaginal cytology, and cervical mucus in post-menopausal and oophorectomised women. Maturitas 1984; 5: 281–6.

12. Maguess RB, Rosenfeld CR. Local and systemic estradiol-17ß. Effects on uterine and systemic vasodilation. Am J Physiol 1989; 256: E536–E542.

Die Bedeutung der Androgene in der menopausalen Substitutionstherapie

J. C. HUBER

Einleitung

Nach dem derzeitigen Wissensstand produziert das ovarielle Gewebe 3 verschiedene Steroide: Die C-18 Steroide, zu denen das Östradiol und das Östron gehört, die C-21 Steroide, deren Hauptvertreter das Progesteron ist, und die C-19 Steroide, die durch das Testosteron und das Androstendion vertreten sind. Im Rahmen der Substitutionstherapie hat man sich zunächst ausschließlich auf das Östrogen konzentriert und es – auf Grund seiner Knochen- und kardioprotektiven Wirkung – mit Recht für eine großzügige Substitution empfohlen. Jahre nach der Östrogenmonotherapie wurde man vor allem durch die Häufigkeit der atypischen Hyperplasie bzw. der Karzinome des Endometriums darauf aufmerksam, daß eine Kombinationstherapie von Östrogen und Gestagen protektiv auf das Endometrium wirkt und deswegen bei der Replacementtherapie berücksichtigt werden soll.

Die derzeitige Menopausen-Substitution konzentriert sich demnach entweder auf eine Östrogen- oder auf eine kombinierte Östrogen-Gestagenbehandlung. Im Periklimakterium hat sich zur Zeit die Verwendung eines reinen Gestagens in jenen Fällen durchgesetzt, mit denen das Ovar noch Östrogene herstellt und die klinischen Symptome eher für einen allein solitären Gestagenmangel sprechen.

Das 3. Steroid des Ovars wird nach wie vor stiefmütterlich behandelt: Ob auch die Androgene in die Substitutionstherapie aufgenommen werden sollen, hängt letzten Endes von 3 Fragen ab:

1. Sind sie ähnlich wie das Progesteron und das Androgen auch in der Postmenopause defizitär oder kann die Nebennierenrinde ihre Funktion übernehmen?

Tabelle 1: Testosteron [Block/Lynen]

	Konzentration (ng/ml) mean	Produktionsrate (mg/d) mean
Reproduktive Phase	0,4	0,3
Postmenopause	0,19	0,21

2. Ist den Androgenen ein besonderer Benefit zugeordnet, der durch Östrogene und Gestagene nicht übernommen werden kann?
3. Bestehen Risiken, die durch eine Androgentherapie ausgelöst werden können?

A. Das Androgenprofil in der Postmenopause

Die Thekazelle des ovariellen Gewebes produziert auch in der Postmenopause bei manchen Patientinnen weiter C-19 Steroide, so daß die Frage nach der Bedeutung des Androgenspiegels in der Postmenopause dialektisch beantwortet werden muß: Einerseits gibt es Frauen, die durch den Östrogenabfall und durch die weiter andauernde Androgenproduktion des Ovars zu hyperandrogenämischen Stigmata tendieren. Auf der anderen Seite scheint es aber auch Frauen zu geben, bei denen der Androgen-Abfall im Klimakterium abrupter erfolgt, als es die Natur vorsieht. Dies ist vor allem dann der Fall, wenn eine chirurgische Ovarektomie vorgenommen wird.

Tatsache ist, daß das postmenopausale Ovar weiter endokrin [1] kompetent bleibt, selbst wenn es die Androgenproduktion um ca. 50 % reduziert. Das Testosteron sinkt auf einen durchschnittlichen Spiegel in der Postmenopause auf 0,3 ng/ml, das Androstendion auf 0,8 ng/ml ab (Tab. 1, 2) [2]. Demnach muß festgehalten werden, daß das postmenopausale Ovar weiter Androgene herstellt, wenn auch nicht in dem gleichen Ausmaß wie in der fertilen Lebensphase.

Die klinische Konsequenz dieser Tatsache ist eine Doppelte:

Einerseits muß mit der Entfernung des postmenopausalen Ovars vorsichtig vorgegangen werden, um die Androgenproduktion, die auch in der postfertilen Lebensphase stattfindet, nicht leichtfertig zu unterbrechen.

Andererseits hängt die Frage, ob ein Androgendefizit bei den betroffenen Frauen vorliegt, letzten Endes davon ab, ob in der jeweiligen Situation das Ovar noch in der Lage ist, mit der reduzierten Androgenproduktion die biologischen Bedürfnisse der Frau zu erfüllen [3, 4].

Die Frage einer Androgensubstitution muß dementsprechend individuell an Hand der Symptome und möglicherweise auch an Hand des Androgenspiegels entschieden werden.

Tabelle 2: Androstendion [Block/Lynen]

	Konzentration (ng/ml) mean	Produktionsrate (mg/d) mean
Reproduktive Phase	1,4	2,8
Postmenopause	0,8	1,4

Die bisher oft artikulierte Meinung, daß der Androgenhaushalt in der Postmenopause durch die Nebennierenrindenproduktion ausgeglichen wird, ist unrichtig: In der Postmenopause kommt es ebenfalls zu einem Abfall des Dehydroepiandrosteronsulfats, das um das 60. Lebensjahr nur mehr die Hälfte von der Gesamtproduktionsmenge eines 20-jährigen Menschen ausmacht. Dies hat dazu geführt, daß bereits eine Substitution des DHEAS überlegt wird (Tab. 3) [5].

B. Die klinische Symptomatik des Androgenmangels

Ob man sich mit den Gedanken, Androgen einer Patientin anzuraten, befaßt oder nicht, hängt letzten Endes davon ab, ob die Symptome, die die Frau schildert, einen Androgenmangel vermuten lassen oder ob diese Beschwerden unter einer klassischen Östrogen-Gestagen-Substitution nicht beseitigbar sind [6].

Die Bedeutung der Androgene für die Libido der Frau ist bekannt und oft dokumentiert worden. Sicher muß man bei einer zu einfachen Verbindung von Androgenspiegel und Libidostörungen vorsichtig sein, da gerade in diesem Bereich zwischenmenschlicher Beziehungen auch Probleme, wie sie mit dem Partner entstehen können, dafür verantwortlich sind. Allerdings begegnet man in der gynäkologischen Sprechstunde oft Patientinnen, die berichten, daß sie eine hervorragende Ehe führen, daß aber förmlich von einem Tag auf den anderen die Libido so stark reduziert ist, daß dies zu Problemen mit dem Mann bzw. mit dem Partner führt. In einem solchen Fall kann eine vorsichtige Androgentherapie begonnen werden [6].

Ein weiteres Symptom, das auf einen Androgenmangel schließen läßt, sind metabolische Probleme, die sich vor allem in der abdominalen Adipositas niederschlagen. Während auf der einen Seite bei der Hyperandrogenämie und bei PCO-Patientinnen bekanntlich das sogenannte Stamm-Fett des androiden Typs entsteht, führt andererseits ein Mangel an Androgenen zu einer verminderten Lipolyse in genau dem gleichen Bereich únd damit ebenfalls zu einer Vergrösserung des abdominalen Fettes.

Die Hormonsubstitution mit Androgenen kann auch hier Abhilfe schaffen, obwohl man sich gerade bei Frauen mit Gewichtsproblemen hüten muß, allzu große Hoffnungen zu machen. Eine ausführliche Anamnese, ein eingehendes Informationsgespräch, aber auch eine adäquate Diagnostik, die eine Hormonuntersuchung und eine Fettvermessung inkludiert, sind conditiones sine qua non.

Tabelle 3: Dehydroepiandrosteron [Block/Lynen]

	Konzentration (ng/ml) mean	Produktionsrate (mg/d) mean
Reproduktive Phase	4,2	6,7
Postmenopause	2,0	3,1

C. Unterhautbindegewebsschwäche

Das Fettgewebe des Menschen wird von verschiedenen Logen durchzogen, die geschlechtsspezifisch angeordnet sind: Bei der Frau ist das Logensystem parallel, beim Mann allerdings verzahnt, was zur Folge hat, daß Bindegewebsschwächen beim Mann wesentlich seltener auftreten als bei der Frau. Die Anordnung des Logensystems ist ebenfalls androgen-abhängig und kann durch eine topische Androgen-Zufuhr teilweise revertiert werden.

D. Chronic Fatique Syndrom

Androgene besitzen offenbar einen Einfluß auf die Immunsituation, der aber zur Zeit noch erforscht wird, so daß es zu früh wäre, hier einen klinisch nutzbaren Konnex darzustellen. Allerdings scheinen die bisherigen Daten dafür zu sprechen, daß sowohl manche Immunerkrankungen wie auch das chronic fatique Syndrom mit einer Hypoandrogenämie verbunden sein kann.

E. Die Risken einer Androgen-Therapie

Die Frage der richtigen Dosierung stellt sich bei der Androgensubstitution stärker als bei einer Östrogen-Gestagenapplikation, bei der ebenfalls Überdosierungs-Erscheinungen auftreten können, die aber andererseits weniger ausgeprägte Langzeitfolgen haben wie die Hyperandrogenämie. Die Folgen einer Androgen-Übersubstitution sind bekannt: Tieferwerden der Stimme, Klitorishypertrophie, unreine Haut und Effluvium. Aus diesem Grund soll bei einer Androgen-Substitution vorsichtig begonnen werden, die niedrigste Dosierung gewählt werden und zumindest in der ersten Zeit der Substitution eine permanente Kontaktaufnahme mit der Patientin sicher gestellt sein. Voraussetzung der Androgen-Substitution ist es auch, eine Hypothyreose und eine Hypoöstrogenämie auszuschließen: In beiden Fällen kommt es zu einer starken Erniedrigung des Sexualhormon-bindenden Globulins, was die biologische Wirkung der Androgene verstärkt.

F. Durchführung der Androgen-Therapie

Es stehen bereits eine Reihe von Androgenen zur Verfügung, die zur Ersatzbehandlung angewandt werden können. Für die Sequentialbehandlung kann man intravaginale Testosteron-Zäpfchen verwenden, die in einer Dosierung von 20 mg 7 Tage im Rahmen der Östrogenzufuhr eingesetzt werden. Wenn es die Compliance der Patientin gestattet, ist eine unmittelbar der Gestagen-Phase vorausgehende Testosteron-Zufuhr sinnvoll. Weiter kann das Testosteron, ähnlich wie dies beim Östrogen der

Fall ist, als Salbe bzw. als Pflaster zugeführt werden. Für postmenopausale Frauen steht der Testosteron-Kristall zur Verfügung, der in einer Dosierung von 100 mg – meistens zusammen mit dem 25 mg Östradiol-Kristall – implantiert wird.

Eine vorsichtige orale Zufuhr von 40 mg Testosteron (2 x pro Woche) hat ebenfalls einen günstigen Einfluß auf Frauen mit Androgenmangelerscheinungen.

G. Die Ovarektomie der Postmenopause

Im Lichte der Erkenntnisse, die die Bedeutung der Androgene für die postmenopausale Frau illustrieren, stellt sich die Frage neu, ob man im Rahmen einer Hysterektomie in der Postmenopause gleichzeitig auch die Ovarien entfernen soll. Die Frage kann derzeit und wahrscheinlich auch in Zukunft nicht dogmatisch beantwortet werden.

Eines scheint aber sicher zu sein, daß auch die stereotype Entfernung der Ovarien in der Postmenopause unrichtig ist. In die Aufklärung der Patientin wird in Zukunft sicher dieser Punkt einfließen müssen, eine Risikoabschätzung zu einer möglichen Entartung wird ebenfalls notwendig werden [7].

Von einigen Autoren wird mit Erfolg von einem Stimulationstest berichtet, der praeoperativ eingesetzt wird: Nach der Applikation von 500.000 IE HCG wird überprüft, ob das postmenopausale Ovar in der Lage ist, Androgene zu synthetisieren. Ist dies der Fall, so wird man einer Ovarektomie eher zurückhaltend gegenüberstehen.

LITERATUR

1. Eli Y Adashi. The climacteric ovary as a functional gonadotropin-driven androgen-producing gland. Fertil Steril 1994; 62 (1).

2. Chakravarti S, Collins WP, Forecast JD, Newton SR, Oran DA, Studd JWW. Hormonal profiles after menopause. Br Med J 1976; 2: 784–6.

3. Judd HL. Hormonal dynamics associated with the menopause. Clin Obstet Gynecol 1976; 19: 775–88.

4. Chang RJ, Judd HL. The ovary after menopause. Clin Obstet Gynecol 1981; 24: 181–91.

5. Orentreich N, Brind JL, Rizer RL, Vogelmann JH. Age Changes and Sex Differences in Serum Dehydroepiandrosterone Sulfate Concentrations throughout Adulthood. J Clin Endocrin Metabol 1984; 59 (3).

6. Janson PO, Dennefors B, Hamberger L. The ageing ovary. Acta Obstet Gynecol Scand 1982 ; 61 (Suppl. 106): 7–9.

7. Goswamy RK, Campbell S, Whitehead MI. Screening for ovarian cancer. Clin Obstet Gynecol 1983; 10 : 621–43.

Prämature Menopause – Bedeutung in Klinik und Therapie

A. E. Schindler

Definition

Unter der Bezeichnung „prämature Menopause" versteht man das Sistieren der normalen zyklischen Ovarialfunktion vor dem 40. Lebensjahr. Einige Autoren haben die Grenze bei 35 bzw. 30 Jahren gesetzt [1].

Das vorzeitige Versagen der Ovarialfunktion ist charakterisiert durch: Amenorrhoe, erhöhte Gonadotropinsekretion (vor allem FSH), niedriger Östradiolspiegel und klimakterische Symptomatik. Charakteristischerweise erhöhte FSH-Werte liegen je nach dem im Meßverfahren verwendeten Standard bei > 40 mIE/ml 2nd IRP-HMG oder > 1.000 ng/ml LER 907. Verlust der Oozyten bzw. Follikel, die auf Gonadotropine reagieren, ist scheinbar der wesentlichste Faktor.

Historische Daten

Historisch gesehen ist ein vorzeitiges Ovarialversagen bereits 1920 beschrieben worden [2]. 1950 wurden von Arias [3] 20 Fälle und 1957 von Perlhoff und Schneeberg [4] 29 jüngere Frauen mit „vorzeitigem Klimakterium" und erhöhter Gonadotropinausscheidung beschrieben. 1965 berichtete Kinch und Mitarbeiter [5] über eine afollikuläre und eine follikuläre Form der prämaturen Ovarialinsuffizienz. Aiman und Smentek [11] berichteten, daß 18 % von 157 Frauen mit Ovarbiopsien intakte Oozyten hatten. Ein ähnlicher Anteil wurde auch von anderen Autoren gefunden [12]. 1967 schlugen De Moraes-Ruehsen und Jones [6] 3 mögliche Ursachen für die prämature Menopause vor:

1. Verminderte Zahl an Keimzellen zum Zeitpunkt der Geburt;
2. Akzeleration der normalerweise ständig ablaufenden Follikelatresievorgänge;
3. Postnatale Destruktion der Keimzellen der Ovarien.

Dies erklärt aber nicht die Fälle, bei denen noch zahlreiche Follikel vorhanden sind, so daß eine irgendwie geartete Blockade der Gonadotropinwirkung an den Follikeln vorliegen muß.

Tabelle 1: Ursachen für eine hypergonadotrope Amenorrhoe und prämature Menopause [6]

1. Genetische und zytogenetische Ursachen
   a. Familiäre prämature Menopause
   b. Strukturelle Abweichungen oder das Fehlen eines X-Chromosoms
   c. Trisomie X mit und ohne Mosaik
   d. in Verbindung mit dytropher Myotonie
2. Enzymatische Defekte
   a. 17 α-Hydroxylasedefekt
   b. Galaktosämie
3. Strukturelle Zerstörung
   a. Strahlen
   b. Chemotherapeutische Substanzen
   c. Virale Infekte
   d. Rauchen
   e. Chirurgische Entfernung
4. Immunologische Störungen
   a. in Verbindung mit anderen Autoimmunerkrankungen
   b. Isoliert
   c. Kongenitale Thymusaplasie
5. Defekte der Gonadotropinstruktur und Wirkung
   a. Sekretion von biologisch inaktiven Gonadotropinen
   b. α- und ß-Kettendefekte
   c. Gonadotropin- und Postrezeptor-Defekte
   d. Zirkulierender FSH-Bindungshemmer
6. Idiopathisch

Häufigkeit

Die Häufigkeit ist in einer Übersichtsarbeit 1981 bei sekundärer Amenorrhoe mit 4 % angegeben worden [2]. De Moraes-Ruehsen und Jones [6] fanden 6,6 % bei unter 35-jährigen. Neuere Schätzungen sprechen von 10 % der amenorrhoeischen Frauen [8]. Schätzungen der Häufigkeit der prämaturen Menopause bei amerikanischen Frauen allgemein ergab 0,3 % [7].

Mögliche Ursachen für eine hypergonadotrope Amenorrhoe und prämature Menopause sind in Tabelle 1 zusammengestellt.

Genetische und Zytogenetische Aspekte

Eine Reihe von Arbeiten haben familiäre Häufungen von prämaturer Menopause beschrieben, die auf einen autosomal dominanten, geschlechtsgebundenen Erbgang hinweisen. Dazu gehören auch Personen mit dystropher Myotonie [7]. Um eine normale Zahl von Oozyten zu erhalten, sind 2 intakte X-Chromosomen notwendig. Fehlen eines X-Chromosoms führt zur raschen Atresie der Oozyten, wie dies für das 45/X-Syndrom gezeigt wurde. Auch strukturelle Abnormalitäten des X-Chromosoms können Ursache für ein vorzeitiges Ovarversagen sein. Ein zusätzliches X-Chromosom kann ebenfalls zu einer vorzeitigen Menopause führen [7].

Enzymdefekte

Dazu gehören 17 a-Hydroxylasemangel und Galaktosämie. Bei Frauen mit diesen Enzymmangelzuständen kommt es frühzeitig zur hypergonadotropen Amenorrhoe [7].

Strukturelle Störungen

Etwa 50 % der Frauen, die einer Bestrahlung der Ovarien mit 500–600 Rad über 4–6 Wochen ausgesetzt sind, entwickeln eine permanente sekundäre hypergonadotrope Amenorrhoe. Eine Dosis von 800 Rad scheint bei allen Frauen zum Ovarversagen zu führen. Je älter die Frauen sind, um so ausgeprägter ist der destruktive Effekt der Bestrahlung auf die Funktion der Ovarien [7]. Auch Chemotherapeutika haben einen zerstörerischen Effekt auf die Ovarien. Alkalierende Substanzen, vor allem Cyclophosphamid, wirken hemmend auf die Ovarialfunktion. Daher gilt der Grundsatz, daß mit steigendem Alter diese negative Auswirkung auf die Ovarialfunktion zunimmt [7]. Virale Infektionen scheinen zu negativen Auswirkungen auf die Ovarialfunktion zu führen, etwa im Sinne einer „Mumpsoophoritis“ [7]. Für Rauchen gilt ein negativer Einfluß auf die Dauer der Ovarialfunktion. Dieser Effekt ist von der Zahl der gerauchten Zigaretten und der Dauer des Zigarettenrauchens abhängig [7].

Tabelle 2: Mögliche autoimmunologische Störungen, die zur hypergonadotropen Amenorrhoe und prämaturen Menopause führen können [6]

Erworbene hämolytische und perniziöse Anämien
Asthma
Chronisch aktive Hepatitis
Morbus Crohn
Diabetes mellitus
Glomerulonephritis
Morbus Addison
Hypoparathyreoidismus
Hypophysitis
Idiopathische thrombozytopenische Purpura
Juvenile rheumatoide Arthritis
Keratoconjunktivitis und Sjögren's-Syndrom
Malabsorption-Syndrom
Myasthenia gravis
Polyendokrinopathie (Typ I, Typ II und unspezifische)
Primäre biliäre Zirrhose
Quantitative Immunglobulinabnormalitäten
Rheumatoide Arthritis
Systemische Lupus erythematodes
Schilddrüsenerkrankungen incl. Morbus Grave und Thyroititis
Vitiligo
Alopezie

Immunologische Ursachen

Eine Reihe von Autoimmunvorgängen gehen mit hypergonadotroper Amenorrhoe einher. Dabei muß beachtet werden, daß dieser Zustand sich wieder normalisieren kann und Schwangerschaften auftreten können. Mögliche Autoimmunerkrankungen, die mit hypergonadotroper Amenorrhoe einhergehen können, sind in Tabelle 2 zusammengestellt.

Autoimmunphänomene als Ursache frühzeitigen Versagens der Ovarialfunktionen sind bei Nagern beschrieben worden [1]. Dies kann durch Thymusexstirpation herbeigeführt werden. Bezogen auf den Menschen wurde berichtet, daß kongenitale athymische Mädchen Ovarialanlagen ohne Oozyten aufwiesen [1]. Bei einem Teil der Frauen mit prämaturer Menopause wurden zirkulierende antiovarielle Antikörper gefunden [1, 7]. Am Ovar selbst werden als Hinweis auf destruktive Prozesse, bedingt durch Autoimmunvorgänge, perifollikuläre Lymphozytenansammlungen gewertet [1, 7]. Häufig ist frühes Ovarversagen mit multiplen anderen Fehlfunktionen berichtet worden wie etwa Addison'sche Erkrankung, Hypoparathyroidismus und Hashimoto Thyreoiditis [1, 7].

Alper und Garner [8] kommen zu der Schlußfolgerung, daß bei 30 bis 50 % der Patientinnen mit prämaturer Menopause eine derartige Autoimmunerkrankung damit verbunden ist. Eine zytotoxische Wirkung des Serums dieser Patientinnen auf menschliche Granulosazellen wurde in Kulturen nachgewiesen [1]. Die autoimmunologische Basis der prämaturen Menopause scheint heterogen zu sein, da unterschiedliche endokrinologische Störungen damit verbunden sein können oder auch nicht. Autosensibilisierung gegen gemeinsame Antigene an der Zellenoberfläche könnten erklären, daß verschiedene Drüsen beteiligt sein können [1]. In manchen Fällen ist auch ein Zusammenhang zwischen chronischem Pilzbefall des unteren Genitaltraktes und vorzeitigem ovariellen Versagen beschrieben worden [1]. Weiterhin wurde ein vorzeitiger Funktionsverlust des Ovars bei Diabetes mellitus, Myasthenia gravis und perniziöser Anämie beschrieben [1]. Es wird angenommen, daß auch ein isolierter Ausfall der Ovarfunktion auf autoimmunologischer Basis vorkommen kann [1]. Autoimmunität gegen steroidproduzierende gonadale Zellen scheint jedoch bei Patientinnen mit prämaturer Menopause ohne Addinson'sche Erkrankung eine Seltenheit zu sein [1].

Tabelle 3: Diagnostik und Differentialdiagnostik der prämaturen Menopause ohne und mit Follikel (sogen. Gonadotropinresistentes-Ovar-Syndrom)

Gemeinsamkeiten

- Primäre (mit sekundärer Geschlechtsmerkmalentwicklung) und sekundäre Amenorrhoe
- Erhöhte Gonadotropinkonzentrationen (vor allem FSH), Negativer Stimulationseffekt nach Applikation von exogenen Gonadotropinen (Ausnahmen: Defekte Gonadotropine)
- 46 XX-Karyotyp (zum größten Teil)
- Vagina und Uterus normal angelegt
- Direkte und/oder begleitende Autoimmunoerkrankung möglich

Unterschiede

Art	Prämature Menopause mit Follikel (sog. Gonadotropin-resistentes Ovar-Syndrom)	Prämature Menopause ohne Follikel
Follikel	ausreichend vorhanden	fehlen oder selten
Karyotyp	Normaler Karyotyp 46 XX	Häufig Chromosomenanomalien feststellbar

Die Bedeutung der Erkennung und des Verstehens von Autoimmunprozessen, die zu vorzeitigen ovariellen Versagen führen, liegt darin, daß in einem frühen Stadium gegebenenfalls eine Therapiemöglichkeit gegeben ist. Dafür spricht der Bericht über eine Patientin mit Corticoidtherapie wegen Nebenniereninsuffizienz, bei der es zu einer Normalisierung der Gonadotropin-Spiegel kam [9]. Außerdem sind erfolgreiche Behandlungen mit Corticoiden und Plasmapherese bei anderen Autoimmunerkrankungen geschrieben worden, die zu Normalisierung der Ovarialfunktion führten [1, 10].

Diagnostik und Differentialdiagnostik

Die diagnostischen und differentialdiagnostischen Überlegungen sind in Tabelle 3 zusammengefaßt. Die adäquate Biopsie der Ovarien und die detaillierte histologische Untersuchung sind die unabdingbaren Voraussetzungen und für den Einsatz dieser Methoden und für die daraus gezogene Schlußfolgerung. Zweifel an dem Wert dieser diagnostischen Verfahrensweise beruhen nach unserer Ansicht auf der inadäquaten Anwendungsweise.

Inwieweit durch eine Ovarsonographie diese Diagnostik ebenfalls bewerkstelligt werden kann, ist durch Mehta und Mitarbeiter untersucht worden [17]. Bei 17 Frauen mit prämaturer Menopause konnten in 84% wenigstens ein Ovar per Sonographie dargestellt werden, bei Frauen unter Ovulationshemmer war dies in 95 % der Fall und nur in 25 % der Patientinnen mit Turnersyndrom. Das mittlere Ovarvolumen bei prämaturer Menopause war geringer als unter hormonalen Kontrazeptiva und identisch mit Frauen in der Postmenopause. Bei Frauen mit prämaturer Menopause konnten in 41 % Follikel in den Ovarien nachgewiesen werden; dies war in 95 % unter hormonaler Kontrazeption der Fall und nur in 5 % in den Ovarien der postmenopausalen Frauen und in 0 % bei Turnersyndrom. Die Zahl der Follikel war signifikant geringer bei Frauen mit prämaturer Menopause als unter hormonalen Kontrazeptiva. Frauen mit prämaturer Menopause und Follikel wiesen ein größeres Ovarvolumen auf als ohne Follikel. Die Endometriumdicke unterschied sich nicht [17].

Bei Einbeziehung der Fälle mit primärer Amenorrhoe dürfen nach unserer Ansicht nur die Fälle in Betracht gezogen werden, die eine sekundäre Geschlechtsmerkmalentwicklung aufweisen und somit Hinweise auf eine stattgefundene Follikelaktivität geben, selbst wenn es nicht zur spontanen Menstruationsblutung (Menarche) gekommen ist. Eine Ausnahme stellt der selektive 17 α-Hydroxylasenmangel. Alle anderen Fälle mit gonadaler Fehlfunktion (45X, 46XX, 46XY und Mosaike) sind bei gleicher Grundkonstellation (hypergonadotroper Hypergonadismus) abzugrenzen [1].

Differentialdiagnostisch ist noch in Erwägung zu ziehen, daß hohe Gonadotropinspiegel durch Interferenzen im Radioimmunassay entstehen können. Dies ist bei Frauen mit mehreren Vallinationen gefunden worden [13]. Ähnliche Ergebnisse haben wir bei Frauen mit Frischzellenbehandlung und anderen Eiweißapplikationen gesehen (unveröffentlichte Ergebnisse). Als weitere Möglichkeit einer hypergonadotropen Amenorrhoe bzw. eines hypergonadotropen Ovarversagens wurde die hyperphysäre Hyperplasie beschrieben [14].

Nach unserer Ansicht ist es hilfreich, wenn sicher geklärt ist, ob noch eine größere Anzahl von Follikeln in den Ovarien vorhanden ist, da dann die Wahrscheinlichkeit größer ist, daß manchmal eine Eigenfunktion der Ovarien auftreten wird und es sogar zu Schwangerschaften kommen kann [1, 7].

Therapie

Grundsätzlich sollten alle Frauen mit hypergonadotroper Amenorrhoe, unabhängig davon ob noch Kinderwunsch besteht, zunächst mit einer Östrogen/Gestagen-Kombination behandelt bzw. substituiert werden [1, 7]. Sowohl die alleinige Östrogen-Therapie als auch mit einer zyklischen Östrogen/Gestagen-Kombination sind nachfolgend Normalisierungen der Gonadotropin- und Östradiol-Konzentration beschrieben worden und der sichere Nachweis eines funktionstüchtigen Follikelapparates mit Feedbacksystem durch Erreichen einer Schwangerschaft erbracht worden [1]. Eine dreimonatige Therapie scheint bereits zu genügen, wenn Zweiphasenpräparate mit natürlichen Östrogenen verwendet werden. Es kann dabei schon unter der Hormoneinnahme zur Konzeption kommen [1]. Nach unserer Ansicht sollten deshalb nichthormonale Kontrazeptiva als Östrogen/Gestagen-Kombination verwendet werden, da diese auf jeden Fall zur hypothalamischen-hypophysären Supression führen und damit spontane Zyklusabläufe sich nicht entwickeln können.

Bisher sind die meisten spontanen Schwangerschaften bei diesen Frauen unter oder nach einer Behandlung mit Östrogen bzw. Östrogen/Gestagen-Kombination aufgetreten. In den Fällen mit vorhandenen Follikeln sind Autoimmunprozesse auszuschließen, da gegebenenfalls therapeutische Konsequenzen sich ergeben, wie dies z. B. durch Lucky und Mitarbeiter [9] berichtet wurde. Kürzlich wurde nochmals darauf hingewiesen, daß bei Frauen Antikörper gegen steroidproduzierende Zellen serologische Marker für die hypergonadotrope Amenorrhoe und den Morbus Addison darstellen [15].

Bei Nachweis einer Autoimmunoophoritis durch biochemische Methoden erübrigt sich die Ovarbiopsie [16]. Diese Autoren lehnen aber auch insgesamt Ovarbiopsien ab, da nach ihrer Ansicht es dabei zur Schädigung der Tube und zu Verwachsungen kommen kann und für diese Frauen die Möglichkeit der assistierten Reproduktion in Form der Eizellspende mit intrauterinem, aber auch intratubarem Transfer beeinträchtigt werden würde [16]. Ein solches Vorgehen ist aber in Deutschland aufgrund der gesetzlichen Beschränkungen nicht möglich.

Insgesamt gesehen wird die zu erwartende Schwangerschaftsrate mit unter 10 % angegeben [7]. Bei 100 Frauen mit prämaturem Ovarversagen ergaben sich nach Gonadotropinsuppression vor allem mit Östrogenen und exogener HMG-Stimulation ovulatorische Zyklen in 10 %, eine Schwangerschaftsrate von 5,2 % und ausgetragene Schwangerschaften in 2,2 % [18]. Eine Kombination der Östrogensuppression mit der Behandlung mittels GnRH-Agonisten ergab keine nachweisbare Verbesserung. Ovulationen wurden in 4 % nachgewiesen [19]. Andere haben nur mit der Kombination von GnRH-Agonistenbehandlung und Gonadotropintherapie einen Erfolg gesehen [20]. Mit einer Cross-over-Studie wurde sowohl mit GnRH-Agonisten allein als auch mit einer Kombination von GnRH-Agonisten und HMG-Stimulationen jeweils 2 Ovulationen gesehen, wobei aber das Lutealphasenprogesteron niedrig war [21].

Wesentlich bessere Ergebnisse wurden bei Frauen mit prämaturer Menopause und Autoimmunaktivität gefunden [22]. Von 15 Frauen wurden nach GnRH-Agonisten-Behandlung (3,75 mg Triptorelin Depot) und HMG/HCG-Behandlung unter 10 mg Fluorcortelon täglich 8 Frauen 14 mal schwanger. Davon waren 2 Schwangerschaften spontan, 12 gesunde Kinder wurden mit 10 Schwangerschaften geboren. 3 Schwangerschaften endeten in einer Fehlgeburt, und 1 Schwangerschaft war bei der Untersuchung noch nicht beendet. Die induzierten Schwangerschaften traten in den ersten drei Behandlungszyklen auf [22].

Zusammenfassend kann festgestellt werden, daß alle Frauen mit prämaturer Menopause mit einer Hormonsubstitution behandelt werden sollten, um die funktionellen und letztendlich organischen Ausfallserscheinungen zu verhindern bzw. zu beheben [1]. Bei noch vorhandener basaler Östrogensekretion (proliferatives Endometrium, Gestagentest positiv) sollte zumindest eine zyklische Gestagenbehandlung veranlaßt werden. Bei negativem Gestagentest ist eine zyklische Behandlung mit einer Östrogen/Gestagen-Kombination bis ins hohe Alter zu empfehlen (am besten mit sog. natürlichen Östrogenen und einem Gestagen).

Liegt Kinderwunsch vor, können neben der Östrogen/Gestagen-Kombination, wenn sie z. B. nach 3 Monaten Anwendung zu keinem spontanen Zyklusgeschehen führt, die Kombination mit Gonadotropinen und gegebenenfalls mit Kortikoiden zum Einsatz kommen. Der Einsatz von GnRH-Agonisten ist im Einzelfall zu entscheiden. In den Ländern, in denen Eizellspende möglich ist, hat bei diesen Frauen eine Schwangerschaft gute Aussicht auf Erfolg [7, 16].

LITERATUR

1. Schindler AE. Prämature Menopause und Gonadotropin-resistentes-Ovar-Syndrom. Fertilität 1986; 2: 120–4.

2. Tulandi T, Kind RA. Premature ovarian failure. Obstet Gynecol Surv 1981; 36: 521–7.

3. Arias AR. Le menopausia precox y son tratamento hormonal. Rev Med Chil 1950; 78: 373.

4. Perlhoff WH, Schneeberg NG. The premature climacterium. Am Pract 1957; 8: 1955.

5. Kinch HAA, Plunkett ER, Smout MS, Carr DH. Primary ovarian failure. A clinicopathological and cytogenetic study. Am J Obstet Gynecol 1965; 91: 631–41.

6. De Moraes-Ruehsen M, Jones GS. Premature ovarian failure. Fert Steril 1967; 18: 140–61.

7. Rebar RW. Premature ovarian failure. In: Lobo RA (ed.).Treatment of the postmenopausal Women. Raven Press, New York 1993; 25–34.

8. Alper MN, Garner PR. Premature ovarian failure: Its relationship to autoimmune disease. Obstet Gynecol 1985; 66: 27–30.

9. Lucky AW, Rebar RW, Blizzard RM, Goren EM. Pubertal progression in the presence of elevated serum gonadotropins in girls with multiple endocrine deficiencies. J Clin Endocrinol Metab 1977; 45: 673–8.

10. Cowchock FS, McCabe JL, Montgomery BB. Pregnancy after corticosteroid administration in premature ovarian failure (polyglandular endocrinopathy syndrome). Am J Obstet Gynecol 1988; 158: 118–9.

11. Aiman J, Smentek C. Premature ovarian failure: its relationship to autoimmune disease. Obstet Gynecol 1985; 66: 9–14.

12. Hayne WM, Tan SL, Adams J, Jacobs HS. Hypergonadotropic amenorrhea-ediology and outcome in 93 women. Int J Gynecol Obstet 1987; 25: 121–5.

13. Padova G, Briguglia G, Tita P, Munguira ME, Arpi ML, Pezzino V. Hypergonadotropinemia not associated to ovarian failure and induced by factors interfering in radioimmunoassay. Fertil Steril 1991; 55: 637–9.

14. Okuda K, Yoshikawa M, Ushiroyama T, Sugimoto O, Maeda T, Mori H. Two patients with hypergonadotropic ovarian failure due to pituitary hyperplasia. Obstet Gynecol 1989; 74: 498–501.

15. Betterle C, Rossi A, Dalla Pria S, Artifoni A, Pedini B, Gavasso S, Caretto A. Premature ovarian failure: autoimmunity and natural history. Clin Endocrinol 1993; 39: 35–43.

16. Khastgir G, Abdalla H, Studd JWW. The case against ovarian biopsy for the diagnosis of premature menopause. Brit J Obstet Gynecol 1994; 101: 96–8.

17. Mehta AE, Matwijiw I, Lyons EA, Faiman Ch. Noninvase diagnosis of resistant ovary syndrome by ultrasonography. Fert Steril 1992; 57: 56–61.

18. Check JH, Nowroozi K, Chase JS, Nazari A, Shapse D, Vaze M. Ovulation induction and pregnancies in 100 consecutive women with hypergonadotropic amenorrhea. Fert Steril 1990; 53: 811–6.

19. Nelson LM, Kimzey LM, White BJ, Merriam GR. Gonadotropin suppression for the treatment of karyotypically normal spontaneous premature ovarian failure: a controlled trial. Fert Steril 1992; 57: 50–5.

20. Surrey ES, Cedars MI. The effect of gonadotropin suppression on the induction of ovulation in premature ovarian failure patients. Fert Steril 1989; 52: 36–41.

21. Rosen GF, Stone SC, Yee B. Ovulation induction in women with premature ovarian failure: a prospective, crossover study. Fert Steril 1992; 57: 448–9.

22. Blumenfeld Z, Halachmi S, Peretz BA, Shmuel Z, Golan D, Makler A, Brandes JM. Premature ovarian failure – the prognostic application of autoimmunity on conception after ovulation induction. Fert Steril 1993; 59: 750–5.

Hormonsubstitution in der Prä-, Peri- und Postmenopause

C. LAURITZEN

Das Klimakterium ist keine Krankheit, sondern eine normale Übergangsphase im Leben der Frau. Die Beschwerden können aber im Einzelfall so stark sein, daß sie Krankheitscharakter annehmen, und langzeitiger Östrogenmangel kann zu echten Erkrankungen führen. Wir müssen als Ärzte den Frauen aber auch klar machen, daß die Wechseljahre eine Chance für einen Neubeginn, für neue Freiheiten, die Erfüllung bislang zurückgestellter Wünsche, für einen Gewinn an Reife und Gelassenheit sein können. Diese Möglichkeiten kann jedoch nur diejenige Frau wahrnehmen, die nicht durch Schmerzen, Depression, Entschlußlosigkeit und körperliche wie seelische Leistungsunfähigkeit eingeschränkt ist. Insofern können Östrogene helfen, Wünsche und Pläne im dritten Lebensabschnitt besser zu realisieren. Im Alter um 50 hat die Frau in den Wechseljahren also eine für sie sehr wichtige Entscheidung zu treffen, nämlich: Soll sie Hormone einnehmen, ja oder nein?

Der Nutzen: Mit dieser Entscheidung werden wichtige Weichen für ihren dritten Lebensabschnitt gestellt. Wenn die Klimakterika Östrogene/Gestagene einnimmt, so wird sie in der Perimenopause weniger Zyklusstörungen und weniger oder keine klimakterischen und urogenitalen Beschwerden haben. Vielleicht wird ihr sogar eine Ausschabung oder eine Operation mit Organverlust erspart bleiben. Ein nicht zu unterschätzender Vorteil ist ferner, daß die Frau, die Hormone einnimmt, im allgemeinen regelmäßig zur Vorsorge kommt. Dadurch hat ein Krebsleiden, falls es auftreten sollte, bessere Früherkennungs- und Heilungschancen. Andererseits hat die Frau in den Wechseljahren eine ganze Reihe Sorgen und Ängste, die der Arzt kennen, auf die er eingehen, und die er, wenn möglich, beseitigen sollte (Tab. 1). In der späten Postmenopause und im Senium hat die Frau, die sich für eine Östrogen-Gestagen-Langzeitsubstitution entscheidet, nach den vorliegenden Statistiken erheblich bessere Chancen, das Alter in guter körperlicher, geistiger und seelischer Verfassung zu erleben. Sie wird unter weniger vermeidbaren Beschwerden, Befindensstörungen und Erkrankungen zu leiden haben als eine Frau, die keine Hormone einnimmt. Lebenserwartung und Lebensqualität werden vermutlich erhöht sein.

Grundlagen der ärztlichen Empfehlungen

Die Statistik macht aber tatsächlich nur Aussagen über den günstigen Einfluß einer Östrogeneinnahme auf die Krankheitshäufigkeit in größeren Bevölkerungsgruppen. Sichere Angaben über eine mögliche krankheitsverhütende Wirkung der Östrogene im Einzelfall sind aus ihr nicht abzuleiten; es sind also nur Voraussagen möglich, die mit einer gewissen Wahrscheinlichkeit auch im individuellen Fall zutreffen werden. Die Empfehlungen des Arztes für eine Hormonsubstitution werden dementsprechend auch nur von Wahrscheinlichkeiten ausgehen können. Die ärztliche Beratung wird in der Praxis vornehmlich von der Art und Stärke der von der Klientin geklagten Beschwerden, dem Befund und ihrem Behandlungswunsch bestimmt werden. Der Arzt wird allerdings eine Hormonsubstitution dann dringend empfehlen, wenn anamnestische Daten, Befunde oder Risikofaktoren vorliegen, die für eine zukünftige Gefährdung durch Erkrankungen sprechen, die möglicherweise durch Östrogene verhütet werden könnten (Tab. 2).

Tabelle 1: Sorgen und Ängste der Frauen im Klimakterium. N = 262; Alter 48–65 Jahre, UFK Ulm 1990

	Häufigkeit (%)
Angst vor Krebs	78
– vor langer Krankheit mit Schmerzen und Leiden	62
– vor Operationen	41
– vor Osteoporose	14
Sorge um Krankheit und Tod des Partners	40
Sich im Alter nicht selbst versorgen zu können	39
Arbeitsunfähigkeit, berufliche Zukunft	37
Finanzielle und Wohnprobleme	27
Eheprobleme, Liebesverlust, Verlust der Attraktivität, keine vollwertige Frau mehr	32
Familienprobleme	
– Tod der Eltern	32 *
– Pflegebedürftigkeit der Eltern, Unterbringung	17 **
– Sorgen um die Kinder	25 ***
Angst vor den Wechseljahren	28
– vor Abnahme der Libido	20
– an Gewicht zuzunehmen	63
– Verlust an Wohlbefinden, Lebensfreude	16
– Verlust an Leistungsfähigkeit, Energie	11
– Verlust an Gedächtnis, Konzentration	4
Angst vor oder Bedenken gegen Hormone	44

* Eltern bei 21 % bereits gestorben
** 3 % der Eltern bereits pflegebedürftig
*** 8 % haben keine Kinder

Die Blutungsstörungen

In der Prämenopause steht zunächst die Behandlung der häufigen dysfunktionellen Blutungsstörungen im Vordergrund, nämlich von Vor- und Nachschmieren, Hypermenorrhoen, Menorrhagien und irregulären, meist verlängerten Zyklen. Diese sind überwiegend durch eine Gelbkörperschwäche und die ausblei-

Tabelle 2: Östrogen-Gestagensubstitution bei Frauen im Klimakterium und Postmenopause. Zwingende Indikationen:

- Frühe spontane Menopause (Menopause praecox)
- Frühe Kastration (vor dem 50. Lebensjahr)
- Sehr starke klimakterische Beschwerden
- Reaktive klimakterische depressive Verstimmung
- Beschwerden durch uro-genitale Atrophie (Kolpitis, trockene Scheide mit Kohabitationsbeschwerden, Urethrozystitis, Harninkontinenz)
- Haut- und Schleimhautatrophie mit Beschwerden
- Hirsutismus-Virilismus durch Androgen-Östrogen-Imbalanz
- Multiple Risikofaktoren für Osteoporose
- Manifeste Osteoporose
- Hyperlipidämie (LDL erhöht, HDL erniedrigt)

bende Ovulation verursacht. Sie gehen mit einer gestörten Endometriumsstruktur (häufig einer glandulär-zystischen Hyperplasie) einher. Zur Korrektur der Blutungsstörungen ist die Indikation zu einer Gestagensubstitution von Tag 14–25 oder für eine Sequenztherapie eindeutig gegeben. In Einzelfällen mit schweren Blutungen und Anämie kann – wenn organische Ursachen ausgeschlossen wurden – eine therapeutische Amenorrhoe durch Gabe hoher Gestagendosen angezeigt sein, damit die Patientin sich zwischenzeitlich erholen kann. 5–10 mg Norethisteronazetat oder Lynestrenol reichen meist aus, um die Amenorrhoe herbeizuführen und aufrecht zu halten. Bei der Verabfolgung von GnRH zur Erzielung einer Amenorrhoe ist zu bedenken, daß sich nach Gabe über mehr als ein halbes Jahr ein Knochenmineral-Verlust einzustellen pflegt.

Tabelle 3: Risikofaktoren für Osteoporose, Atherosklerose, Herzinfarkt und Schlaganfall: Risikominderung durch Östrogensubstitution

Osteoporose:
Ovarialinsuffizienz. Späte Menarche. Östrogenmangel-Amenorrhoen in der Anamnese. Vorzeitige Menopause. Oophorektomie vor dem 45. Lebensjahr. Untergewicht. Mangelernährung Kalzium, Vitamin D, Übermaß an Phosphaten (Süßigkeiten, Fleisch, Softdrinks). Familiär-genetische Veranlagung. Vit. D-Rezeptor-Anomalie. Knochenbrüche in der Vorgeschichte. Alter. Magen-Darmerkrankungen und -operationen. Bewegungsmangel, Bettlägerigkeit. Alkohol, Nikotin. Morbus Cushing, chronische Corticosteroidtherapie. Hyperthyreose.

Atherosklerose, Herzinfarkt, Schlaganfall:
Familienanamnese, angeborene Fettstoffwechselstörungen. Herzinfarkt, Schlaganfall in der Anamnese. Hypercholesterinämie > 250 mg% (6,5 mmol/l). Erhöhung Apo B, E. Hypertriglyceridämie > 170 mg% (1,9 mmol/l). Hypertonie: systol. > 160, diastol. > 90 mm Hg. Diabetes mellitus, Adipositas (Broca Index > 10 %). Hyperurikämie > 6,5 mg% (> 387 umol/l). Beiderseitige Oophorektomie: vor dem 45. Lebensjahr Risiko 3fach; vor dem 35. Lebensjahr Risiko 7,7fach; 45. bis 50. Lebensjahr Risiko 1,3fach

Die klimakterischen Beschwerden

In der Perimenopause steht die symptomatische Behandlung klimakterischer Beschwerden im Vordergrund. Aus der Stärke des Beschwerdebildes ergibt sich, welche Patientin dringend Hormone benötigt, um eine schwerwiegende klimakterische Symptomatik zu beseitigen (Tab. 2). Die Indikation ist unumstritten.

Indikationen zur Langzeitsubstitution

Wer aber soll eine präventive Langzeitbehandlung zur Verhütung von eventuell später eintretenden Östrogenmangelerkrankungen erhalten? Das ist aus der Familienanamnese, der Eigenanamnese und den erkennbaren Risikofaktoren nur sehr vage abzuleiten (Tab. 2, 3). Wir haben also leider wenige wirklich solide Kriterien für eine wohlfundierte Empfehlung im Einzelfall. Hieran wird die zukünftige Forschung arbeiten müssen. Wie die Frau sich entscheiden wird, das ist das Ergebnis aus einem schwer überschaubaren Gewirr von Informationen, Fehlinformationen, Ängsten, Vorurteilen und mehr oder weniger kompetenten Beratungen. Wir müssen als Ärzte gestehen, daß trotz vieler Bemühungen von Seiten der Experten Fehlinformationen unter den betroffenen Frauen noch immer sehr weit verbreitet sind, und daß deren Aufklärung durch manche Ärzte nicht selten durch mangelnde Sachkenntnis gekennzeichnet ist.

Kontraindikationen

Vor Beginn einer Behandlung sollten die Gegenanzeigen gegen eine Östrogen-Gestagenmedikation ausgeschlossen werden. Gegenwärtig werden nur die akute Thromboembolie und das Rezeptor-positive Mammakarzinom noch als Kontraindikation angesehen. Endometrium- und Ovarialkarzinom, Hypertonie, Diabetes, Koronarinsuffizienz und Otosklerose sind keine Kontraindikationen mehr (Deutsche Gesellschaft für Endokrinologie, 1988). In allen anderen fraglichen Fällen läßt sich fast

Tabelle 4: Empfehlungen zur Östrogen-Gestagen-Substitution im Klimakterium in Beziehung zum Blutungsproblem

Status	Empfehlung
Prämenopausal	
Regelmäßige Blutungen erwünscht zur Zyklusregulierung	Östrogen-Gestagen-Sequenz-Präparate; kann, falls keine Einwände, beliebig lange fortgesetzt werden
Postmenopausal	
Falls Blutung nicht unerwünscht,	niedrig dosierte Östrogen-Monotherapie oder Östradiol-Prasteron-Injektionen alle 4 Wochen
Blutungsauslösung alle 3–6 Monate oder unter Ultraschall-Kontrolle bei hohem Endometrium (> 8 mm)	Gestagene oral 12 Tage lang monatlich, alle 3–6 Monate lang oder nach Ultraschall-Befund
Blutungen unerwünscht	Östriolpräparate oral (kein Osteoporoseschutz!), falls kein Osteoporoserisiko in Kombination mit Kalzium und Vitamin D vertretbar evt. auch mit 0,3 konjugierten Östrogenen oder 0,3–0,5 Östradiolvalerat zusammen noch keine Blutungen
	Östradiol + Gestagen kombiniert und kontinuierlich. Bei mehr als 5 Jahre postmenopausal keine Blutungen mehr.
	Tibolon (Livial)*)
Hysterektomierte Frauen	Jede Therapieart möglich. Gestagenzusatz nicht unbedingt erforderlich. Falls Brustbeschwerden oder Risiko: Progesteron-Gel lokal.
	*) In mehreren europäischen Ländern zugelassen (Internationale Apotheke), in Deutschland im Zulassungsverfahren.

immer eine Dosierung, eine Hormonkombination oder eine Anwendungsart finden, die alle offenbaren Risiken umgeht. Freilich sind in kritischen Fällen besondere ärztliche Überlegungen und Vorsichtsmaßnahmen, eine besonders sorgfältige aufklärende Besprechung sowie eine exakte Dokumentation der ärztlichen Überlegungen und der Zustimmung der Patientin erforderlich. Eine besonders enge Zusammenarbeit mit dem das Grundleiden behandelnden Facharzt ist selbstverständlich. Immer sind auch die nachteiligen Folgen der Unterlassung einer Hormonsubstitution in die Überlegungen zur Indikationsstellung mit einzubeziehen.

Präparatewahl

Bei der Präparatewahl ist zunächst die grundsätzliche Frage zu klären, ob die Patientin noch bluten soll (z. B. in der Prämenopause mit Blutungsstörungen), ob sie bluten möchte oder ob sie keine Blutungen mehr haben will (in der Postmenopause). Die hierbei zu beachtenden Gesichtspunkte gibt die Tabelle 4 wieder. Leider ist das Problem einer postmenopausalen Langzeittherapie ohne Blutungen immer noch nicht zufriedenstellend gelöst. Dabei ist das Auftreten unerwünschter Blutungen eine der Hauptursachen, warum Frauen in der Postmenopause die Hormonsubstitution aufgeben (Tab. 7). Östriol, das keine Blutungen macht, verhütet die Osteoporose nicht. Ist die Patientin osteoporosegefährdet, so wird man Östriol jedenfalls mit 1,5 g Kalzium und 800 IE Vitamin D pro Tag oder mit Diphosphonaten kombinieren und die Patientin zu angemessener Bewegungsaktivität anhalten. Die injizierbare Kombination von 4 mg Estradiolvalerat und 200 mg Dehydroepiandrosteronenantat ist angezeigt. Sie wirkt nicht virilisierend. Sie sollte etwa alle 3 Monate mit einem Gestagen kombiniert werden. Die Kombinationen von Estradiol- mit Testosterondepot wurden leider alle aus dem Handel gezogen. Sie waren bei apathischer Depression, Libidomangel und Anorgasmie sehr wirksam. Man kann sie jedoch immer noch selbst aus 10 mg Estradiolvalerat und 100 mg Testosteronenantat herstellen. Die Auswahl an Präparaten ist groß. Die Hormonzufuhr kann oral, lingual (Tropfen), transdermal (Pflaster, in Kürze auch Gel), vaginal, durch örtliche Anwen-

Tabelle 5: Vor- und Nachteile der verschiedenen Anwendungsformen

<u>*Oral*</u>	*Vorteil:* Starke Wirkung LDL, HDL, günstig gegen Atherosklerose, Anstieg SHBG, günstig bei Androgenisierung *Nachteil:* Anstieg Triglyzeride, Renin-Substrat, Gerinnungsfaktoren
<u>*Parenteral*</u> transdermal intramuskulär	*Vorteil:* Umgehung der Leber, kein Einfluß auf Gerinnung, Triglyzeride, Renin-Substrat günstig für Risikopatientinnen: Thrombose, Hypertonie, Schlaganfall, Lebererkrankungen, Magen-Darmerkrankungen *Nachteil:* geringerer Anstieg HDL
<u>*Lokal*</u> Salbe	*Vorteil:* keine Organbelastung, keine Stoffwechselwirkungen

dung (Salbe, Scheidenovula), durch intramuskuläre Injektion und bald auch durch einen nasalen Spray durchgeführt werden. Die Aufgabe des Arztes ist es herauszufinden, welche Art der Anwendung die Patientin wünscht, und zu überprüfen, ob diese mit dem Befund und mit dem Behandlungsziel in Übereinstimmung zu bringen ist. Die Patientin wird die Sprechstunde dann zufrieden verlassen, wenn sie das Gefühl hat, daß die Behandlungsart ihren Erwartungen entspricht und wenn ihr alle Unsicherheiten und Ängste bezüglich der Behandlung genommen sind. Die Tabelle 5 gibt die Indikationen und Vorteile für die jeweilige Applikationsart wieder. Die transdermale Applikation steht gleichberechtigt neben allen anderen Behandlungsverfahren. Die Tabelle 6 listet jedoch die speziellen Indikationen für das Pflaster bei Vorliegen besonderer Risiken auf.

Dosisäquivalente

Bei den oralen Östrogenen sind 0,6 mg konjugierte Östrogene mit 1 mg Östradiolvalerat oder 1 mg mikronisiertem Östradiol äquivalent, 1,25 mg konjugierte Östrogene mit 2 mg Östradiolvalerat oder 2 mg mikronisiertem Östradiol. Die genannten oralen Östrogene entsprechen etwa der 4 mg beziehungsweise der 8 mg Dosierung des Östradiolpflasters.

Gestagenzusatz – Ja oder Nein

Grundsätzlich soll jedes am Endometrium proliferativ wirksame Östrogen mit einem Gestagen über mindestens 10, optimal 14, Tage im Zyklus sequentiell kombiniert werden. Damit folgt man den natürlichen Gegebenheiten im normalen Zyklus, vermeidet die Hyperplasie und beugt dem Endometriumkarzinom vor. Diese Vorschrift gilt nicht für das Östriol, wenn es in einer einzigen Dosis täglich gegeben wird, und selbstverständlich nicht bei der lokalen Anwendung. Wird das Gestagen von der Einnehmerin nicht vertragen, so kann man versuchen, es abends einnehmen zu lassen, so daß die Nebenwirkungen verschlafen werden, oder man gibt es in Abständen von drei bis sechs Monaten zur Umwandlung und Abstoßung des proliferierten Endometriums. Es ist auch möglich, die Höhe des Endometriums mit Ultraschall zu kontrollieren. Gestagenzusatz empfiehlt sich bei einer Endometriumshöhe von mehr als 8 mm. Langzeituntersuchungen haben ergeben, daß der Zusatz von Progesteron oder von Gestagenen, die sich vom Progesteron ableiten, die positiven Östrogen-

Tabelle 6: Spezielle Indikationen für die transdermale Östrogenanwendung

- Magenempfindlichkeit: Gastritis, Magengeschwüre, Zustand nach Magenoperationen
- Darmerkrankungen mit Resorptionsstörungen
- Gallenblasenerkrankungen: Cholezystitis, Cholelithiasis
- Lebererkrankungen: Hepatitis, Zustand nach Hepatitis, Leberzirrhose, Alkoholleber, Hämatoporphyrie
- Erhöhter Blutdruck: Labile und fixierte Hypertonie
- Behandlung mit Schilddrüsenhormon: Biochemische Schilddrüsentests
- Starke Raucherinnen (kein Abfall des Östrogenspiegels)
- Hypertriglyzeridämie: vor allem Typ I und V nach Fredericksson

Tabelle 7: Von postmenopausalen Patientinnen angegebene Gründe in %, warum sie die Östrogen-Gestagen-Subsitutition (innerhalb des ersten Jahres) wieder verlassen haben.

	Orale Sequenz-therapie	Pflaster + orales Gestagen	Östrogen-Gestagen kontinuierlich
Beipackzettel	23	16	10
Verstärkte od. verlängerte Blutungen	3	8	0
Zwischenblutungen	1	5	21
Brustbeschwerden	2	6	14
Ödeme, schwere Beine	2	3	8
Kopfschmerzen	2	4	4
Übelkeit	2	1	6
Beschwerdefreiheit	47	15	11
zu viele Medikamente	3	6	9
Pressemitteilungen	6	7	5
Vom Arzt abgesetzt	5	6	11
Wechsel auf andere Medikamente	4	8	1
Hautreizungen	0	15	0

Tabelle 8: Häufigkeit genitaler Entzündungen und Funktionsstörungen unter Östrogensubsitution im Vergleich zu nicht substituierten postmenopausalen Frauen (252 Patientinnen, UFK Ulm).

Diagnose	mit Östrogen	Kontrollen ohne Östrogen
Trockene Scheide	0	31
Kolpitis senilis	2	61
Bakterielle Mischflora	12	96
Monilia, Hyphen	1	29
Trichomonaden	2	17
Pap. I	128	104
Pap. II	2	22
Pollakis-Dysurie	0	13
Drang-Streßinkontinenz	10	33

wirkungen auf den Lipoproteinstoffwechsel nicht beeinträchtigt. Niedrig dosierte Nortestosterone, insbesondere die der neuen Generation, scheinen sich stoffwechselneutral zu verhalten. Die Osteoporose wird durch Gestagene, insbesondere Nortestosteronderivate, zusätzlich günstig beeinflußt.

Die Rezeptur

Bei der Rezeptur soll der verschreibende Arzt noch einmal die Anwendung genau erklären. Er sollte die Anwenderin anweisen, sich bei etwa auftretenden Nebenwirkungen mit ihm telefonisch zwecks Beratung in Verbindung zu setzen. Da die Nebenwirkungen fast ausschließlich in den ersten vier bis sechs Wochen auftreten, ist die nachgehende Betreuung, gerade in diesem Zeitraum, für den Behandlungserfolg und die Compliance entscheidend. Der Anwenderin sollte gesagt werden, daß alle Anfangsbeschwerden nach einigen Wochen von selbst verschwinden, daß sie aber durch Dosisreduktion auch rasch zu beseitigen sind (Tab. 9). Es ist also nicht richtig, die Patientin bei der ersten Verschreibung nur mit einem Rezept zu versorgen und sie in einem halben Jahr wiederzubestellen, sie aber während dieser Zeit mit ihren Problemen alleine zu lassen. Die meisten Patientinnen, die ihre Hormone absetzen, tun dies innerhalb der ersten 6–8 Wochen.

Die Compliance – Einnahmezuverlässigkeit, Behandlungstreue

Die Befolgung der ärztlichen Verordnung ist abhängig von der Motivation der Patientin, von der Stärke ihrer Beschwerden, von ihren Ängsten und Bedenken, von der Präparatewahl und von der Güte der Aufklärung. Mehr als die Nebenwirkungen selbst führen die Furcht vor Nebenwirkungen und die meist ungerechtfertigten Warnungen durch Freundinnen oder von ungenügend informierten Ärzten zur Nichteinnahme oder zum frühen Absetzen des Substitutionspräparats. Ungefähr 10–30 % der Patientinnen nehmen das Hormonpräparat gar nicht erst ein. In manchen Statistiken haben nach einem Jahr bereits 30–50 % der Frauen das verordnete Präparat wieder abgesetzt. In etwa 30 % der Fälle gelingt es, die Patientin wiederum zur Einnahme zu bewegen. In den besten Statistiken nehmen nach mehr als 10 Jahren noch ein Drittel der Patientinnen das Hormonpräparat ein, wobei etwa 15 % auf ein anderes Präparat umgesetzt wurden. Die Gründe für das Absetzen des Hormonpräparats gibt die Tabelle 7 wieder. Diese schlechten Ergebnisse machen es notwendig, sich mit dem Problem vordringlich zu befassen, um den durch Nichteinnahme bewirkten volkswirtschaftlichen und gesundheitlichen Schaden zu vermindern.

Der Beipackzettel

Der den Östrogen-Gestagenpräparaten beigegebene Beipackzettel ist der Grund, warum zwischen 10 und 23 % der Patientinnen die ihnen verordneten Hormone gar nicht erst oder nur unter Bedenken und Ängsten kurzfristig einnehmen. Ich halte es für erforderlich die Patientin darauf hinzuweisen, daß sie durch den Beipackzettel falsch informiert wird, und daß sie den Angaben des Arztes, der sie kennt und sachkundig ist, mehr vertrauen solle. Es besteht für den Arzt jetzt die Möglichkeit, der Patientin den exemplarischen Beipackzettel der Menopausengesellschaft

Deutschsprachiger Länder mitzugeben, der dem tatsächlichen Stande der Wissenschaft entspricht und der Patientin die wirklich erforderliche Information in gut verständlicher Sprache gibt [Sonderdruck Zentralblatt für Gynäkologie 1994]. Auch die Firmen stellen gut verständliche Informationsbroschüren zur Verfügung.

Erfolge der Behandlung

Die vegetativen Beschwerden

Die typischen klimakterischen Beschwerden wie aufsteigende Hitze, Schweißausbrüche und Durchblutungsstörungen der Extremitäten mit Mißempfindungen beruhen darauf, daß ein akuter Östrogenmangel eintritt, der unterhalb der Grenze der Erhaltung einer vegetativen Stabilität gelegen ist. Diese Symptome sprechen auf eine Östrogentherapie nach dem Prinzip von Ursache und Wirkung in über 90 % der Fälle an. Falls dies nicht geschieht, muß die Diagnose revidiert und beispielsweise eine Schilddrüsenüberfunktion ausgeschlossen werden. Bei den übrigen Beschwerden, die im Klimakterium gehäuft vorkommen, wie Nervosität, Reizbarkeit, Schlaflosigkeit und depressive Verstimmung, ist der Entstehungsmodus komplexer. Auch sie werden aber durch eine Östrogenzufuhr in einem hohen Prozentsatz beseitigt.

Objektivierung der Besserung klimakterischer Beschwerden

Diese ist mit dem Kupperman-Index möglich, der ein Reihe von Beschwerden unter dem Gesichtspunkt ihrer Stärke mit vorgegebenen Multiplikatoren gewichtet. Der Index wurde wegen seiner teilweise fragwürdigen Gewichtung, seiner ungenügenden Spezifität, des Fehlens wichtiger Symptome und der wenig differenzierten Summarisierung der Beschwerden kritisiert. Schweizer, österreichische und deutsche Experten haben daher eine neue Bewertungsskala erarbeitet, die diese Punkte der Kritik berücksichtigt.

Die urogenitalen Beschwerden

Sie treten erst mehrere Jahre nach der Menopause auf, wenn der Östrogenmangel chronisch geworden ist. Die Beschwerden, wie atrophische Kolpitis, Urethrocystitis, Dranginkontinenz sowie die Vulvaatrophie können durch eine Östrogensubstitution erfolgreich behandelt oder verhütet werden (Tab. 8).

Haut und Schleimhäute

Haut und Schleimhäute atrophieren unter Östrogenmangel. Die Durchblutung, die Wasserbindungsfähigkeit und die Elastizität nehmen ab. Die Zufuhr von Östrogenen führt zu einer Zunahme der Epidermisdicke, einer Abnahme der Faltentiefe, einer Verbesserung der Durchblutung, der Wasserbindungsfähigkeit und einer Erhöhung der Elastizität durch Stimulierung der Hyaluronsäure und des Kollagens.

Psychische und kognitive Leistungsfähigkeit

Bei langzeitigem Östrogenmangel läßt die Konzentrations- und Merkfähigkeit sowie das Kurzzeitgedächtnis nach. Dabei spielen naturgemäß auch parallel verlaufende Altersveränderungen und Störungen der Blutsauerstoffversorgung eine Rolle. Östrogenzufuhr steigert die Durchblutung des Gehirns, verbessert die Fließeigenschaften des Blutes und greift in den Hirnstoffwechsel ein. Die reaktive depressive Verstimmung im Klimakterium spricht über eine Einschleusung von Tryptophan in das Gehirn und durch eine Senkung der erhöhten Monoaminooxydase auf Östrogene durchweg günstig an. Stimmung, Aufmerksamkeit, Konzentration, Kurzzeitgedächtnis und Lernfähigkeit werden verbessert.

Neuerdings gibt es mehrere Studien, die für einen verhütenden Effekt von Östrogenen auf die Alzheimersche Hirnleistungsstörung sprechen und auch symptomatische therapeutische Erfolge melden. Wenn dies zutrifft, so wäre das ein sehr starkes Argument für eine langzeitige Östrogensubstitution.

Sexualität

In der Postmenopause kommt es zu einer deutlichen Abnahme der Sexualität. Die Ursachen sind vielfältig: Alter, Krankheiten, allgemeine Leistungseinschränkung, auch des Partners, spielen eine Rolle. Anderseits ist es verständlich, wenn eine Patientin mit Schlaflosigkleit, depressiver Verstimmung oder trockener, geschrumpfter, entzündeter Scheide, Blasenbeschwerden oder Inkontinenz kein Interesse an Sexualität hat. Östrogene haben keinen direkten Einfluß auf die Sexualität. Die obengenannten Beschwerden lassen sich aber durch Östrogene beseitigen und auf diese Weise kann die Sexualität wieder hergestellt werden. Die Libido ist auch bei der Frau mit vom Androgenspiegel abhängig. Bei Mangel an Libido oder Anorgasmie kann daher manchmal ein Androgenpräparat helfen, z. B. Testosteron-Depot 100–250 mg pro Monat .

Stoffwechselwirkungen, Langzeitsubstitution

Das Hauptargument für die von den Experten empfohlene Langzeitsubstitution sind die zahlreichen wichtigen Stoffwechselwirkungen der Östrogene. Durch ihre günstige Wirkung auf die Lipoproteine (Senkung von LDL, Anstieg von HDL, Verhinderung von Radikalenbildung und Oxydationsprodukten), ferner durch die Verbesserung der Organdurchblutung (auch von Koronarien und Gehirngefäßen) und der Flußeigenschaften des Blutes sowie durch Blockierung der Kalziumkanäle und ihre blutdrucksenkende Wirkung haben die Östrogene einen verhütenden Effekt auf die Atherosklerose, nachweisbar im Tierversuch und beim Menschen an der Senkung des Risikos für Myokardinfarkt und Schlaganfall um je etwa 50 %. Auch die Todesrate an diesen Erkrankungen wird um etwa die Hälfte gesenkt. Östrogene schützen sogar die Raucherinnen vor einem Herzinfarkt, wenn auch nicht ganz so wirksam wie die Nichtraucherinnen. Diese Wirkungen auf zwei Volkskrankheiten, die die häufigste Todesursache darstellen, sind eigentlich sensationell, und man kann kaum begreifen, warum die Öffentlichkeit sie nicht mit größerem Enthusiasmus zur Kenntnis nimmt. Auch die Osteoporose mit der Folge von Knochenfrakturen kann je nach Lokalisation, Östrogen-Gestagendosierung und Behandlungsdauer zu 60 bis 90 % verhütet oder in nicht zu fortgeschrittenem Stadium erfolgreich handelt werden. Die im Klimakterium häufigen Beschwerden in den kleinen Gelenken der oberen Extremitäten verschwinden meist nach Östrogentherapie.

Östrogene und Altersdiabetes

In der Postmenopause besteht, bei entsprechender genetischer, endokriner und metabolischer Prädisposition, die erhöhte Neigung, eine Insulinresistenz zu entwikkeln. Als deren Folge kommt es zu einer Hyperinsulinämie. Die Insulinresistenz wird mitbestimmt durch das Überwiegen der ovariellen und adrenalen Androgene. Aufgrund der Abnahme der Östrogene kommt es zusätzlich zu einer Abnahme des Sexualhormon bindenden Globulins, das normalerweise unter Östrogeneinfluß in der Leber gebildet wird. Daraus resultiert eine Zunahme der freien, biologisch aktiven Androgene. Diese senken die Bildung des SHGB noch weiter und blockieren die Insulinrezeptoren in der Peripherie. Östrogengaben können die Insulinresistenz durchbrechen, wenn der orale Applikationsweg gewählt wird, der zu einer vermehrten Bildung von SHGB führt. Die langzeitige orale Östrogensubstitution (am günstigsten in einer Kombination mit Cyproteronacetat) führt zu einer Verminderung freier Androgene, einer Senkung des Insulinspiegels sowie zu einer Stimulation des Bindungsproteins 3 für das Insulinähnliche Wachstumshormon und wirkt so der Entwicklung des Altersdiabetes (Typ II) und damit über diesen Weg auch der Atheroskleroseentstehung entgegen. Durch eine Langzeitsubstitution mit Östrogenen-Gestagenen könnte demnach nicht nur viel Leid verhütet, sondern auch erheblich Geld gespart werden.

Kostengesichtspunkte

Etwa 20 % der Ausgaben für die gesamte medizinische Versorgung entfallen auf die Kosten für die Behandlung der Frauen nach der Menopause, die an Erkrankungen leiden, bei denen Östrogenmangel eine Rolle spielt [Wren, 1987], nämlich Osteoporosefrakturen, Atherosklerose mit den Folgen Myokardinfarkt und Schlaganfall sowie uro-genitale Erkrankungen. Durch die (hypothetische) Substitution aller Frauen in der Postmenopause mit Östrogenen-Gestagenen könnten 40 % der Kosten einer medizinischen Versorgung älterer Frauen eingespart werden [Fioretti, 1978, Wren 1987]. Alleine von den ungefähr 5 Milliarden DM Kosten der Behandlung von Osteoporosefolgen in Deutschland könnte sicherlich weit über die Hälfte durch eine Östrogen-Gestagen-Prophylaxe für andere Zwecke verwendet werden. Samsioe und Mattson haben ausgerechnet, daß in Schweden durch eine Versorgung aller Frauen über 65 Jahren mit Östriol 8 Millionen Dollar pro Jahr (durch Minderbedarf an Vorlagen, Wäsche, Medikamenten gegen Harninkontinenz, Labortests und Arztkonsultationen) eingespart werden könnten. Mit DM 12,-- bis 20,-- pro Monat ist die Hormonsubstitution verglichen mit anderen prophylaktischen oder Behandlungsmaßnahmen eine relativ kostengünstige Maßnahme.

Statistik der Östrogeneinnahme in der Prä- und Postmenopause

In Deutschland ist die Kenntnis über die Vorgänge in den Wechseljahren und über die Möglichkeiten einer Östrogenbehandlung im Vergleich zu anderen Ländern recht gut. Fast 80 % der Frauen haben ihr Wissen hauptsächlich über die Medien erhalten, über 40 % zusätzlich über Freundinnen, Verwandte und Frauengruppen, 44 % auch über Ärzte, meist erst nach gezielter Befragung. Fast 30 % der Frauen in den Wechseljahren nehmen Östrogene ein [IHF, 1992].

Nebenwirkungen

Die Nebenwirkungsrate liegt bei der Substitution mit Östrogenen-Gestagenen weit unter 10 %. Die häufigsten Nebenwirkungen wie Brustspannung und Wassereinlagerung (schwere Beine) und rasche Gewichtszunahme (Tab. 9) sind Zeichen einer Überdosierung und verschwinden nach Herabsetzung der Dosierung. Bei Magenproblemen während oraler Einnahme kann man auf parenterale Verabfolgung übergehen. Bei Nebenwirkungen von Gestagenen, wie Müdigkeit oder Neigung zu depressiver Verstimmung, kann man die Gestagene abends geben, so daß eventuelle Nebenwirkungen verschlafen werden.

Tabelle 9: Mögliche Nebenwirkungen einer Östrogen-Gestagen-Substitution

Nebenwirkungen	Therapeutisches Vorgehen (Kontraindikationen beachten!)
subjektive	
Brustbeschwerden	Zeichen einer Überdosierung; Prolaktinbestimmung; Wassereinlagerung (Beine, Gewicht?); Ursache meist Überdosierung, daher: Östrogendosis herabsetzen. Progesteron-Gel lokal auf Mammae
Ödeme (schwere Beine)	Östrogendosis herabsetzen, eventuell kurzfristig Diuretikum, Venenmittel, Stützstrümpfe
Gewichtszunahme	Ödeme? Östrogendosis herabsetzen. Statt Nortestosteron evtl. Progesteron oder Progesteronderivat. Kalorieneinschränkung
objektive	
Wachstum von Myomen, Endometriose	niedrigere Östrogendosis, höhere Gestagendosis
atypische Uterusblutungen	Östrogen- und Gestagendosis erhöhen, Ethinylestradiol und Nortestosteronderivate als Gestagen verbürgen die beste Zyklusstabilität. Fibrinolysehemmer? Organische Ursachen und Gerinnungsstörungen ausschließen. Ultraschall, evt. Abrasio.

Gewichtszunahme

Daß die Einnahme von Östrogenen und Gestagenen zu einer Gewichtszunahme führt, gilt vielen Frauen als sicher. Gewichtszunahme oder die Furcht davor ist eine der häufigsten Ursachen, warum Frauen die Hormone nicht nehmen oder absetzen (Abb. 1). Dabei konnte eine Gewichtszunahme oberhalb der spontanen klimakterischen Gewichtsentwicklung in den zahlreichen vorliegenden Untersuchungen nie gezeigt werden (Abb. 1). In den Wechseljahren nimmt die Mehrzahl der Frauen ohnehin an Gewicht zu. Bei Hormonsubstitution wird diese Tendenz aber sogar deutlich reduziert. Frauen, die unter Hormonen tatsächlich etwas an Gewicht zunehmen, hatten auch schon vorher Gewichtsprobleme. In solchen Fällen wird man die Östrogen- und Gestagendosis reduzieren und die Frauen diätetisch beraten. Es soll hier darauf hingewiesen werden, daß vor allem der abdominale, androgene Fetttyp besondere Risiken für die Entstehung von Atherosklerose, Diabetes und Korpuskarzinom beinhaltet. Er sollte daher vordringlich diätetisch behandelt werden. Der weibliche Typ mit Fettansammlung an Hüften und Oberschenkeln trägt dagegen weniger Risiko. Eine Östrogenmedikation nimmt einen günstigen Einfluß auf die Aktivität der Lipoprotein-Lipase und die Größe der Fettzellen im Bereich Abdomen und Oberschenkel.

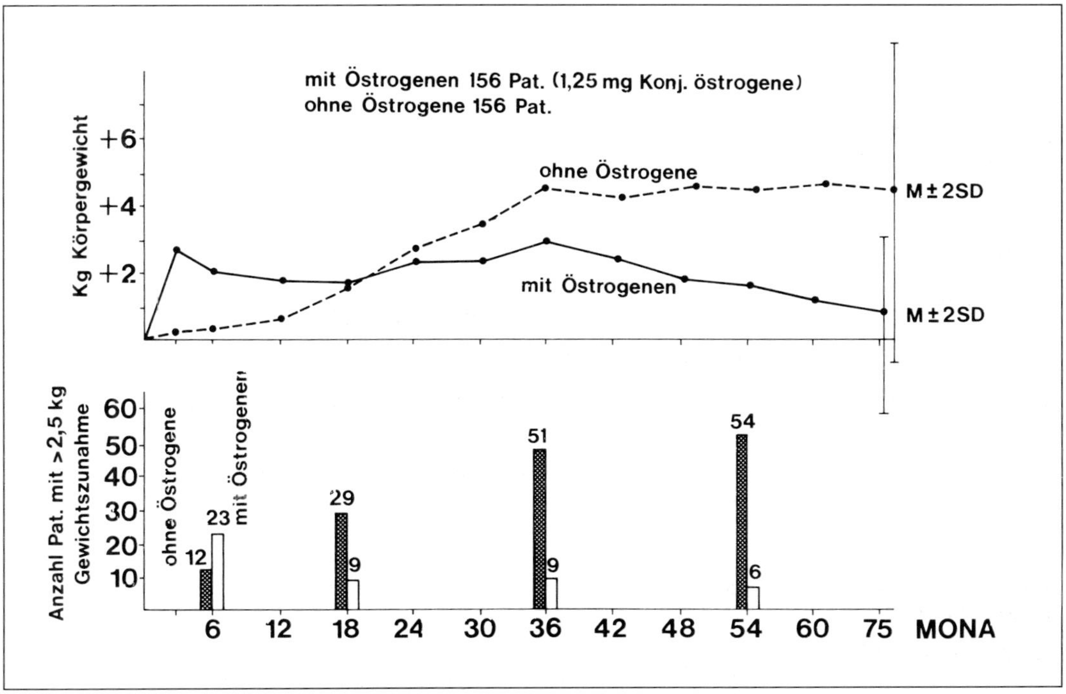

Abbildung 1: Unter einer Östrogensubstitution ist die Gewichtszunahme nicht signifikant erhöht, jedenfalls geringer als bei nicht behandelten postmenopausalen Frauen [Lauritzen, 1980].

Hypertonie

Entgegen einer weit verbreiteten Meinung wirken natürliche Östrogene – anders als in der kontrazeptiven Pille – nicht blutdrucksteigend, sondern blutdrucksenkend. Die Wirkung geht über eine Stimulierung des Prostazyklin, des Acetylcholin und des Epithelium derived relaxing factors (EDRF, Stickoxyd).

Thrombo-Embolie

Die durch natürliche Östrogene in Substitutionsdosen bewirkten Gerinnungsveränderungen sind unerheblich. Das Risiko für Thrombo-Embolien wird durch natürliche Hormone nicht erhöht

Cholezystitis, Cholelithiasis, Pankreatitis

Anders als bei der empfängnisverhütenden Pille steigert die Substitution mit natürlichen Hormonen das Risiko für diese Erkrankungen nicht.

Weitere mögliche Nachteile einer Substitution

Nach einigen Autoren soll es unter einer Substitution öfter zu Abrasionen und Hysterektomien kommen. Dies ist aber offenbar eher die Folge einer intensiven Vorsorgebetreuung (Tab. 10).

Östrogen-Gestagensubstitution nach behandeltem Genital- oder Mammakarzinom

Entgegen einer noch immer weit verbreiteten Meinung ist die Verabfolgung von Östrogenen und Gestagenen nach behandeltem Endometriums- und Ovarialkarzinom keineswegs kontraindiziert. Heilungsraten, rezidivfreie Überlebenszeit und Mortalität sind bei mit Hormonen Behandelten keinesfalls schlechter, sondern eher günstiger. Beim Kollumkarzinom, auch beim Adenokarzinom, gibt es keine Kontraindikation gegen Östrogene. Man beläßt ja auch bei jüngeren Frauen die Ovarien. Beim Vulva- und Tubenkarzinom gibt es keine Erfahrungen. In der Stellungnahme der Deutschen Gesellschaft für Endokrinologie werden diese Karzinome nicht

Tabelle 10: Mögliche Nachteile einer Östrogen-Gestagen-Substitution

Zunahme der Häufigkeit von:	Anmerkungen
Abrasionen (wegen Postmenopauseblutungen)	Sind häufiger bei intensiver ärztlicher Betreuung. Wird ausgeglichen durch prämenopausale Zyklusregulierung und Verordnung von Hormonen, die keine Blutungen verursachen. Abrasionen z. T. vermeidbar z. B. durch Ultraschall. Behandlung: s. Nebenwirkungen.
Hysterektomien (wegen Zunahme Myomwachstum, behandlungsbedingte Blutungsstörungen)	Sind häufiger bei intensiver ärztlicher Betreuung. Strenge Indikation. Ultraschall. Hysteroskopische oder pelviskopische Myomentfernung. Häufung wird ausgeglichen durch Besserung Harninkontinenz und Prävention von Endometrium- und Ovarialkarzinom, gutartigen Ovarialzysten.
Gewichtszunahme und Zunahme Krebsrisiko sind entgegen weit verbreiteter Annahme nicht zu befürchten (s. Text).	

als Kontraindikation gegen eine Hormonsubstitution angesehen. Beim Mammakarzinom hat die Deutsche Gesellschaft für Senologie festgelegt, daß bei rezeptornegativen Fällen Östrogene erlaubt sind. In allen anderen Fällen werden Gestagene oder Tamoxifen empfohlen. Tamoxifen ist ein schwaches Östrogen und wirkt ebenfalls verhütend auf Atherosklerose und Osteoporose. Auf jeden Fall kann man 5 Jahre nach der Primärbehandlung, wenn dies indiziert ist, wieder Hormone verordnen. Im Lichte jüngster Erkenntnisse in der Risikoerkennung und Prognoseabschätzung sollten diese Empfehlungen möglichst bald neu formuliert werden. Immer sollten die offenbaren Vorteile einer Östrogensubstitution in die Indikationsabwägungen mit einbezogen werden.

Nutzen-Risiko der Langzeitsubstitution

Zahlreiche Autoren haben versucht, teilweise mit mathematischen Verfahren, Vorteile und mögliche Nachteile einer Östrogen-Gestagensubstitution zu berechnen. Dabei spielen die Verbesserung der Lebensqualität, die Reduzierung von Erkrankungstagen und Arbeitsausfall sowie die Kostenersparnis eine wesentliche Rolle. Es handelt es sich um ein schwieriges Problem, denn manche Faktoren, wie Wohlbefinden, Lebensfreude, Beschwerden, Schmerzen oder Leiden an Krankheit, lassen sich quantitativ kaum erfassen. Bei allen Autoren ist aber gleichsinnig ein ganz erheblich überwiegender Nutzen ermittelt worden. Die Kosten einer Substitution sind mit DM 12,-- bis 20,-- pro Monat relativ niedrig und sollten die Anwendung einer so erfolgreichen Substitution, auch im großen Stil, nicht verhindern.

Dauer der Behandlung

Die Behandlung klimakterischer Beschwerden wird so lange erfolgen, wie die Beschwerden anhalten. Die langzeitige Prävention wird unbegrenzt durchgeführt, im Extrem bis zum Lebensende. Für eine Wirkung auf das Atheroskleroserisiko ist eine Substitution über mindestens 5 Jahre erforderlich. Die Wirkung hält danach noch einige Jahre an. Zur Verhütung der Osteoporose ist eine Substitution über mindestens 10 bis 15 Jahre erforderlich. Nach Absetzen der Hormone setzt der Knochenverlust rasch wieder ein.

Morbidität, Mortalität und Lebenserwartung

Hauptsächlich durch die Fortschritte der modernen Medizin ist die durchschnittliche Lebenserwartung der Frau von 40 bis 50 Jahren noch im vorigen Jahrhundert auf 80 Jahre angestiegen. Dies ist nicht nur auf die Reduzierung der Mütter- und Säuglingssterblichkeit und den Sieg über die großen Seuchen zurückzuführen, sondern ebenso auf prophylaktische und Behandlungserfolge in höherem Alter. Entsprechend der Zunahme älterer Menschen muß gegenwärtig ein steigender Anteil von

Frauen nach dem 50. Lebensjahr, im dritten Drittel ihres Daseins, ohne die für sie so wichtige Wirkung der Östrogene leben, falls nicht substituiert wird. Die Medizin empfindet es als ihre Verantwortung diesen Zeitraum von unnötigen Beschwerden und Krankheiten möglichst frei zu halten und die terminale Krankheit, die zum Tode führt, möglichst nahe an die Zeit des natürlichen Todes heranzuführen (sog. Kompression der Morbidität und Invalidität).

Man hat statistisch ermittelt, daß Frauen, die langzeitig Östrogene einnehmen etwa 2 bis 3 Jahre länger leben als unbehandelte Frauen. Durch eine langzeitige präventive Östrogen-Gestagensubstitution kann man den vorzeitigen Tod von etwa 8.000 pro 100.000 Frauen pro Jahr in diesem Alter verhindern.

Zusammenfassung

Die Östrogen-Gestagensubstitution kann der Frau im dritten Lebensabschnitt Freiheit von Beschwerden, von vorzeitigen körperlichen und geistigen Leistungseinschränkungen bringen und die Chance einer Verhütung, Milderung oder des Hinausschiebens einer Reihe von schicksalsbestimmenden Erkrankungen geben. Daraus ergibt sich eine Erhöhung der Lebensqualität und eine Verbesserung der Möglichkeiten zur Daseinsgestaltung im Alter. Nebenwirkungen und Risiken sind bei sachgerechter Behandlung ohne Bedeutung. Bei Gestagenzusatz zum Östrogen ist eine Häufigkeitsminderung des Endometrium- und des Ovarialkarzinoms nachgewiesen und für das Brust- und Kolonkarzinoms wahrscheinlich gemacht worden. Bei den offenbaren Vorteilen für Frauen, die in Postmenopause und Senium langzeitig Östrogene und Gestagen einnehmen, ist zu hoffen, daß in Zukunft mehr Frauen, als das gegenwärtig der Fall ist, für eine Langzeittherapie gewonnen werden können. Bei Lage der Dinge hat jede Frau das Recht, spätestens zu Beginn der Wechseljahre alle verfügbare Information über die Östrogen-Gestagensubstitution zu erhalten, damit sie sich aus einem gesicherten Wissen und Verständnis heraus wirklich fundiert entscheiden kann, ob sie Hormone einnehmen will oder nicht. Die Gynäkologie ist aufgerufen, sich mit dem Gebiet der Prophylaxe und Betreuung der Frauen im dritten Lebensabschnitt intensiv zu befassen und mit den Disziplinen innere Medizin, Geriatrie und Orthopädie diesbezüglich eng zusammenzuarbeiten. Bei der zunehmenden Zahl alter Frauen in unserer Gesellschaft gilt es eine Altersgynäkologie zu entwickeln, die den neuen und erhöhten Möglichkeiten der Wissenschaft und den Ansprüchen der Patientinnen genügen kann.

LITERATUR:

1. Göretzlehner G, Lauritzen C. Hormontherapie in der Praxis. De Gruyter, Berlin, 1993.

2. Kommission Steroidtoxikologie: Östrogen-Gestagen-Substitution während und nach den Wechseljahren. Endokrinologie-Informationen 1988; 2: 49.

3. Lauritzen C. Wirkungen einer Langzeitöstrogen-Substitution in der Postmenopause auf Karzinomrisiko, Auftreten gutartiger Tumoren sowie Gallen-, Leber- und Pankreaserkrankungen. Menopause. Hormonsubstitution heute, 1992; Bd. 5. Stabil Verlag, München.

4. Lauritzen C. Menopause. Hormonsubstitution heute. Bd. 1–8. Alsopus, Cedip, Stabil-Verlag 1987–1995.

5. Strecker JC, Lauritzen C. Praxis der Hormonbehandlung im Klimakterium. 2. Auflage 1992, Enke, Stuttgart.

NEUROENDOKRINE VERÄNDERUNGEN IM KLIMAKTERIUM

D. HÖNIGL, F. MAHNERT, H. G. ZAPOTOCZKY

1. TEIL: PSYCHONEUROENDOKRINOLOGIE DER FRAU UNTER BESONDERER BERÜCKSICHTIGUNG DER GONADOTROPIN-RELEASING-HORMONACHSE SOWIE DES PROLAKTINS

Der Hypothalamus ist neben der Hypophyse das wichtigste Zentrum für die Fortpflanzung im zentralen Nervensystem. Der Hypothalamus erhält Informationen von der Peripherie und von anderen Teilen des zentralen Nervensystems. Seinen regulativen Einfluß vermittelt er über Neurotransmitter sowie Neurohormone, welche in den sogenannten peptidergen Nervenzellen*) sezerniert und über den hypothalamo-hypophysären Pfortaderkreislauf zur Hypophyse gebracht werden. Neben seinen endokrinen Aufgaben fungiert der Hypothalamus auch als Zentrum für Eß-Verhalten und Kalorienaufnahme, Temperaturregulation, Schlaf-Wach-Zyklus und Durst. In ihm liegt das Zentrum für das autonome Nervensystem, und er spielt eine wesentliche Rolle für das Gedächtnis, hier vor allem für das Kurzzeitgedächtnis [2].

Gonadotropinreleasinghormon (GnRH)

Dieses Hormon wird in der medialen Basis des Hypothalamus sowie im Nucleus arcuatus gebildet. Die Sekretion erfolgt in Pulsen und stimuliert die Freisetzung und die Denovosynthese von LH und FSH. Jede Änderung der Pulsfrequenz (Steigerung oder Abfall) führt jedoch zu einem Absinken der Gonadotropine.

Die GnRH-Sekretion wird über die lange, die kurze und die ultrakurze Feedbackschleife geregelt (negative Rückkoppelung von Gonadotropinen und Steroidhormonen).

Höhere Zentren im Gehirn modifizieren die GnRH-Sekretion durch Transmitter (Dopamin, Noradrenalin, Endorphin, Serotonin, Melatonin). Der Nucleus arcuatus kann hierbei als Schaltstelle verstanden werden.

Prolaktin

Wird im Hypophysenvorderlappen gebildet. Dopamin vom Nucleus arcuatus im Hypothalamus wird über die Nervenendigungen der Eminentia mediana und den Pfortaderkreislauf zum Hypophysenvorderlappen transportiert und hemmt die Prolaktinausschüttung. Der streßabhängige Prolaktinanstieg scheint durch endogene

*) Peptiderge Nervenzellen vereinigen in sich Charakteristika endokriner und neuronaler Zellen [1].

Opiate vermittelt, indem Endorphine das hemmende Dopamin supprimieren. Im Klimakterium finden sich verminderte Prolaktinwerte, welche unter Östrogentherapie wieder steigen.

Dopamin

Findet sich in hoher Konzentration im Nucleus arcuatus und in den periventrikulären Kernen des Hypothalamus. Eine intravenöse Applikation von Dopamin führt bei Männern wie Frauen zu einem deutlichen Absinken von Prolaktin sowie der Gonadotropine. Es wird angenommen, daß Dopamin direkt die GnRH-Pulse unterdrückt. Lediglich in in-vitro-Untersuchungen konnte Dopamin stimulierend auf die GnRH-Freisetzung wirken.

Noradrenalin

Dieser Neurotransmitter wird in den Zellen des Mesencephalons und im unteren Hirnstamm gebildet. Er gelangt über das mediale Vorderhirnbündel auch zum Hypothalamus. Noradrenalin stimuliert die GnRH-Sekretion.

Von *Serotonin* wird angenommen, daß es die GnRH-Ausschüttung inhibiert.

In zahlreichen Experimenten (vorwiegend im Tierversuch) konnte die modulierende Funktion der Katecholamine auf die Frequenz und eventuell auch die Amplitude der GnRH-Freisetzung nachgewiesen werden [3]. Über diesen Mechanismus können pharmakologische und psychologische Faktoren auf die Freisetzung von GnRH Einfluß nehmen.

Opioide Peptide

Dazu gehören die Enkephaline, das Alpha-, Beta- und Gamma-Endorphin sowie die Dynorphine. Die Konzentration des Beta-Endorphins ist im Nucleus arcuatus und in den ventromedialen Kernen des Hypothalamus besonders hoch. Es wird von dort aus aktiv in den hypophysären Pfortaderkreislauf sezerniert. Beta-Endorphin hat Einfluß auf die Körpertemperatur, das Fortpflanzungsverhalten, kardiovaskuläre und respiratorische Funktionen, die Schmerzempfindung sowie auf die Stimmungslage. Im Tierversuch konnte Östradiol die Endorphinkonzentration erhöhen, mit Progesteron kombiniert war die Erhöhung von Endorphin stärker. Dementsprechend finden sich während des Menstruationszyklus unterschiedliche Endorphinwerte; am niedrigsten sind sie zum Zeitpunkt der Regelblutung, danach nehmen sie allmählich zu und erreichen während der Lutealphase ihr Maximum. Erhöhte Endorphine supprimieren die GnRH-Ausschüttung. Es wird angenommen, daß die negative Rückkoppelung der Steroidhormone auf die Gonadotropine durch endogene Opiate vermittelt wird. Dies wird unterstrichen durch die Tatsache, daß Endorphine auf hypergonadotrope Gonadotropinspiegel, wie sie postmenopausal zu finden sind, keinen Einfluß haben. Wird mit Östrogen und Progesteron substituiert, reagieren die Gonadotropine wieder auf die Opiate. Auch auf andere Neurotransmitter und Hormonsysteme haben die Endorphine Einfluß: sie hemmen die Dopaminfreisetzung. Dadurch kommt es zu einer Erhöhung von Prolaktin. Weiters stimulieren sie die Ausschüttung von TSH und dem Wachstumshormon.

Katecholöstrogene

Sie werden aus Östrogenen gebildet und kommen in hoher Konzentration im Hypothalamus und in der Hypophyse vor. Sie vereinen die Eigenschaften von Katecholaminen und Östrogenen. Sie hemmen die Tyrosinhydroxylase, welche den geschwindigkeitsbestimmenden Schritt in der Noradrenalin- sowie Dopamin-Synthese katalysiert. Die Katecholöstrogene hemmen kompetitiv die Katecholamin-O-Methyltransferase (COMT), welche beim Abbau von Dopamin und Noradrenalin beteiligt ist [1, 4].

Die Zirbeldrüse (Corpus pineale)

Wird sympathisch innerviert, hat aber ansonsten keine Nervenverbindung zum zentralen Nervensystem und reagiert in zirkadianer rhythmischer Aktivität auf Licht und hormonelle Reize. Signale wandern von der Retina über den Nervus opticus und das sympathische Zervikalganglion zu den Pinealzellen. Dort wird aus Tryptophan *Melatonin* synthetisiert. Noradrenalin fördert die Aufnahme von Tryptophan, die Freisetzung von Melatonin wird durch sympathische Innervation bei Dunkelheit induziert und supprimiert die GnRH-Sekretion nachts. Damit stellt die Zirbeldrüse eine Verbindung zwischen der Umwelt und der hypothalamisch-hypophysären Funktion her. In der Zirbeldrüse finden sich Rezeptoren für Östradiol, Testosteron, Dihydrotestosteron, Progesteron und Prolaktin. In den Pinealzellen werden Androgene zu Östrogene aromatisiert. Noradrenalin stimuliert die Synthese von Östrogen und Androgenrezeptoren im Corpus pineale. Melatonin erhöht die Progesteronsynthese im Corpus luteum. Während des Menstruationszyklus ist Melatonin prämenstruell am höchsten.

Rezeptoren von Steroidhormonen im Gehirn

Diese dienen der Regulation der hypothalamischen Hormonproduktion und vermitteln ein durch Steroidhormone verursachtes Verhalten. Die Hormone werden an die spezifischen Rezeptorproteine gebunden und bilden mit ihnen Komplexe, welche von der Zelle aufgenommen werden. Dort entfalten sie ihre spezifische Wirkung, indem sie über Beeinflußung der Aktivität von m-RNA auf die Proteinsynthese wirken.

Östrogene

Spezifische Rezeptoren befinden sich in hoher Konzentration im Hypothalamus (im Gebiet der präoptischen Region sowie des Nucleus arcuatus). Weiters sind sie in hoher Konzentration im Nucleus amygdalae vorhanden, im Hirnstamm sowie im Stirnhirn ist ihre Konzentration wesentlich geringer.

Androgenrezeptoren

Befinden sich in hoher Konzentration im Nucleus amygdalae, im Hypothalamus, in der Zirbeldrüse und im Hippokampus. Ein Teil des in der Kernfraktion gebundenen Testosterons wird jedoch in Östrogene und andere Metabolite umgewandelt [5].

Progesteron

Es ist nicht sicher, ob es progesteronspezifische Rezeptoren gibt; das Hormon selbst findet sich in größerer Konzentration im medialen Hypothalamus [6].

Tabelle 1: Wechselwirkungen von Hormonen und Neurotransmittern. Linke Spalte: beeinflußendes Agens, obere Spalte: beeinflußte Substanz. NA = Noradrenalin, B. End. = Beta Endorphin, Progest. = Progesteron, Gonadotr. = Gonadotropine, GH = Wachstumshormon, Melaton. = Melatonin

	GnRH	Prolaktin	Gonadotr.	Endorph.	Dopamin	TSH, GH	Melaton.
Dopamin	↓	↓	↓				
NA	↑						↑
Serotonin	(↓)			↓			
B. End.	↓	↑			↓	↓	
Östradiol	↓	(↑)		↑			
Progest.	↓			↑↑			

2. Teil: Neuroendokrine Veränderungen im Klimakterium

Im Tierversuch fand man Dopamin in einigen Regionen des Gehirns und hier besonders im Hypothalamus im Alter vermindert. Ebenso war die Umwandlung von L-Tyrosin in L-DOPA herabgesetzt. MAO und COMT, beides Enzyme, die den Abbau der Katecholamine katalysieren, sind in erhöhter Konzentration vorhanden. Ebenfalls im Tierversuch führte L-DOPA-Zufuhr zu jugendlichem Aussehen alter Mäuse, bei weiblichen Mäusen konnte wieder ein regulärer Zyklus hervorgerufen werden [7]. Nach Gonadektomie fanden sich erhöhte Noradrenalinspiegel bei verminderten Dopaminkonzentrationen im Hypothalamus. Diese Veränderung der Noradrenalin-Dopamin-Ratio können mit Östrogengaben rückgängig gemacht werden [8]. Die Heranziehung von Tierversuchen zur Beurteilung menschlicher Verhaltensweisen und Reaktionen bleibt jedoch problematisch, sie können nur Denkanstöße geben [9, 10].

Ausgewählte Symptome des menopausalen Syndroms und deren mögliche Korrelate im Neuroendokrinum

Hitzewallungen

70 % der Frauen leiden unter diesem Symptom, noch bevor sie Unregelmäßigkeiten des Menstruationszyklus haben. Hierbei kommt es zu einem Anstieg der Hauttemperatur, die Körperkerntemperatur sinkt. Eine Hypothese ist, daß es zur unphysiologischen Erregung des Wärmezentrums kommt, wobei die Körperkerntemperatur auf einem niedrigeren Level neu festgelegt wird. Die Hitzewallungen finden sich in einem zeitlichen Zusammenhang mit LH-Pulsen, die möglicherweise durch eine gleichzeitige Freisetzung von GnRH zustandekommen. Eine andere Hypothese bringt dieses Symptom in Zusammenhang mit der Prostaglandinsynthese im Gehirn. *Prostaglandine* kommen im Gehirn vor allem im Hypothalamus vor, und sie wirken

unmittelbar vasodilatierend. Sie modulieren die GnRH-Freisetzung. Östrogene spielen eine Rolle bei der Prostaglandinsynthese und deren Freisetzung. Des nachts auftretende Hitzewallungen werden für vermehrte Aufwachperioden verantwortlich gemacht [11, 12].

Bei Untersuchungen von Erlik (1981) [13] an postmenopausalen Frauen wurden nächtliche Hitzewallungen mittels Hautleitwert- und Hauttemperaturmessungen aufgezeichnet. Gleichzeitig wurde ein Polysomnogramm abgeleitet. Hierbei zeigte sich jedoch, daß die Aufwachphasen den nächtlichen Hitzewallungen vorausgehen und somit also nicht durch sie bedingt sein können. So scheinen beide die Folge eines zentral gesteuerten Phänomens zu sein.

Schlaf

Peri- und postmenopausale Frauen haben häufig Einschlafstörungen, eine verminderte Schlafdauer und vermehrte Aufwachphasen. Eine Veränderung des zirkadianen Rhythmus wird bei fast jedem depressiven Zustandsbild gefunden. Als Schrittmacher dieses zirkadianen Rhythmus wird der Nucleus suprachiasmaticus, welcher im Hypothalamus liegt, angesehen [14]. Im Tierversuch fand man im Nucleus suprachiasmaticus hohe Konzentrationen von Östrogen an spezifische Rezeptoren gebunden. Östrogene verändern das Aktivitätsniveau der weiblichen Ratte. Es wird vermutet, daß dies durch direkten Effekt der Östrogene auf den Nucleus suprachiasmaticus zustande kommt.

Abgeschirmt vom Tageslicht haben Frauen einen um 28 Minuten kürzeren zirkadianen Rhythmus als Männer, und ihr Schlafanteil ist höher [15]. Beides wird hypothetisch der Wirkung der Östrogene auf den Schlaf-Wach-Rhythmus zugeschrieben. Bei Wegfall der Licht-Dunkelperiodik reagieren Säugetiere und der Mensch mit einer Desynchronisation des zirkadianen Rhythmus [16, 17].

Aber auch psychosoziale Einflüsse wirken auf den Schlaf-Wach-Rhythmus, wie es in dem Konzept der sozialen Zeitgeber festgehalten wurde [16]. Als solche Zeitgeber bezeichnet man Personen oder soziale Aufgaben und Begebenheiten, die dem Leben eines Menschen eine zeitliche Struktur geben und dadurch seinen biologischen Schlaf-Wach-Rhythmus entscheidend mitbestimmen. Bei Wegfall sozialer Zeitgeber (Tod des Ehepartners, Arbeitslosigkeit, Pensionierung) kommt es zu einer Veränderung des sozialen Rhythmus und in Folge zu einer Desynchronisierung des zirkadianen Rhythmus mit dem Auftreten von einigen körperlichen Symptomen ähnlich einem jet lag. Dies kann von vorübergehender Natur sein, oder bei vulnerablen Menschen zu einer Depression führen.

Placebokontrollierte Doppelblindstudien mit menopausalen Frauen zeigten, daß Östrogene die Einschlafzeit verkürzen, die Schlafdauer erhöhen, die Aufwachphasen vermindern sowie den REM-Schlafanteil erhöhen [18, 19]. Ein verbesserter Schlaf korrelierte positiv sowohl mit dem Plasmaöstrogenspiegel als auch mit dem freien Plasmatryptophan, einem Vorläufer des Serotoninstoffwechsels.

Depression und Menopause

Epidemiologische Untersuchungen zeigen, daß Frauen in jeder Altersgruppe ein höheres Risiko haben, an einer klinisch relevanten Depression zu erkranken [20].

Nimmt man jedoch die Gruppe alleinstehender Frauen (ledig, geschieden, verwitwet) heraus, zeigt sich, daß diese weniger depressive Symptome haben als unverheiratete Männer. Dieser Tatbestand gibt einen Hinweis darauf, daß der Einfluß hormoneller Parameter auf die Stimmung der Frauen eher gering ist, im Vergleich zu sozialen Faktoren.

Es zeigt sich keine epidemiologische Häufung von depressiven Symptomen zum Zeitpunkt der Postmenopause im Vergleich zu den anderen Lebensabschnitten [21, 22]. Trotz eindeutig nachgewiesener hormoneller und neuroendokriner Veränderungen (Erhöhung der Monoaminoxidase im Serum, vermindertes Serotonin in Blut und Thrombozyten [23, 24, 25]) erkranken postmenopausale Frauen weniger häufig psychiatrisch, als während anderer Lebensabschnitte [26, 27]. Die einzige Untergruppe, die, in einer epidemiologischen Studie mit 2500 Frauen mittleren Alters mit 27 Monaten Follow up von McKinlay et al., signifikant häufiger über depressive Symptome berichtete, waren Frauen nach Hysterektomie [28, 29, 30].

Hay, Bancroft and Johnstone [31] untersuchten 95 Frauen, welche eine Menopauseklinik aufsuchten. 56 Prozent dieser peri-/postmenopausalen Frauen wurde als depressiv eingestuft (46 % major depression, 10 % minor depression). Als Erklärung für den Widerspruch zu den epidemiologischen Untersuchungen kann die ausgeprägte Selektion der Frauen, die eine Menopauseklinik aufsuchen, dienen. 50 % der Frauen präsentieren sich primär mit Stimmungsveränderung.

Ein möglicher, eher gering ausgeprägter Altersgipfel besteht in den 5 Jahren vor Eintritt der Menopause [32]. Nicht die Änderung einzelner Hormonspiegel scheint hier eine Rolle zu spielen, sondern die Änderungen der Feedbackmechanismen und ihre Auswirkungen auf die Neurotransmitter auf der hypothalamisch-hypophysären Ebene [33, 34, 35, 36, 37]. Eine Störung im Zusammenspiel der Transmittersysteme kann zur Depression führen (Dysregulationshypothese der Depression [14, 38, 39, 40]).

Zusammenfassung

Zusammenfassend kann gesagt werden, daß sich eine Östrogentherapie in der Postmenopause positiv auf Hitzewallungen und Schlafstörungen auswirkt, eine Verbesserung der depressiven Symptomatik konnte jedoch in mehreren Doppelblindstudien bislang noch nicht nachgewiesen werden. Veränderungen der hypothalamisch-hypophysären Achse während des Klimakteriums sowie ihre Auswirkungen auf die Psyche müssen noch Gegenstand weiterer Forschungsarbeiten sein.

LITERATUR

1. Speroff L, Glass RH, Kase NG, Bohnet HG. Gynäkologische Endokrinolgie & steriles Paar, Diesbach Verlag Berlin 1989.

2. Harrison. Prinzipien der Internen Medizin, 1989, Schwabe & Co AG, Verlag Basel.

3. McCann SM. Monoaminergic and Peptidergic Control of Gonadotropin Secretion. Psychopharmacology Bulletin 1981; 17: 66–7.

4. Huber J. Klimakterium, Diagnose und Therapie, 1989, Grosse Verlag.

5. Simpkins JW, Kalra SP, Kalra PS. Variable Effects of Testosterone on Dopamine Activity in Several Microdissected Regions in the Preoptic Area and Medial Basal Hypothalamus. Endocrinology 1983; 112 (2): 665–9.

6. Whitehead MI, Hillard TC, Crook D. The Role and Use of Progestogens. Obst Gyn 1990; 75 (4, Suppl.): 55–73.

7. Gudelsky G A, Porter JC. Sex-related Difference In The Release Of Dopamine Into Hypophysial Portal Blood. Endocrinology 1981; 109 (5): 1394–8.

8. Rehavi M, Sepcuti H, Weizman A. Upregulation of Imipramine Binding and Serotonin Uptake by Estradiol in Female Rat Brain. Brain Res 1987; 410: 135–9.

9. Fischette CT, Biegon A, Mcewen BS. Sex Steroid Modulation Of The Serotonin Behavioral Syndrome. Life Sciences 1984; 35: 1197–206.

10. Kizer JS, Palkovits M, Zivin J, Brownstein M, Saavedra JM, Kopin IJ. The Effect of Endocrinological Manipulations on Tyrosine, Hydroxylase and Dopamine ß-Hydroxylase Activities in Individual Hypothalamic Nuclei of the Adult Male Rat. Endocrinology 1974; 95 (3): 799–812.

11. Runnebaum B, Rabe T. Gynäkologische Endokrinologie, Springer Verlag, 1987.

12. Jen SSC, Jaffe RB. Reproductive Endocrinology, Saunders Company 1986.

13. Erlik Y, Tataryn IV, Meldrum DR, Lomax P, Bajorek JG, Howard L. Association of Waking Episodes with Menopausal Hot Flushes. JAMA 1981; 245 (17): 1741–4.

14. Siever LJ, Kenneth LD. Overview: Toward a Dysregulation Hypothesis of Depression. Am J Psychiatry 1985; 142 (9): 1017–31.

15. Leibenluft E. Do Gonadal Steroids regulate Circadian Rhythms in Humans? Journal of Affective Disorders 1993; 29: 175–81.

16. Ehlers CL, Frank E, Kupfer DJ. Social Zeitgebers and Biological Rhythms. A Unified Approach to Understanding the Etiology of Depression. Arch Gen Psychiatry 1988; 45: 948–52.

17. Lee KA, Shaver JF, Giblin EC, Woods NF. Sleep Patterns Related to Menstrual Cycle Phase and Premenstrual Affective Symptoms. Sleep 1990; 13 (5): 403–9.

18. Thomson J, Oswald I. Effect of Oestrogen on the Sleep, Mood and Anxiety of Menopausal Women. BMJ 1977; 2: 1317–9.

19. Schiff I, Regestein Qu, Tulchinsky D, Ryan K. Effects of Estrogens on Sleep and Psychological State of Hypogonadal Women. JAMA 1979; 242: 2405–7.

20. McGrath E, Keita GP, Strickland BR, Russo NF. Frauen und Depression, Machinger Verlag, 1993.

21. Gath D, Osborn M, Bungay G, Iles S, Day A, Bond A, Passingham C. Psychiatric Disorder And Gynaecological symptoms In Middle Aged Women: A Community Survey BMJ 1987; 294: 213–8.

22. Weismann MM, Klermann GL. Sex Differences and the Epidemiology of Depression. Arch Gen Psychiatry 1977; 34: 98–109.

23. Guicheney P, Leger D, Barrat J, Trevoux R, De Lignieres B, Roques P, Garnier JP, Boyers P, Grenier J, Dreux C, Meyer P. Platelet Serotonin Content And Plasma Tryptophan In Peri- And Postmenopausal Women: Variations With Plasma Oestrogen Levels And Depressive Symptoms. European J Clinical Invest 1988; 18: 297–304.

24. Molnar G, Takacs I, Baszane ZK. Endocrine Changes in Endogenous Psychoses of Climacteric and Involution. Eur J Psychiat 1988; 2 (3): 147–58.

25. Gonzales GF. Blood Levels Of 5-hydroxytryptamine In Human Beings Under Several Physiological Situations. Life Sci 1980; 27: 647–50.

26. McKinlay JB, McKinlay SM, Brambilla D. The Relative Contributions of Endocrine Changes and Social Circumstances to Depression in Mid-Aged Women. Journal of Health and Social Behaviour 1987; 28: 345–63.

27. Ballinger CB, Browning MCK, Smith AHW. Hormone Profiles and Psychological Symptoms in Peri-Menopausal Women. Maturitas 1987; 235–51.

28. Osborn M, Hawton K, Gath D. Sexual Dysfunction among Middle Aged Women in the Community. BMJ 1988; 296: 959–62.

29. Sherwin BB, Gelfand MM. The Role of Androgen in the Maintenance of Sexual Functioning in Oophorectomized Women. Psychosomatic Med 1987; 49: 397–409.

30. Gitlin MJ, Pasnau RO. Psychiatric Syndromes Linked To Reproductive Function In Women: A Review Of Current Knowledge. Am J Psychiatry 1989; 146 (11): 1413–21.

31. Hay AG, Bancroft J, Johnstone EC. Affective Symptoms in Women Attending a Menopause Clinic. Br J Psychiatry 1994; 164: 513–6.

32. Ballinger CB. Psychiatric Aspects of the Menopause. Br J Psychiatry 1990; 156: 773–87.

33. Clare AW. Invited Review. Hormones, Behaviour and the Menstrual Cycle. J Psychosomatic Res 1985; 29 (3): 225–33.

34. Rubinow DR, Hoban MC, Grover GN, Galloway DS, Roy-Byrne P, Andersen R, Merriam GR. Changes in Plasma Hormones across the Menstrual Cycle in Patients with Menstrually Related Mood Disorder and in Control Subjects. Am J Obstet Gyn 1988; 158: 5–11.

35. Metz A, Cowen PJ, Gelder MG, Stump K, Elliott JM, Grahame-Smith DG. Changes in Platelet Alpha2-Adrenoceptor Binding post Partum: possible Relation to Mathernity Blues. Lancet 1983; 5: 495–8.

36. Hamilton JA, Parry BL, Blumenthal SJ. The Menstrual Cycle In Context, I: Affective Syndromes Associated With reproductive Hormonal Changes. J Clin Psychiatry 1988; 49 (12): 474–9.

37. Hamilton JA, Parry BL, Blumenthal SJ. The Menstrual Cycle in Context, II: Human Gonadal Steroid Hormone Variability. J Clin Psychiatry 1988; 49 (12): 480–4.

38. Suranyi-Cadotte BE, Quirion R, Nair NPV, Lafaille F, Schwartz G. Imipramine Treatment differentially Affects Platelet 3H-Imipramine Binding and Serotonin Uptake in Depressed Patients. Life Sci 1985; 36: 795–9.

39. Träskman L, Asberg M, Bertilsson L, Sjöstrand L. Monoamine Metabolites and Suicidal Behavior. Arch Gen Psychiatry 1981; 38: 631–6.

40. Benkert O, Hippius H. Psychiatrische Pharmakotherapie. Springer Verlag 1985

ÖSTROGENMANGEL – RISIKOFAKTOR FÜR DEN MORBUS ALZHEIMER?

R. D. HESCH

Die Kehrseite des medizinischen Fortschritts, der den Menschen eine immer höhere Lebenserwartung beschert, offenbart sich in zunehmenden Maße durch das Auftreten von zur Zeit noch kaum therapierbaren Demenzerkrankungen im Alter. Abgesehen von der Fülle bedauernswerter Einzelschicksale birgt diese Entwicklung zukünftig noch eine Menge sozioökonomischen Sprengstoffs in sich.

An der Spitze der Demenzerkrankungen in den westlichen Industrieländern liegt der Morbus Alzheimer, mit eindeutiger Prävalenz in der weiblichen Bevölkerung. Andererseits überwiegt der Anteil männlicher Patienten bei vaskulären Demenzformen.

Derzeit wird in Deutschland von bis zu einer Million Menschen ausgegangen, die von der Alzheimerschen Krankheit betroffen sind, und jährlich erhöht sich die Fallzahl um schätzungsweise 30.000 bis 40.000. Alle diese Menschen sind nach dem heutigen Stand der Medizin unheilbar krank und werden ab einem gewissen Stadium der Krankheit auf Dauer rund um die Uhr pflegebedürftig. Unzweifelhaft stellt eine solche Situation die künftige Sozial- und Altersvorsorge auf eine schwere Belastungsprobe. Denn angesichts der anhaltend ungünstigen Entwicklung unserer Bevölkerungsstruktur – immer weniger Junge müssen für ein Heer von Alten aufkommen – bahnen sich volkswirtschaftlich kaum noch tragbare Verhältnisse an.

Da sich die manifeste Alzheimersche Krankheit nicht nachhaltig therapieren läßt – einmal zerstörte Gehirne sind nur ausnahmsweise regenerationsfähig – kann nur eine gezielte vorbeugende Behandlung die drohende sozioökonomische Katastrophe abwenden. Zum Glück zeichnet sich die Möglichkeit zu wirkungsvollen Präventivmaßnahmen ab: Bei postmenopausalen Frauen scheint der frühzeitige Ausbruch der Erkrankung mit einem Östrogendefizit in Verbindung zu stehen. Vorrangiges Ziel der Präventivmedizin muß es daher sein, bei postmenopausalen Frauen die bislang eher mäßige Akzeptanz einer Hormonsubstitution nachhaltig zu verbessern.

LANGSAM PROGREDIENTER VERLAUF

Die Alzheimersche Krankheit ist eine – sich zumeist über Jahrzehnte hinziehende – retrograde (Apoptose) Entwicklung des Gehirns. In ihrem Verlauf kommt es in Gehirnbereichen, die insbesondere für kognitive Prozesse und das Gedächtnis von Bedeutung sind, wie die Großhirnrinde, die Hippokampusformation und der Mandelkern (Amygdala), zu massiven Ablagerungen an abnormen Proteinen.

Im Vordergrund der Alzheimer-Pathologie stehen die sog. senilen Plaques (Amyloid-Plaques), in denen hauptsächlich das Amyloid-Beta4-Peptid (ca. 40 Aminosäuren lang) in verdichteter, fibrillärer Form vorkommt. Außer diesen extrazellulären Proteinablagerungen finden sich bei Morbus Alzheimer charakteristischerweise aber auch filamentöse intraneuronale Proteinbündel, die sog. neurofibrillären Tangles.

Die Entstehung der senilen Plaques erfolgt vorzugsweise in der Nähe kleinerer Blutgefäße über zunächst diffuse Ablagerungen von Beta-Amyloid, in die auch Astrozyten und Nervenzellfortsätze mit eingeschlossen werden. Verbunden mit dem Reifungsprozeß der Plaques kommt es zu Schädigungen der Neuronen. Als erstes sind die Synapsen betroffen, deren fortschreitende Zerstörung die Informationsübertragung in den neuronalen Netzwerken zunehmend beeinträchtigt. Erst zu einem sehr viel späteren Zeitpunkt folgt das endgültige Absterben von Neuronen.

Die ersten klinischen Anzeichen der Alzheimerschen Krankheit machen sich stets in Form von Gedächtnisausfällen – häufig bereits im sechsten Lebensjahrzehnt – bemerkbar. In der Folgezeit gehen die betroffenen Personen nach und nach aller wesentlichen intellektuellen Fähigkeiten verlustig. Mit der fortschreitenden Zerstörung der Persönlichkeit und dem sich letztlich einstellenden Unvermögen, den gewohnten Alltagsaktivitäten – einschließlich der Körperhygiene – nachzukommen, werden die Patienten zu dauerhaften Pflegefällen.

Im Verlaufe der chronischen Alzheimerschen Krankheit gibt es zwangsläufig einen Punkt, von dem ab der pathologische Prozeß nicht mehr umkehrbar ist, und die Manifestation des Leidens unvermeidlich wird. Vor Erreichen dieser Schwelle aber können geeignete therapeutische Maßnahmen ein Voranschreiten des degenerativen Zerfalls neuronaler Strukturen zumindest deutlich verlangsamen. Die Stärkung der Vitalität von Nervenzellen – wie sie durch eine Hormonsubstitutionstherapie bei postmenopausalen Frauen erreicht wird – kann sich diesbezüglich als wirksamer verzögernder Faktor erweisen.

Dringend gesucht: Methoden zur Früherkennung

Bisweilen fällt es nicht leicht, die Alzheimersche Krankheit gegenüber anderen Demenzformen sicher abzugrenzen. Nach wie vor stützt sich die klinische Diagnose der Alzheimer-Demenz im wesentlichen auf psychologische Tests. Jedoch sind zum sicheren Nachweis der Krankheit postmortale Gewebsanalysen erforderlich.

Die Gehirne Alzheimer-Erkrankter lassen bei computertomographischer Untersuchung atrophische Windungen (Gyri) und verbreiterte Furchen (Sulci) erkennen. Zudem sind die Ventrikel deutlich erweitert. Der Gewebeschwund wird durch die Degeneration von Nervenzellen in der Hirnrinde und insbesondere im dienzephalen Septum bewirkt.

Eine neue vielversprechende Entwicklung bei der Suche nach Methoden zur Früherkennung der Alzheimerschen Krankheit zeichnet sich aufgrund von Augenuntersuchungen ab. So konnte unlängst nachgewiesen werden, daß sich bei Alzheimer-Patienten die Pupillen unter dem Einfluß von Tropicamid stärker weiten (33 %) als bei gesunden Probanden (5 %). Das Tropicamid ist ein synthetisches Atropin, das die Azetylcholin-Rezeptoren blockiert.

Als – allerdings nicht spezifischer – Risikofaktor für den Morbus Alzheimer kann das Apolipoprotein E4 (Apo E4) herangezogen werden. Diese geno- und phänotypische Variante eines Cholesterin- und Lipidtransportmoleküls tritt bei Alzheimer-Erkrankten gehäuft auf. Andererseits verfügt wohl etwa jeder fünfte Mensch zumindest über ein Allel der Apo E4-Variante. Bei diesem Ungleichgewicht zwischen erkranktem und genetisch disponiertem Bevölkerungsanteil bleibt es jedem Menschen selbst überlassen, ob er sein persönliches Erkrankungsrisiko erfahren möchte oder nicht.

Verringertes Erkrankungsrisiko unter Östrogensubstitution?

In den letzten Jahren hat man damit begonnen, die Zusammenhänge zwischen dem Ausbruch der Alzheimerschen Krankheit bei postmenopausalen Frauen und einem Östrogenmangel gezielter zu untersuchen. Als Auslöser dieses verstärkten Interesses sind Berichte aus amerikanischen Altersheimen anzusehen, nach denen diejenigen Bewohnerinnen, welche regelmäßig mit Östrogen substituiert werden, nicht oder erst zu einem viel späteren Zeitpunkt an Morbus Alzheimer erkranken.

Jüngste Fall-Kontroll-Studien lassen den Schluß zu, daß durch eine Hormonsubstitutionstherapie in der Postmenopause das Risiko, im Alter an Morbus Alzheimer zu erkranken, tatsächlich auf ca. 60 % gesenkt werden kann. Diese Reduktion bewegt sich somit in einem ähnlichen Rahmen, wie er für kardiovaskuläre Erkrankungen und Osteoporose als gesichert gelten kann.

Zwar sind die vorliegenden Befunde einiger retrospektiver Analysen, die eine verringerte Inzidenz der Alzheimerschen Krankheit bei hormonsubstituierten älteren Frauen ausweisen, aufgrund methodischer Unzulänglichkeiten – wie nicht repräsentativem Bevölkerungsquerschnitt der beinhalteten Fälle bzw. Kontrollen – nicht als voll aussagefähig anzusehen, doch erbringen auch die Daten einer weiteren Fall-Kontroll-Studie mit Einbindung in eine prospektive Kohorten-Studie ähnlich positive Ergebnisse. Letztere Untersuchungen weisen zudem ein vermindertes Erkrankungsrisiko bei höherer Östradioldosis und längerer Einnahmedauer aus.

Gehirnleistungen werden durch Östrogene auf vielfältige Weise beeinflusst

Das Funktionieren des Gehirns hängt von vielen Faktoren ab, die auf die eine oder andere Weise auch vom Östradiol beeinflußt werden. Bei der Frau stellt ein Östrogenmangel neben dem Alter sicher den gewichtigsten Risikofaktor für Gehirnleistungsstörungen dar. Die lebenslange Vitalität von Nervenzellen (Neuronen) – die sich bekanntlich während des gesamten nachgeburtlichen Lebens nicht erneuern können – hängt von der Wirkung verschiedener neurotropher Substanzen ab. Daß in diesem Zusammenhang auch das Östradiol aller Wahrscheinlichkeit nach eine Rolle spielt, zeigen immunhistochemische Befunde am basalen Vorderhirn, dessen Bedeutung für Lern- und Gedächtnisfunktionen auch beim Menschen bekannt ist. In den cholinergen Neuronen dieser Gehirnregion sind sowohl nukleäre Östrogenrezeptoren als auch der membranständige Rezeptortyp einer Gruppe von Neurotrophinen (Nerve Growth Factor, Brain-derived Neurotrophic Factor und Neurotrophin 3) nachgewiesen worden. Aus diesem Umstand wird auf eine etwaige synergistische Wirkung von Östradiol und den Neurotrophinen bei der Aufrechterhaltung des neuronalen Stoffwechsels geschlossen. Dieser Vorstellung zufolge könnte ein Östrogenmangel zur Dystrophie und letztlich auch zum Absterben von Neuronen führen.

Die Funktionen des ZNS basieren auf der Ausbildung neuronaler Netzwerke. Solche Schaltkreise werden von den Nervenzellen hauptsächlich über Verknüpfungen mit Hilfe ihrer verschiedenen Fortsätze hergestellt. Zur efferenten Signalweiterleitung dient das einzelne Axon, dessen Endaufzweigungen tausendfach den Kontakt zu nachgeschalteten Nervenzellen herstellen. Als Empfänger der Information (Afferenzen) fungieren hauptsächlich die Dendriten, aber auch der eigentliche Zelleib (Perikaryon) und sogar das Axon sind befähigt mit den axonalen Endkölbchen des vorgeschalteten Neurons Kontaktstellen (Synapsen) auszubilden.

Infolge geistiger Aktivität verändert sich fortwährend die synaptische Verschaltung im Gehirn. Diese sog. Plastizität des Gehirns, d. h. die Tendenz zur dynamischen Reorganisation neuronaler Schaltkreise, bildet die Voraussetzung für mentale Fähigkeiten wie z. B. Lernen und Gedächtnis. Die notwendigen morphogenetischen Prozesse des synaptischen Remodeling werden durch Östrogene wesentlich beeinflußt. Und da bekanntermaßen die plastischen Eigenschaften des neuronalen Netzwerkes im Hippokampus besonders gut ausgeprägt sind, machen sich Ausfälle bei Östrogenmangel vielfach zuerst bei Gedächtnisfunktionen bemerkbar.

Bei der synaptischen Übermittlung in neuronalen Vernetzungen werden die elektrischen Signale vorübergehend in eine chemische Botschaft umgewandelt. Als Übermittlersubstanzen fungieren die sog. Neurotransmitter, die in den Nervenzellen synthetisiert und auf einen Reiz hin in den synaptischen Spalt freigesetzt werden. Die Verfügbarkeit vieler Neurotransmitter wird durch Östrogene beeinflußt. Zum Beispiel wird das Enzym Cholinazetyltransferase, das zur Bildung von Azetylcholin benötigt wird, durch Östradiol stimuliert, so daß bei Östradiolmangel auch der Neurotransmitter Azetylcholin nicht in ausreichender Menge gebildet werden kann. Ein deutlicher Rückgang der zerebralen Azetylcholin-Produktion gehört auch zu den charakteristischen biochemischen Veränderungen, die sich bereits im Frühstadium der Alzheimerschen Krankheit nachweisen lassen.

Zusammenfassung

In der hohen Inzidenz des Morbus Alzheimer erwächst unserer Gesellschaft ein ernstzunehmendes Potential an sozialmedizinischen Unsicherheitsfaktoren. Da das

Leiden fast immer zu chronischem Siechtum führt, macht dies eine kosten- und personalintensive Pflege erforderlich.

Von der Alzheimerschen Krankheit sind insbesondere ältere Frauen betroffen, deren Erkrankungsrisiko heutzutage im Zusammenhang mit einem postmenopausalen Östrogenmangel gesehen werden muß. Diesbezügliche retrospektive Untersuchungen zeigen zwar zwischenzeitlich gefestigte Resultate, doch sind umgehend auch ausgedehnte prospektive Studien vonnöten.

Gesichert ist indes, daß sich zumindest bei der Frau Östrogeneffekte im Gehirn ganz entscheidend auf die mentale Kapazität auswirken. Entsprechende Befunde, die bei postmenopausalen Frauen eine Anhebung der kognitiven Leistungsfähigkeit unter einer Hormonersatztherapie nachweisen, lassen sich in gewissem Umfang auch auf Alzheimer-erkrankte Patientinnen übertragen.

Obwohl keine gesicherten Kenntnisse hinsichtlich der Mechanismen vorliegen, über die sich ein Östrogenmangel offenbar auf die Alzheimer-Pathogenese auswirkt, sind verschiedene zellbiologische Wirkungen des Östradiols im Gehirn – die bei der Alzheimer-Pathogenese eine Rolle spielen könnten – bekannt:

- Auf die Entwicklung und die Überlebensfähigkeit der Neuronen in Regionen des Gehirns, deren Bedeutung für kognitive Prozesse gesichert ist, nehmen Östrogene offenbar entscheidend Einfluß.
- Die Plastizität des Gehirns ist Östrogen-abhängig.
- Der Stoffwechsel verschiedener Neurotransmitter wird durch Östrogenwirkungen verändert.

VASKULÄRE WIRKUNGEN SUBSTITUTIVER STEROIDE

E. SCHLICHT, A. T. TEICHMANN

1. EINLEITUNG

Kardiovaskuläre Erkrankungen werden als Todesursache weit vor neoplastischen Erkrankungen nicht nur zum jetzigen Zeitpunkt sondern auf absehbare Zeiträume hin rangieren (Abbildung 1). Trotz großer Anstrengungen in Prävention und Therapie ist ein entscheidender therapeutischer Durchbruch, der diese Konstellation verändern könnte, nicht in Sicht.

Aus großen epidemiologischen Studien konnten deduktiv Risikokonstellationen erkannt und in konkrete Empfehlungen umgesetzt werden. Das Bild des jugendlich schlanken Menschen als Maß der Gesundheit wurde nicht zuletzt durch die weite Verbreitung dieser Erkenntnisse beeinflußt.

Auch vor diesem Hintergrund ist ein Teil der Diskussion und Breitenwirkung der Hormonsubstitution als Thema zu verstehen. Sind doch der Verlust der Ovarialfunktion und die hiermit verbundenen funktionellen und organischen Veränderungen ein Einschnitt im Leben einer Frau, der den Beginn des Alters markiert.

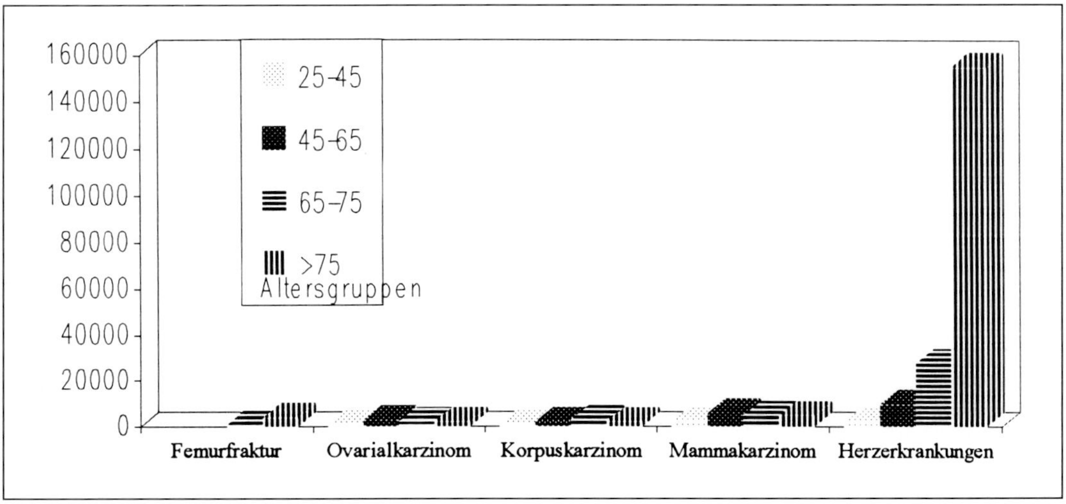

Abbildung 1: Mortalität nach Altersgruppen (Statistisches Jahrbuch 1989 für die BRD), Statistisches Bundesamt Wiesbaden

Der substitutive Einsatz von Östrogenen hat neben der Beseitigung von Östrogenmangelzuständen und -beschwerden vegetativer Art (Müdigkeit, Reizbarkeit, Nervosität, Depression etc.) die Supression der Involutionsosteoporose als Ziel. Die Rehydratation, Steigerung der Kollagen- und Proteinsynthese im allgemeinen führen zu funktioneller und kosmetisch vorteilhafter Beeinflussung von Haut und Schleimhäuten als für den Patienten sichtbaren Effekt. Als Zielorgane mit hohem Östrogenrezeptorbesatz sei das Urogenitalsystem genannt. Bisher nicht erwähnt wurden prophylaktische Effekte auf kardiovaskuläre, peripher arterielle, venöse sowie zerebrovaskuläre Erkrankungen. Neben der Art der Substitution, der Pharmakologie der eingesetzten Östrogene und heute häufig kombinierte Gestagene ist die Differenzierung zwischen funktionellen, arteriosklerotischen Erkrankungen mit ihren komplexen Entstehungsmechanismen und thrombotischen Erkrankungen sinnvoll.

2. Östrogene und Gefässystem

2.1. Epidemiologie

Ausgangs- und Endpunkt der Betrachtung oft subtiler Schwankungen funktioneller Parameter des Gefäßsystemes waren epidemiologische Untersuchungen, die fraglos nicht nur inhaltlich aufgrund ihres Studiendesigns erhebliche Irrtumswahrscheinlichkeiten offen ließen. Nicht zuletzt aus diesem Grunde wurden große epidemiologische Untersuchungen selbst Gegenstand wissenschaftlicher Forschung. Grundsätzlich lassen sich trotz aller Vorbehalte die folgenden Befunde nicht ignorieren.

Für östrogensubstituierte Frauen fanden Vessey und Mitarbeiter [1] eine annähernd halbierte globale Mortalität (ausgedrückt als RR von 0,56). Bei ausschließlicher Be-

Tabelle 1: Metaanalyse: Koronare Herzkrankheit und Östrogentherapie [Arch. Intern Med./Vol. 153, June 28, 1993]

Studiendesign		N	relatives Risiko	95 % Vertrauens-Intervall
Fallkontrollstudie	Stadel 1981 [2]	668	1,33	0,93–1,91
Fallkontrollstudie	Sotaniemi 1975 [3]	1.253	0,76	0,61–0,94
Kohortenstudie	Shapiro 1979 [4]	772	0,58	0,48–0,69
Querschnittstudie (Angiographiekontrolle)	Eaker 1987 [5]	1.551	0,41	0,34–0,50
Kohortenstudie	Eaker 1987 [5]	62	0,36	0,28–0,47
Metaanalyse		4.306	0,56	0,50–0,61
Kohortenstudie (Angiographiekontrolle)	Szido 1984 [6]	2.323	0,50	0,43–0,56

trachtung der Herz/Kreislauferkrankungen sank das relative Risiko auf 0,44 bei einem zu erwartenden Risiko von 1.

Betrachtet man die koronare Herzkrankheit, so sei stellvertretend für eine Fülle gleichlautender und nur im geringen Maße differierender Ergebnisse die Arbeit von Stadel und Mitarbeiter [2] genannt. Für hormonsubstituierte Patientinnen kann von einer Halbierung des Risikos, an einer Herz/Kreislauferkrankung zu versterben, ausgegangen werden (Tabelle 1).

Betrachtet man Langzeitstudien, wie zum Beispiel die Nurses Health Study unter Federführung von Stampfer und Mitarbeitern [7], so findet man eine über die Einnah-

Tabelle 2: Relatives Risiko ohne, unter und nach Östrogentherapie für Herz/Kreislauf, Apoplex, Hirnblutung als Todesursache [The nurses health study, ten years follow up, Stampfer et al. 1991, New Engl J Med 325, 756–62]

Gruppe	Personen/Jahre	Herz/Kreislaufversagen	Apoplex	Hirnblutung
Keine Östrogene	179.184	1 (129)	1 (56)	1 (19)
Derzeitige Östrogentherapie	73.532	0,1 (21)	1,46 (23)	0,53 (12)
Frühere Östrogentherapie	85.128	0,79 (55)	1,19 (34)	1,03 (12)

Tabelle 3: Apoplex und Östrogeneinnahme [Arch. Intern. Med./Vol. 153, Jun 28, 1993]

Design	Apoplex	Östrogeneinnahme	N	RR	95 %	Referenz, Autor
Kohortenstudie	alle	früher	210	1,1	0,8–1,6	Pfeffer 1976 [8]
Kohortenstudie	alle	ja ja	11 23	1,6 0,9	0,7–3,8 0,4–1,8	Pettiti 1979 [9]
Fallkontrollstudie	alle	ja	198	1,2	0,8–1,8	Rosenberg 1980 [10]
Kohortenstudie	alle	früher	45	2,3	1,3–4,0	Wilson 1985 [11]
Kohortenstudie	mit Todesfolge	früher	63	0,5	0,3–0,9	Paganini-Hill 1988 [12]
Kohortenstudie	alle	früher	295	0,9	0,5–1,9	Boysen 1988 [13]
Fallkontrollstudie	alle	ja	603	1,4	1,0–1,8	Thompson 1989 [14]
Kohortenstudie	alle	ja ja	123 19	1.0 0,5	0,7–1,5 0,2–1,6	Stampfer 1991 [7]
Kohortenstudie	alle	früher	379	0,6	0,5–0,9	Finucane 1991 [15]

mezeit hinausgehende Protektion gegenüber kardiovaskulär verursachten Todesfällen (Tabelle 2).

Wesentlich differenzierter stellen sich die Ergebnisse für zerebrovaskuläre Erkrankungen dar. Hier kommen bei längeren Rekrutierungsphasen Effekte der Dosisanpassung zum Tragen.

Bei Berücksichtigung pharmakologischer Ausgangskriterien kann man in nicht strukturierten Kollektiven Größenordnungen der Verhinderung zerebraler Ischämien und Blutungen in vergleichbarer Höhe der kardiovaskulären Erkrankungen nachweisen (Tabelle 3).

Diese epidemiologischen Daten bedürfen der pathophysiologischen Deutung und Erklärung. Während viele Jahre das Cholesterin und seine Subfraktionen als wesentlicher Marker kardio- und zerebrovaskulären Risikos verstanden wurde, gibt es in jüngster Zeit eine Fülle von Ergebnissen, die diese Hypothesen, die vornehmlich den Ergebnissen der Framinghamstudie [16] Rechnung tragen, entkräften oder in neuem Licht vermehrte Aktualität geben.

2.2 Östrogenwirkungen auf das Herz/Kreislaufssystem

2.2.1 Lipidmetabolismus und Östrogene

Die Ergebnisse der Framinghamstudie haben das Denken in präventiven Dimensionen wesentlich beeinflußt und dazu beigetragen, den Begriff des Risikofaktors zu etablieren. Die besondere Bedeutung des Lipidstoffwechsels für epidemiologische Überlegungen sowie konkrete diätetische Empfehlungen und therapeutische Regime zur Prävention von Herz/Kreislauferkrankungen wurde aus den Ergebnissen der Framinghamstudie gespeist.

Tabelle 4: Sexualsteroide und Lipidstoffwechsel [17]

	Östrogene	Progesterone	Androgene
Cholesterol	↓	↑	↓↑
Triglyceride	↑	↓	↓↑
HDL	↑	↓	↓
HDL2	↑	↓	
HDL3	↑		
LDL	↓	↑	↑
VLDL	↑	↓	↑
Apo A1	↑	↓	↓
Apo A2	↑	↓	↓
Apo B	↑	↓	

Auch dem Endokrinologen gaben die an dem Anstieg der HDL II und HDL III Subfraktionen ablesbaren Änderungen des Lipidprofils unter Hormontherapie zusätzliche Argumente für eine Hormonsubstitution in einem Lebensalter der Frau, welches

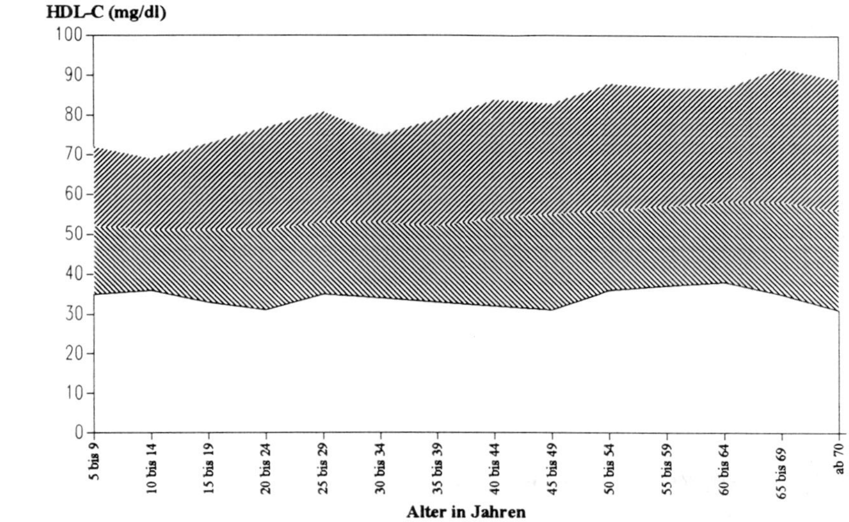

Abbildung 2: Mittelwert, 5. und 95. Perzentile HDL bei Frauen

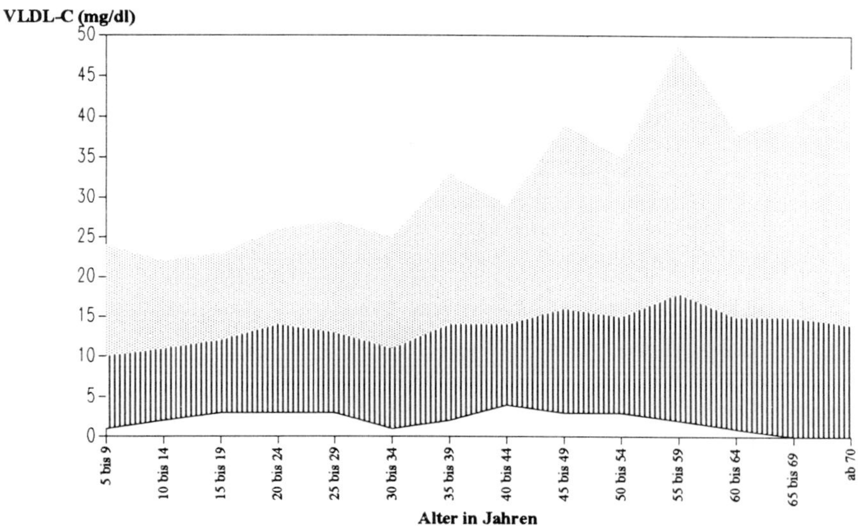

Abbildung 3: Mittelwert, 5. und 95. Perzentile VLDL bei Frauen

durch einen steilen Anstieg der Inzidenz kardiovaskulärer Erkrankung geprägt ist (Tabelle 4).

Damit meinte man, den Schlüssel zur Erklärung vasoprotektiver, vor allem aber antiarteriosklerotischer Effekte einer Östrogensubstitution gefunden zu haben. Die relativ kurzfristigen Schwankungen der peripheren Spiegel der Sexualhormone ließen jedoch den Schluß auf die Tage oder Wochen betragenden Halbwertszeiten der Plasmalipoproteine nicht zu. Übersehen wurde auch die Tatsache, daß die für die Arteriosklerose verantwortlichen Lipoproteinspiegel im Laufe des Lebens kontinuierlich ansteigen, ohne eine Anstiegsbeschleunigung in der Menopause gemäß dem Morbiditätsanstieg kardiovaskulärer Erkrankungen zu erfahren (Abbildungen 2, 3, 4).

Beobachtungen an ovarektomierten Affen zeigen, daß bei unverminderter HDL-Konzentration durch eine Substitutionstherapie eine dramatische Senkung der Plaquegröße unter atherogener Diät [18] erzielt werden kann.

Ein Modulator der Pathogenität des Fettstoffwechselmusters ist die Rheologie, die sich unter Hintanstellung funktioneller und kardialer Faktoren als Resultante aus Fibrinogenspiegel, Plasmaviskosität und Korpuskeladhäsivität (weißes Blutbild) beschreiben läßt (Abbildung 5).

Die Kombination von hohem Fibrinogenspiegel, erhöhter Plasmaviskosität und Leukozytenzahl stellt eine wesentliche Risikokonstellation für die Entstehung einer kardiovaskulären Erkrankung dar [19]. Neben der Thrombogenität einer solchen Konstellation ist die deutlich erhöhte LDL-Inkorporation in Folge eines lokal erhöhten Fibrin-Turnovers mit Stimulation der Migration und Proliferation glatter Muskelzellen sowie eines Anstieges der Akutphaseproteine Beleg für die Bedeutung der Endothelintegrität als wesentlicher Schutzmechanismus der Gefäßwand. Es ist unstrittig, daß ein Fibrinogenanstieg mit dem Einsetzen der Menopause verknüpft ist [20]. Dennoch kranken mehrere Studien zu diesem Thema an definitorischen Unschärfen, da zum Beispiel nicht zwischen induzierter und natürlicher Menopause unterschieden wurde.

Betrachtet man aber das Gros der Studien, die östrogensubstituierte Frauen berücksichtigen, so zeigt sich eine Erniedrigung des Fibrinogenspiegels mit einer konsekutiven Verbesserung der Rheologie [21, 22].

Neben der Einlagerung von LDL und seinen Reaktionsprodukten in die Gefäßwand ergeben sich eine Reihe funktioneller Veränderungen, welche durch Lipoproteine stimuliert oder synergistisch beeinflußt werden. Speziell Östrogene senken systematische LDL-Spiegel, wie oben angeführt. Lokal führen sie zu einer Verminderung der Cholesterinaufnahme in die Gefäßwand und einer Hydrolisierung aufgenommenen Cholesterins. Die antioxidative Wirkung von Östrogenen [23, 24] hat in diesem Zusammenhang nicht nur als Gefäßeffekt Bedeutung, sondern bewirkt durch eine Bindung freier Radikale wahrscheinlich eine Senkung der Neoplasierate. Dies muß durch weitere Studien belegt werden.

2.2.2 Östrogene und Gefäßwand

Die vasodilatatorische Wirkung von Östrogenen auf die Gefäßwand ist seit langem bekannt. Nicht zuletzt wird hier ein Großteil der thrombogenen Wirksamkeit der Östrogene vermutet. Weit wesentlicher sind jedoch Befunde, die an ischämisch geschädigten bzw. bisher kardiovaskulär gesunden Patientinnen unter Östrogentherapie gefunden wurden. So liegen doppler-sonographische Untersuchungen [25, 26,

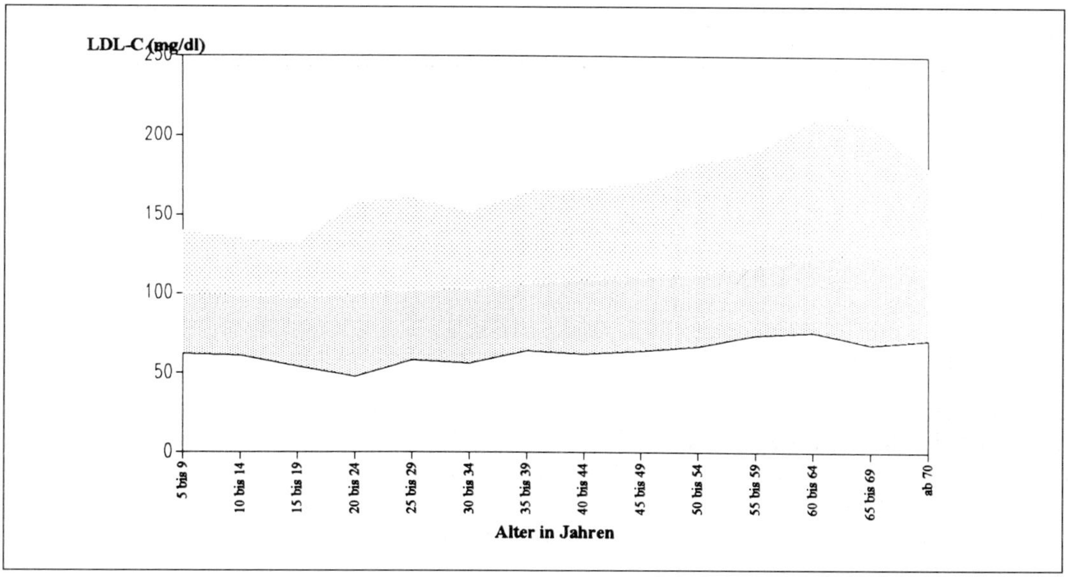

Abbildung 4: Mittelwert, 5. und 95. Perzentile LDL bei Frauen

Atherogenes LDL

LDL -------- + ------- Produktion
-------- ------- Endothel-Derived-Releasing-Factor (EDRF)
-------- + ------- Platelet-Derived-Growth-Fyctor (PDGF)

Ox.-LDL --------- + ------- Cholesterineinbau durch Makrophagen
--------- + ------- Antigene Wirkung
--------- + ------- Vascular Cell Adhaesion Molecule 1 (VCAM 1) in Monocyten und Endothel
--------- + ------- IL 1- , IL 4, TNF- , Interferon-

Abbildung 5: Atherogenese und LDL

27] mittlerweile zahlreich vor. Kurzfristige, auch elektrokardiographisch nachweisbare Effekte der Östrogenbehandlung konnten Rosano und Mitarbeiter [28] nachweisen. So ließ sich nicht nur die belastungsinduzierte kardiale Hypoxämie kurzfristig beheben, sondern auch eine positive Inotropie nachweisen. Wenngleich die gefäßerweiternde Wirkung als summarischer Effekt den Östrogenen zugeschrieben werden kann, ist dennoch der detaillierte pathophysiologische Mechanismus nicht zur Gänze aufgeklärt. Die modulatorische Wirkung auf vasoaktive Substanzen (Eicosanoide, Kalziummetabolismus der Gefäßwand, G-Proteine, EGRF und andere) konnte nachgewiesen werden. Somit ist die rein endotheliale Betrachtung des Östrogenwirkungsspektrums nicht ausreichend. Wie Williams und Mitarbeiter [29] zeigen konnten, ist auch eine direkte Wirkung auf die glatte Muskelzelle möglich. Es konnte nachgewiesen werden, daß eine acetylcholinvermittelte Vasokonstriktion an arteriosklerotisch veränderten Primatengefäßen durch Östradiol aufgehoben werden konnte. Wie oben bereits kurz erwähnt ist der kalziumantagonistische Effekt der Östrogene ein wesentlicher Teil der Gefäßwandbeeinflussung. Hier ist jedoch die Wirkung einer zusätzlichen Gestagenmedikation eindrucksvoll und belegt auch an extragenitalen Organen den antiöstrogenen Effekt der Gestagene. So können synthetisierte Gestagene vom Typ des Norethistosteron eine östradiolinduzierte Hemmung des Kalziumeinstroms in die Muskelzelle aufheben.

Die kurzfristige Wirkung von Östrogenen auf Gefäße in differenzierter Betrachtung auf Endothel- und Muskelzelle betrifft arterielles und venöses System. Die Betrachtung der Östrogeneffekte unter dem Gesichtspunkt der Substitution läßt sowohl am gesunden als auch vorgeschädigten Gefäßsystem protektiv oder therapeutisch gewünschte Effekte erkennen. Ausreichend hohe Östrogenspiegel können ungünstige Effekte der Gestagene auch am vorgeschädigten Gefäßsystem überspielen. Dies beruht im wesentlichen auf dem Schutz des Endothels als Organeinheit. Daneben ist die Betrachtung des Blutdruckes als Stellwertgröße der kardialen Pumpfunktion ein weiterer wesentlicher Gesichtspunkt. In diesem Zusammenhang gehen östrogeninduzierte Natrium- und Wasserretention zusätzlich in die Volumenbilanz des Kreislaufsystems ein. Letztendlich kann zum gegenwärtigen Zeitpunkt ausschließlich anhand epidemiologischer Beweise saldierend der Nachweis der Mortalitätssenkung

Tabelle 5: Östradiolvalerat und Hämostase

Autor	Applikations-dauer	Dosis	Wirkung	Interpretation
Elkik 1982 [30]	1 Monat	gel 60 mg/100 mg	AT III +/–	Kein Effekt
Conard 1983 [31]	2 Monate	gel 60 mg/100 mg	AT III +/–	Kein Effekt
Boschetti 1991 [32]	12 Monate	patch 0,05 mg/24 h	AT III ↓	Kein Effekt
Chetkowski 1986 [33]	1 Monat	patch 0,05 mg/24 h	AT III +/–	Kein Effekt

durch Östrogentherapie geführt werden, wenngleich wesentliche Erkenntnissprünge für die Hormonsubstitution vorliegen. Dies gilt in gleicher Weise für zerebrovaskuläre Erkrankungen.

2.2.3 Hämostase und Östrogene

Während unter Einnahme von Ovulationshemmern wesentliche Nebenwirkungen auf Störungen der Hämostase zurückzuführen sind, ist dies auch unter dem Vorbehalt pharmakologisch unterschiedlicher Ansätze in Dosis und Applikationsprinzip für die hormonsubstituierte Frau in der Menopause nicht übertragbar.

Prinzipiell gibt es keine im Labormaßstab zu messenden Gerinnungs- oder Fibrinolysefaktoren, die die am Endothel ablaufenden Gerinnungsvorgänge außer in summarischer Betrachtung zugänglich machen. Messungen von AT III, Faktor VII, Faktor X, Protein-C, Protein-S, TAT oder verschiedener Degradationsprodukte des Fibrins konnten einen prokoagulatorischen Effekt einer hormonellen Substitutionstherapie mit Östrogenen nicht belegen, sondern zeigen metaanalytisch eher stabile hämostatische Bedingungen. Tabelle 5 zeigt dies am Beispiel des Östradiolvalerates. Die enge Interaktion von Gefäßwanddefekten, Fettstoffwechsel, Rheologie konnte oben bereits Erwähnung finden.

3. Zusammenfassung

Die Diskussion um Gültigkeit epidemiologischer Forschungsergebnisse kann eine deutliche Minderung des Risikos östrogensubstituierter Frauen, an kardiovaskulären Erkrankungen zu versterben, nicht negieren. Die Wirkung von Östrogenen – modifiziert durch das Risikoprofil des Patienten und zusätzlich applizierter Gestagene – zeigt in einer Vielzahl von Untersuchungen zur Pathophysiologie vornehmlich günstige, das heißt, kardiovaskuläre Erkrankungen mitigierende bzw. protektive Effekte.

Die zunächst vor allem anhand der Framinghamstudie gewonnenen Daten, die eine besondere Bedeutung des Cholesterinprofils als Risikofaktor für die Erkrankung an kardiovaskulären und zerebrovaskulären Ereignissen vorschlug, fand Einfluß in diätetische und therapeutische Überlegungen (Lipidsenker), die bei Ausbleiben einer epidemiologisch nachweisbaren Wirkung die Überprüfung der Ausgangshypothese notwendig machten. Die Rolle der Östrogene kann an ihren vasoaktiven Eigenschaften, an Beeinflussung der Intermediärprodukte des Fettstoffwechsels sowie an der Herz/Kreislaufregulation abgelesen werden. Hauptwirkung sind die Be-

Tabelle 6: Wirkung von Steroiden auf die Inzidenz vaskulärer Erkrankungen

- Funktionelle Beeinflussung der Gefäßwand (vasoaktive Substanzen, Ca^{++}-Antagonismus)
- Stoffwechsel der Gefäßwand (LDL-Oxidation, Plaque-Bildung, ...)
- Thrombus-Formierung
- Fett- und Kohlenhydratstoffwechsel

einflussung abhängiger Mediatoren der Gefäßwand und hier insbesondere der Endothel- und der Muskelzelle, die sich als direkter Kalziumantagonismus verstehen lassen. Die funktionelle Verbesserung von Herz/Kreislaufparametern, Verbesserung der Organperfusion und Vasodilatation findet ihre Entsprechung in proliferativen Wirkungen an abhängigen Organsystemen (Tabelle 6).

Vor dem Hintergrund epidemiologischer und pathophysiologischer Daten, die eine Hormonsubstitution in breiter Front als Prophylaxe kardio-zerebrovaskulärer Erkrankungen angezeigt erscheinen lassen, muß darauf hingewiesen werden, daß ein umfassendes pathophysiologisches Verständnis jeglicher Östrogenwirkung nicht vorliegt. Ein präventives Denken negiert die Tatsache, daß eine Vielzahl von Frauen mit objektivierbarem Östrogenmangel weder Herz/Kreislaufbeschwerden noch Östrogenmangelsymptome entwickeln.

LITERATUR

1. Hunt K, Vessey M, McPherson K. Mortality in a cohort of long-term users of hormone replacement therapie: an updated analysis, 1990: 1080–6.

2. Stadel BV. Oral contraceptives and cardiovascular disease, I. N Engl J Med 1981; 305: 612–8.

3. Sotaniemi EA, Kontturi MJ. Serum lipid levels and thromboembolic complications during estrogen therapy of prostatic cancer. Scand J Urol Nephrol 1975; 9: 89–93.

4. Shapiro S, Slone D, Rosenberg L, Kaufman DW, Stolley PD, Miettinen OS. Oral-contraceptive use in relation to myocardial infarction. Lancet 1979; 1: 743–7.

5. Eaker ED, Castelli WP. Coronary heart disease and its risk factors among women in the Framingham Study. In: Eaker ED, Packard B, Wenger NK, Clarkson TB, Tyroler HA (eds.). Coronary Heart Disease in Women: Proceeding of an NIH Workshop. New York, Haymarket Doyma Inc. 1987; 122–30.

6. Szido M, Tonascia J, Gordis L, Bloom I. Estrogen use and myocardial infarction risk: a casecontrol study. Prev Med 1984; 13: 510–6.

7. Stampfer MJ, Colditz GA. Estrogen replacement and coronary heart disease: a quantitative assessment of the epidemiologic evidence. Prev Med 1991; 20: 47–63.

8. Pfeffer RI, van den Noort S. Estrogen use and stroke risk in postmenopausal women. Am J Epidemiol 1976; 103: 445–56.

9. Petitti DB, Wingerd J, Pellegrin F, Ramcharan S. Risk of vascular disease in women: smoking, oral contraceptives, noncontraceptive estrogens and other factors. JAMA 1979; 242: 1150–4.

10. Rosenberg LM, Slone D, Shapiro S, Kaufman D, Stolley PD, Miettinen OS. Noncontraceptive estrogens and myocard infarction in young women. JAMA 1980; 240: 339–42.

11. Wilson PWF, Garrison RJ, Castelli WP. Postmenopausal estrogen use, cigarette smoking and cardiovascular morbidity in women over 50: the Framingham Study. N Engl J Med 1985; 313: 1038–43.

12. Paganini-Hill A, Ross RK, Henderson BE. Postmenopausal estrogen treatment and stroke: a prospective study. BMJ 1988; 297: 519–22.

13. Boysen G, Nyboe J. Appleyard M et al. Stroke incidence and risk factors for stroke in Copenhagen, Denmark. Stroke 1988; 19: 1345–53.

14. Thompson SG, Meade TW, Greenberg G. The use of hormonal replacement therapy and the risk of stroke and myocardial infarction in women. J Epidemiol Commun Health 1989; 43: 173–8.

15. Finucane FF, Madans JH, Bush TL, Wolf PH, Kleinman JC. Decreased risk of stroke among postmenopausal hormone users: results from the NHANES Epidemiologic follow up study. Circulation 1991; 83: 7 (Abstract).

16. Kannel WB, Hjortland MC, McNamara PM, Gordon T. Menopause and risk of cardiovascular disease: The Framingham Study. Ann Intern Med 1976; 85: 447–52.

17. Glück CJ, Fallat R. Gonadal hormones and triglycerides. Proc R Soc Med 1974; 67: 667–9.

18. Wagner JD, Clarkson TB, Clair RW, Schwenke DC, Shively CA, Adams MR. Estrogen and progesterone replacement therapy reduces low density lipoprotein accumulation in the coronay arteries of surgically postmenopausal cynomolgus monkeys. J Clin Invest 1991; 1995–2002.

19. Yarnell JWG, Baker IA, Sweetnam PM, Bainton D, O'Brien JF, Whitehead PJ, Elwood PC. Fibrinogen, viscosity and white blood cell count are major risk factors for ischemic heart disease. Circulation 1991; 83: 836–44.

20. Meade TW, Hainers AP, Imeson JD, Stirling Y, Thompson SG. Menopausal stae and haemostatic variables. Lancet 1983; 22–4.

21. Stonwell-Smith R, Meade TW. Hormone replacement therapy for postmenopausal women: a review of its effects on haemostatic function, lipids and blood pressure. Adverse drug reaction and acute poisoning reviews 1984; 4: 187–210.

22. Lee AJ, Cowe GO, Smith WCS, Turnstall-Pedoe H. Plasma fibrinogen in women: relationships with oral contraceptions, the menopause and hormone replacement therapy. British Journal of Haematology 1993; 83: 616–21.

23. Sack MN, Rader DJ, O'Cannon III R. Estrogen and inhibition of oxydation of low-density lipoproteins in postmenopausal women. Lancet 1994.

24. Nègre-Salvayre A, Pieraggi MT, Mabile L, Salvayre R. Protective effect of 17-ß-estradiol against the cytotoxicity of minimally oxidized LDL to cultured bovine aortic endothelial cells. Atherosclerosis 1993; 99: 207–17.

25. Pines A, Fisman EZ, Ayalon D, Drory Y, Averbuch M, Levo Y. Long term effects of hormone replacement therapy on Doppler-derived parameters of aortic flow in postmenopausal women. Chest 1992; 102: 1496–8.

26. Penotti M, Nencioni T, Gabrielle L, Farina M, Castglione E, Polvani F. Blood flow variations in internal carotid and middle cerebral arteries induced by postmenopausal hormone replacement therapy. Am J Obstet Gynecol 1993; 16: 125–32.

27. Gangar KF, Vyas S. Whitehead M, Crook D, Meire H, Campbell S. Pulsatility index in internal carotid artery in relation to transdermal estradiol and time since menopause. Lancet 1991.

28. Rosano GMC, Sarrel PM, Poole-Wilson PA, Collins P. Beneficial effect of estrogen on exercise-induced myocardial ischaemia in women with coronaryartery disease. Lancet 1993.

29. Williams JK, Adams MR, Herrington DM, Glarkson TB. Short-term administration of estrogen and vascular responses of atherosclerotic coronary arteries. JACC 1992; 452–7.

30. Elkik F, Gompel A, Merlier-Godard C, Kutters F, Guyenne PN, Corvoz P, Mauvais-Sarvis P. Effects of percutaneous estradiol and conjugated estrogens on the level of plasma proteins and triglycerides in postmenopausal women. Am J Obstet Gynecol 1982; 8: 888–92.

31. Conard J, Samana M, Basdevant A, Guy-Graud de Lignieres B. Differential AT III response to oral and parenteral administration of 17-ß-estradiol. Haemostas 1983; 49: 252.

32. Boschetti C, Cortellero M, Neulioni T, Bertolli V, Deka Volpe A, Zanussi C. Short and long term effects of hormone replacement therapy or blood coagulation factors in postmenopausal women. Thromb Res 1991; 62: 1–8.

33. Chetkowski RJ, Meldrum DR, Steingold KA, Raudle D, Lu KR, Eugena P, Hershman JM, Alkjaehrig NV, Fletcher AP, Judd HL. Biologic effects of transdermal estradiol. New Engl J Med 1986; 314: 1615–20.

DER EINFLUSS DER HORMONSUBSTITUTION AUF DEN LIPIDSTOFFWECHSEL

T. VON HOLST, B. SALBACH

Kardiovaskuläre Erkrankungen stellen in den westlichen Industrieländern die häufigste Todesursache dar. Neben einer genetischen Disposition spielen Faktoren wie Streß, Ernährung, Rauchen, Hypertonie, Diabetes sowie Hypercholesterinämie eine entscheidende Rolle in der Pathogenese der Atherosklerose. Die Atherosklerose ist eine heterogene Erkrankung der Arterienwand, die durch lokalisierte Makrophagen- und Lymphozyteninfiltration sowie die Proliferation glatter Muskelzellen gekennzeichnet ist. An schadhaften Stellen des Endothels, welches das Innere der Gefäßwand auskleidet, dringen chemisch modifiziertes, insbesondere oxidiertes LDL (low-density-lipoprotein), IDL (intermediate-density-lipoprotein) und Blutplättchen ein. Makrophagen nehmen die Lipoproteine auf und gehen in „Schaumzellen" über. Durch den Zerfall der mit LDL angereicherten Schaumzellen lagert sich verstärkt Cholesterin in der Intima ab und führt so allmählich mit den Zellen und Zerfallsprodukten zu einem Atherom. Durch die Verengung des Blutgefäßes kann an dieser

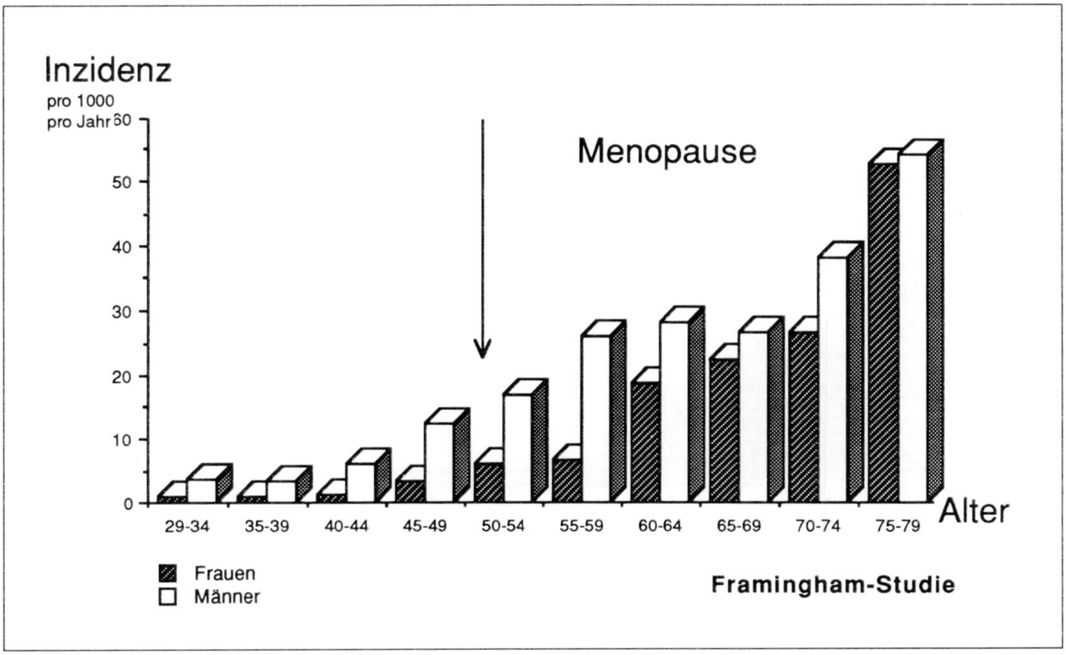

Abbildung 1: Häufigkeit kardiovaskulärer Erkrankungen bei Männern und Frauen in Abhängigkeit vom Lebensalter [1]

Stelle eine Thrombose mit der Folge eines Herzinfarktes oder Schlaganfalls ausgelöst werden.

Die Inzidenz kardiovaskulärer Erkrankungen ist bei Frauen im reproduktiven Alter deutlich niedriger als bei Männern gleichen Alters und steigt erst nach der Menopause exponentiell an (Abb. 1) [1]. Zahlreiche Studien der letzten Jahre haben übereinstimmend eine Reduktion des Risikos kardiovaskulärer Erkrankungen unter einer Hormonsubstitution zeigen können. Eine prospektive Untersuchung an mehr als 48.000 amerikanischen Krankenschwestern, die über 10 Jahre beobachtet wurden, zeigt eine Reduktion des Risikos auf 0,56, d. h. um fast 50 % gegenüber nicht behandelten Frauen [2].

Auf welche Weise die Sexualsteroide die Entwicklung der Atherosklerose beeinflussen, ist noch nicht vollständig geklärt. Am Endothel bewirken Östrogene eine schnelle Freisetzung von Stickoxid (NO = EDRF: endothelin-derived relaxing factor). Dies führt an den glatten Muskelzellen zur Vasodilatation. An glatten Muskelzellen blockieren Östrogene außerdem die Kalziumkanäle der Gefäße und antagonisieren die vasokonstriktorische Wirkung von Endothelin-1. Daneben ist die Existenz von Östrogenrezeptoren am Endothel und an den glatten Muskelzellen der

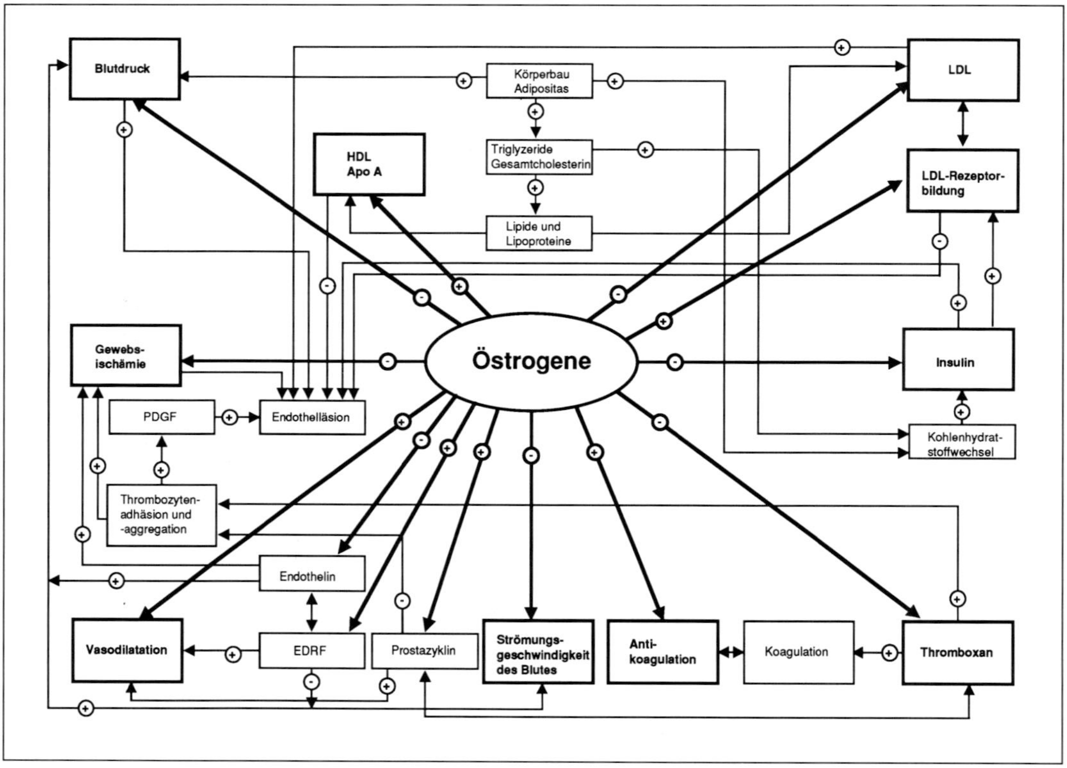

Abbildung 2: Vereinfachte Darstellung der wesentlichen Östrogenwirkungen auf das arterielle Gefäßsystem und die Kreislaufregulation. Pfeile, die durch „+" unterbrochen sind, bedeuten Stimulation, „–" markiert eine Hemmung.

Gefäße gesichert. Auf diese Weise wird z. B. die Biosynthese von zwei wichtigen Vasodilatatoren, Prostazyklin (PGI-2) und EDRF (NO), in den Zellen der Gefäßwand reguliert. Als Folge dieser Östrogenwirkungen zeigt sich unter der Hormonsubstitution eine Abnahme der Strömungsgeschwindigkeit des Blutes sowie eine Blutdrucksenkung. Ein vereinfachtes Schema der Östrogenwirkungen auf das arterielle Gefäßsystem und die Kreislaufregulation zeigt Abbildung 2. Neben der Beeinflussung der Hämostase und der Insulinsekretion führen Östrogene auch zu einer Veränderung des Lipoproteinprofils, auf die im folgenden eingegangen werden soll.

Tabelle 1: Lipidveränderungen unter einer reinen Östrogen-Substitution. (Appl. = Applikationsart, n = Anzahl der Patientinnen, E2 = Östradiol, CEE = konjugierte equine Östrogene, perk. = perkutan, Impl. = Implantat, 0 = keine signifikante Änderung, – = signifikante Änderung, + = signifikante Zunahme). Studien mit kleiner Fallzahl und kurzer Anwendungsdauer wurden nicht berücksichtigt.

Autoren	Östrogen	Appl.	t	Chol.	TG	VLDL-C	LDL-C	HDL-C	Apo A-I	Apo B	n	Dauer/Wochen
Notelovitz et al. 1983	1 mg E2	oral	21	0	0	0	0	0			35	12
Basdevant et al. 1983	2 mg E2	oral	21	–	+	0	–	0			20	8
Fahraeus et al. 1983	2 mg E2	oral	21					+			13	16
Notelovitz et al. 1982	2 mg E2	oral	21	0	0	0	0	0			35	12
Fahraeus et al. 1983	4 mg E2	oral	21	0				+			13	8
Furuhjelm/Carlström 1977	4 mg E2/ 2 mg E2	oral	28	–	0						22	48
Paterson et al. 1980	2 mg E2-Valerat	oral	21	0	0						14	48
Tikkanen et al. 1979	2 mg E2-Valerat	oral	21	–	0		–	+			29	48
Tikkanen et al. 1982	2 mg E2-Valerat	oral	28	–	0	–	0	0			21	12
Wallentin/L.-Cohn 1977	2 mg E2-Valerat	oral	21	0	0	0	0	+			19	24
Hirvonen et al. 1987	2 mg E2-Valerat	oral	21	0	0		–	+			22	12
Ottosson et al. 1985	2 mg E2-Valerat	oral	21	–				+	+		58	12
Notelovitz et al. 1983	0,625 mg CEE	oral	21	0	0	0	0	0			35	12
Farish et al. 1986	0,625 mg CEE	oral	28	0	+	0	–	+			21	24
Sonnendecker et al. 1989	0,625 mg CEE	oral	21	–	0	0	–	0	0	–	22	24
Notelovitz et al. 1983	1,25 mg CEE	oral	21	0	+	0	0	0			35	12
Paterson et al. 1980	1,25 mg CEE	oral	21	0	+						15	48
Basdevant et al. 1983	3 mg E2	perk.	21	0	–	0	0	0			20	8
Fahraeus et al. 1983	3 mg E2	perk.	21					0			12	24
Jensen et al. 1987	3 mg E2	perk.	21	–	0		–	0			20	48
Keller et al. 1989	2,5–5 mg E2	perk.	21	0	0	0	0	0			30–73	12
Farish et al. 1984	50 mg E2	Impl.	28	0	0	0	–	+			14	24

Gesamtcholesterin

In der Postmenopause finden sich insgesamt höhere Gesamtcholesterinkonzentrationen als im reproduktiven Alter [3, 4, 5]. Dies geht mit einer erhöhten Inzidenz kardiovaskulärer Erkrankungen einher [2, 6]. Umgekehrt läßt sich dieser Anstieg des Gesamtcholesterins durch eine Hormonsubstitution wieder rückgängig machen. So führt die Therapie mit den sogenannten „natürlichen" Östrogenen (konjugierte equine Östrogene, 17-ß-Östradiol, Östradiolvalerat) in der Postmenopause oft zu erniedrigten Gesamtcholesterinspiegeln (Tab. 1). Gleiches gilt für die alleinige Gestagentherapie, die bei der Behandlung der Endometriose oder bei Kontraindikationen gegen eine Östrogentherapie benutzt wird (Tab. 2). Die kombinierte Hormonsubstitutionstherapie (Östrogene plus Gestagene) zeigt bei zyklischer oder kontinuierlicher Zugabe eines Gestagens, besonders bei Verwendung von 19-Nortestosteronderivaten (Norethisteron, Norethisteronacetat, Levonorgestrel, Desogestrel, Gestoden, Norgestimat), aber auch bei der Gabe von Progesteronderivaten (Medroxyprogesteronacetat, Chlormadinonacetat, Cyproteronacetat, Medrogeston), meistens erniedrigte Gesamtcholesterinkonzentrationen (Tab. 3).

Da das Gesamtcholesterin alle Subfraktionen des LDL-C (low-density-lipoprotein), HDL-C (high-density-lipoprotein) und VLDL-C (very-low-density-lipoprotein) beinhaltet, ist es bei der Beurteilung von Gesamtcholesterinveränderungen wichtig, auf die Veränderungen der einzelnen Subfraktionen einzugehen. Sowohl eine Abnahme des LDL-C, die mit einer Erniedrigung des kardiovaskulären Risikos einhergeht, als auch eine Abnahme des HDL-C, mit Abnahme seiner kardioprotektiven Wirkung, führen zu einer Abnahme des Gesamtcholesterins. Eine Vernachlässigung dieser Subfraktionen kann bei der Interpretation der Gesamtcholesterinveränderungen zu falschen Schlüssen führen.

Tabelle 2: Lipidveränderungen unter einer reinen Gestagen-Therapie. (t = Anwendungsdauer in Tagen, n = Anzahl der Patientinnen, MPA = Medroxyprogesteronacetat, CPA = Cyproteronacetat, LYN = Lynestrenol, LNG = L-Norgestrel, NG = Norgestrel, NET = Norethisteron, 0 = keine Änderung, – = Abnahme, + = Zunahme). Studien mit kleiner Fallzahl und kurzer Anwendungsdauer wurden nicht berücksichtigt.

Autoren	Gestagen	t	Chol	TG	VLDL	LDL	HDL	Apo A-I	Apo B	n	Dauer/Wochen
Teichmann et al. 1988	50 mg MPA	28	0	0	0	0	0	0	0	10	24
Tikkanen et al. 1987	5 mg CPA	24		0	0	0	–			13	12
Teichmann et al. 1988	10 mg LYN	28	0	0	0	+	–	–	+	25	24
Tikkanen et al. 1982	250 µg LNG	14	–	–	0	0	–			20	12
Nielsen et al. 1977	0,5 mg NG	10	0	–						23	12
Farish et al. 1983 u. 1986	5 mg NET	28	0	–	–	0/+	–	–	+	21	36–48

LDL-Cholesterin und Apolipoprotein B (Apo B)

Zahlreiche epidemiologische und experimentelle Studien haben gezeigt, daß erhöhte LDL Spiegel mit einem erhöhten Risiko für das Auftreten von ischämischen Herzerkrankungen einhergehen [4, 7, 8, 9]. Bei Männern mit Myokardinfarkt und Angi-

Tabelle 3: Lipidveränderungen unter einer kombinierten Östrogen-/Gestagen-Therapie. (t = Anwendungsdauer in Tagen, n = Anzahl der Patientinnen, E2 = Östradiol, CEE = konjugierte equine Östrogene, Prog = mikronisiertes Progesteron, MPA = Medroxyprogesteronacetat, MG = Medrogeston, DG = Dydrogeston, CPA = Cyproteronacetat, NG = Norgestrel, NETA = Norethisteronacetat, TTS = Östradiolpflaster, 0 = keine Änderung, – = Abnahme, + = Zunahme). Studien mit kleiner Fallzahl und kurzer Anwendungsdauer wurden nicht berücksichtigt.

Autoren	Östrogen	t	Gestagen	t	Chol	TG	VLDL	LDL	HDL	Apo A-I	Apo B	n	Dauer/ Wochen
Ottosson et al. 1985	2 mg E2-Valerat	21	200 mg Prog	10	0				0	0		18	12
Fahraeus et al. 1983	3 mg E2-Gel	28	300 mg Prog	10	0	0	0	0	–			13	12–24
Jensen et al. 1987	3 mg E2-Gel	21	200 mg Prog	12	–	0		–	0			29	48
Prough et al. 1987	0,625 mg CEE	28	2,5 mg MPA	28	0	0		0	0			16	36
Yancey et al. 1990	0,625 mg CEE	28	5 mg MPA	28	–	0		–	+	–		15	24
Ottosson et al. 1985	2 mg E2-Valerat	21	10 mg MPA	10	0				–	0		20	12
Haarbo et al. 1991	2 mg E2-Valerat	21	10 mg MPA	10	–			–	0	0	–	23	12
Yancey et al. 1990	0,625 mg CEE	25	10 mg MPA	13	–	0		–	+	–		15	24
Yancey et al. 1990	0,625 mg CEE	28	10 mg MPA	28	0	0		–	0	–		13	24
Sonnendecker 1989	0,625 mg CEE	21	5 mg MG	10	–	0	0	–	+	0	–	22	24
Haarbo et al. 1991	1,5 mg E2-Valerat	24	150 µg DG	10	–			–	0	0	–	24	12
Jensen et al. 1989	2 mg E2-Valerat	28	1 mg CPA	7	–	0		–	0			32	96
Haarbo et al. 1991	2 mg E2-Valerat	28	1 mg CPA	28	–			–	0	0	0	24	12
Fahraeus et al. 1983	3 mg E2-Gel	28	120 µg L-NG	10	–	–	0	0	–			13	12–24
Farish et al. 1986	0,625 mg CEE	28	0,15 mg DL-NG	12	–	0	0	–	0			21	24
Ottosson et al. 1985	2 mg E2-Valerat	21	250 µg NG	10	0				–	–		20	12
Nielsen et al. 1977	2 mg E2-Valerat	21	0,5 mg DL-NG	10	0	–						23	12
Haarbo et al. 1991	2 mg E2-Valerat	28	75 µg L-NG	13	–			–	0	0	0	23	12
Salbach 1992	0,05 mg E2/TTS	28	1 mg NETA	14	–	0	0	–	0	0	0	13	48
Salbach 1992	0,05 mg E2/TTS	28	1 mg NETA	28	–	–	–	–	–	–	0	13	48
Fletcher et al. 1984	2 mg E2/1mg E2	22/6	1 mg NETA	10	0	0	0	0	0			31	48
Jensen u. Chri. 1987	4 mg E2/1 mg E2	22/6	1 mg NETA	10	–	0		–	+			19	48
Jensen u. Chri. 1987	2 mg E2/1 mg E2	22/6	1 mg NETA	10	–	0		–	0			22	48
Jensen u. Chri. 1987	1 mg E2	22	1 mg NETA	10	–	0		–	+			23	48
Christiansen 1984	1 mg E2	22	1 mg NETA	10	–	0	0	–	0			17–43	184
Christiansen 1984	2 mg E2/1mg E2	22/6	1 mg NETA	10	–	0	0	–	0			17–43	184
Christiansen 1984	4 mg E2/1 mg E2	22/6	1 mg NETA	10	–	0	0	–	0			17–43	184
Furuhjelm 1977	2 mg E2/1mg E2	22/6	1 mg NETA	10	0	0						56	144
Furuhjelm 1977	4 mg E2/1 mg E2	22/6	1 mg NETA	10	–	0						131	144
Mattsson et al. 1984	2 mg E2/1mg E2	28	1 mg NETA	28	–	–	–	–	–			26	48
Jensen et al. 1989	2 mg E2	28	1 mg NETA	28	–	0		–	–			21	96
Mattsson u. Samsioe 1985	2 mg E2	28	1 mg NETA	28	–	–		0	–			26	48

na pectoris finden sich daneben auch höhere Apo B Spiegel als bei entsprechenden Kontrollgruppen ohne Myokardinfarkt [10].

Die Menopause ist mit erhöhten LDL-C und Apo B Spiegeln assoziiert [2, 11]. Unter der Substitutionstherapie mit den sogenannten „natürlichen" Östrogenen kommt es meistens zu einem Abfall des LDL-C und des Apo B (Tab. 1). LDL ist das Produkt des VLDL-Katabolismus. Eine Reduktion des LDL unter der Östrogenbehandlung kann durch einen reduzierten VLDL-Katabolismus erklärt werden, und zwar durch die verminderte Aktivität der hepatischen Lipoproteinlipase, so daß weniger Material über die Zwischenstufe des IDL in das LDL übergehen kann [12, 13, 14]. Ein weitaus wichtigerer Östrogeneffekt betrifft die Zunahme der LDL-Rezeptoren, d. h. das LDL-C kann verstärkt aus dem enterohepatischen Kreislauf eliminiert werden, der LDL-Serumspiegel sinkt [15, 16, 17]. Eine alleinige Gestagentherapie übt andererseits über die Stimulation der hepatischen Lipoproteinlipase einen antagonisierenden Effekt auf den VLDL-Katabolismus aus [18, 19, 20, 21]. Durch den gesteigerten Katabolismus triglyzeridreicher VLDL-Partikel kann es somit über die Zwischenstufe der IDL zu einer vermehrten Konversion zum LDL kommen und damit zu einem Anstieg der LDL-Serumspiegel [12, 22] (Tab. 2). Auch das Apo B ist unter alleiniger Gestagentherapie erhöht und zeigt damit eine kardiovaskulär ungünstige Lipidkonstellation (Tab. 2).

Die Gestagentherapie in Kombination mit einer Östrogensubstitution hebt dagegen unabhängig von den Partialwirkungen des Gestagens den LDL-senkenden Effekt der Östrogene nicht auf (Tab.3). Gestagene scheinen in Gegenwart von Östrogenen sogar einen additiven Effekt bei der Verminderung der LDL-Spiegel zu haben [23] (Tab. 3). Mittlerweile gibt es auch klare Hinweise, daß nicht nur natives LDL, sondern oxidiertes LDL für die Entstehung der Atherosklerose verantwortlich ist [24]. Das oxidierte LDL wird bevorzugt von den Gewebsmakrophagen aufgenommen, welche zu Schaumzellen degenerieren, einem wesentlichen Charakteristikum des atherosklerotischen Plaque. Östrogene, insbesondere Östradiol, hemmen u. a. diese durch Sauerstoffradikale initiierte Oxidation des LDL und sind somit antiatherogen [25, 26, 27].

HDL-Cholesterin und Apolipoprotein A-I (Apo A-I)

Hohe HDL-C Spiegel korrelieren invers mit dem Auftreten von koronaren Herzerkrankungen [2, 3, 28]. Frauen im reproduktiven Alter weisen höhere HDL-C Serumspiegel auf als Männer im vergleichbaren Alter [10, 29, 30, 31]. Dieser Unterschied geht primär auf die Hemmung der hepatischen Lipoproteinlipase als Folge der endogenen Östradiolproduktion der Ovarien zurück [13, 14, 32]. Entsprechend haben zahlreiche Therapiestudien mit postmenopausalen Patientinnen unter der alleinigen Östrogentherapie eine signifikante Zunahme des HDL-C zeigen können (Tab. 1), die besonders bei der oralen Therapie ab 0,625 mg konjugierten equinen Östrogenen und ab 2 mg Östradiol und -valerat deutlich wird. Östradiol-Tagesdosen von 1 mg oder Östriol-Tagesdosen bis zu 8 mg haben dagegen keinen Einfluß auf das HDL-C oder andere Parameter des Lipidstoffwechsels. Auch die parenterale Östradiolgabe zeigt unveränderte oder nur kurzfristig erhöhte HDL-C Spiegel (Tab.

1). Nur mit Hilfe von Östradiol Implantaten und damit über Monate permanent hohe Östradiolserumspiegel kann ein anhaltender Anstieg des HDL-C nachgewiesen werden [33, 34, 35]. Auch das Apo A-I als Hauptproteinkomponente des HDL korreliert entsprechend dem HDL-C invers zum Auftreten von ischämischen Herzerkrankungen [36, 37]. Vor der Menopause weisen Frauen entsprechend dem HDL-C höhere Apo A-I Spiegel als Männer gleichen Alters auf [31, 38]. Östrogene führen neben dem Anstieg des Cholesteringehaltes der HDL-Partikel [39, 40] zu einer Zunahme der Synthese des Apo A-I [14, 20], was sich in erhöhten Apo A-I Spiegeln zeigt (Tab. 1).

Die alleinige Gestagengabe führt dagegen besonders bei der Verwendung von Nortestosteronderivaten mit ihrer androgenen Partialwirkung in hoher Dosierung zu einer signifikanten Reduktion des HDL-C (Tab. 2). Auch werden bei Verwendung von Nortestosteronderivaten durchweg reduzierte Apo A-I Spiegel beobachtet, die wahrscheinlich über eine direkte Hemmung der Apo A-I Synthese zustande kommen; Medroxyprogesteronacetat bis zu 50 mg pro Tag zeigt dagegen keine Apo A-I Veränderung (Tab. 2).

Der Effekt einer kombinierten Östrogen/Gestagensubstitutionstherapie auf Veränderungen des HDL-C und des Apo A-I hängt neben der Art, Dosis und Applikationsform auch von der Art, Dosis und Dauer der zusätzlich gegebenen Gestagene ab. Die Gruppenzugehörigkeit der Gestagene – entweder zu den Progesteronderivaten oder den Nortestosteronderivaten – sowie die Dosierung des einzelnen Gestagens und auch die unterschiedlich lange Einnahmedauer des Gestagens (zyklische versus kontinuierliche Gestagengabe) können somit die östrogeninduzierten Effekte negativ beeinflussen. Die orale Gabe von Östrogenen in Kombination mit verschiedenen zyklisch verabreichten Gestagenen zeigt bei Verwendung von Progesteronderivaten je nach Dosis der einzelnen Kombinationen unveränderte oder ansteigende HDL-C Spiegel, wohingegen die zyklische Gabe von Nortestosteronderivaten zu unveränderten oder bei höherer Dosierung und längerer Anwendungsdauer (mehr als 10 Tage) zu erniedrigten HDL-C Spiegeln führt (Tab. 3). Beim Apo A-I lassen sich unter der kombinierten Östrogen/Gestagentherapie unveränderte oder erniedrigte Spiegel nachweisen. Die Zunahme der Apo A-I Synthese durch Östrogene in der Leber wird durch die gleichzeitige Gestagengabe antagonisiert.

Triglyzeride und VLDL-C

Die hochdosierte Gabe konjugierter equiner Östrogene (ab 2,5 mg–15 mg) führt zu einer Zunahme der Triglyzeride [8, 12, 14, 41]. Bei adäquater Dosierung ist das Verhalten der sog. „natürlichen" Östrogene auf den Triglyzeridstoffwechsel weniger klar. Je nach Typ, Dosis und Applikationsform des Östrogens zeigen sie in klinischen Studien ganz heterogene Effekte (Tab. 1). Erhöhte Triglyzeridspiegel unter einer Östrogensubstitution können durch eine verstärkte Synthese der VLDL-Triglyzeride in der Leber, vermehrte Triglyzerid-turn-over Rate oder durch einen verminderten Katabolismus erklärt werden [14, 32, 42]. Es konnte gezeigt werden, daß unter einer Östrogentherapie die Aktivität der hepatischen Lipoproteinlipase abnimmt [12, 20, 43]. Dieses Enzym stellt einen limitierenden Faktor für den Abbau der

VLDL-Triglyzeride dar. Neben der Beeinflussung der absoluten Konzentrationen des VLDL scheint auch die relative Lipidzusammensetzung in den Dichteklassen durch Östrogene in Richtung auf eine Vermehrung des Triglyzeridanteils beeinflußt zu werden [32]. Ob durch einen Triglyzeridanstieg das Risiko kardiovaskulärer Erkrankungen überhaupt erhöht ist, wird derzeit noch kontrovers diskutiert. Gestagene antagonisieren die östrogeninduzierten Triglyzeridveränderungen. Es konnte gezeigt werden, daß 19-Nortestosteronderivate die Triglyzeride und das VLDL-C erniedrigen (Tab. 2), wobei besonders Patientinnen mit einer bestehenden Hypertriglyzeridämie von dieser Abnahme profitieren [44, 45]. Die Senkung der Triglyzeride und des VLDL gehen mit einer übereinstimmenden Erniedrigung des VLDL Apo B Pools einher und kommen durch eine signifikante Zunahme des Katabolismus des VLDL zustande [46]. 19-Nortestosteronderivate hemmen die hepatische Synthese und Freisetzung der VLDL-Triglyzeride [47] und führen über die Zunahme der Aktivität der hepatischen Lipoproteinlipase zur Reduktion der VLDL- und IDL-Spiegel [43]. Bereits im Intestinum führt die Gabe von Norethisteronacetat zu einer Triglyzeridsyntheseminderung [48]. Die Triglyzeridabnahme ist insgesamt auf die androgene Partialwirkung des Gestagens zurückzuführen. Studien mit Progesteronderivaten zeigen durchwegs keine Triglyzeridveränderungen (Tab. 2). Bei der kombinierten Hormonsubstitution hängen die Triglyzerid- und VLDL-Veränderungen neben dem basalen Hormonstatus (hohe Ausgangswerte werden stärker gesenkt als normale Triglyzeridspiegel) auch von der Art, Dosis und Applikationsroute der exogenen Hormone ab. Die gleichzeitige Verwendung von Östrogenen mit Progesteronderivaten führt zu unveränderten VLDL- und TG-Spiegeln, die kombinierte Substitution mit Nortestosteronderivaten zu unveränderten oder aber – je nach Dosis und Applikationsdauer – zu erniedrigten VLDL- und TG-Spiegeln (Tab. 3).

Zusammenfassung

Jenseits der Menopause, bei vorzeitiger Ovarialinsuffizienz oder nach beidseitiger Ovarektomie kommt es zu einem Anstieg des Gesamtcholesterins um 10–20 %, zu einem Anstieg der LDL-C Serumspiegel um 10–15 %, sowie zu einem HDL-C Abfall um 20 %. Diese Veränderungen charakterisieren das sogenannte Risikoprofil der Lipide für kardiovaskuläre Erkrankungen. Erhöhte LDL-Konzentrationen führen zu Cholesterinablagerungen in der Gefäßwand und steigern das Thromboserisiko. Durch eine adäquate Hormonsubstitution läßt sich das ursprüngliche Lipidprofil im Blut wieder herstellen.

Durch eine Zunahme der LDL-Rezeptorexpression unter der Östrogensubstitution wird das LDL-C gesenkt. Die Hemmung der hepatischen Lipoproteinlipase führt zu einer Erhöhung des HDL-2. Die Stimulation der HDL-Vorstufen bewirkt eine Erhöhung der Konzentrationen des HDL-3. Östrogene können über eine Steigerung der VLDL- und der Triglyzeridsynthese zu einem Anstieg des VLDL und der Triglyzeride führen.

Gestagene, besonders Nortestosteronderivate, führen dagegen über eine Minderung der VLDL-Sekretion und Zunahme der Triglyzeridclearance zu einer Senkung des VLDL und der Triglyzeride. Durch die Aktivierung der hepatischen Lipoproteinlipase führen besonders Nortestosteronderivate zu einer Abnahme des antiatherogenen HDL-2.

Der Effekt einer Östrogen/Gestagensubstitution hängt daher von Typ, der Dosis, der Route und der Applikationsdauer der einzelnen Hormonkomponenten ab. Der negative Effekt der Gestagene hebt bei adäquater Dosierung den positiven Effekt der Östrogene im Bereich der Lipide nicht auf.

LITERATUR

1. Kannel WE, Than TJ. Implication of the most recent decline in cardiovascular mortality. Cardiovascular Med 1979; 4: 983–97.

2. Stampfer AJ, Colditz GA, Willett WC, Manson JE, Rosner B, Speizer FE, Hennekens CH. Postmenopausal estrogen therapy and cardiovascular disease, Ten-year follow-up from the nurses health study. N Engl J Med 1991; 325: 756–62.

3. Bush TL, Miller VT. Effects of pharmacologic agents used during menopause: impact on lipids and lipoproteins. In: Mishell DR (Hrsg). Menopause – physiology and pharmacology. Year Book Medical, Chicago 1986; 187–208.

4. Lobo RA. Estrogen and cardiovascular disease. Ann NY Acad Sci 1990; 592: 286–94.

5. Notelovitz M, Gudat JC, Ware MD, Dougherty MC. Lipids and lipoproteins in women after oophorectomy and the response to oestrogen therapy. Br J Obstet Gynecol 1983; 90: 171–7.

6. Henderson BE, Paganini-Hill A, Ross RK. Decreased mortality in users of estrogen replacement therapy. Arch Intern Med 1991; 151: 1345–53.

7. Gruchow HW, Anderson AJ, Barboriak JJ, Sobocinski KA. Postmenopausal use of estrogen and occlusion of coronary arteries. Am Heart J 1988; 115: 954–63.

8. Wallentin L, Larsson-Cohn U. Metabolic and hormonal effects of postmenopausal oestrogen replacement treatment. II.Plasma lipids. Acta Endocr 1977; 86: 597–607.

9. Tikkanen MJ, Nikkiilä EA. Menopausal oestrogen therapy, serum lipoproteins, and ischaemic heart disease. Lancet 1981; 2: 1319.

10. Avogaro P, Cazzolato G, Bittolo-Bon G, Belussi F, Quinci GB. Values of Apo A-I und Apo B in humans according to age and sex. Clin Chim Acta 1979; 95: 311–5.

11. Bush TL, Cowan LD, Barrett-Connor E, Criqui MH, Karon JM, Wallace RB, Tyroler HA, Rifkind BM. Estrogen use and all-cause mortality. J Am Med Ass 1983; 249: 903–6.

12. Gustafson A, Svanborg A. Gonadal steroid effects of plasma lipoproteins and individual phospholipids. J Clin Endocrinol Metab 1972; 35: 203–7.

13. Appelbaum DM, Goldberg AP, Pyäkalistö OJ, Brunzell JD, Hazzard WR. Effect of estrogen on postheparin lipolytic activity – selective deadline in hepatic triglyceride lipase. Clin Invest 1977; 59: 601–8.

14. Schäfer EJ, Foster DM, Zech LA, Lindgren FT, Brewer HB, Levy RI. The effects of estrogen administration on plasma lipoprotein metabolism in premenopausal females. J Clin Invest 1983; 57: 262–7.

15. Windler EE, Kovanen PT, Chao YS, Brown MS, Havel RJ, Goldstein JL. The estradiol-stimulated lipoprotein receptor of rat liver: A binding site that mediates the uptake of rat lipoproteine containing apoproteins B and E. J Biol Chem 1980; 255: 10464–71.

16. Kovanen PT, Brown MS, Goldstein JL. Increased binding of low density lipoprotein to liver membranes from rats treated with 17-alpha-ethinyl-estradiol. J Bio Chem 1979; 254: 11367–73.

17. Steals B, Jansen H, van Tol A, Stanke G, Will H, Verhoeven G, Auwerx J. Development, food intake, and ethinylestradiol influence hepatic triglyceride lipase and LDL-receptor mRNA levels in rats. J Lipid Res 1990; 31(7): 1211–8.

18. Tikkanen MJ, Nikkilä EA, Kuusi T, Sipinen S. Different effects of two progestins on plasma high density lipoprotein (HDL-2) and postheparin plasma hepatic lipase activity. Atherosclerosis 1981; 40: 365–9.

19. Tikkanen MJ, Nikkilä EA, Kuusi T, Sipinen S. High density lipoprotein-2 and hepatic lipase: reciprocal changes produced by estrogen and norgestrel. J Clin Endor 1982; 54: 1113–7.

20. Tikkanen MJ, Kuusi T, Nikkilä EA, Sipinen S. Post-heparin plasma hepatic lipase activity as predictor of high-density lipoprotein response to progestogen therapy: studies with cyproterone acetate. Maturitas 1987; 9: 81–6.

21. Fahraeus L, Larsson-Cohn U, Wallentin L. L-norgestrel and progesterone have different influences on plasma lipoproteins. Eur J Clin Invest 1983; 13: 447–53.

22. Wolfe BM, Huff MW. Effects of combined estrogen and progestin administration on plasma lipoprotein metabolism in postmenopausal women. J Clin Invest 1989; 83: 40–5.

23. Jensen J, Nilas L, Christiansen C. Cyclic changes in serum cholesterol and lipoproteins following different doses of combined postmenopausal hormone replacement therapy. Br J Obstet Gynecol 1986; 93: 613-8.

24. Esterbauer H, Jürgens G. Mechanistic and genetic aspects of susceptibility of LDL to oxidation. Curr Opin Lipidol 1993; 4: 114–24.

25. Maziere C, Auclair M, Ronvearx MF, Salom S, Santus R, Maziere JC.Estrogen inhibit cooper and cell-mediates modification of low-density lipoprotein. Atherosclerosis 1991; 89: 175–82.

26. Rifici VA, Khachadurian AK. The inhibition of low-density lipoproteins in postmenopausal women. Lancet 1994; 343: 269–70.

27. Sack MN, Rader DJ, O'Cannon R. Estrogen and inhibition of oxidation of low-density lipoproteins in postmenopausal women. Lancet 1994; 343: 269–70.

28. Miller NE. High density lipoprotein as a predictor of clinical coronary heart disease. In: Fidge NH, Netel PJ (eds.). Atherosclerosis 1986; 7: 61–4.

29. Anderson DM, Nichol AV, Pan SS, Lindgren FT. High density lipoprotein distribution. Resolution and determination of three major components in a normal population sample. Atherosclerosis 1978; 29: 161–72.

30. Heiss G, Tamir I, Davis CE, Tyroler HA, Rifkind B, Schonfeld G, Jacobs D, Frantz I. Lipoprotein-cholesterol distribution in selected North American populations: The Lipid Research Clinica Program Prevalence Study. Circulation 1980; 16: 302–12.

31. Schäfer EJ, Zech LA, Jenkins LL, Bronzert JJ, Rubalcaba EA, Lindgren FT, Aamodt RL, Brewer HB. Human apolipoprotein A-I and A-II metabolism. J Lipid Res 1982; 23: 850.

32. Tikkanen MJ, Nikkilä EA, Kuusi T, Sipinen S. Effects of estradiol and levonorgestrel on lipoprotein lipids and postheparin plasma lipase activities in normolipoproteinaemic women. Acta Endocrinol (Kopenh) 1982; 99: 630–5.

33. Farish E, Fletcher CD, Hart DM, Azzawi FA, Abdalla HI, Gray CE. The effects of hormone implants on serum lipoproteins and steroid hormones in bilaterally oophorectomised women. Acta Endocrinol 1984; 106: 116–20.

34. Sharf M, Oettinger M, Canir A, Kahana L, Yeshurun D. Lipid and lipoprotein levels following pure estradiol implantation in post-menopausal women. Gynecol Obstet Invest 1985; 15: 207–12.

35. Stanzyk FZ, Shoupe D, Nunez V, Macias-Gonzales P, Vijod MA, Lobo RA. A randomized comparison of nonoral estradiol delivery in postmenopausal women. Am J Obstet Gynecol 1988; 159: 1540–6.

36. Fager G, Wiklund O, Olofsson SO, Wilhelmsson C, Bondjers G. Serum apolipoprotein levels in relation to acute myocardial infarction and its risk factors. Atherosclerosis 1980; 36: 67–74.

37. Ottosson UB. Oral progesterone and estrogen/progestogen therapy. Acta Obstet Gynecol Scand (Suppl) 1984; 127: 3–37.

38. Shepherd J, Packard CJ, Patsch JR, Gotto AM, Taunton OD. Metabolism of apolipoproteins A-I and A-II and its influence on high density lipoprotein subfraction distribution in males and females. Eur J Clin Invest 1978; 8: 115–26.

39. Silferstolpe G, Gustafson A, Samsioe G, Svanborg A. Lipid metabolic studies in oophorectomized women: effects on serum lipids and lipoproteins of three synthetic progestogens. Maturitas 1980; 4: 103–11.

40. Notelovitz MJ, Gudat JC, Ware MD, Dougherty MC. Oestrogen-progestin therapy and lipid balance of postmenopausal women. Maturitas 1982; 4: 301–8.

41. Hart DM, Farish E, Fletcher CD, Howie C, Kitchener H. Ten years postmenopausal hormone replacement therapy - effects of lipoproteins. Maturitas 1984; 4: 271.

42. Glueck CJ, Fallat R. Gonadal hormones and triglycerides. Proc R Soc Med 1974; 67: 667–9.

43. Tikkanen MJ, Kuusi T, Nikkilä EA, Sane T. Very low density lipoprotein triglyceride kinetics during hepatic lipase suppression by estrogen. Fed Eur Biochem Soc 1985; 181: 160–4.

44. Glueck CJ, Levy RJ, Frederickson DS. Norethisterone acetate, postheparin lipolytic types I, III, IV and V hyperlipoproteinemia. Am Intern Med 1971; 75: 345–62.

45. Hirvonen E, Mälkönen M, Manninen V. Effects of different progestogens on lipoproteins during postmenopausal replacement therapy. N Engl J Med 1981; 304: 560–3.

46. Teichmann AT, Wieland H, Cremer P, Hinney B, Kuhn W, Seidel D. Effects of medrogestone and conjugated oestrogens on serum lipid and lipoprotein concentrations. Maturitas 1985; 7: 343–50.

47. Khokka R, Wolfe BM. Hypotriglyceridemic effects of levonorgestrel in rats. Atherosclerosis 1984; 52: 329–38.

48. Wolfe BM, Grace DM. Norethindrone acetate inhibition of splanchnic triglyceride secretion in conscious glucose-fed swine. J Lipid Res 1979; 20: 175–82.

GEWICHT UND KLIMAKTERIUM

J. C. HUBER

Für viele Frauen ist die Gewichtszunahme im Klimakterium ein großes Problem. Während man früher von ärztlicher Seite die Meinung vertrat, dieses könne ausschließlich durch Disziplin und Diät gelöst werden, weiß man heute, daß die Sexualhormone tatsächlich einen Einfluß auf den Stoffwechsel und das Körpergewicht ausüben.

Die Bagatellisierung des Problems des Körpergewichtes begann mit einer Untersuchung von Goldzieher, der – allerdings unter Pilleneinnehmerinnen – nachwies, daß in einer randomisiert-placebokontrollierten Untersuchung das Gewichtsproblem bei jenen Frauen, die unter Placebo standen, größer war als bei den Pilleneinnehmerinnen. Seit damals wird von zahlreichen Frauenärzten die Meinung vertreten, daß Gewichtsprobleme keine endokrine Ursache haben können und daß es ausschließlich Schuld der Frau sei, wenn sie mit diesbezüglichen Problemen den Frauenarzt aufsucht.

Zwei Steuerungsmechanismen, die die Gewichtszunahme unterschiedlich beeinflussen, werden endokrin moduliert: der Fettanbau und der Fettabbau. Die mit der Nahrung aufgenommenen bzw. die endogen synthetisierten Fette werden von der Lipoproteinlipase in den verschiedenen Körperteilen in unterschiedlichem Maße gespalten, wodurch den entsprechenden Geweben freie Fettsäuren – entweder als Energielieferant oder für die Fettspeicherung – zur Verfügung gestellt werden. Die Lipaseaktivität [1], die damit die Fettsäureversorgung gewährleistet, ist bei der Frau von Körperregion zu Körperregion verschieden und korrespondiert darüber hinaus mit den Sexualhormonen in unterschiedlicher Weise. Prinzipiell unterscheidet man abdominales Fett vom glutealen. Das gluteale Fett dient als Energiereservoir für die Stillzeit, ist durch Fasten schwer mobilisierbar und bildet sich vor allem während der geschlechtsreifen Zeit. Das abdominale Fett hingegen ist – zumindest in der fertilen Lebensphase – präferentiell alimentär bedingt.

A. Der Fettanbau

Die Lipaseaktivität im abdominalen Bereich steigert sich auf alimentäre Weise, ist also von Nahrungsaufnahme abhängig. Die gluteale Lipase hingegen wird durch Sexualhormone stimuliert, vor allem durch das Progesteron, das als Schwangerschaftshormon damit die Stillzeit vorbereitet sowie durch das Östradiol.

Werden Männer im Rahmen der Nachbehandlung eines Prostatakarzinoms [2] mit Östrogenen therapeutisiert, ist eine gluteale Fettbildung registrierbar. Andererseits weiß man, daß perkutan appliziertes Progesteron die Fettzellen im glutealen Bereich vergrößert und damit zur Adipositas beiträgt [3].

B. Der Fettabbau

Der zweite Mechanismus, der in die Gewichtsproblematik eingreift, ist der Fettabbau, der vor allem durch Adrenalin und Glukagon stimuliert wird. Dies ist ein membranrezeptorgebundener Vorgang, der letzten Endes von der Dichte besagter Rezeptoren im Gewebe abhängt. Über diese adrenergen Rezeptoren kann der Fettabbau stimuliert, aber auch gebremst werden. Stimuliert wird er durch die β-1-adrenergen Rezeptoren, gebremst durch die α-2-adrenergen Rezeptoren.

C. Die Fettvermessung

Um aus diesen Kenntnissen eine klinische Konsequenz zu ziehen, muß methodisch zwischen abdominalem und glutealem Fett unterschieden werden können. Dazu eignet sich die Dexa-Fettvermessung, die in ähnlicher Weise wie die Densitometrie das Fett und Muskelgewebe dokumentiert, seine Prozentsätze berechnet und den Grammanteil bestimmt [4]. Dadurch ist man in der Lage, differenzieren zu können, ob eine Frau präferentiell an einer glutealen oder an einer abdominalen Fettakkumulation leidet (Abb.1/Abb.2). Die Kenntnis des Fettverteilungsmusters impliziert klinische Konsequenzen.

D. Adipositas im fertilen Lebensabschnitt

Bei allen Behandlungsstrategien, die es zum Ziel haben, die Übergewichtigkeit zu senken, muß man einerseits behutsam vorgehen, um der Patientin nicht zu viel zu versprechen, anderseits aber ist es wichtig, sie permanent zu motivieren – und deswegen auch kontinuierlich mit ihr in Kontakt zu bleiben – um ihr dadurch psychologische Hilfestellung für die Belastung einer Nahrungskarenz zu geben. Die häufigste Ursache der Übergewichtigkeit ist sicher die Hyperalimentation. Selbstverständlich müssen auch andere Stoffwechselerkrankungen, z. B. Schilddrüsenerkrankungen, ausgeschlossen und in der Anamnese berücksichtigt werden. Eine abdominale Fettakkumulation vor der Menopause spricht tatsächlich für Diätfehler bzw. für eine zu kalorienreiche Ernährung. Wird dies durch die Fettmessung dokumentiert, kann man der Patientin mit gutem Gewissen – ohne ihr Unrecht zu tun – den beherzten Rat geben, die Nahrungseinnahme zu drosseln.

Liegt allerdings ein gluteales Fettverteilungsmuster vor, so kann dies sehr wohl Folge einer geschlechtssteroidabhängigen Fettakkumulation sein, die für den Energiebedarf der Laktationsphase angelegt wird. Aus diesen evolutionären Überlegungen heraus versteht man, warum die Fettanteile dieses Körperbereiches durch Sport und Hunger schwer mobilisierbar sind. Viele Frauen berichten, daß sie durch Fastenkuren an jeder Stelle des Körpers abnehmen, daß allerdings das Hüft- und Gesäßareal gegen eine Gewichtsreduktion resistent zu sein scheint. Der Grund dafür liegt in der physiologischen Aufgabe dieses Fettes: Es soll für die Ernährung des Neugeborenen aufgespart werden. Hormonelle Strategien, die helfen, Fettareale dieses Körperbereiches zu reduzieren, sind derzeit noch nicht etabliert. Diskutiert werden Antagonisten bzw. Agonisten der Adreno-Rezeptoren: So z. B. β-1-Adreno-Rezeptor-Agonisten oder α-2-Adreno-Rezeptor-Antagonisten. Auch die topische Anwendung von Tamoxifen wird zur Zeit klinisch erprobt, wobei die bisherigen Ergebnisse ermutigend sind: 2 x am Tag wird, in einer entsprechend klinischen Zubereitung verpackt, Tamoxifen auf die gluteofemoralen Fettregionen aufgetragen und einige Minuten zur Einwirkung gebracht. Ähnlich wie bei den Steroiden handelt es sich bei Tamoxifen um hautgängige Kohlenwasserstoffverbindungen, die nach entsprechen-

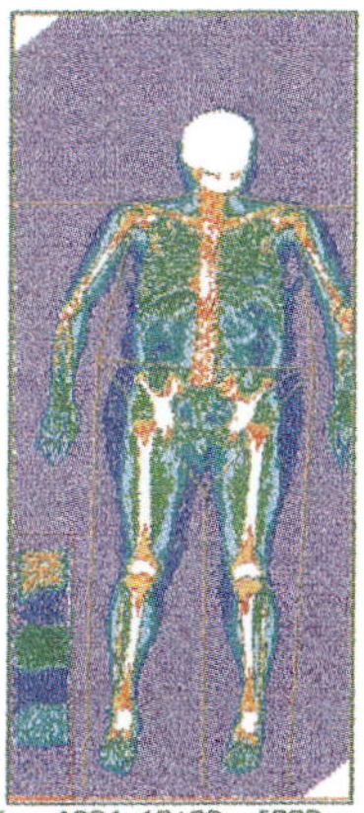

Region	BMC (grams)	Fat (grams)	Lean (grams)	Lean+BMC (grams)	Total (grams)	% Fat (%)
L Arm	123.1	1346.2	1310.4	1433.5	2779.7	48.4
R Arm	131.4	1462.1	1573.6	1705.0	3167.2	46.2
Trunk	693.9	18675.5	20301.9	20995.8	39671.3	47.1
L Leg	390.2	4297.4	5470.7	5868.9	10166.3	42.3
R Leg	393.8	4225.8	6028.0	6421.8	10647.6	39.7
SubTot	1732.4	30007.1	34692.6	36425.0	66432.1	45.2
~Head	545.9	919.7	3454.1	4000.0	4919.7	18.7
TOTAL	2278.3	30926.8	38146.7	40425.0	71351.8	43.3

·09.Jun.1994 12:23 [330 x 152]
Hologic QDR-2000 (S/N 2321)
Enhanced Array Whole Body V5.64A

Abbildung 1: Densitometrische Untersuchung des Fettgewebes – abdominales Fett

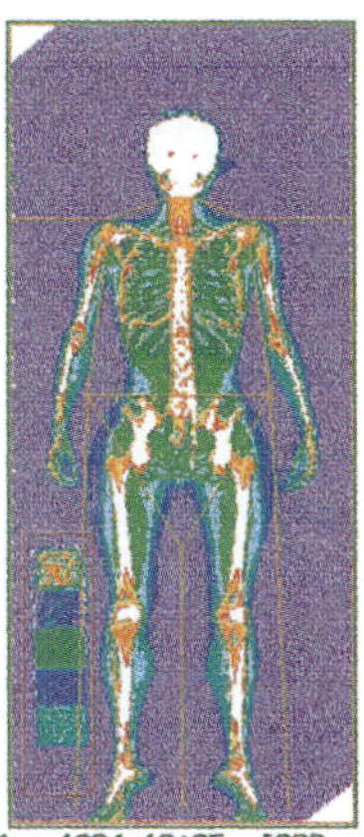

Region	BMC (grams)	Fat (grams)	Lean (grams)	Lean+BMC (grams)	Total (grams)	% Fat (%)
L Arm	115.9	628.1	1458.2	1574.1	2202.2	28.5
R Arm	125.3	615.7	1489.5	1614.8	2230.5	27.6
Trunk	599.9	3225.4	19604.4	20204.3	23429.7	13.8
L Leg	401.9	2841.7	4816.7	5218.6	8060.3	35.3
R Leg	412.1	2765.1	5316.4	5728.5	8493.7	32.6
SubTot	1655.1	10076.1	32685.2	34340.3	44416.5	22.7
~Head	493.5	666.1	2606.0	3099.4	3765.5	17.7
TOTAL	2148.6	10742.2	35291.2	37439.8	48182.0	22.3

~assumes 17.0% brain fat
LBM 73.2% water

·19.May.1994 13:35 [330 x 152]
Hologic QDR-2000 (S/N 2321)
Enhanced Array Whole Body V5.64A

Abbildung 2: Densitometrische Untersuchung des Fettgewebes – femorales Fett

der Zubereitung vom Organismus aufgenommen werden. Nach den bisher vorliegenden Resultaten kann bereits nach 6 Wochen eine Abnahme des Fettgewebes densitometrisch konstatieren. Dies muß allerdings nicht immer mit einer Gewichtsreduktion einhergehen.

Das Gewichtsproblem ist für viele Patientinnen der Prüfstein, an dem sie selbst die Entscheidung fällen, ob sie eine Replacement-Therapie weiterführen oder abbrechen. Die Compliance kann entsprechend verbessert werden, wenn man unter einer Hormonbehandlung die dadurch bedingten Gewichtsprobleme in den Griff bekommt. Einerseits wird man psychologische Hilfen der Frau anbieten müssen, da ja bekannt ist, daß Glukose einen starken psychotropen Effekt besitzt und die in den Wechseljahren bekannten Störungen des psychogenen Equilibriums mitunter damit von der Patientin selbst therapeutisiert werden. Auf der anderen Seite gibt es aber eine Fülle von Frauen, die glaubhaft erzählen, daß sie ihre Eßgewohnheiten in keiner Weise geändert haben. Bei diesen Patientinnen soll das Wissen, das die Endokrinologie über den Zusammenhang zwischen Hormone und Gewichtsprobleme besitzt, angewandt und weiterentwickelt werden.

E. Adipositas im postfertilen Lebensabschnitt

Treten in der Postmenopause Gewichtsprobleme [5] auf, so ist ebenfalls stets an eine Hyperalimentation als Ursache des Fettgewebezuwachses zu denken. Andererseits können in diesem Lebensabschnitt sehr wohl Gewichtsprobleme durch eine Überdosierung von exogen zugeführten Steroiden oder durch deren Mangel erklärbar werden. Treten unter einer Hormonsubstitution Figurprobleme im gluteal-femoralen Bereich auf, der eher Progesteron/Östrogen abhängig reagiert, soll überprüft werden, ob die zugeführte Steroiddosis nicht zu hoch gewählt wurde. Eine Erniedrigung der individuellen Hormondosis kann diese Probleme mitunter reduzieren. Während im abdominalen Bereich die Lipaseaktivität und damit die Fettapposition tatsächlich in erster Linie von der Nahrungsaufnahme abhängt, steht die Lipolyse [6] in dieser Körperregion unter dem Einfluß von Testosteron [7] und Wachstumshormon. Die lipolytisch wirksamen, β-1-adrenergen Rezeptoren [8] werden durch diese beiden Hormone im Bereich des Abdomens vermehrt, wodurch der Fettabbau verstärkt bzw. intensiviert werden kann.

Beobachtet die Patientin trotz eingehaltener Diät in dieser Körperregion eine verstärkte Fettakkumulation, so kann im Klimakterium bzw. in der Postmenopause ein Wachstumshormon [9] bzw. ein Androgenmangel [10] in die Überlegungen einbezogen werden. Vom Somatotropin ist ja bekannt, daß es von der Lebensmitte an linear absinkt. Beim Testosteron liegt die Situation etwas differenzierter vor. Das menopausale Ovar ist auch jenseits der Menopause in der Lage, C-19-Steroide zu synthetisieren, die knochenprotektive aber auch metabolische Funktionen im weiblichen Organismus erfüllen. Durch das gleichzeitige Absinken des 17-β-Östradiols ist mitunter bei der postmenopausalen Frau eine relative „Hyperandrogenämie" zu registrieren. Andererseits gibt es auch Frauen – vor allem nach einer chirurgischen Ovarektomie – deren Androgenspiegel deutlich absinkt. Die Nebenniere kann offensichtlich nur teilweise das Testosteron subsidiär zur Verfügung stellen, so daß dies in klinische Probleme, wie z. B. in Übergewichtigkeit, mündet.

Die Androgensubstitution wird in den angelsächsischen Ländern in zunehmenden Maße beschrieben, obwohl hier zweifellos noch nicht die gleichen Erfahrungen wie mit der Östrogen/Progesteron-Replacement-Therapie vorliegen.

Ob eine Dokumentation des Testosteronspiegels hilfreich sein kann, muß noch abgewartet werden. Nach unserer Erfahrung spricht vieles dafür, daß ein Testosteron unter 0,2 ng/ml unphysiologisch niedrig ist. Wenn gleichzeitig klinische Beschwerden auftreten, die mit einem Androgenmangel in Zusammenhang gebracht werden können, sind Klinik und Androgenmangel zweifellos zwei Indizien, die eine Androgentherapie sinnvoll erscheinen lassen. Wir lassen folgende Entscheidungskriterien für eine Androgensubstitution bei Frauen mit Gewichtsproblemen einfließen:

1. Genaue Anamnese mit Information über den Zeitpunkt der Problementstehung sowie aufmerksame Befragung über Eßgewohnheiten und Diätfehler;
2. Densitometrische oder klinische Überprüfung der Fettverteilung;
3. Berücksichtigung des Östrogen- bzw. Testosteronspiegels.

F. Therapeutische Strategien

Zur Androgensubstitution verwenden wir bei dieser Indikation entweder eine Androgensalbe oder, bei hysterektomierten Frauen, den Testosteronkristall, der aber stets mit einem Östrogenkristall kombiniert werden soll. Bewährt hat sich die Einnahme von Andriol, wobei die Dosisfindung klinisch, an der Befindlichkeit der Patientin, zu erfolgen hat. Wir beginnen mit einer wöchentlichen Dosierung von 3 Tabletten, d. h. jeden 2. Tag nimmt die Patientin eine Tablette Andriol zu sich. Treten Hautunreinheiten auf, so soll die Behandlung für 2 Wochen unterbrochen werden, die Komedonen („Mitesser") bilden sich dann von selbst zurück.

Schwieriger ist die Frage des Wachstumshormonersatzes [11]; auch darüber ist im angelsächsischen Raum eine intensive Diskussion im Gang, seitdem man nachweisen konnte, daß eine Somatotropin-Behandlung bei älteren Männern einen ausgesprochen anabolen Effekt auf den Muskel und einen abbauenden auf das Fettgewebe hat. Allerdings ist eine derartige Therapie teuer, die Langzeitrisiken sind noch nicht restlos geklärt. Unbeantwortet ist auch die Frage, ob nach Absetzen der Behandlung die gleichen Probleme wieder entstehen. Darüber hinaus scheint es wahrscheinlich nur dann legitim zu sein, über die Sinnhaftigkeit einer Wachstumshormontherapie überhaupt nachzudenken, wenn es gelingt, die entsprechend defizitäre endokrine Situation nachzuweisen bzw. zu diagnostizieren.

Bis diese Fragen geklärt sind, soll man auf die natürlichen Stimulatoren des Wachstumshormons zurückgreifen. Dazu gehört regelmäßige sportliche Betätigung sowie das Einschalten von Fasttagen. Durch den absinkenden Blutglukosespiegel steigt das Wachstumshormon reflektorisch an. Aus diesem Grund ist auch der klinische Rat gerechtfertigt, daß man ab den späten Nachmittagssstunden auf eine Nahrungsaufnahme verzichten soll. Das Wachstumshormon steigt physiologischerweise in den Nachtstunden an. Durch eine bereits am Nachmittag beginnende und sich über den Abend hinziehende Nahrungskarenz kann dieser natürliche Wachstumshormonschub akzelerieren. Dies würde mit der bekannten chinesischen Weisheit übereinstimmen, daß man „das Abendessen seinen Feinden überlassen soll".

Intravenös appliziertes Arginin [12] kann die Somatotropinausschüttung der Hypophyse stimulieren, ein Umstand, den man sich im Wachstumshormon-Arginin-Stimulationstest zugute gemacht hat. Diskutiert wird, ob auch oral eingenommenes Arginin – ähnlich wie das intravenöse – zu einer vermehrten Somatotropinsekretion führt. In klinischer Prüfung sind derzeit Therapieanordnungen, nach denen über 3 Wochen 2 g Arginin abends oral eingenommen werden. Allerdings muß in dieser Zeit ebenfalls eine Nahrungskarenz in den Abend- und Nachtstunden erfolgen.

LITERATUR

1. Eckel H. Lipoprotein Lipase – A Multifunctional Enzyme Relevant to Common Metabolic Diseases. In: Flier J, Underhill H (eds.). Journal of Medicine, 1989.

2. Krotkiewski M, Björntorp P. The effects of estrogen treatment of carcinoma of the prostate on regional adipocyte size. J Endocrinol Invest 1978; 1: 365.

3. Rebuffe-Scrive M, Basdevant A, Guy-Grand B. Effect of Local Application of Progesterone on Human Adipose Tissue Lipoprotein Lipase. Horm Metabol Res 1983; 15: 566.

4. Roubenoff R, Kehayias J, Dawson-Hughes B, Heymsfield St. Use of dual-energy x-ray absorptiometry in body-composition studies: not yet a „gold standard". Am J Clin Nutr 1993; 58: 589–91.

5. Rebuffe-Scrive M, Eldh J, Hafström L, Björntorp P. Metabolism of Mammary, Abdominal, and Femoral Adipocytes in Women Before and After Menopause. Metabolism 1986; 35; 9: 792–7.

6. Rosenbaum M, Craig C, Hirsch J, Leibel R. Lack of β 3-Adrenergic Effect on Lipolysis in Human Subcutaneous Adipose Tissue. Endocrin Metabol 1993; 77: 2.

7. Azziz R, Downing Potter H, Bradley E, Boots L. Androstene-3-β, 17-β-diol in healthy eumenorrheic women: relationship to body mass and hormonal profile. Fertil Steril 1994, 62: 2.

8. Rosenbaum M, Presta E, Hirsch J, Leibel R. Regional Differences in Adrenoreceptor Status of Adipose Tissue in Adults and Prepubertal Children. Clin Endocrin Metab 1991; 73: 2.

9. Weltman A, Weltman J, Hartman M, Abbott R, Rogol A, Evans W, Veldhuis J. Relationship Between Age, Percentage Body Fat, Fitness, and 24-Hour Growth Hormone Release in Healthy Young Adults: effects of Gender. Clin Endocrin Metabol 1994; 78: 3.

10. DePergola G, Xu X, Yang S, Giogino R, Björntorp P. Up-Regulation of Androgen receptor binding in male rat fat pad adipose precursor cells exposed to testosterone: Study in a whole cell assay system. J Steroid Biochem Molec Biol 1990; 37; 4: 553–8.

11. Silver A, Guillen C, Kahl M, Morley J. Effect of Aging on Body Fat. Jags 1993; 41: 211–3.

12. Ghigo E, Arvat E, Rizzi G, Bellone J, Nicolosi M, Boffano G, Mucci M, Boghen M, Camanni F. Arginine enhances the growth hormone-releasing activity of a synthetic hexapeptide (GHRP-6) in elderly but not in young subjects after oral administration. J Endocrinol Invest 1994; 17: 57–162.

Der Stellenwert der „extragenitalen Symptomatik" in der Menopause

M. Metka, F. Fischl

Begriffsbestimmung

Beschäftigt man sich eingehend mit der Problematik der klimakterischen Symptomatik und listet diese auftretenden Beschwerden entsprechend auf (Abb. 1), findet man, daß praktisch 90 % der Wirkungen der Sexualhormone extragenitaler Natur sind, und deshalb der Ausdruck „sexual" in Zusammenhang mit den Sexualhormonen eine fast zu große Einschränkung bezüglich der Funktionsaussage bedeutet. Der Terminus technicus „extragenitale Erfolgsorgane" wurde deshalb gewählt, weil in den letzten 20 bis 30 Jahren erst die Vielfalt der Erfolgsorgane bekannt wurde und eine zunehmende Auseinandersetzung und Kenntnis mit dieser Problematik stattfindet. Unsere Arbeitsgruppe in diesem Bereich hat sich im besonderen zur Aufgabe gestellt, die „Erfolgsorgane", denen man bis dato praktisch kaum Bedeutung zugemessen hat, die entsprechende Objektivierung und Aufarbeitung zukommen zu lassen. Die große Vielfalt der Symptomatik des klimakterischen Syndroms bzw. deren körperliche Auswirkungen durch eine langandauernde Östrogensubstitution erfordern eine weit über den Begriff „sexual" hinausreichende Betrachtungsebene der Sexualsteroide.

Unter diesem Gesichtspunkt ist der Begriff „extragenitale Erfolgsorgane" sicherlich sehr lehrreich, aber auch einprägsam. Für viele betroffene Frauen aber auch Kollegen wird die Wirkung der Sexualhormone noch viel zu „sexual" bzw. „genital" gesehen. Noch vor kurzem, am Weltkongreß für Osteoporose in Hongkong 1993, wur-

Klimax-Score[1]

Klimakterium Screening-Fragebogen

Name: ______ Geburtsdatum: ______

Datum d. letzten Blutung: ______ Zykluslänge: ______

Blutungsdauer: ______ Intensität der Blutung: ______ Zwischenblutungen: ______

Intensität der Symptome: 0 = keine, 1 = leicht, 2 = mittel, 3 = schwer

Kontrolle/Datum			
SYMPTOME	Intensität	Intensität	Intensität
PSYCHO-VEGETATIVE SYMPTOME			
Hitzewallungen (mit Schweißausbrüchen)			
Schlafstörungen			
Nervosität, Reizbarkeit			
Schwäche, Müdigkeit			
Depression, psych. Alteration, Ängstlichkeit			
Libidoverminderung			
Palpitation, Tachykardie, Herzbeschwerden			
Parästhesien			
Schwindel			
Vergeßlichkeit, Konzentrationsschwäche			
Kopfschmerzen			
ATROPHISCHE SYMPTOME			
vaginale Trockenheit, Brennen, Pruritus			
Harninkontinenz			
Gelenkbeschwerden (Arthropathia clim.)			
Muskelschmerzen			
Hauttrockenheit			
Augenbeschwerden			
GESTAGEN-MANGELSYMPTOME			
Brustspannen			
Migräne			
Tendenz zu Ödemen			
SONSTIGE SYMPTOME			
Klimax-Score (Summe aller Punktezahlen)			

0402-Ö (9/93)

[1] nach M. Metka, 1993

Klimax-Score: 10-19 leichtes Syndrom, 20-34 mittleres Syndrom, ≥ 35 schweres Syndrom

Abbildung 1

de bei einem Übersichtsvortrag zur Problematik des Klimakteriums von einem renommierten Fachmann neben der postmenopausalen Osteoporose und der Atheroprotektion eigentlich nur noch auf die vasomotorischen Störungen, die atrophe Vaginitis und die Inkontinenz eingegangen. Diese Betrachtungsweise des klimakterischen Syndroms bzw. der postmenopausalen Östrogenmangelerscheinungen sollte jedoch einer gesamtheitlichen Betrachtungsweise weichen – und hier hilft uns der Begriff „extragenitale Erfolgsorgane“ sicherlich sehr weiter.

Diese weitläufig noch vorhandene Meinung, die nach unserem bisherigen Wissen und Erfahrungen nach viel zu eng und zu einschichtig gesehen wird, gilt es zu überwinden. Dabei müssen die mannigfaltige Varietät der Symptome sowie die zahlreichen Folgen der lang anhaltenden Östrogenmangelsituation aufgezeigt werden. Wenn die Vielfalt der Symtomatik bewußt ist, kann aus diesem Wissen heraus gezielt informiert und entsprechend weitgefächert therapiert werden. Dazu ist es nötig, möglichst genaue Informationen der Beschwerden zu erhalten. Hierbei eignet sich sicherlich im besonderen ein entsprechender Fragebogen, welcher für Arzt und Patientin eine kontrollierbare Integrationsgrundlage darstellt (Abb. 1)

Vor allem wenn weniger bekannte klimakterische Symptome solitär bzw. nicht in Verbindung mit den allgemeinen Symptomen – wie vasomotorische Störung oder eventuell Inkontinenz – auftreten, wird die extragenitale klimakterische Problematik

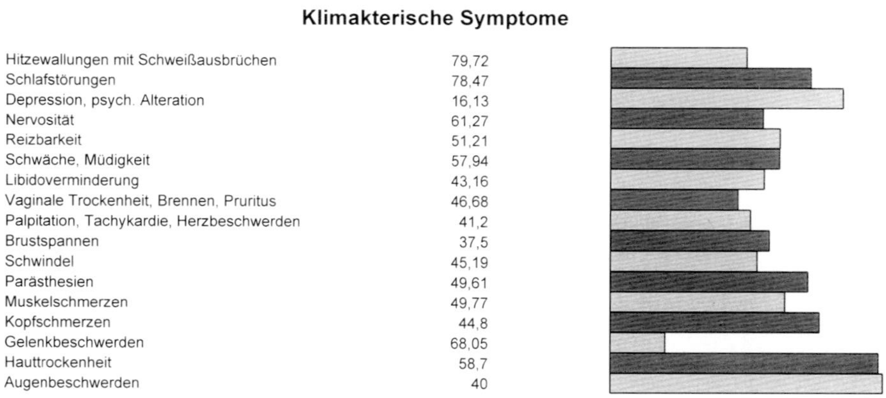

Abbildung 2

oft in ein anderes Fachgebiet delegiert, wie zum Beispiel die Palpitationen an die Innere Medizin.

Daß vereinzelte Symptome, die weniger oder kaum bekannt sind, doch sehr häufig sein können, zeigt eine Aufstellung aus der Wechselambulanz der Universitätsklinik für Frauenheilkunde Wien (Abb. 2). So werden Palpitationen von 40 % der Frauen zu Be-ginn des Klimakteriums angegeben. Bei beispielsweise 15 % ist die Palpitation das einzige klimakterische Symptom, und all diese Frauen haben meistens nicht nur eine normale internistische differentialdiagnostische Abklärung hinter sich, sondern oft einmalige bis mehrfache Untersuchungen bis hin zu Spitalsaufenthalten z. T. mit mehr als 10 EKGs und mehr als 3 Belastungs-EKGs. Die Palpitation ist überhaupt ein viel zu sehr vernachlässigtes Symptom im Rahmen des klimakterischen Syndromen-Komplexes, die noch viel mehr bzw. überhaupt erst epidemiologisch und eventuell auch ätiologisch aufgearbeitet werden sollte. Dies läßt sich jedoch sicher nur fachübergreifend und interdisziplinär bewerkstelligen.

Es erscheint nicht nur wichtig, daß die Kollegenschaft über die extragenitale Symptomatik und deren Vielfalt Bescheid weiß, sondern es ist auch unsere Aufgabe, eine entsprechende Aufklärung der betroffenen Bevölkerungskreise über die Vielfalt der Symptomatik, die im Rahmen der hormonellen Umstellung erfolgen kann, durchzuführen. Am Beginn der Auseinandersetzung mit dem Klimakterium – vor etwa 10 Jahren – waren zu 80 % noch Wallungen der erste Konsultationsgrund, trotz der Vielfalt der Beschwerden, die erfragt werden konnten bzw. angegeben wurden. Heute zeigt sich ein völlig verändertes Bild. Bedingt durch die doch wesentlich bessere Aufklärung der Bevölkerung kommen die Frauen heute mit völlig anderen extragenitalen Beschwerden zum Facharzt, wie z. B. mit Augenbeschwerden, die mit dem Beginn des Klimakteriums begonnen haben.

Ein wichtiger Punkt im Zusammenhang mit den extragenitalen Erfolgsorganen ist die Tatsache, daß das Wissen um diese Symptome die „Compliance" ungemein fördert. Nur wenn die Patientin auf alle ihre Beschwerden hingewiesen und eine entsprechende Besserung dieser Beschwerden durch die Therapie bewußt eintritt, wird die Frau auch bereit sein, die Substitutionstherapie als Langzeittherapie beizubehalten. Es ist letztlich ein Unterschied, ob man nur gegen Wallungen alleine oder gegen mehrere verschiedene klimakterische Symptome erfolgreich eine Hormonsubstitution einnimmt.

Arthropathia Climacterica

Der 1941 von Albright [1] vermutete Zusammenhang zwischen Endokrinum einerseits und Knochendichte andererseits wurde durch experimentelle und klinische Arbeiten soweit gesichert, daß innerhalb der letzten Dekade die Bedeutung der prophylaktischen Gabe von Sexualhormonen bei der Osteoporose einen ungeheuren Aufschwung genommen hat. Aufgrund dieser Tatsache sind Überlegungen notwendig, ob nicht auch andere Gewebe des Halte- und Bewegungsapparates in ähnlicher Weise, was nämlich die Ätiologie und möglicherweise auch die Therapie betrifft, als Endorgane von Sexualhormonen anzusehen sind.

Geschichtlicher Überblick

Sowohl die Osteoporose als auch die Arthrosis deformans sind weit verbreitete behindernde Affektionen, die im Alter eine deutliche Frequenzzunahme erfahren, besonders bei Frauen nach der Menopause. Sie trete bei Frauen zur Zeit der Menopause auf und sei durch Gelenksbeschwerden mit intermittierendem Verlauf sowie durch Fingerschwellungen mit glänzender Haut gekennzeichnet. Die Prognose ist nach Fox gut. 1908 weist Pineles auf die endokrinologische Situation in der Menopause als Ursache des Heberden-Rosenbach-Knotens hin, erstmals von Heberden 1802 beschrieben. Im deutschsprachigen Raum kommt Umber und vor allem Menge das Verdienst zu, ihre klinischen Beobachtungen veröffentlicht und somit der Diskussion zugänglich gemacht zu haben. Umber bezeichnet die fast ausschließlich das weibliche Geschlecht betreffende Erkrankung vorzugsweise der kleineren (Finger-) Gelenke als „endokrine chronische Periarthritis (destruens)“. Sie schleiche sich afebril durch Jahre und Jahrzehnte und stünde im engsten Zusammenhang mit Funktionsanomalien der Keimdrüsen (Menarche, Klimakterium und Sterilisation). His führt aus, daß die klimakterischen Arthritiden vor, während und nach der Menopause mit ihren Schwellungen und Schmerzen einsetzen, ein bis zwei Jahre fortschreiten und danach anhalten, oft unter Nachlassen der Beschwerden.

Menge hat mit seiner Veröffentlichung 1924 sehr viel Staub aufgewirbelt. Er sieht das Krankheitsbild der „Arthropathia ovaripriva“ bei röntgenkastrierten und, wenn auch seltener, bei postmenopausalen Frauen, die Symptome an den Knien (meistens beiden) und manchmal auch den Schultern und Fingergelenken haben. Die subjektiven Beschwerden variieren von gering bis so stark, daß die Patientinnen unfähig sind, zu gehen oder die Schultern zu bewegen. Objektiv findet er nur starke Krepitationen. Die Symptomatik verschwinde spontan, könne aber auch jahrelang anhalten. Zimmer macht darauf aufmerksam, daß bei Gelenkaffektionen mit vermutlich ovarieller Grundlage zwischen entzündlichen und nichtentzündlichen Arthritiden unterschieden werden muß. Übersichtsarbeiten zu diesen Themenkomplex wurden von Cecil/Archer und Weil veröffentlicht.

Tabelle 1: Überblick von Autoren zur Arthropathia climacterica

Hippokrates	1932 Curschmann
Celsus	1941 Silberberg/Silberberg
1802 Heberden	1952 Kellgren/Moore
1889 Charcot	1970 Prill/Lauritzen
1895 Fox	1972 Dequeker et al.
1908 Pineles	1978 Rosner et al.
1914 Umber	1983 Latman
1924 Menge	Linos et al.
1925 Cecil/Archer	1988 Metka et al.
1929 Weil	Spector et al.
1930 Zimmer	1990 Hannan et al.

Wie in so vielem bedeutete der zweite Weltkrieg eine deutliche Zäsur in der Publikationshäufigkeit. Die Zahl der Arbeiten nahm deutlich ab. Interessanterweise finden sich bis in die jüngste Zeit hinein nur mehr vereinzelt Veröffentlichungen.

Silberberg und Silberberg führten ab 1941 erstmals eine Reihe von experimentellen Untersuchungen durch, später auch Rosner. Darauf sowie auf klinische Berichte wird später noch ausführlicher eingangen.

Während der therapeutische Einsatz von Sexualhormonen in der Prophylaxe der Osteoporose weitgehend akzeptiert wird, ist deren Einsatz in der Prophylaxe und Therapie von Arthrosen vorerst noch Experiment. Es soll zunächst ein Überblick über die Literatur gegeben werden, worin sich eine Reihe von Arbeiten finden, die vor allem empirisch zu ähnlicher Ansicht gekommen sind.

Überlegungen, ob eine Situation des Endokrinums (vor allem der Sexualhormone) für die Pathogenese von Gelenkerkrankungen ganz allgemein von ätiologischer Bedeutung ist, gibt es schon seit den Urzeiten der Medizin. Diese wurden durch die klinische Erfahrung gefestigt, wonach im zeitlichen Zusammenhang mit der Menopause Gelenkaffektionen entstehen können, oder daß deren Verlauf unter den genannten Bedingungen beeinflußt wird (Tab.1).

Im Buch „Über Frauenkrankheiten" spricht Hippokrates wörtlich davon, daß bei „geringer Menses der Schmerz die Glieder an Armen und Beinen und ins Kreuz zieht". „Die Frau wird Schmerzen haben in dem Bereich um den Hals und an der Wirbelsäule und den Lenden." Die Schmerzen sind nicht immer an der gleichen Stelle lokalisiert, sondern „bald hier, bald dort". Die Symptome betreffen „vornehmlich Frauen, die unverheiratet sind". Celsus findet, daß „Gebrechen an den Gelenken der Hände und Füße langandauernd und häufig sind. Nur selten aber werden Kastraten oder andere Frauen als solche, deren Menses unterdrückt ist, befallen." Auch später gab es in der Literatur immer wieder Hinweise auf mögliche Zusammenhänge zwischen Klimakterium und der Entstehung von Gelenkerkrankungen. Der französische Neurologe Charcot zeigt an mehreren Stellen seiner Werke die Beziehung zwischen Polyarthritis einerseits und Menopause, Gravidität, Partus und Laktation andererseits. Als einer der ersten beschreibt Fox 1895 das Krankheitsbild ausführlich und führt die Bezeichnung „climacteric arthritis" ein.

Definition (zum Begriff „Arthropathia Climacterica")

Synonyme: „climacteric arthritis" [Fox], „arthritis of the menopause" [Cecil/ Archer], „arthropathia ovaripriva" [Menge].

Bei der Arthropathia climacterica handelt es sich um Gelenksbeschwerden, die in zeitlichem Zusammenhang mit der Menopause stehen (prä-, peri- und postmenopausal). Klinisch ist das Syndrom gekennzeichnet durch Schmerzen und Schwellungen eines oder meistens mehrerer symmetrisch betroffener Gelenke, vor allem der proximalen (PIP) und der distalen Interphalangealgelenke (DIP) der Finger. Aber auch die Gelenke der Füße und große Gelenke, wie die Schultern, die Knie oder die Hüften können betroffen sein. Als Leitsymptom kann der Befall der PIP-Gelenke gelten.

Eine Röntgennachkontrolle von Kniegelenken im Rahmen der Framingham-Studie [4] konnte nachweisen, daß durch Einnahme von Hormonpräparaten (zum Zwecke der Osteoporoseprophylaxe) eher eine niedrigere Inzidenz an Arthrosen bestand als ein erhöhtes Risiko.

Sexualhormone und rheumatoide Arthritis

Weit mehr Arbeiten über epidemiologische und ätiologische Fragen im Zusammenhang mit Gelenkbeschwerden und Sexualhormonen beschäftigen sich mit der Bedeutung dieser Hormone bei der rheumatoiden Arthritis [7]. Nicht nur während der Schwangerschaft [8], sondern auch in Abhängigkeit von der Phase des Menstruationszyklus [9] wurden Auswirkungen auf die Aktivität der rheumatoiden Arthritis beobachtet. Fragen auf diesem Gebiet sind, wie schon erwähnt, derzeit Gegenstand intensiver Forschungsvorhaben.

Sexualhormone und Kiefergelenke

Über Arthrosen der Kiefergelenke (Art. temporomandibularis) im Zusammenhang mit hormonellen Störungen wurde ebenfalls bereits berichtet. Nach Ganshorn [3] liegt eindeutig eine Bevorzugung der Frau vor und ein zeitliches Übereinstimmen des Arthropathiebeginns mit der Östrogenproduktion in der Pubertät. Andere Autoren berichten von einem zweiten Maximum der Kiefergelenkbeschwerden postmenopausal [2, 5]. Auffallend waren also die Zeiten sexualhormoneller Umstellungen. Etwa zu zwei Dritteln soll nach Loewit diese Erkrankung weibliche Personen befallen. Die Autoren fanden nur bei sechs, etwa einem Viertel der untersuchten Patientinnen, normale Hormonbefunde. Ihnen scheinen „endokrine Einflüsse als mittelbare Voraussetzungen für die Entstehung der Arthropathien der Kiefergelenke“ bedeutsam. Nach Zusammenschau der vorliegenden epidemiologischen Hinweise, der teilweise widersprüchlichen experimentellen und klinischen Studien könnte man einen ätiologischen Zusammenhang zwischen der Arthrosis deformans und den Sexualhormonen für möglich halten. Um diese Hypothese zu verifizieren, sind aber noch weitere Studien nötig. In breit angelegten prospektiven Studien müßte die klinische Wirksamkeit ebenso überprüft werden, wie an geeigneten Modellen im Tierversuch die Effekte von Steroidhormonen auf die verschiedenen Gewebe der Gelenke (nicht nur des Knorpels) untersucht werden.

Sexualhormone und Augen

Die klimakterische Symptomatik als Folge des Östrogen-Gestagen-Mangels läßt sich in die Gruppe der vegetativ erklärbaren Erscheinungen, atrophen Veränderungen und psychischen Alterationen einteilen. Die Vielzahl an Erfolgsorganen der Östrogene rückte in den letzten Jahren durch die allgemein bestehende, verstärkte

Auseinandersetzung mit dem Klimakterium immer mehr in den Vordergrund. Als ein Erfolgsorgan der weiblichen Sexualhormone wurde das Auge immer wieder diskutiert. So sind Berichte über eine Sehverschlechterung mit Einsetzen des Klimakteriums bzw. einer Sehverbesserung mit Beginn einer Hormonsubstitutionstherapie beobachtet worden. Eine Arbeitsgruppe unserer Klinik hat sich daher zum Ziel gesetzt, dies anhand eines großen Kollektives einer Ambulanz für klimakterische Beschwerden und Osteoporoseprophylaxe (Wechselambulanz) zu objektivieren.

Die Erhebung der einzelnen klimakterischen Symptome erfolgte durch gezieltes Befragen mittels eines EDV-erfaßbaren Fragebogens (Abb. 1). Eine Frage bezog sich auf etwaige, mit Einsetzen des Klimakteriums empfundene Augenbeschwerden. Von den 430 diesbezüglich betroffenen Frauen wurden 98 in Zusammenarbeit mit der Universitäts-Augenklinik Wien genauer ophthalmologisch abgeklärt.

Das ophthalmologische Untersuchungsprogramm ist in Tabelle 2 angeführt. Mit dem Schirmer-Test wird die wässrige Schicht der Tränen überprüft. Er stellt zwar nur eine relativ grobe Messung dar, ist aber als Indikator der Tränensekretion klinisch sehr brauchbar. Ein 30 mm langer, 5 mm breiter Filterpapierstreifen wird an einem Ende um 5 mm umgeknickt. Dieses gefaltete Ende wird dann in den unteren Bindesack eingelegt. Nach fünf Minuten wird die Länge des befeuchteten Papierstreifens, von der Knickstelle aus, in Millimeter gemessen und notiert. Der Normalwert liegt zwischen 10 mm und 30 mm.

Die Messung der Fusionsbreite erfolgt mit dem Synoptophor. Als Fusion werden alle Vorgänge bezeichnet, die zur Verschmelzung der Bilder des rechten und linken Ausges zu einem einheitlichen Seheindruck führen. Die Summe der Konvergenzfusion („Beide Augen gehen zur Nase!") und der Divergenzfusion („Beide Augen gehen nach außen!") entspricht der horizontalen Fusionsbreite. Zur Messung der Fu-

Tabelle 2: Ophthalmologisches Untersuchungsprogramm

äußere Augenabschnitte
brechende Medien
Augenhintergrund
Augeninnendruck
Visus
Spaltlampe
Schirmer-Test
Refraktionsbestimmung
Motilitätsprüfung
Cover-Test
Prismen-Cover-Test
Worth-Test
Maddox-Wing-Test
Synoptophor-Untersuchung
Messung der Akkommodationsbreite
und der Konvergenzprüfung

Tabelle 3: Augenbeschwerden von Patientinnen im Klimakterium (geordnet nach Häufigkeit)

Sehverschlechterung
Trockenheitsgefühl
Brennen
Druckgefühl
Lichtempfindlichkeit
Flimmern
Schleiersehen
vermehrter Tränenfluß
müde Augen
geschwollene Lider
Koordinationsprobleme
Fremdkörpergefühl
Kältegefühl
passagere Sehstörungen
Kontraktionsgefühl
eingesunkene Augen

sionsbreite werden Bildpaare benutzt, die sich in einem Objekt entsprechen und zusätzlich für jedes Auge verschiedene Details aufweisen.

Tabelle 3 zeigt eine Auflistung der von diesen Frauen angegebenen Beschwerden. Das Durchschnittsalter der Frauen war 50 ± 3 Jahre; die Amenorrhoedauer seit der letzten Blutung betrug durchschnittlich 14 ± 8 Monate; FSH lag bei 42,3 ± 12,9, LH bei 23,6 ± 8,9, E2 bei 50,9 ± 20,3 und HPRL bei 12,4 ± 9,7. Alle Schilddrüsenparameter waren im Normbereich. Die Durchschnittsgröße der Frauen betrug 164 ± 8,8 cm, das Gewicht 67,8 ± 12,7 kg. Als Ausschlußkriterium galten internistische Krankheitsbilder, welche eine ophthalmologische Beeinflussung zur Folge haben könnten (z. B. Diabetes mellitus, Hypertonie oder rheumatische Erkrankungen).

Nach der ersten Untersuchung wurden die Frauen mit konjugierten Östrogenen drei Wochen hindurch, täglich 0,625 mg, sowie zusätzlich die letzten zehn Tage mit je 5 mg Medrogeston substituiert, worauf eine einwöchige Einnahmepause erfolgte. Bei 28 Frauen wurde eine ophthalmologische Kontrolle nach einer dreimonatigen Hormonsubstitution durchgeführt, bzw. bei 14 Frauen eine zusätzliche ophthalmologische Kontrolle nach sechsmonatiger Hormonsubstitution.

Diskussion und Zusammenfassung

35 % der Frauen in der klimakterischen Sprechstunde gaben auf gezieltes Befragen an, Augenbeschwerden mit Beginn des Klimakteriums beobachtet zu haben . Die kontrollierten Frauen berichteten alle von einer wesentlichen Verbesserung ihres subjektiven Beschwerdebildes bzw. von einer fast gänzlichen Beschwerdefreiheit durch die Hormonsubstitution. Objektiv ergaben zwei ophthalmologische Untersuchungen, nämlich der Schirmer-Test (Abb. 3) und die Messung der Fusionsbreite (Abb. 4), ein statistisch signifikantes Ergebnis.

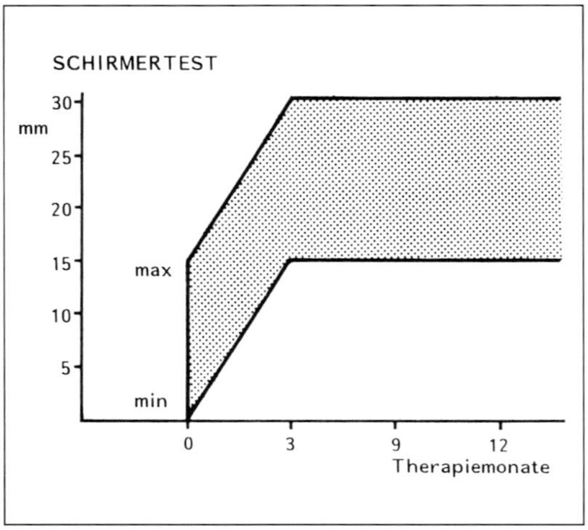

Abbildung 3: Veränderungen des Schirmer-Tests unter einer Hormonsubstitutionstherapie

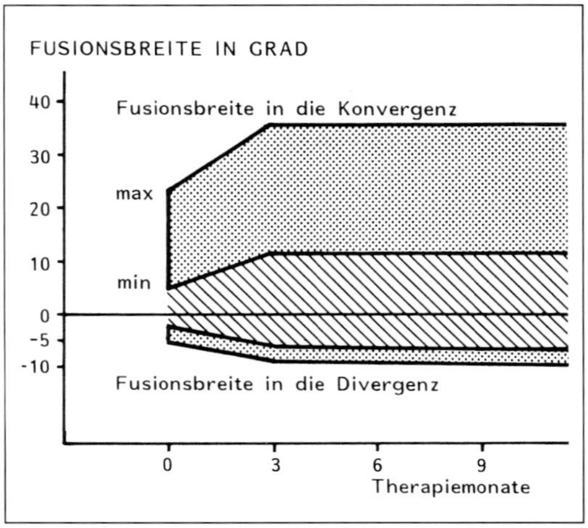

Abbildung 4: Veränderungen der Fusionsbreite in Grad unter einer Hormonsubstitutionstherapie

Überraschend war, daß im Falle der gezielten Befragung der Frauen zur Problematik des Auges im Klimakterium 35 % sehr wohl eine Veränderung im zeitlichen Zusammenhang mit der endokrinen Umstellung angegeben haben. Ohne gezielte Befragung erfolgten diese Angaben an den Gynäkologen in den seltensten Fällen, während andererseits der Augenarzt von sich aus den möglichen Zusammenhang mit der klimakterischen Hormonsubstitution meist nicht bedenkt. Fusionsbreite und Schirmer-Test zeigten eine statistisch eindeutige Verbesserung. Am bedeutendsten aber scheint es, daß alle kontrollierten Frauen eine deutliche Abnahme der Beschwerden bzw. Beschwerdefreiheit unter der Hormonsubstitution angaben.

Die „Verbesserung der Sehkraft“ unter einer Hormonsubstitution dürfte vor allem durch eine positive Beeinflussung der Tränenflüssigkeit auf quantitativer Ebene zu erzielen sein. Dies wurde durch den Schirmer-Test eindeutig objektiviert. Weitere Untersuchungen von Interesse würden sicherlich die qualitative Beeinflussung der Tränenflüssigkeit durch die Hormone sein – nicht zuletzt auch, da immer wieder Wechselwirkungen zwischen Kontaktlinsenverträglichkeit bzw. -unverträglichkeit und hormoneller Situation beobachtet werden.

Eine langjährige Östrogenmangelsituation kann mit dem unangehmen Symptom der Keratokonjunktivitis sicca einhergehen. Hierbei hat sich neben der systemischen Verabreichung von Östrogenen und/oder Gestagenen auch die lokale Anwendung einer Augensalbe (100 g Salbe enthält NH – nicht hydro-cortisonhaltig – als Grundlage und 6 mg Östriolsuccinylnatrium) bewährt.

Ausblick

Das Gelenk sowie das Auge sind schlußendlich nur zwei von zahlreichen Endorgane für Sexualhormone. Letztlich sind es der Flüssigkeitsverlust bzw. Turgorverlust in den Geweben, die vielerorts im Körper, vor allem durch Östrogenmangel zu einer „Alterung“ führen können.

Grunduntersuchungen und Behandlungsversuche der extragenitalen Symptomatik – auch im besonderen an der Universitätsklinik für Frauenheilkunde Wien – hat weltweit in vielen Zentren dazu geführt, dieser Problematik vermehrt Augenmerk zu widmen. So ist heute auch ein Zusammenhang des Östrogenmangels mit Parodontose, verschiedenen, gehäuft in der Postmenopause auftretenden HNO-Symptomen, Bindegewebsveränderungen, nicht nur der Haut und des Knochens, sondern des gesamten Muskel- und Skelettsystems, einschließlich vor allem den Bandscheiben, gefunden worden.

Als Vorreiter auf diesem Gebiet ist es faszinierend zu sehen, wie diese Thematik heute vermehrt aus vielen Fachgebieten nicht mehr wegzudenken ist und neben der Forschung zunehmend Eingang in die Routine findet.

LITERATUR

1. Albright F, Burnett CH, Cope O, Parson W. Acute atrophy of bone (osteoporosis) simulating hyperparathyroidism. J Clin Endocrinology 1941; 1: 711–6.

2. Arnaudow M. Zur Ätiologie der Arthrosis deformans der Kiefergelenke. Dt zahnärztl Zeitschrift 1966; 21: 127–30.

3. Ganshorn ML, Gärtner F. Untersuchungen über mögliche Zusammenhänge zwischen Kiefergelenkserkrankungen und weiblichen Sexualhormonen. ZWR 1975; 84: 726–8.

4. Hannan MT, Felson DT, Anderson JJ, Naimark A, Kannel WB. Estrogen use and radiographic osteoarthritis of the knee in Women. Arth & Rheum 1990; 33: 525–32.

5. Hupfauf L. Symptomatik und Genese chronischer Kiefergelenkserkrankungen. Dt zahnärztl Zeitschrift 1963; 18: 225–35.

6. Kaiser R, Daume D. Über eine einheitliche Nomenklatur für das Klimakterium und seine Begleitsymtome. Geburtsh Frauenheilk 1965; 25: 974.

7. Lahita RG. Sex steroids and rheumatoid arthritis. Arthr & Rheum 1985; 28: 121–6.

8. Latman NS. Relation of Menstrual Cycle Phase to Symptoms of Rheumatoid Arthritis. Am J Med 1983; 73: 947–50.

9. Linos A, Worthington JW, O'Fallow WM, Kusland LT. Case-controlled study of rheumatoid arthritis and prior use of oral contraceptives. Lancet 1983; 1299–1300.

Einfluss der Perimenopause auf Haut, Haare und Anhangsgebilde

J. B. Schmidt

Die Haut als endokrines Erfolgsorgan

Zahlreiche Funktionen der Haut unterliegen in allen Lebensabschnitten hormonellen Einflüssen. Während im Säuglingsalter maternale Androgene zu einer Steroidakne führen können, werden ab der Präpubertät die ansteigenden Spiegel adrenaler Androgene an der Haut wirksam. Die talgdrüsenstimulierende Wirkung der Androgene [1] stellt bei entsprechender genetischer Disposition des Jugendlichen einen Kofaktor bei der Entstehung der Akne dar. In geringerem Ausmaß führen auch Gestagene zur Stimulation der Talgdrüsenaktivität [2] – eine Kondition, die klinische Relevanz durch mögliche Akne-Flares in der Gravidität, durch die häufige praemenstruelle Exazerbation der Akne, aber auch bei Spätmanifestationen der Akne im Praeklimakterium erhält.

Im Gegensatz zu diesen stimulierenden Wirkungen an der Talgdrüse stehen die inhibitiven Wirkungen der Östrogene [3]. Verkleinerungen der Talgdrüse und sebuminhibitive Wirkungen bei Östrogengabe führten zur – mittlerweile historischen – Therapie der Akne mit Östrogenen.

In tierexperimentellen Untersuchungen wurden ferner proliferationsfördernde Wirkungen der Östrogene am Haarfollikel festgestellt, ein Umstand der indirekt eine Erklärung für das postpartale Effluvium darstellt. Die im letzten Trimenon unter gesteigerten Östrogeneinflüssen stehenden Haarfollikel sind in der Anagenphase synchronisiert. Postpartal kommt es durch den Abfall der Östrogenspiegel wiederum zum normalen mosaikartigen Verteilungsmuster der Haarwachstumszyklen, und damit zum Ausfall der zuvor prolongiert in der Wachstumsphase befindlichen Haare. Obwohl die wachstumsfördernde Wirkung der Östrogene auf die Haare als gesichert gelten kann, und auch in der Praxis zur Therapie hormoneller Haarausfälle mit östrogenhältigen Haartinkturen Anlaß gegeben hat, fehlen dennoch ausgedehnte klinische Studien, die Therapieerfolge von Östrogenen bei Haarausfällen ausreichend dokumentieren.

In jüngster Zeit richtet sich die Aufmerksamkeit der Dermatologie aber auch vermehrt auf die zweite große Periode hormoneller Umstellungen im Leben der Frau: das Klimakterium und die Perimenopause. Die Assoziation mit den zu dieser Zeit erstmals deutlich auftretenden Alterungserscheinungen der Haut ist evident. Obwohl das Hautaltern komplexe, multifaktorielle Ursachen hat, geben doch die Wirkungen der Östrogene auf die beim Altern involvierten Strukturen empirisch Hinweis auf die Kausalität östrogener Defizienzen beim Alterungsprozeß der Haut.

Hautaltern – Morphologie – Funktion – Wechselwirkungen mit Östrogenen

Erste sichtbare Zeichen des Hautalterns sind oft ein Erschlaffen der Gesichtskontur und das Auftreten feiner Fältchen, die etwa zwischen dem 40. und 45. Lebensjahr auffällig werden. Im selben Lebensalter beobachten Frauen auch eine zunehmende Trockenheit der Haut, die oftmals sogar zu Juckreiz führen kann.

Diese klinischen Zeichen des sogenannten „endogenen" Hautalterns – genetisch kodiert – jedoch endogenen, metabolischen Einflüssen unterliegend – das sich auch an jenen Körperarealen manifestiert, die durch die Kleidung vor UV-Strahlen geschützt sind, unterscheidet sich deutlich von den Symptomen des „exogenen"-UV-mediierten „Photoagings". Dieses ist durch gelbliche, elastotisch verdickte und von tiefen Falten durchzogene Haut, die aktinische Keratosen und irreguläre Pigmentierungen aufweist, charakterisiert.

Der histologische Befund der Altershaut reflektiert die funktionellen Veränderungen und korreliert mit dem klinischen Aspekt der Haut. Leitsymptom ist die in allen 3 Hauptschichten der Haut (Epidermis, Dermis, Subcutis) reduzierte Dicke. Auch die Hautanhangsgebilde (Talgdrüsen, Schweißdrüsen, Haarfollikel) zeigen reduzierte Größe, ebenso wie die Lumina der Hautgefäße verringert sind. Es resultiert eine Reduktion des für die Geschmeidigkeit und Feuchtigkeit der Hautoberfläche verantwortlichen Hydrolipidfilms der Haut sowie ein Dünnerwerden der immer langsamer nachwachsenden und an Dichte abnehmenden Haare. Die nunmehr schlecht vaskularisierte Haut wird blaß.

Es kommt in der Basalschichte der Epidermis zum Auftreten atypischer Mitosen und damit zur Möglichkeit der Entstehung von Hautkarzinomen. Der in der Epidermis lokalisierte „natural moisturizing factor" (NMF) – ein Gemisch aus Aminosäuren, Harnstoff, Zuckerverbindungen u. a. – nimmt entsprechend der Dickenreduktion der Epidermis quantitativ ab, wodurch die epidermale Hautfeuchte reduziert wird.

In der Dermis kommt es zu gravierenden Änderungen am kollagenen und elastischen Bindegewebe mit Zunahme des Typ I Kollagen in der alten Haut sowie einer Fragmentierung der elastischen Fasern, die für den Verlust der Hautelastizität und Festigkeit verantwortlich sind.

Das subkutane Fettgewebe besitzt mechano- und thermoprotektive Eigenschaften sowie hormonmetabolische Funktion. Die durch das im Fettgewebe lokalisierte Enzym Aromatase induzierte Konversion von Androgenen zu Östrogenen trägt in quantitativ relevantem Ausmaß zum Gesamtöstradiolspiegel des Menschen bei, sodaß eine signifikante Reduktion der Fettgewebsschicht zum Abfall der Östrogenspiegel beitragen kann. Die Übergänge zwischen Östrogendefizienzsymptomen an der Haut und Östrogendefizienz infolge altersbedingter Fettgewebsatrophie sind deshalb fließend.

Die östrogene Stimulierbarkeit der Haut wurde durch den Nachweis von Östrogenrezeptoren in normaler Haut, bei Akne und beim Hirsutismus dokumentiert [4, 5].

In immunhistochemischen Untersuchungen waren östrogenbindende Stellen in basalen Keratinozyten, Talgdrüsen und Hautgefäßendothelien und in Fibroblasten nachweisbar – Strukturen, die in den Alterungsprozeß involviert sind [6]. Es ist deshalb anzunehmen, daß mit zunehmender Östrogendefizienz die stimulierenden östrogenen Einflüsse auf die Haut abnehmen.

Positive Effekte von Östrogenen auf das dermale Bindegewebe sind sowohl für die Grundsubstanz mit Anstieg von sauren Mucopolysacchariden und Hyaluronsäure und der konsekutiven Zunahme des dermalen Wasserspeichers [7], als auch als durch die Beeinflussung des kollagenen Bindegewebes und strukturelle Verbesserung elastischer Fasern durch Östrogene, bekannt [8].

Die experimentell gesicherten Wirkungen haben klinische Relevanz: In der Gynäkologie wird seit langem die Steigerung der mitotischen Aktivität vaginaler Zellen in der Therapie der Vaginalatrophie mit Östrogensalben genützt. Die Steigerung der Epithelproliferationsrate und die dermalen Wirkungen der Östrogene tragen zur Zunahme der Hautdicke bei postmenopausalen hormonsubstituierten Frauen bereits 6 Monate nach Therapiebeginn bei [9]. Im Gegensatz dazu führt Ovarektomie bzw. die Menopause bereits nach wenigen Monaten zur signifikanten Reduktion der Hautdicke [10].

Untersuchungen von primären Fibroblastenkulturen bei unterschiedlichen Altersgruppen zeigen mit zunehmendem Lebensalter lineare Regressionen der Kollagen I und III Synthese, die bei Frauen über 49 Jahren bereits um 29 % reduziert ist [11]. Bei langjährig hormonsubstituierten Frauen hingegen waren in einer retrospektiven Studie signifikant höhere Kollagen III Spiegel in Fibroblastenkulturen meßbar als bei nicht hormonell substituierten Kontrollen [12]. Bereits 6 Monate nach einer Hormonsubstitution waren jedoch signifikante Anstiege des Kollagen III nachweisbar.

Während die benefiziellen Wirkungen systemischer Hormonsubstitution auf einzelne Hautqualitäten histologisch oder in Zellkulturen dokumentiert werden konnten, sind die östrogenen Effekte der Hormonsubstitution (HRT) auf das klinische Bild der Alterungserscheinungen bisher nur unzureichend dokumentiert und beruhten vor allem auf empirischem Wissen. Klinische Erfahrungen berichten vor allem über eine Zunahme der Hautfeuchtigkeit bei hormonsubstituierten Frauen, jedoch kaum über die Zunahmen der Hautfestigkeit oder Reduktionen der Faltentiefe. Obwohl zur Zeit keine Untersuchungen über Langzeiteffekte der systemischen Hormonsubstitution existieren, ist aufgrund klinischer Erfahrungen eine prophylaktische Wirkung der HRT gegen Hautalterungserscheinungen anzunehmen. Zur signifikanten klinischen Besserung von Alterungssymptomen jedoch scheint die HRT nicht auszureichen.

Lokale Östrogentherapie

Bis vor kurzem war die Lokaltherapie der Haut mit Hormonen kein Thema von Interesse. Insbesondere das Risiko eventuell auftretender systemischer hormoneller Nebenwirkungen, aber auch die noch wenig bekannten Untersuchungen der östrogenen Wirkungen in der Haut sind mögliche Erklärungen für das bisherige Fehlen ausgedehnter dermatologischer Studien. Als Substanzen kommen Östradiol oder Östriol in Frage. Letzteres besitzt ausgeprägte epidermotrope Wirkung [13] und besitzt keine systemisch hormonelle Wirkung am Endometrium [14].

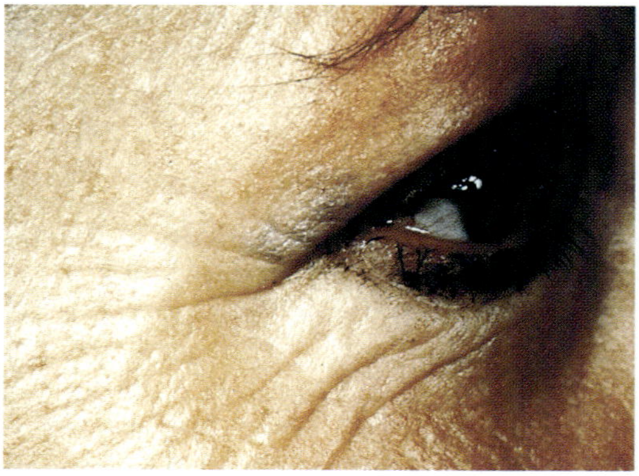

Abbildung 1a: Falten vor Therapie mit 0,3 % Östriolsalbe

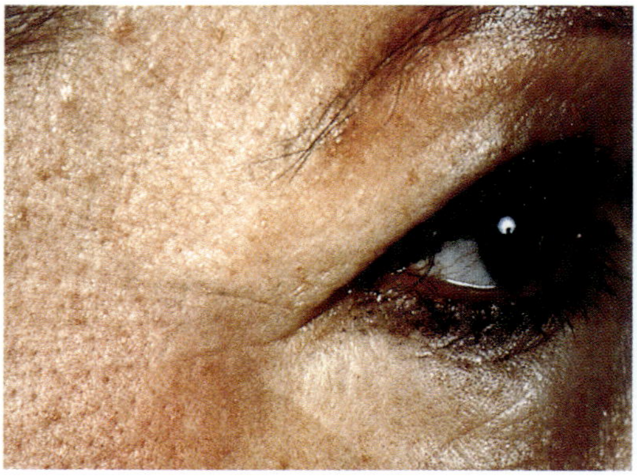

Abbildung 1b: Falten nach Therapie mit 0,3 % Östriolsalbe

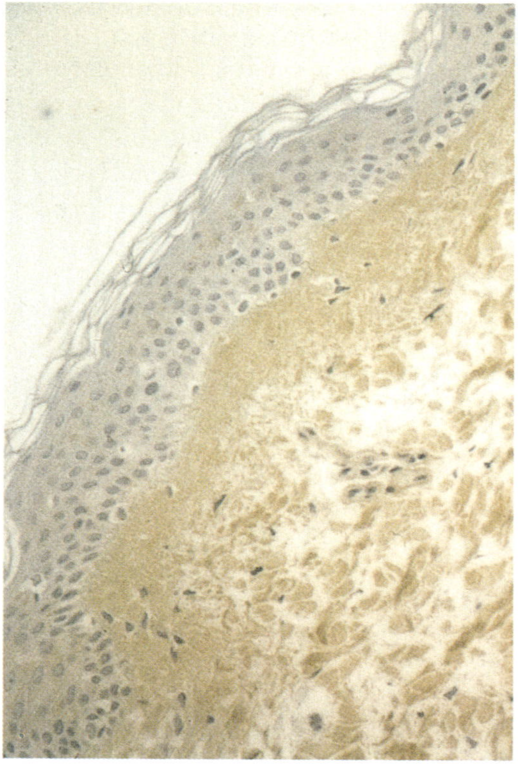

Abbildung 2a: Kollagen III vor Therapie mit topischem Östriol

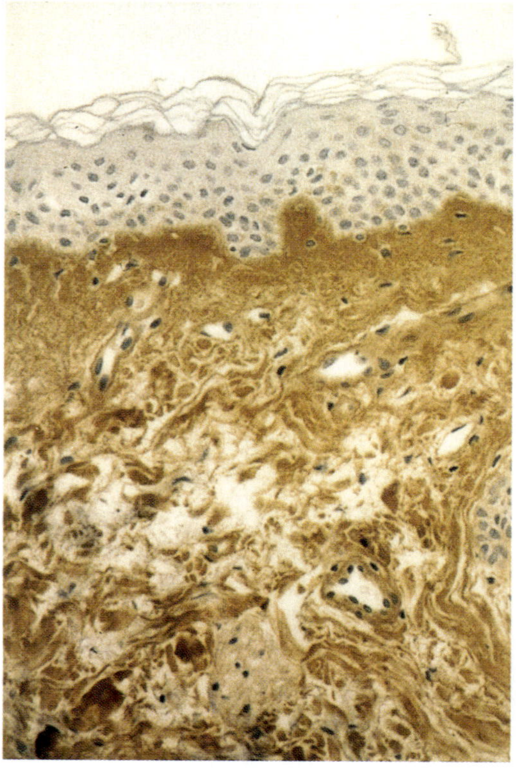

Abbildung 2b: Anstieg von Kollagen III nach Therapie mit topischem Östriol

In einer Pilotstudie konnte bei 17 klimakterischen Frauen, die die Gesichtshaut täglich mit 0,1 %iger Östriolcreme behandelten, nach einer mittleren Behandlungsdauer von 6 Monaten signifikante Besserungen der Hautfeuchte, der Hautfestigkeit und -elastizität, sowie der Hautvaskularisation festgestellt werden. Auch die Faltentiefe flachte bei 56 % der Frauen signifikant ab, und die Porengröße war reduziert. Die Behandlungseffekte traten nach 2,7–3,8 Monaten bei 16/17 Patientinnen auf. Die in monatlichen Abständen durchgeführten Bestimmungen der Hormonparameter zeigten eine schwach signifikante Reduktion des Prolaktin [15].

In einer weiteren Studie wurden 2 Gruppen postmenopausaler Frauen ohne Hormonsubstitution mit 0,01 % Östradiolsalbe (n = 10) oder mit 0,3 % Östriolsalbe (n = 8) behandelt. Gynäkologische Untersuchungen wurden vor Therapiebeginn, nach 3 und 6 Monaten durchgeführt. Klinisch wurden Faltentiefe, Hautfestigkeit und -elastizität, Hautfeuchte und Porengröße dokumentiert. Die klinischen Befunde wurden durch Faltentiefemessungen mittels Profilometrie sowie Hautfeuchtigkeitsmessungen durch die Corneometrie objektiviert. Klinisch zeigte sich eine tendenzielle Überlegenheit der 0,3 % Östriolsalbe gegenüber der 0,01 % Östradiolsalbe bei Faltentiefe und Porengröße (Abb. 1 a, b). Bei allen Patientinnen in beiden Gruppen waren bei Behandlungsende Vaskularisation, die Hautfeuchte und die Elastizität der Haut gebessert. In beiden Gruppen zeigten sich signifikante Reduktionen der Faltentiefen (Tab. 1). Die Hormonspiegel E2, FSH und PRL zeigten keine signifikanten Differenzen zwischen initialen und finalen Werten in der Gruppe mit Östradiolsalbe. Auch der KPI-Index zeigte keine Änderung in beiden Gruppen [15]. An Nebenwirkungen wurden in beiden Gruppen bei je einer Patientin Hyperpigmentierungen an den Wangen beobachtet [16].

In einer Folgestudie wurden nunmehr auch immunhistochemische Untersuchungen der Kollagen I/Kollagen III Fraktion durchgeführt. Diese zeigten signifikante Zunahmen des Kollagen III bei Therapieende (Abb. 2 a, b). Die übrigen positiven Ergebnisse wurden nunmehr anhand größerer Patientenzahlen (30 vs 30) bestätigt. Die Hormonanalysen jedoch zeigten in beiden Gruppen signifikante Anstiege von Prolaktin.

Tabelle 1: Klinische Effekte einer Behandlung mit Östradiolsalbe vs. Östriolsalbe bei Alterungssymptomen der Haut bei 58 Patientinnen

	Östradiol 0,01 % n = 30		Östriol 0,3 % n = 28	
	Besserung bei % Patientinnen	Erstmanifestation nach Wochen	Besserung bei % Patientinnen	Erstmanifestation nach Wochen
Vaskularisation	100	9	96	7
Festigkeit und Elastizität	100	13	96	11
Feuchte	100	9	96	8
Faltentiefe	87	16	89	17
Feinporigkeit	73	19	61	16

Zum Ausschluß systemischer hormoneller Nebenwirkungen ist deshalb unbedingt eine Beschränkung der Applikationsfläche sowie der täglich applizierten Salbendosis erforderlich. Die Effekte von Östrogensalben auf Alterungsprozesse bei menopausalen Frauen wurden kürzlich auch in einer randomisierten Doppelblindstudie [17] für konjugierte Östrogene bestätigt. Signifikante Besserungen der Hautfalten und Zunahme der dermalen und epidermalen Hautdicke charakterisierten die Premarin-Gruppe.

Diese ersten Studienergebnisse einer lokalen Hormontherapie der Hautalterung zeigen gute Ergebnisse bei minimalen Nebenwirkungen. Dennoch sind derzeit Konzentrationen oder Applikationsflächen, bei denen eine lokale Östrogensalbentherapie ohne die Gefahr systemisch resorptiver Hormonwirkungen durchgeführt werden kann, keineswegs abgesichert. Weitere Studien sollten diese Fragen untersuchen.

Diskussion

Neben den neuen positiven Aspekten der multiplen Östrogenwirkungen, die das therapeutische Spektrum der Hormonsubstitutionstherapie erweitern, muß jedoch auch die Rolle der Gestagene auf die Haut der menopausalen Frau, die bisher nur in Teilaspekten bekannt ist, untersucht werden. Aus Studien an Talgdrüsen und Haarfollikeln ist bekannt, daß die gestagenen Wirkungen an diesen Strukturen jenen der Östrogene diametral entgegengesetzt sind. Förderung der Talgdrüsenaktivität und partial-androgene Wirkungen am Haarfollikel, die zum Effluvium führen können, können bei genetisch disponierten Frauen eine Erklärung für die häufig im periklimakterischen Alter auftretenden Akneeffloreszenzen oder das vermeintliche „klimakterische" Effluvium sein. Die additive Gestagengabe der HRT repräsentiert somit die „Schattenseite" der Hormontherapie und ist mit hoher Wahrscheinlichkeit als eine Ursache von Haarausfällen bzw. spätmanifestierender Akne anzusehen. Die Wahl einer antiandrogenhältigen Gestagenvariante oder die additive Gabe von Antiandrogenen stellt sich in solchen Fällen zur Diskussion.

Die Rolle der Defizienzen anderer Hormone und Wachstumsfaktoren wie Somatotropin, IgF-1, epidermal growth factor und von Fibroblastenwachstumsfaktoren für das Altern der Haut sind diskutabel, aber bisher weitgehend ungeklärt [18].

So präsentiert sich die Hautalterung in der Perimenopause als Folge vielschichtiger Prozesse, unter denen die Hormondefizienzen sicher eine, bisher noch zu wenig beachtete Rolle spielen. Durch die Östrogensubstitutionstherapie gelingt es, einen Teilaspekt des Hautalterns – den Östrogenmangel – zu substituieren. Die Gestagenkomponente der HRT verdient jedoch Aufmerksamkeit als mögliche Kokausalität für chronische Haarausfälle und in seltenen Fällen von Spätformen der Akne. Eine mögliche Therapie der Hautalterung wird in Zukunft in der Gabe von Östrogensalben in geeigneter Konzentration und Menge bestehen. Dadurch ist eine lokale Hormonsubstitution der als östrogendefizient anzusehenden Haut zu erreichen.

LITERATUR

1. Pochi PE, Strauss JS. Endocrinologic control of the development and activity of the human sebaceous Glands. J Invest Derm 1974; 62: 191–201.

2. Strauss JS, Kligman AM, Pochi PE. The effect of androgens and oestrogens on human sebaceous glands.

3. Fanta D, Stöger H. Hormontherapie der Akne vulgaris. W klin Woschr 1975; 87: 158–63.

4. Schmidt JB, Spona J. Östrogen- und Androgenrezeptoren bei Patienten mit Acne vulgaris. Arch Dermatol Res 1980; 268: 207–15.

5. Schmidt JB, Huber J, Spona J. Steroid Hormone Levels in Serum and Skin Receptor Concentrations in Hirsutism. Endocrinolopia exp 1985; 19: 147–54.

6. Stumpf WE. Autoradiographic Localization of Estrogen, Androgen, Progestin and Glucocorticosteroid in „Targest Tissues" and „Nontarget Tissues". In: Pasqualine JR (ed). Receptors and Mechanism of Action of Steroid Hormones, part I. M. Dekker, New York, 1976, 53-54.

7. Grosman N, Hridberg E, Schon J. No effect of oestrogenic treatment on the acid mucopolysaccharide pattern in skin of mice. Acta Pharmacol Toxicol 1971; 30: 458.

8. Reynolds SRM, Foster FI. Peripheral vascular action of oestrogen observed in the ear of the rabbit. J Pharmacol Exp Ther 1940; 68: 173.

9. Punnonen R. Effects of castration and personal oestrogen therapy on the skin. Acta Obstet Gynaecol Scand 1972, Suppl. 1.

10. Brincat M, Moniz CJ, Studd JW et al. Longterm effects of the menopause and Sex hormones on the skin thickness. Br J Obstet Gynaecol 92, 1985 (3): 256–9.

11. Dumas M, Chaudagene C, Bonte F, Meybeck A. In vitro biosynthesis of type I and III collagens by human dermal fibroblasts from donors of increasing age. Mechanisms of ageing and Development, 1994; 73: 179–87.

12. Sarras M, Bishop J, Laurent G, Watson N, Studd J. Typ III collagen content in the skin of postmenopausal women receiving oestradiol and testosterone implants. Br J Obstet Gynaecol 1993; 100: 154–6.

13. Wendt H, Schaefer H, Zesch A. Penetrationskinetik und Verteilung lokal applizierter Östrogene. Arch Derm Res 1976; 256: 67–74.

14. Gitsch E, Müller-Hartburg W, Homolar W. Potenzierung der lokalen Wirkung von Östriol. Geburtshilfe und Frauenheilkunde 1960; 20: 1952–60.

15. Kainz C, Gitsch G, Stani J, Breitenecker G, Binder M, Schmidt JB. When applied to facial skin, does estrogen ointment have systemic effects? Arch Gynaecol Obstet 1993; 253: 71–4.

16. Schmidt JB, Binder M, Macheiner W, Kainz Ch, Gitsch G, Bieglmayer Ch. Treatment of skin ageing symptoms in perimenopausal females with estrogen components. A pilot study. Maturitas 1994; 20: 25–30.

17. Creidi P, Faivre B, Agache P, Richard E, Haudiquet V, Sauvanet JP. Effect of a conjugated oestrogen (Premarin) cream on ageing facial skin. A comparative study with a placebo cream. Maturitas 1994; 19: 211–23.

18. Villareal DT, Marley JE. Trophic factors in ageing. Should older people receive hormonal replacement therapy? Drugs and ageing 1994; 4: 492–509.

Effekte der Hormonsubstitution im Urogenitaltrakt

E. Petri, H. Kölbl

Einführung

Bei einer mittleren Lebenserwartung zwischen 75 und 80 Jahren verbringen die Frauen etwa 25–30 Jahre ihres Lebens in der Postmenopause, d. h. in einem Zustand des Hormonmangels. Im Rahmen des Menopausensyndroms spielen die östrogenmangelbedingten Rückbildungserscheinungen der Harn- und Geschlechtsorgane eine entscheidende Rolle und tragen wesentlich zur Einbuße des physischen und psychosozialen Wohlbefindens bei [1]. Die Beschwerden im Bereich des unteren Harntraktes treten innerhalb der ersten 5–10 Jahre nach der Menopause auf und werden teilweise als schicksalhaft hingenommen, sind aber auch Anlaß für vielfältige ungezielte Arztbesuche. Allein in den USA werden die Kosten zur Behandlung der urogenitalen Hormonausfallserscheinungen auf etwa 7 Milliarden US-Dollar geschätzt [2, 3].

Ätiologie

Die gemeinsame Embryologie von Urethra und Vagina (aus dem Sinus urogenitalis und den Müller'schen Gängen) zusammen mit den in Urethra und Blasenhals nachgewiesenen Hormonrezeptoren erklären die hormonabhängigen zyklischen beziehungsweise trophischen Veränderungen im Urogenitalbereich, die schon bald nach der Menopause einsetzen. Ursache all dieser objektiv nachweisbaren Symptome und der daraus resultierenden Beschwerden ist größtenteils das Absinken der Östrogene im Gewebe der Zielorgane und deren Rezeptoren. In Verbindung hiermit kommt es zu einer Verminderung der Durchblutung, des Gewebeturgors durch Verlust an Kollagen, der extrazellulären Natrium- und Wasserretention, der Mitosenzahl, der Einlagerung von Aminosäuren und des gesamten Stoffwechsels der Zellen, ferner des Lipid- und Kalziummetabolismus mit den entsprechenden Folgen für Gefäße und Knochensystem.

An der Scheide bildet sich eine typische Atrophie aus, das Scheidenepithel wird dünn. Man findet Fluor und subepitheliale Blutungen (Kolpitis senilis), häufig auch eine ringförmige Einengung im oberen Scheidendrittel und eine Einengung des gesamten Scheidenrohres (Kraurosis vaginae). Atrophische Erscheinungen sind aber auch im unteren Harntrakt nachweisbar. Im Bereich der Urethra kommt es zum typischen Bild des Urethralschleimhautprolaps, eine Vorwölbung der hinteren Urethralwand, die gelegentlich als Urethralpolyp fehlgedeutet wird. Urethralstenosen werden ebenfalls gehäuft nachgewiesen und führen zusammen mit der Atrophie des Trigonums der Blase und des übrigen Blasenepithels gehäuft zu dem sehr unscharfen Bild der Reizblase [4] bzw. des Urethralsyndroms [5]. Dabei werden vor allem eine Pollakisurie und Dysurie bis hin zu einem nicht unterdrückbaren Harndrang (Urgeinkontinenz) angegeben.

In der Postmenopause tritt eine Häufigkeitszunahme der Scheidensenkung mit Zysto- aber auch Rektozelenbildung ein, zusammen mit einer Sphinkterinkompetenz, die natürlich neben den pathogenetisch genannten Faktoren durch Häufigkeit der Geburten, Geburtsleitung, schwere körperliche Arbeit und Bindegewebsschwäche zusätzlich beeinflußt werden. Der Östrogenmangel ist aber offenbar einer der auslösenden Faktoren für die Häufigkeit der Manifestierung in der Postmenopause [6]. Neben den beschriebenen Alterungsprozessen kommen als auslösende Faktoren auch Medikamente (Diuretika, Alphablocker), Endokrinopathien (z. B. Diabetes mellitus), zentrale oder periphere Neuropathien (Multiple Sklerose, Morbus Parkinson), Übergewichtigkeit und Rauchen in Betracht.

Diagnostik

Sowohl Vagina als auch Urethra zeigen ein histologisch gleich aufgebautes, mehrschichtiges, nicht verhornendes Plattenepithel mit hormonaler Abhängigkeit. Iosif u. Mitarb. [7], aber auch Strittmatter u. Mitarb. [8] konnten in der Urethra neben Gestagen- und Androgenrezeptoren Östrogenrezeptoren nachweisen. Das Vaginalepithel ist durchschnittlich höher proliferiert als das Urethralepithel, welches wohl durch den Spül- und Auswascheffekt bei der Miktion zu erklären ist. Das Überwiegen der kleinen und großen Intermediärzellen und vor allem aber der Parabasalzellen ist typisches Zeichen einer Atrophie der Postmenopause. In der Urethral- bzw. Vaginalzytologie lassen sich jene Frauen identifizieren, deren endogene Östrogenproduktion noch eine ausreichende Proliferation des Epithels bewirkt. Die zytologische Kontrolle erlaubt auch eine Kontrolle des Therapieerfolges beziehungsweise der Compliance.

Therapie

Der Steroidhormonrezeptornachweis in der weiblichen Urethra und die damit verbundene Ansprechbarkeit von östrogenrezeptorhaltigem Gewebe auf Östrogene bildet die eigentliche Rationale zur Durchführung einer derartigen Hormonsubstitution. Neben der Verbesserung des Proliferationsgrades in Vagina und Urethra kommt es zu einer Steigerung des Blutflusses in den periurethralen Venenplexus, zu einer Zunahme des Kollagengehaltes im periurethralen Bindegewebe und damit zu einer Steigerung der Elastizität. Eine alphasympathikomimetische Wirkung ist den Östrogenen in Einzeluntersuchungen zugeordnet worden [8, 9, 10, 11, 12]. Zur Behandlung der urogenitalen Alterserscheinungen stehen verschiedene Hormonpräparationen zur Verfügung und sind zum Teil in weiterer Entwicklung. Neben der oralen Substitution mit allen Kombinationen von Östrogenen und Gestagenen stehen parenterale Depotspritzen ebenso zur Verfügung wie die perkutane Therapie mit Östradiol und Gestagenen, Lokalbehandlungen in Form von Cremes, Salben, Suppositorien und neuerdings für die Langzeittherapie hormonbestückte Silikonringe. Zahlreiche Untersuchungen weisen auf eine therapeutische Wirkung einer Östrogensubstitution bei postmenopausalen Frauen mit verschiedenen Veränderungen des Harntraktes hin [1, 13]. Trotz der zahlreichen Publikationen über den Einsatz der Hormonbehandlungen in der konservativen Therapie der weiblichen Harninkontinenz muß jedoch festgestellt werden, daß die Ergebnisse sehr kontrovers diskutiert werden. Der kurative Effekt einer Östrogenbehandlung gilt bei kritischer Betrachtung der bisherigen Daten als nicht bewiesen. Andererseits sind die sogenannten objektiven Parameter nur bedingt in der Lage, die morphologischen und funktionellen Veränderungen durch eine Hormonsubstitution zu erfassen. So ist z. B. die Wirkungsintensität einer Östrogensubstitution an der Urethra abhängig von der Rezeptordichte und der Bindungsaffinität des Östrogens zum Rezeptor. Östriol hat am Östrogen-Rezeptor-Komplex eine geringe Bindungskapazität und damit eine kürzere Verweildauer im Zellkern. In niedriger Dosierung löst das Östriol nur die frühen Östrogeneffekte aus, wie z. B. die Epithelproliferation in der Vagina und Urethra, nicht aber die späten Östrogeneffekte wie Endometriumsproliferationen. Die Epithelproliferation bewirkt eine deutliche Verbesserung der subjektiven Beschwerden und vermutlich auch einen quantitativen Rückgang des Urinverlustes über eine bessere „Abdichtung“ (Sealingeffekt), ohne aber meßbar druckwirksam zu sein. Um eine Beeinflußung der Urethradruckkomponenten zu erreichen, bedarf es vermutlich einer höheren Östradioldosierung oder an Östrogenen mit größerer Rezeptorbindungsaffinität (Östradiol, konjugierte Östrogene), einer längeren Substitutionsdauer und eventuell adjuvanter Therapiemaßnahmen, z. B. Beckenbodentraining [13]. Die spärlichen objektiven Ergebnisse in der Literatur erlauben derzeit keine Aussage, inwieweit eine Östrogenbehandlung in der Lage ist, die Harninkontinenz und hier insbesondere die Streßinkontinenz quantitativ zu reduzieren. Van Geelen et al. beobachteten einen Zusammenhang der Urethradruckprofile mit den 17-Beta-Östradiol-Serumkonzentrationen [14]. Andere Studien beschreiben bei postmenopausalen Frauen unterschiedliche Ergebnisse der urodynamischen Parameter nach Östrogenbehandlung [15, 16, 17, 18].

Drangsymptomatik

In Übereinstimmung mit der Literatur zeigen eigene Ergebnisse, daß Dysurie und Drangsymptome besonders gut auf Östrogene ansprechen, wobei diese Symptome im Senium mit einer Häufigkeit bis 60 % der Frauen ein erhebliches Problem darstellen [19, 20, 21]. Es konnte gezeigt werden, daß eine orale oder vaginale Östrogentherapie neben der reinen Drangsymptomatik auch eine sensorische Urgeinkontinenz in 60–70 % günstig beeinflußt. Die motorische Urgeinkontinenz hingegen wird mit Östrogenen kaum verbessert [22]. Werden bei der Urgeinkontinenz verschiedene Therapien sinnvoll miteinander kombiniert (geregelte Flüssigkeitszufuhr, Blasentraining, Verhaltenstraining und Pharmakotherapie), so können Besserung und Heilung bis zu 80 % erreicht werden [23]. Im eigenen Patientengut führte die lokale Gabe von Östradiol nach 12 Wochen bei 63 % zu einer völligen Beseitigung, in 18 % zu einer Verbesserung der Drangsymptomatik [21].

Applikationsart

Oral zugeführtes Östrogen erhöht Östron im Blutplasma, wobei Östradiol im Darm in Östron umgewandelt wird [24]. Die vaginale Applikation führt zur sofortigen Absorption von Östron und Östradiol, wobei Untersuchungen eine dreifach höhere Blutkonzentration nach lokaler Östrogenbehandlung gegenüber einer dosisgleichen oralen Medikation nachweisen konnten [25, 26]. Hilton et al. fanden eine Erhöhung der Östradiol-/Östronratio nach vaginaler Lokalbehandlung. Die Autoren folgern daraus, daß gerade diese Veränderungen der Grund für die Linderungen der Beschwerden sein könnte. Unklar bleibt aber, ob die Erhöhung der Östradiol-/Östronratio die Anzahl und die Funktion der Steroidhormonrezeptoren beeinflußt [27]. Überraschend ist die gute Akzeptanz der vaginalen Östrioltherapie bei urogenitalen Beschwerden. Fast alle Frauen beurteilen eine Vaginalbehandlung als angenehm, und mehrheitlich werden sie einer oralen Behandlung vorgezogen. Vor allem bei der Aufklärung der Patientinnen muß berücksichtigt werden, daß eine lokale Östrogenbehandlung erst nach drei Wochen wirksam wird [26].

Ein begünstigender Effekt der Hormonbehandlung scheint der zusätzliche Einsatz von Alphaagonisten zu sein [20, 27]. Ursache dafür mag eine Vermehrung von Alphaadrenozeptoren durch eine Östrogentherapie mit einer entsprechenden Verbesserung der urethralen Sphinkterinnervation zu sein.

In einer Untersuchung von Cutner et al. bei Patientinnen mit kombinierter Östrogen- und hochdosierter Gestagentherapie wurde eine signifikante Zunahme von Reizblasenbeschwerden (Pollakisurie) und der Blasenfüllungsdrucke in der Phase der Gestageneinnahme beobachtet [28].

Zusammenfassung und Ausblick

Begünstigende Effekte der Hormonbehandlung in der Postmenopause auf das Skelett und das kardiovaskuläre System gelten als gesichert. Dem gegenüber liegen nur wenige Arbeiten vor, welche objektive Daten zu den Veränderungen am unteren Harntrakt nachweisen, insbesondere ist der Aktionsmechanismus der Östrogene auf zellulärer Ebene noch unklar und bedarf weiterer Untersuchungen [29]. Östrogene beeinflußen viele Aspekte der Lebensqualität, und es ist denkbar, daß auch die Harninkontinenz wegen der Östrogeneffekte auf andere Organsysteme gebessert wird. Die bislang publizierten Studien mit überwiegend klinischen und subjektiven Daten zeigen einen günstigen Effekt der Östrogenbehandlung auf alle urogenitalen Atrophiebeschwerden, Streß- und Urgeinkontinenz sowie die Drangsymptomatik. Wird eine systemische Therapie von der Patientin abgelehnt oder ist sie medizinisch kontraindiziert, so bietet die intravaginale Applikation von Östrogenen eine sichere Therapieform mit hoher Akzeptanz. Neben den bereits verfügbaren Salben und Cremes, sowie Suppositorien stehen in der Zukunft intravaginale Silikonringe zur Verfügung, die eine kontinuierliche Langzeittherapie mit Östradiol über drei Monate ermöglichen und so bei guter Akzeptanz Dosierungs- oder Applikationsfehler vermeiden. Bei sehr schwerer oder rezidivierender Symptomatik ist die Kombination einer oralen mit der lokalen Hormonsubstitution sinnvoll und erfolgreich. Adjuvante Therapiemaßnahmen wie Trink- und Miktionstraining, Beckenbodentraining, blasenrelaxierende Medikamente, aber auch Pessare tragen wesentlich zum Therapieerfolg bei. Die Behandlung kann zyklisch, aber auch kontinuierlich erfolgen, muß aber immer eine Langzeittherapie sein.

LITERATUR

1. Fantl JA, Cardozo L, McClish D. Estrogen therapy in the management of urinary incontinence in postmenopausal women: a meta-analysis. First report of the hormons and urogenital therapy committee. Obstet Gynecol 1994; 83: 12–8.

2. Urinary Incontinence Guideline Panel. Urinary Incontinence in adults: Clinical practice guidelines. ACHR publication no. 92-0038. Washington, DC: Agency for Health Care Policy and Research, Public Health Services, United States Departement of Health and Human Services, March 1992.

3. Urinary incontinence in adults. National Instuts of Health, Consensus Development Conference Statement. Vol 7, no. 5, Bethesda, Maryland: National Instituts of Health, 1988.

4. von Rütte B. Die Reizblase der Frau. Enke Stuttgart 1970.

5. Lipsky H. Eine urodynamische Analyse der rezidivierenden Blasenbeschwerden der Frau. Urologie A 1976; 15: 207–221.

6. Lauritzen C. Endokrinologie der Prä- und Postmenopause. In Lauritzen C (Hrsg.). Gynäkologische Endokrinologie. Urban & Schwarzenberg, München, Wien, Baltimore, 1987 (pp. 217).

7. Iosif CS, Batra S, Ek A. Estrogen rezeptors in the human female lower urinary tract. Am J Obstet Gynecol 1981; 141: 817–20.

8. Schrittmatter HJ, Pollw K, Voges GE, Melchert F. Östrogen, Gestagen und Androgen-Rezeptoren im urogenitalen Gewebe der Frau. Akt Urol 1994; 25: 305–11.

9. Smith P. Age changes in the female urethra. Br J Urol 1972; 42: 667–76.

10. Smith P, Heimer G, Norgren A, Ulmsten U. Steroid hormone rezeptors in pelvic muscle and ligaments in women, Gynecol Obstet Invest 1990; 30: 27–30.

11. Batra S, Bjellin L, Sjögren S, Iosif S, Widmark E. Increase in blood flow of the female rabbit urethra following low dosed estrogens. J Urol 1986; 136: 1260–2.

12. Larsson B, Andersson KE, Batra S, Mattiasson A, Sjögren C. Effects of oestradiol on norepinephrine-induced contraction, alpha-adrenoceptor number and norepinephrine content in the female rabbit urethra. J Pharmacol Exp Ther 1984; 229: 557–63.

13. Geisbühler V,Bachmann U, Eberhard J. Vaginale Östrioltherapie bei postmenopausalen Harninkontinenz- und Blasenbeschwerden: Klinische und urodynamische Ergebnisse, Therapieempfehlungen. Kontinenz 1994; 3: 231–7.

14. Van Geelen JM. the influences of hormonal changes during the menstrual cycle on the urethral pressure profile in normal women. In Proceedings of the Xth annual meeting of the International Continence Society, Los Angeles, 1980; 10: 29–34.

15. Caine M, Raz S. The role of female hormones in stress incontinence. In Proceedings of the 16th Congress of the International Society of Urologists. Amsterdam 1973: 30.

16. Rud T. The effect of oestrogens and gestagens on the urethral pressure profile in urinary continent and stress incontinent women.

17. Hilton P, Stanton SL. The use of intravaginal oestrogen cream in genuine stress incontinence. Br J Obstet Gynecol 1983; 90: 940–4.

18. Versi E, Cardozo L, Studd J. Long-term effect of estradiol implants on the female urinary tract during the climacteric. Int Urogynecol J 1990; 1: 87–90.

19. Brandberg A, Mellstrom D, Samsioe G. Low dose oestriol treatment in elderly women with urogenital infections. Acta Obstet Gynecol Scand (Suppl. 140) 1987; 33–8.

20. Walter S, Kjaergaard B, Lose G. Stress urinary incontinence in postmenopausal women treated with oral estrogens (estriol) and an alpha-adrenoceptor-stimulating agent (Phenylpropanolamine): a randomized double-blind placebo-controlled study. Int Urogynecol J 1990; 1: 74–9.

21. Petri E. Effects of estradiol released from a vaginal ring as compared with estriol vaginal pessaries in postmenopausal women with symptoms and signs of urogenital atrophy: A german multicenter study. In: Notelovitz M. Proceedings of the 1st Int. Workshop on Estring. Roy Soc Med Serv No. 203, 1993 (pp. 65–70).

22. Miodrag A, Castleden Cm, Vallance TR. Sex hormones and the female urinary tract. Drugs 1988; 36: 491–504.

23. Gibson J. Incontinence in elderly women and therapeutic alternatives. Int Urogynecol J 1991; 2: 144–51.

24. Ryan KJ, Engel LL. The interconversion of oestrone and oestradiol by human tissue slices. Endocrinology 1953; 52: 287–91.

25. Englund DE, Johansson EDB. Plasma levels of oestrone, oestradiol and gonadotropins in postmenopausal women after oral and vaginal administration of conjugated equine oestrogens (Premarin). Br J Obstet Gynaecol 1978; 85: 957–64.

26. Withead MI, Minardi J, Kitchen Y, Sharples MJ. Systematic absorption of estrogen from Premarin vaginal cream. In Cooke ID (ed). The role of estrogen/progestogen in the management of the menopause. Lancaster: MTP Press 1978: 63–75.

27. Hilton P, Tweddell AL, Mayne C. Oral and intravaginal estrogens alone and in combination with alpha-adrenergic stimulation in genuine stress incontinence. Int Urogynecol J 1990; 1: 80–6.

28. Cutner A, Burton G, Cardozo LD, Wiese BG, Abott D, Studd J. Does progesterone cause an irritable bladder? Int Urogynecol J 1993; 4: 259–61.

29. Petri E. Hormontherapie des weiblichen unteren Harntraktes. Akt Urol 1988; 19: 251–5.

HORMONSUBSTITUTIONSBEHANDLUNG UNKENNTNIS, BEDENKEN, ÄNGSTE

TH. VON HOLST, B. SALBACH

Die wichtigsten Hormone des Ovars – Östrogene und Gestagene – haben nicht nur eine Bedeutung für die Reproduktion, d. h. die Sicherung der Nachkommenschaft, sondern sind wesentliche Substanzen im Stoffwechsel des Gesamtorganismus der Frau. Unter Berücksichtigung der Wirkungen an verschiedenen Organen und Systemen des Körpers entspricht die Zuordnung zu den Sexualhormonen nur einer Partialwirkung. Östrogenmangel führt zu Knochenmasseverlust und nach einem ausreichend langen Intervall schließlich zur Osteoporose mit ihren Komplikationen. Östrogenmangel hat negative Einflüsse auf die Gefäßregulation und den Stoffwechsel der Lipide, der zu einem massiven Anstieg der Inzidenz kardiovaskulärer Erkrankungen führt [1, 2]. Schließlich haben Östrogene vielseitige Einflüsse auf die Leistungsfähigkeit des Zentralnervensystems; Östrogenmangel über einen längeren Zeitraum beeinträchtigt die kognitiven Leistungen und fördert den Eintritt der Demenz im Alter [3–6]. Diese neueren Kenntnisse machen klar, daß das Ovar der Frau ein wichtiges endokrines Organ ist, und daß der Verlust der Ovarialfunktion im Klimakterium keinesfalls als „natürlich" angesehen werden kann. Alle Frauen sollten unbedingt darauf hingewiesen werden, welche Folgen ein Östrogenmangel über einen Zeitraum von 30 oder mehr Jahren haben kann. Genetisch determinierte Risiken für Erkrankungen im hohen Alter, z. B. für Osteoporose, koronare Herzkrankheiten oder Demenz, lassen sich durch unterschiedliche Maßnahmen beeinflussen; der Beginn solcher Krankheiten kann in höhere Altersgruppen verschoben werden, was zum Begriff der „Kompression der Morbidität" geführt hat. In diesem Zusammenhang spielen bei der Frau die Hormone des Ovars, insbesondere die Östrogene, eine hervorragende Rolle.

UNKENNTNIS DER VORTEILE

Unsere heutigen Kenntnisse über den Nutzen einer langjährigen Hormonbehandlung in der Postmenopause zur Vermeidung der psychovegetativen Beschwerden sowie zur Prävention der Osteoporose, der koronaren Herzkrankheit und der Leistungsminderung des Zentralnervensystems lassen eine möglichst breite Anwendung einer Hormonsubstitution sinnvoll erscheinen [7–9]. Die Gründe dafür, daß eine Behandlung nicht eingeleitet wird oder eine begonnene Behandlung kurzfristig abgebrochen wird, liegen einerseits in der unbegründeten Angst, daß die Hormone zu Krebserkrankungen führen könnten (s. unten). Andererseits finden sich Bedenken wegen Wiedereintritts einer Blutung oder die Sorge vor Gewichtszunahme. Ganz besonders gravierend ist die Verunsicherung durch die Beipackzettel, in denen u. a.

„Kontraindikationen“ aufgeführt sind,, bei denen es sich tatsächlich um Indikationen für die Hormonsubstitution handelt (s. unten).

Der Kenntnisstand über Nutzen bzw. Risiken einer Hormonsubstitutionsbehandlung liegt in Deutschland – trotz gegenteiliger Behauptungen – auf einem völlig unbefriedigenden Niveau. In einer Umfrage des Demoskopischen Instituts Allensbach aus dem Jahre 1992 (Auftrag: Schering AG Berlin) wurden über 4.000 Frauen unterschiedlicher Altersgruppen befragt, wogegen es ihrer Meinung nach gute Medikamente gäbe (Abb. 1). Die Frage nach Medikamenten gegen Kopfschmerzen oder bei Magen/Darmbeschwerden wurde überwiegend positiv beantwortet. Bei der Frage, ob es gute Medikamente gegen Beschwerden in den Wechseljahren gibt, waren 2/3 der Befragten der Meinung, daß dies nicht der Fall ist. Bei den Befragten, die zum Zeitpunkt der Befragung an klimakterischen Beschwerden litten, gaben drei von fünf Frauen an, daß sie keine Kenntnis von geeigneten Medikamenten gegen diesen Beschwerdekomplex kennen würden. Noch wesentlich schlechter fielen die Antworten bei der Frage nach Medikamenten gegen Knochenbrüchigkeit im Alter aus; dabei wurde hier nicht speziell nach Hormonen gefragt. Nur 13 % der Befragten gaben eine positive Antwort, d. h. für sieben von acht Frauen erscheint die Osteoporose im Alter schicksalshaft. Diese Daten erfordern unbedingt eine Korrek-

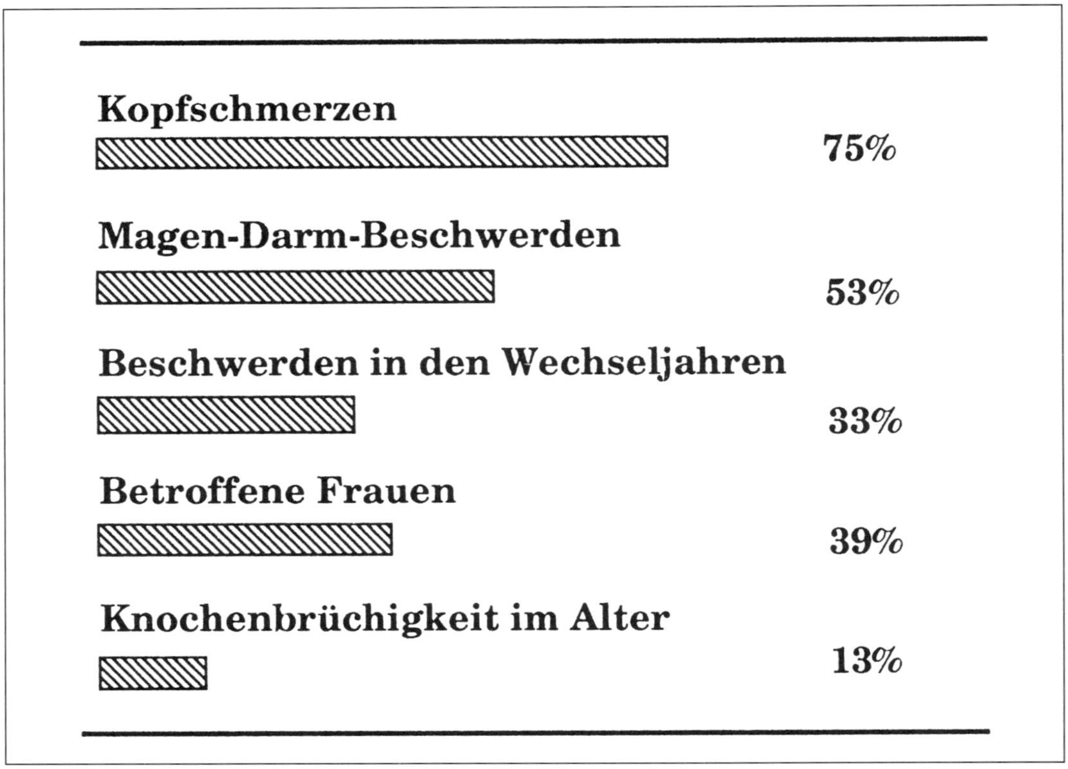

Abbildung 1: Wogegen gibt es gute Medikamente (n = 4.355 Frauen) [Allensbach-Umfrage 3216/1992]

tur, wobei neben der Aufklärung durch die Ärzteschaft auch die Aktivität der Medien gefördert werden muß.

Wiedereintritt der Blutung

In der Perimenopause findet eine steiler Abfall der Östrogenkonzentrationen im Blut statt; in der Postmenopause liegen die Serumspiegel für Östradiol bei etwa 10 pg/ml; sie entstehen durch die periphere Konversion der Nebennierenrinden-androgene. Das Ovar hat für diese Konzentrationen postmenopausal praktisch keine Bedeutung. Wenn die Proliferationsdosis für das Endometrium unterschritten wird, meist bei 40–60 pg/ml Serum, tritt die Amenorrhoe ein. Umgekehrt sollte eine Östrogensubstitution in der Postmenopause möglichst die genannten Serumspiegel erreichen, damit Knochen- und Gefäßprotektion gesichert sind; dies bedeutet, daß zumindest in der frühen Postmenopause auch eine Proliferation des Endometriums stattfindet. Sowohl eine kontinuierliche als auch eine zyklische Östrogentherapie führen bei längerer Anwendungsdauer zur Hyperplasie und erhöhen damit das Risiko für ein Endometriumkarzinom [10, 11]. Bereits nach drei Monaten einer Östrogenmonotherapie finden sich in 10 % der behandelten Frauen Hyperplasien des Endometriums. Die zyklische Gestagenapplikation über 13 Tage verhindert die Entstehung einer Hyperplasie (Abb. 2) [12, 13]. Dies bedeutet, daß die Frau in der früheren Postmenopause den Wiedereintritt der monatlichen Blutungen akzeptieren muß. Der Hinweis darauf, daß sie durch die Akzeptanz der Blutung das Risiko der Entstehung eines Endometriumkarzinoms weit unter das einer unbehandelten Frau senken kann, erhöht die Compliance in der Regel.

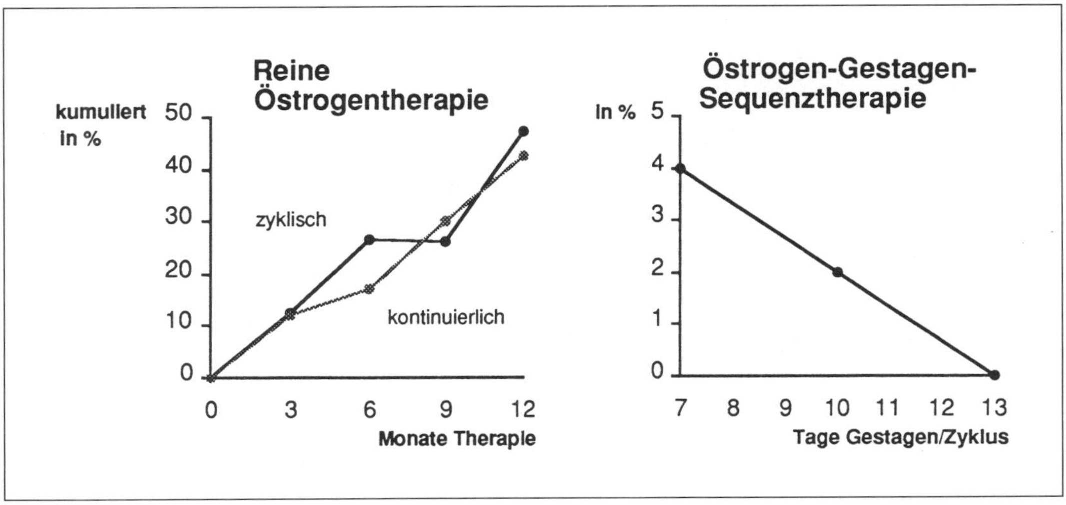

Abbildung 2: Linke Hälfte: Hyperplasie des Endometriums unter einer zyklischen oder kontinuierlichen Östrogentherapie [10]. Rechte Hälfte: Reduktion der Endometriumshyperplasie in Abhängigkeit von der Dauer der Gestagenbehandlung [13].

Bei Frauen in der späteren Postmenopause kann durch eine kontinuierlich kombinierte Östrogen-/Gestagenbehandlung sofort oder mittelfristig eine Amenorrhoe erzielt werden [14]. Der kontinuierliche Gestagenzusatz führt trotz der Östrogenstimulation zur Atrophie des Endometriums (Abb. 3).

Eigene Untersuchungen mit einer in Deutschland bisher noch nicht zugelassenen Östrogen-/Gestagen-Kombinationsbehandlung bestätigen diese Ergebnisse [15]. Nach sechs Monaten der kombiniert kontinuierlichen Therapie hatten lediglich 2 von 24 Patientinnen noch geringe Schmierblutungen, die übrigen 22 Patientinnen waren amenorrhoisch (Abb. 4).

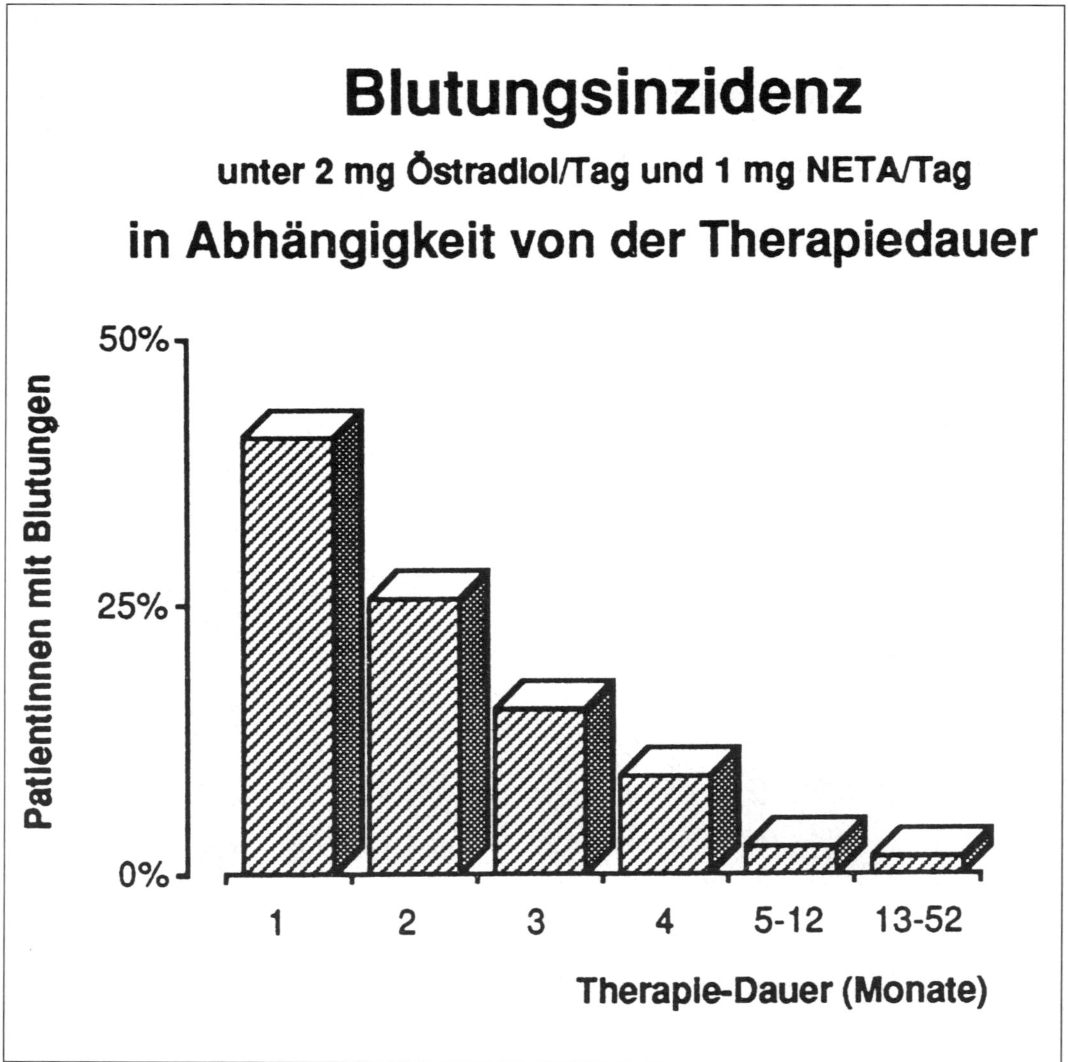

Abbildung 3: Häufigkeit von Blutungen unter einer kontinuierlich kombinierten Östrogen-Gestagentherapie in Abhängigkeit von der Behandlungsdauer [14]

Gewichtsprobleme

Übergewicht ist für Frauen in der Postmenopause und im Senium häufig ein erhebliches Problem. Jenseits des fünfzigsten Lebensjahres findet sich eine deutliche Gewichtszunahme bei der Hälfte aller Frauen. Als vermeintliche Ursache wird von den Betroffenen häufig angegeben: „Seit ich im Klimakterium bin, habe ich deutlich an Gewicht zugenommen", und „Seit ich Hormone einnehme, habe ich deutlich an Gewicht zugenommen". Im ersten Fall wird angenommen, daß der Hormonmangel eine Gewichtszunahme induziert, im zweiten Falle, daß die hormonelle Substitution zu diesem Effekt führt. Jeder Arzt kann in dem von ihm behandelten Kollektiv beobachten, daß Frauen mit und ohne Hormontherapie im höheren Alter Probleme mit Gewichtszunahme haben. Ein Zusammenhang mit der Östrogen-/Gestagen-Substitution besteht aber nicht. Eine Vielzahl placebo-kontrollierter Studien mit oraler, transdermaler und parenteraler Applikation konnte dies ausschließen [16–18]. Ein Unterschied im Gewicht der untersuchten Frauen ließ sich auch nicht feststellen,

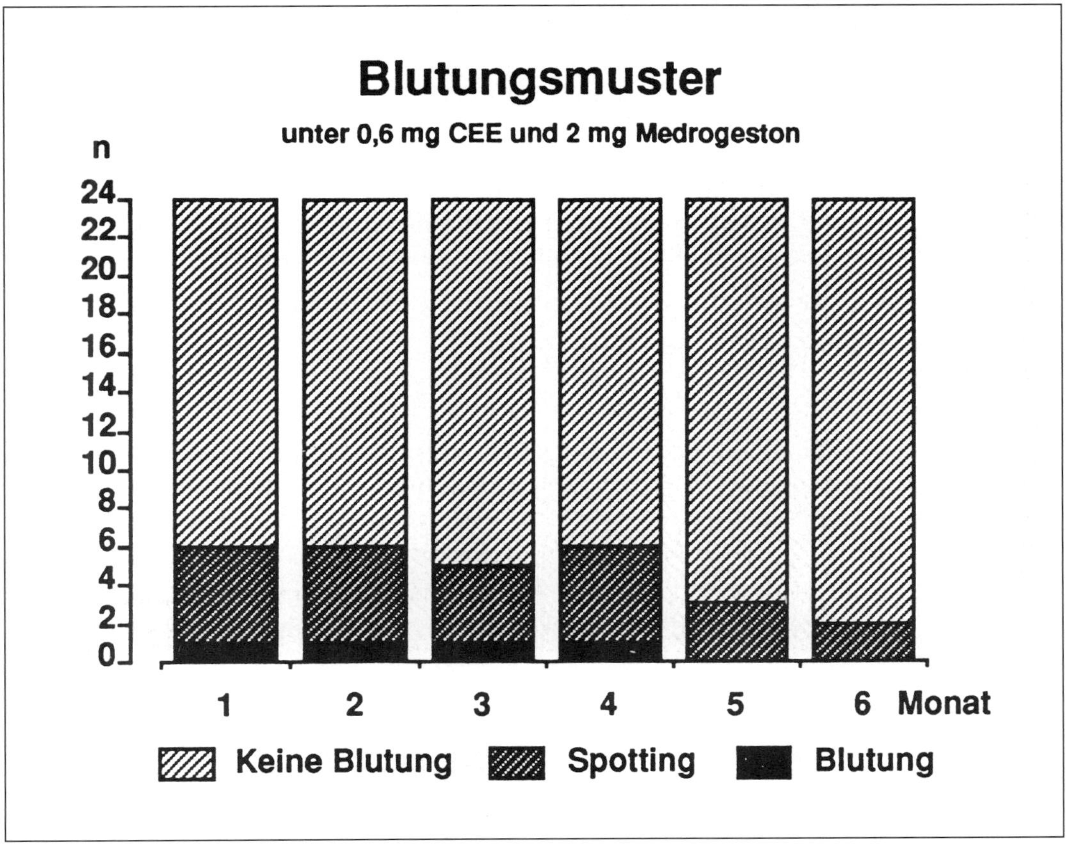

Abbildung 4: Blutungsmuster unter einer kombinierten Östrogen-Gestagentherapie über sechs Monate [15]

wenn diese zyklisch oder kontinuierlich mit einem Gestagen behandelt wurden. Eine dieser Untersuchungen zeigt die Gewichtsverhältnisse bei 50 Frauen nach Hysterektomie und beidseitiger Adnexektomie [19]. Nach drei Monaten ohne Substitution wurden zwei verschiedene Östrogene angewendet; dazwischen fand sich eine Placebophase über drei Monate (Tab. 1). Unterschiede beim Gewicht ließen sich nicht feststellen.

Eigene Daten unter einer transdermalen Östrogenbehandlung und einer oralen Gestagentherapie zeigen nach 12monatiger Behandlung ebenfalls keine Unterschiede [20]. Die Streuung der Gewichte reicht von –3,5 bis +5 kg (Abb. 5). Die Gewichtszunahme in der Postmenopause mit oder ohne Hormontherapie ist Ausdruck veränderter Lebensgewohnheiten.

Getrennt davon muß aber die Rehydratisierung von Haut und Schleimhäuten gesehen werden. Die Durchblutung wird verbessert, die Faltenbildung der Haut geht zurück, das äußere Erscheinungsbild wirkt jugendlicher. Die Gewichtszunahme durch die Wasserrückführung überschreitet in der Regel 1 kg nicht. Gelegentlich kommt es bei Beginn einer Hormonsubstitution zu Spannungsgefühl in der Brust oder zu Mastodynie. Diese Problematik klingt meist innerhalb von drei Monaten spontan ab; in ausgeprägten Fällen sollte die Östrogendosis reduziert und gegebenenfalls die Gestagenkomponente verändert werden. Schweregefühl in den Beinen oder ziehende Beschwerden im Bereich der Unterschenkel werden häufig als Gefäßreaktionen interpretiert oder als Thrombose mißdeutet. Reduktion der Hormondosis und körperliche Aktivität führen in der Regel dazu, daß diese Symptomatik rasch abklingt. Bei Patientinnen, die mit ihren Gewichtsproblemen nicht zurechtkommen und diätetisch nicht befriedigend betreut werden können, muß unter Umständen auch ein kurzfristiges Aussetzen der Hormontherapie erfolgen, wodurch gezeigt werden kann, daß der Hormonentzug nicht zur Gewichtsreduktion führt.

Beipackzettel und Kontraindikationen

Wenn eine Frau nach einem Beratungsgespräch mit dem Gynäkologen zu der Einsicht gekommen ist, daß der Einsatz von Hormonen bei ihr aus therapeutischen oder präventiven Gründen sinnvoll ist, wird sie durch die (Fehl-) Informationen des

Tabelle 1: Gewicht ohne Hormontherapie bzw. unter zwei verschiedenen Östrogenregimen (E_2V = 4 mg Östradiolvalerat/Tag, CEE = 5 mg konjugierte equine Östrogene) [19]

Kontrolle	3 Monate	n = 50	66,28 kg
E_2V	3 Monate	n = 50	66,77 kg
E_2V	6 Monate	n = 50	65,88 kg
CEE	3 Monate	n = 50	66,75 kg
Placebo	3 Monate	n = 50	65,80 kg

Beipackzettels unter Umständen nachhaltig verunsichert. Im günstigsten Fall nimmt sie Rücksprache mit dem betreuenden Gynäkologen, der sie dann aufklärt, daß die im Beipackzettel gegebenen Hinweise für die Gegenanzeigen bzw. Kontraindikationen nicht mehr dem heutigen Wissenstand entsprechen. Häufiger wird der Fall eintreten, daß sie mit der Therapie entweder nicht beginnt oder sie kurzfristig absetzt. Leider sind nicht nur die Laien in der Umgebung der Patientin, sondern häufig die betreuenden Hausärzte nicht auf dem wissenschaftlichen Stand von heute. Zustand nach Herzinfarkt, Zustand nach Apoplex oder Bluthochdruck sind keine Kontraindikationen für eine Hormonsubstitutionsbehandlung. Frauen mit diesen Erkrankungen profitieren im besonderen Maße von einer Therapie, d. h. hier liegen echte medizinische Indikationen für eine Substitutionsbehandlung vor (Tab. 2).

Auch andere im Beipackzettel als Kontraindikationen aufgeführte Erkrankungen können heute keinesfalls als solche gelten (Tab. 3). Bei Zustand nach behandelten gynäkologischen Krebserkrankungen muß auf eine Substitutionstherapie in vielen Fällen nicht verzichtet werden (Tab. 4). Beim Endometriumkarzinom und beim Ovarialkarzinom gibt es sogar Hinweise, daß die Prognose durch eine Hormontherapie verbessert wird [21–24]. Änderungen der Beipackzettel in Deutschland wurden von der Menopause-Gesellschaft deutschsprachiger Länder und deren Präsidenten Prof. Dr. Lauritzen seit Jahren angemahnt; die Umsetzung der Empfehlungen der genann-

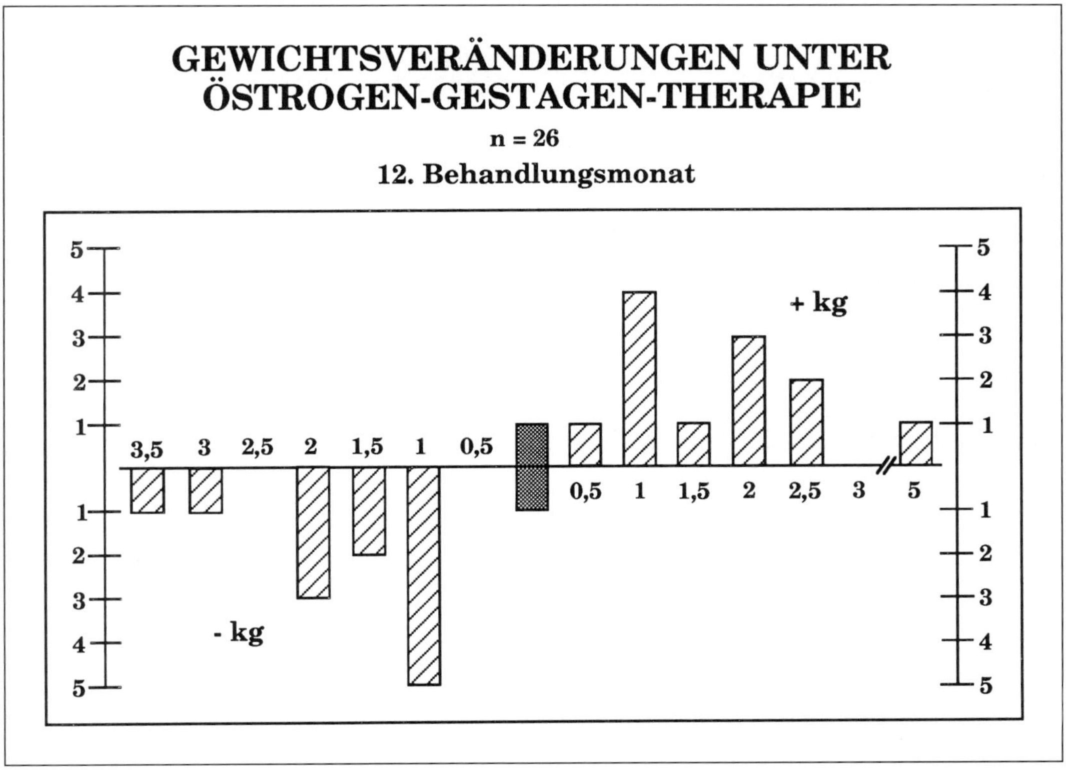

Abbildung 5: Gewichtsveränderungen nach 12 Monaten einer Östrogen-Gestagenbehandlung (Östradiol transdermal 0,05 mg/Tag, zyklisch oral 1 mg Norethisteronacetat) [20]

ten Gesellschaft ist bisher aber nicht erfolgt. So bleibt auch hier nur die Aufklärung über die Ärzteschaft und über die Medien.

Hormone und Krebsangst

Wie oben ausgeführt kann man durch eine Östrogenmonotherapie die Zahl der Endometriumshyperplasien deutlich steigern und auch das Endometriumkarzinomrisiko erhöhen. Die Publikation dieser Erkenntnisse Mitte der 70er Jahre hat zu einer weltweiten Verunsicherung der Bevölkerung geführt. Die Kenntnis, daß die kombinierte Östrogen-/Gestagenbehandlung das Krebsrisiko weit unter das einer unbehandelten Frau senkt, hat sich nicht entsprechend verbreitet [25–27]. In weiten Kreisen der deutschsprachigen Bevölkerung findet sich immer noch die Angst, daß Hormone Krebs erzeugen. Natürliche Hormone, insbesondere Östrogen-/Gestagen-Kombinationspräparate, haben jedoch keinen gesicherten Einfluß auf die Krebsentstehung, sondern meist einen protektiven Effekt. Es gibt Hinweise darauf, daß die Prognose einer Krebserkrankung, die unter einer Hormontherapie diagnostiziert wird, günstiger ist, als wenn keine Hormontherapie erfolgte [24, 28, 29]. Auch hier ist eine Aufklärung durch die Ärzteschaft und die Medien dringend geboten (Einzelheiten zu dem Komplex Hormone und Krebs siehe Arbeit von Prof. Dr. Schneider).

Zusammenfassung

Die Lebenserwartung einer Frau liegt heute in Deutschland bei 81 Jahren, d. h. aus dem Jahrgang 1914 lebt zur Zeit noch jede zweite Frau. Damit beträgt der Zeitraum jenseits der Menopause im Mittel 30 Jahre. Neben der Lebenserwartung an sich sind auch manche Erkrankungen im hohen Alter genetisch vorprogrammiert. Hierzu gehören Herz-Kreislauferkrankungen (Herzinfarkt,

Tabelle 2: Kontraindikationen von gestern – Indikationen von heute

Hypertonie
Zustand nach Herzinfarkt
Zustand nach Apoplex (Hirnschlag)
Hypercholesterinämie

Tabelle 3: Keine Kontraindikationen

Zustand nach Thrombose/Embolie
Diabetes mellitus
Otosklerose
Sichelzellanämie

Tabelle 4: Hormontherapie nach gynäkologischen Karzinomen

Ovarialkarzinom
Endometriumkarzinom
Rezeptor-negatives Mammakarzinom

Schlaganfall), Osteoporose und Demenz. Der Krankheitsbeginn für diese Krankheiten und die Konsequenzen für Morbidität und Mortalität läßt sich durch Lebensgewohnheiten (Eßverhalten, körperliche Aktivität etc.) günstig beeinflussen. Bei der medikamentösen Prävention stehen für die Frau die Hormone, insbesondere die Östrogene, an herausragender Stelle. Unkenntnis des vielseitigen Nutzens einer Östrogensubstitution oder unberechtigte Bedenken und Ängste haben bisher eine breite Anwendung verhindert. Etwa die Hälfte aller Herzinfarkte, Schlaganfälle und Frakturen ließe sich verhindern; bei der Altersdemenz scheint der präventive Effekt einer Östrogenbehandlung noch größer zu sein. Nicht „Altwerden" ist gefragt, sondern das Alter in guter Qualität zu erleben. Es geht um die „Kompression der Morbidität" im Alter, d. h. darum, den Zeitraum des Krankseins vor dem Tod möglichst klein zu halten.

Bei der Aufklärung über die positiven Effekt einer Hormonersatzbehandlung [30] sind daher alle Kräfte gefragt. Neben ärztlicher Fortbildung, Veranstaltungen vor Laien oder Betroffenen (z. B. Osteoporoseselbsthilfegruppen) muß auch das ganze Spektrum der Medien eingesetzt werden. Ohne diese Maßnahmen wird es nicht gelingen, die Probleme und auch Kosten der Überalterung der Bevölkerung in Mitteleuropa zu verringern. Auch eine Pflegeversicherung ist hierbei keine Lösung.

LITERATUR

1. Kannel WB. Metabolic risk factors for coronary artery disease in women: perspective from the Framingham study. Am Heart J 1987; 114: 413-9.

2. Bush TL. Epidemiology of cardiovascular disease in women. In: Redmond GP (ed.). Lipids and women's health. Springer New York, Berlin, Heidelberg, Tokyo, 1991.

3. Herrman WM, Beach RC. The psychotropic properties of estrogens. Pharmakopsychiatry 1978; 11: 164-76.

4. McEwen BS. Steroid hormones ar multifunctional messengers in the brain. Trends Endocrinol Metab 1991; 2: 62-7.

5. McEwen BS. Ovarian steroids have divers effects on brain structure and function. In: Berg G, Hammar M (eds.). The modern management of the menopause. A perspective for the 21st century. The Parthenon Publishing Group New York, London, 1993; 269-78.

6. Obkura T, Isse K, Akazawa K, Hamamoto M, Yaoi Y, Hagino N. An open trial of estrogen therapy for dementia of Alzheimer type in women. In: Berg G, Hammar M (eds.). The modern management of the menopause. A perspective for the 21st century. The Parthenon Publishing Group New York, London, 1993; 315-33.

7. Christensen MS, Hagen C, Christiansen C, Transbol I. Dose-response evaluation of cyclic estrogen/gestagen in postmenopausal women: placebo-controlled trial of its gynecologic and metabolic actions. Am J Obstet Gynecol 1982; 144: 873-9.

8. Stampfer MJ, Colditz GA. Estrogen replacement therapy and coronary heart disease: a quantitative assessment of the epidemiologic evidence. Prev Med 1991; 20: 47-63.

9. Hunter MS. Emotional well-being, sexual behavior and hormone replacement therapy. Maturitas 1990; 12: 299-314.

10. Schiff I, Komarov SH, Cramer D, Tulchinsky D, Ryan KJ. Endometrial hyperplasia in women on cyclic or continuous estrogen regimens. Fertil Steril 1982; 37: 79-82.

11. Gambrell RD. Prevention of endometrial cancer with progestogens. Maturitas 1986; 8: 159-68.

12. Whitehead MC, Townsens JT, Price-Davis J, Ryder TA, King RJ. Effect of estrogens and progestins on the biochemistry and morphology of the postmenopausal endometrium. N Engl J Med 1981; 305: 1599.

13. Whitehead MI. Prevention of endometrial abnormalities. Acta Obstet Gynecol Scand (Suppl.) 1986; 134: 81-91.

14. Staland B. Continuous treatment with natural estrogens and progestogens. A method to avoid endometrial stimulation. Maturitas 1981; 3: 145-56.

15. von Holst Th, Salbach B, von Salmuth B. Continuous combined estrogen-progestagen therapy in postmenopausal women. XIV. FIGO World Congress, Montreal, Canada, 1994. Int J Gynecol Obstet (Suppl. 1) 1994; 46: 123.

16. Lind T, Cameron EC, Hunter WM et al. A prospective, controlled trial of six forms of hormone replacement therapy given to postmenopausal women. Br J Obstet Gynecol (Suppl. 3) 1979; 86: 1-29.

17. Caudron J, Hendricks B. Comparison of two equine estrogen-dydrogestrone regimens in the climacteric. Maturitas 1988; 10: 133-41.

18. Strecker JR. Physiologische Abläufe im Klimakterium. In: Wolf AS, Schneider HPG (Hrsg.). Östrogene in Diagnostik und Therapie. Springer Berlin, Heidelberg, New York, Tokyo, 1990; 67-76.

19. Utian WH. Effects of postmenopausal estrogen therapy on diastolic blood pressure and bodyweight. Maturitas 1978; 1: 3-8.

20. von Holst Th, Salbach B. Gewichtsverhalten und Wassereinlagerung während langzeitiger Östrogen-Gestagen-Substitution. In: Lauritzen C (Hrsg.). Menopause. Hormonsubstitution Heute 6. Aesopus Basel 1993; 65-70.

21. Creasman WT, Henderson P, Hinshaw P, Clarke-Pearson DL. Estrogen replacement therapy in the patient treated for endometrial cancer. Obstet Gynecol 1986; 67: 326.

22. Hartge P, Hoover R, McGowan L, Lesher L, Norris HJ. Menopause and ovarian cancer. Am J Epidemiol 1988; 127: 990-8.

23. Emons G, Ortmann O, Schulz KD. Rolle der endokrinen Therapie beim Ovarialkarzinom. Gynäkol Praxis 1994; 18: 63-70.

24. Lauritzen C. Östrogensubstitution in der Postmenopause vor und nach behandeltem Genital- und Mammakarzinom. In: Menopause. Hormonsubstitution Heute 6. Aesopus Basel 1993; 76-88.

25. Lauritzen C. Praktische Empfehlungen zur Östrogenprophylaxe in der Prä- und Postmenopause. Gynäkol Praxis 1990; 14: 679-88.

26. Nachtigall LE, Nachtigall NJ, Smilen SW, Nachtigall RW. Incidence of breast cancer in a 22-year study of women receiving estrogen-progestin replacement (Vortrag 7. Weltkongreß Menopause Stockholm, Schweden). 1993; Abstr. 9: 8.

27. Gambrell RD, Maier RC, Sanders BI. Decreased incidence of breast cancer in postmenopausal estrogen-progestogen users. Obstet Gynecol 1983; 62: 435-43.

28. Bergkvist L, Adami HO, Persson I, Bergström R, Krusemo B. Prognosis after breast cancer diagnosis in women exposed estrogen and progesterone replacement therapy. Am J Epidemiol 1989; 130: 8.

29. Eeles RA et al. Hormone replacement therapy and survival after surgery for ovarian cancer. Br Med J 1991; 302: 259-62.

30. Zürcher Gesprächskreis 1994: Empfehlungen zur Substitution mit Östrogenen und Gestagenen im Klimakterium und in der Postmenopause. Der Frauenarzt 1995; 36: 166-8.

Hormonsubstitution bei Malignomen

H. P. G. Schneider

Einführung

Die Verordnung von Steroidhormonen an im wesentlichen gesunde postmenopausale Frauen hat sich zu einer Domäne der präventiven Medizin entwickelt. Im Vordergrund steht neben der Behandlung klimakterischer Ausfallserscheinungen eine langfristige Verhütung der durch Östrogenmangel bedingten Osteoporose sowie die deutliche Absenkung des kardiovaskulären Erkrankungsrisikos. Den oralen Kontrazeptiva vergleichbar, beeinflußt die HRT sehr weitgehend Häufigkeit und Mortalität der Krebserkrankung.

Gusberg hat bereits 1947 die adenomatöse Hyperplasie morphologisch definiert als Vorläufer des Endometrium-Karzinoms. Gemeinsam mit Kaplan wurden in einer prospektiven Follow-up-Studie (1963) 191 Patientinnen mit adenomatöser Hyperplasie beschrieben, bei denen in 90 Fällen eine Hysterektomie unmittelbar angeschlossen wurde; in den Operationspräparaten fanden sich in 20 % der Fälle koexistente Karzinome, bei 30 % Borderline-Läsionen. Unter den verbleibenden 101 Frauen entwickelten 8 (11,8 %) ein Endometrium-Karzinom innerhalb eines durchschnittlichen Follow-up von 5,3 Jahren. In der Kontrollgruppe mit 202 Fällen postmenopausaler Blutungen, aber ohne hyperplastisches Regenerat oder Karzinom bei der primär durchgeführten Curettage, entwickelte in einem vergleichbaren Zeitraum nur eine Probandin ein Endometrium-Karzinom. Das von Gusberg und Kaplan abgeleitete kumulative Risiko der adenomatösen Hyperplasie, innerhalb 9 bis 10 Jahren signifikant verstärkt in ein Endometrium-Karzinom überzugehen, wurde von anderen Pathologen in Frage gestellt. Inzwischen konnte Bernd Vogelstein (1990) überzeugend demonstrieren, daß die Kanzerogeneseschritte der Hyperplasie, Adenomatose, In-situ-Karzinomatose bis zum infiltrierend wachsenden Karzinom an spezifische und multiple Genomdefekte – demonstriert am Beispiel des Kolon-Karzinoms – gebunden sind. Bezogen auf das Endometrium-Karzinom haben Kurman et al. (1985) am Beispiel „unbehandelter" Hyperplasien des Endometriums bei 170 Frauen feststellen können, daß die Hyperplasie und Neoplasie zwei separate und biologisch unabhängige Phänomene darstellen; die morphologische Diskriminante ist die zelluläre Atypie.

Offenbar sind mehr als 40 % aller neu diagnostizierten Karzinome der Frau hormonabhängig. Neben dem erwähnten Endometrium-Karzinom gehören hierzu vor allem der Brust- und Eierstockskrebs. Wie haben wir uns aus heutiger Sicht den Einfluß der Hormone auf die onkogenetische Kaskade vorzustellen?

Der hormonale Einfluß auf die Zellproliferation ist schon länger Gegenstand intensiver Forschung. Das Wachstum von Tumoren zum Beispiel der Brust und der Prostata ist in gewissem Umfang abhängig von der Gegenwart endogener Hormone (Östradiol, Testosteron); eine hormonale Ablation führt zur Regression des Tumors. In den letzten Jahren wuchs auch unsere Kenntnis vom Zelluntergang als einer Determinante des Tumorwachstums, und es gibt viele Hinweise, daß auch die zelluläre Regression Östrogen-abhängig ist.

Kürzlich hat die Arbeitsgruppe Herrmann [Bursch et al., 1991] ihre langjährige experimentelle Erfahrung zusammengefaßt zur Frage der Kontrolle und quantitativen Bedeutung der Apoptose während des Wachstums hormonabhängiger Tumoren. Apoptose, auch als „programmierter Zelltod" bezeichnet, ist der genetisch programmierte Prozeß einer aktiven Selbstzerstörung der Zelle. Die Apoptose steht unter der Kontrolle intrinsischer und extrinsischer Faktoren (Hormone, Wachstumsfaktoren); sie kann aktiviert werden in Geweben, die während der embryonalen Entwicklung zum Untergang bestimmt sind, oder während des normalen Zellzyklus in endokrin gesteuerten Organen. Der Verlust dieses Mechanismus eines durch Apoptose kontrollierten Zelltodes kann zur Weiterentwicklung eines Tumors beitragen. Bursch arbeitete mit der Transplantation von Östrogen-induzierten Nierentumoren des Hamsters. Inokulierte man Diethylstilböstrol-(DES-)vorbehandelte Hamster mit einer Zellsuspension des Östrogen-induzierten Nierentumors, so entwickelten die Hamster innerhalb von 2 bis 3 Wochen solide Tumoren; wird DES entzogen, bildet sich der Tumor beim Empfänger-Tier innerhalb von wenigen Tagen um 80 bis 90 % seiner Masse zurück. Nach Östrogenentzug hat sich also eine Tumorregression innerhalb von 4 Tagen abgeschlossen. Die mitotische Aktivität des Tumors nahm parallel um 90 % ab; zugleich verdoppelte sich die Einzelzell-Absterberate. Wiederaufnahme der Behandlung mit DES führte zu einer Reduktion der Apoptose um 80 % innerhalb 8 Stunden. Die mitotische Aktivität erreichte innerhalb von 24 Stunden wieder das Niveau vor dem DES-Entzug. Der Umfang der Nekrosezonen veränderte sich während dieser Experimente nicht. Auf diese Weise erreichte der inokulierte Tumor innerhalb von 2 Tagen nach Wiederaufnahme der DES-Behandlung sein Ausgangsvolumen. Diese Beobachtungen zeigen eine klare Abhängigkeit des programmierten Zelltodes dieser Nierentumorzellen von DES im hemmenden und nach dessen Entzug im fördernden Sinne. Funktionelle und morphologische Veränderungen charakterisieren das individuelle Absterben der Tumorzellen als Apoptose. Ferner lassen sich diese Untersuchungen interpretieren als Beleg für die Inhibition der Apoptose als einen weiteren wichtigen Mechanismus, unabhängig von mitogenen Eigenschaften, über welchen Hormone wie DES das Tumorwachstum fördern können.

Die moderne Krebsforschung hat eine „Multiple-hit-Theorie" entwickelt für das Phänomen der Abhängigkeit der zellulären Transformation zum malignen Phänotyp von mehreren unabhängigen genetischen Alterationen [6, 7]. Die erfolgreiche Zucht transgener Mäuse lieferte einen hervorragenden Beleg für die Bedeutung angeborener dominanter Onkogene als Ursache der Entwicklung reproduzierbarer Karzinome in jugendlichem Alter. Obwohl diese Onkogene in allen Zellen repräsentiert sind, werden nicht alle Zellen durch sie transformiert. Weitere genetische Defekte sind Voraussetzung für eine Tumorentwicklung.

Auf ein klassisches Experiment mit zwei Varianten transgener Mäuse sei an dieser Stelle hingewiesen; diese transgenen Mäuse waren Träger entweder eines aktivierten ras-Gens oder eines deregulierten myc-Gens im Brustdrüsengewebe. Transgene Mäuse entwickeln aus diesen Zellinien klonale Brusttumoren innerhalb von 3 Monaten. Deren Nachkommen, die nach Mendelschem Erbgang in einem Viertel der Fälle Träger sowohl des ras- und myc-Onkogens waren, entwickelten den gleichen klonalen Brusttumor bereits nach einem Monat. All diese Tumoren entwickelten sich jedoch als fokale Läsionen, ihre Weiterentwicklung zu infiltrierend wachsenden Tumoren setzt weitere genbiologische Ereignisse voraus. Diese Beobachtung ist ein sehr starkes experimentelles Argument für die Richtigkeit der „Multiple-hit-Theorie" der Kanzerogenese.

Die deregulierte Produktion eines normalen myc-Proteins kann eine zelluläre Transformation induzieren. Um solche durch das myc-Protein ausgelösten Transformationsprozesse genauer zu untersuchen, wurde ein Hybridgen konstruiert aus myc-Sequenzen und Sequenzen, welche die hormonbindende Domäne des Östrogenrezeptors kodieren. Diese Domäne wirkt wie ein intrazellulärer Schalter, der mit ihr verknüpfte Proteindomänen in Abwesenheit des Liganden inaktiv und in seiner Gegenwart aktiv hält. Die Genchimäre setzte man in einen Retrovirus-Vektor ein; mit den so neu konstruierten Viren infizierte man eine Kultur normaler Zellen. In Abwesenheit von Östrogen war das myc-Protein inaktiv, und die Zellen vermehrten sich weiterhin unauffällig. Erst die Behandlung mit Östrogenen führte zur Anhäufung von aktivem myc-Protein in den Zellkernen, woraufhin die Zellen vollständig transformiert wurden.

Zusammenfassend läßt sich feststellen, daß unsere gegenwärtigen experimentellen Kenntnisse hinweisen auf eine hormonelle Abhängigkeit sowohl der Proliferation als auch der zellulären Apoptose und daß auf diesem Wege Hormone mit dem Tumorzellwachstum interferieren können. Auf der anderen Seite gibt es ebenso Hinweise auf eine hormoninduzierte zelluläre Expression von Onkogenen. Dieses Grundwissen erlaubt jedoch keine festen Rückschlüsse darauf, in welcher Weise die einzelnen Schritte einer Promotion oder Inhibition der Tumorgenese langfristig und uni-direktional auf einen hormonellen Stimulus reagieren. Aus Sicht der klinischen Praxis kann das Problem, inwieweit HRT in der Tat die Entwicklung hormonabhängiger Tumoren beeinflussen kann, nur durch gut kontrollierte langfristige epidemiologische Untersuchungen gestützt werden. Deshalb soll ein kurzer Abriß auf die angesprochene Krebserkrankung der reproduktiven Organe der Frau gegeben werden.

Hauptteil

Endometrium-Karzinom

Das Risiko eines Endometrium-Karzinoms steigt dosis- und zeitabhängig unter einer Östrogen-Monotherapie an (Tab. 1). Dem bereits in die dreißiger und vierziger Jahre zurückdatierenden Wissen über die Bedeutung des Progesterons für eine regelmäßige Erneuerung des Endometriums wurde bei der Substitutionsbehandlung zu-

Tabelle 1: Alleinige Östrogen-Substitution und Endometrium-Karzinomrisiko in der Postmenopause

Autoren	Fälle (n)	Relatives Risiko
Quint, 1975 [8]	291	1,8
Smith et al., 1975 [9]	317	4,5
Ziel u. Finkle, 1975 [10]	94	7,6
Mack et al., 1976 [11]	63	8,0
McDonald et al., 1977 [12]	145	4,9
Gray et al., 1977 [13]	205	3,1
Horwitz u. Feinstein, 1978 [14]	119	1,7
Antunes et al., 1979 [15]	451	6,0
Jick et al., 1979 [16]	67	20,0
Shapiro et al., 1985 [17]	425	3,5
Persson et al., 1989 [18]	74	1,8

Tabelle 2: Effektive Gestagendosis zur Endometrium-Protektion bei sequentieller HRT

oral:	mg/Tag
Progesteron (mikronisiert)	200–300
Medroxyprogesteronacetat (MPA)	5–10
Medrogeston	5
Dydrogeston	10–20
Cyproteron-Acetat (CPA)	1
Norethisteron-Acetat (NETA)	1–2,5
dl-Norgestrel (NORG)	0,15
Levonorgestrel (LNG)	0,075
Desogestrel	0,15
transdermal:	
Norethisteron-Acetat (NETA)	0,25

nächst erstaunlich wenig Rechnung getragen. Aus Europa und den USA liegen inzwischen zahlreiche zuverlässige Studien vor, die den protektiven Effekt der Gestagene auf das durch Östrogene erhöhte Endometrium-Karzinomrisiko belegen [19].

Östrogene in höherer Dosierung und über längere Zeit erhöhen das Endometrium-Karzinomrisiko auf das Fünf- bis Sechsfache [20]; dabei darf jedoch nicht übersehen werden, daß dieses erhöhte Krebsrisiko nahezu ausschließlich auf frühe Stadien und hochdifferenzierte Tumoren beschränkt ist [21]. Die Heilungsrate dieser Östrogen-induzierten Endometrium-Karzinome liegt bei 95 %. Weniger gut differenzierte Endometrium-Karzinome unterscheiden sich jedoch deutlich in ihrer Hormonabhängigkeit, ein bis heute ungeklärtes Problem. Auf der anderen Seite beeinflussen Östrogene den Transformationsprozeß der normalen in die präkanzeröse Endometriumzelle nicht nur über Östrogen-bindende Domänen mit Aktivierung eines genetischen Codes, sondern auch über mögliche immun-suppressive Mechanismen [21].

Der Progestogeneffekt am Endometrium ist ebenfalls dosis- und zeitabhängig und weniger an den Typ des Progestogens gebunden. In der Folge haben die gebräuchlichen Progestogene im allgemeinen den gleichen präventiven Effekt auf das Endometrium-Karzinom [19]. In den älteren klinischen Studien wurden die Gestagene in der Regel sequentiell-zyklisch verabreicht. Eine kontinuierlich-kombinierte Einnahme eines Östrogens und eines Gestagens bewährt sich besonders in den späteren postmenopausalen Jahren; hier wünschen sich mehr als zwei Drittel aller Frauen eine dauerhafte Amenorrhoe, und die Gefahr von Blutungsstörungen durch eine residuale endogene Östrogensekretion der Ovarien ist dann zu vernachlässigen. Whiteheads Arbeitsgruppe untersuchte die erhebliche inter-individuelle Variation der endometrialen Reaktion auf die Gestagene. Eine Protektion des Endometrium ist nahezu allen Frauen gewährleistet durch eine minimale Dosis von 0,7 mg Norethisteron, 250 μg Levonorgestrel, 200 mg Progesteron, 10 mg Medroxyprogesteronacetat oder 20 mg Dydrogesteron (s. Tab. 2). In älteren Untersuchungen wurde die Östrogen-abhängige endometriale Hyperplasie durch geringere als Gestagen-Transformationsdosen verhindert, wenn die Komedikation für mindestens 12 Tage erfolgte [22]. Sturdee [23] widersprach jedoch dieser Hypothese und hält 10 Tage einer Gestagen-Komedikation für ausreichend.

Die nicht durch Gestagene ausgeglichene Östrogenwirkung ist die gemeinsame Determinante vieler Risikofaktoren des Endometrium-Karzinoms. Hierzu gehören die adipösen Frauen, die vermehrt in der Lage sind, Androstendion zu Östron zu aromatisieren, mit einem dreifach erhöhten Risiko [24]. Bei einem Übergewicht von etwa 25 kg verzehnfacht sich das Risiko. Bereits 1977 konnte Gambrell zeigen, daß die zweithöchste Inzidenz des Endometrium-Karzinoms bei nicht-substituierten postmenopausalen Frauen angetroffen wird, bei denen aufgrund fehlender Ausfallserscheinungen auf eine Substitution verzichtet wurde [25]. In dieser Gruppe fanden sich auffällig viele adipöse und kinderlose Frauen [26, 27]. Deshalb empfiehlt Gambrell, auch nicht mit Östrogenen substituierte Frauen der verschiedenen Risikogruppen regelmäßig mit Gestagenen zu behandeln, um die vermehrt gebildeten endogenen Östrogene zu opponieren [28]. Solange der Gestagen-Test noch positiv ausfällt, sollte jeden Monat ein Gestagen über 10 bis 14 Tage verabreicht werden, bei negativem Gestagen-Test empfiehlt Gambrell dessen jährliche Wiederholung.

In die Risikogruppe müßten aus dem gleichen Grunde wie postmenopausale adipöse Frauen auch übergewichtige junge Frauen mit polycystischem Ovar-Syndrom gezählt werden, bei denen ein fünffach erhöhtes Endometrium-Karzinomrisiko errechnet wurde [27, 29]. Bei Frauen, die polycystische Ovarien entwickeln, ist auch das Risiko eines Mamma-Karzinoms um etwa das Sechsfache erhöht [27], wobei der zugrunde liegende Mechanismus alles andere als geklärt ist.

Unser gegenwärtiges Verordnungsspektrum der postmenopausalen Hormonsubstitution gründet sich auf eine kontinuierliche Verabfolgung der Östrogenkomponente mit einer entweder zyklischen oder kontinuierlichen Kombination mit Gestagenen. Die pharmakokinetische und pharmakodynamische Variabilität sowohl der Östrogene als auch der Gestagenkomponente, intra-individuelle und – noch wichtiger – inter-individuelle Abweichung sprechen insgesamt gegen die Vorstellung, eine einzige Östrogen-Gestagen-Kombination für alle Indikationen zu entwickeln [30]. Unterschiedliche Durchblutungsgrößen und hormonelle Sensitivität sowie andere Faktoren können Ursache sein für Abweichungen der Endometrium-Entwicklung. Deshalb werden morphologische Abweichungen des Endometriums nicht immer durch eine Endometrium-Biopsie oder Voll-Curettage ausgeschlossen. Hysteroskopisch geführte Biopsien als „Goldstandard" der Überwachung des Endometrium während HRT wie auch der Endometrium-Ultraschall bedürfen einer Weiterentwicklung als zuverlässige Methoden zur Risikoüberwachung.

Bis in die jüngste Vergangenheit wurden Frauen nach behandeltem Endometrium-Karzinom nicht mehr hormonsubstituiert. Eine 1986 veröffentlichte Untersuchung der Duke University demonstrierte ein reduziertes Rezidiv- und verlängertes Überlebensrisiko bei Östrogen-substituierten Frauen, deren Behandlung wegen eines Endometrium-Karzinoms des Stadium I wenigstens 6 Monate zurücklag; die Rezidivraten von 2,1 % (40 Patientinnen) gegenüber den Kontrollen von 14,7 % (174 Patientinnen) unterschieden sich signifikant auf dem 5-%-Niveau. Andere Arbeitsgruppen bestätigten diese Ergebnisse [32]. Deshalb wird das Endometrium-Karzinom nicht mehr als absolute Kontraindikation gegen HRT betrachtet. Es sollte jedoch ein kontinuierlich-kombiniertes monophasisches Behandlungsprotokoll für diese Stadium-I-Karzinom-Patientinnen mit ihrer ausgezeichneten Prognose bevorzugt werden. Die Frauen sollten über die Hintergründe ausführlich aufgeklärt werden und dem Vorgehen zustimmen.

Ovarial-Karzinom

Aus epidemiologischer Sicht wird die Chance, an einem Ovarial-Karzinom zu erkranken, vor allem durch den Paritäts-Status bestimmt. Das Erkrankungsrisiko Mehrgebärender ist deutlich geringer als das nulliparer Frauen und wurde in einer kollaborativen Analyse aus zwölf amerikanischen Fallkontrollstudien mit einer Zufallswahrscheinlichkeit von 0,47 berechnet, bei einem 95 %igen Vertrauensbereich von 0,40 bis 0,56 [33]. Diese Analyse gründet sich auf Daten von 2.197 weißen Frauen mit einem invasiv wachsenden epithelialen Ovarial-Tumor im Vergleich zu 8.893 weißen Kontrollpersonen. Der größte Schutzeffekt war mit der ersten ausgetragenen Schwangerschaft assoziiert. Jede weitere Schwangerschaft bringt die gleiche prozentuale Risikoverminderung ein, die auf 14 % geschätzt wird; die Risikoabminderung mit der ersten ausgetragenen Schwangerschaft wurde auf 40 % berechnet. Diese Zahlen ändern sich nicht, wenn die Kollektive auf Pillengebrauch oder eheliche Partnerschaft korrigiert werden.

Der Einfluß der Parität wurde durch die „Ovulationshypothese" erklärt, die eine Erhöhung des Ovarial-Karzinomrisikos mit jeder Ovulation unterstellt [34, 35]. Ein wesentlicher Impetus für die Replikation der ovariellen Epithelzelle ist die Reparatur der Tunica ovarii nach jeder Ovulation. Wenn das Ovarial-Karzinom seinen Ursprung in diesen Oberflächen-Epithelzellen nimmt oder in Krypten, in die das Oberflächen-Epithel nach der Ovulation hineinwächst, dann sollte eine Reduktion ovulatorischer Zyklusepisoden das Ovarial-Karzinomrisiko mindern. Diese Hypothese wird unterstützt durch die wohldokumentierte Risikoabsenkung nach oraler Kontrazeption; in Populationsstudien wird eine OR = 0,66 mit einem 95 %igen Vertrauensbereich von 0,55 bis 0,78 für Pillenbenutzerinnen gefunden [33]. Unter Frauen, die jemals eine Pille eingenommen haben, sinkt das Risiko mit der Zahl der Einnahmejahre. Diese epidemiologischen Daten sind nach Zahl der ausgetragenen Schwangerschaften und Stillen korrigiert, da Gebärende, die jemals gestillt haben, ihr Ovarial-Karzinomrisiko ebenfalls gegenüber nicht stillenden absenken (OR = 0,73, 95 % CI 0,51–1,0, in Hospitalstudien). Der Trend einer Risikoabsenkung bei Pillenbenutzerinnen ist ausgeprägter für Frauen mit einer 2- bis 5jährigen Pilleneinnahme als für Einnahmeperioden von 6 und mehr Jahren [33]. Von anderen Autoren wurde eine Absenkung des Ovarial-Karzinomrisikos von 7,5 % pro Jahr einer Pilleneinnahme hochgerechnet [36]. Für das Ovarial-Karzinom besteht eine vergleichbare Altersabhängigkeit wie für das Endometrium-Karzinom. Frauen, die ihre Pilleneinnahme für mehr als 15 Jahre unterbrochen haben, erhalten sich ihre Protektion gegen den Eierstockskrebs [33]. Die epidemiologischen Daten der oben zitierten Ovarian Cancer Study Group lassen als kanzerogenetischen Mechanismus eher den Prozeß der Follikelreifung als die Ovulation vermuten. Die Follikelreifung wird durch Schwangerschaft und Pilleneinnahme unterdrückt. Hinsichtlich des Einflusses von Menarchealter und natürlichem Menopausealter wird kein epidemiologisches Muster erkennbar. Nur ein schwacher Trend eines abnehmenden Risikos mit zunehmendem Menarchealter wird erkennbar, hingegen läßt sich bei prämenopausalen und natürlich postmenopausalen Frauen unter 55 Jahren kein Risikotrend bei zunehmendem Zeitintervall seit der letzten Regelblutung erkennen [33]. Anstatt die Aufmerksamkeit auf die Zahl der ovulatorischen Episoden oder die Follikelreifung zu richten, sollten die Gonadotropine als kritischer wachstumsfördernder Stimulus beachtet werden. Diese sind sowohl während Schwangerschaft, Laktation und Pilleneinnahme abgesenkt, aber nicht während einer postmenopausalen Östrogensubstitution.

Dies könnte auch der Grund sein, weshalb weder in Hospital- noch in Populationsstudien Belege für eine Beeinflussung des Ovarial-Karzinomrisikos durch Östrogensubstitution gefunden werden konnten. Nach mehr als 2jähriger Östrogeneinnahme wird im Vergleich zu Nicht-Einnehmerinnen die OR mit 0,98 berechnet, 95 % Vertrauensbereich 0,35 bis 2,3 bei Hospitalstudien, und auf 1,1 mit einem 95-%-CI von 0,59 bis 2,0 bei den Populationsuntersuchungen; zusätzlich wurde kein Trend der Risikobeeinflussung mit Dauer der Östrogensubstitution beobachtet [33].

Es fehlen Untersuchungsergebnisse nach kombinierter Östrogen- und Gestagen-Substitution in der Postmenopause. Eine retrospektive deutsche Analyse umfaßt 9.753 Patientenjahre mit sogenannten Matched-pair-Kontrollen aus dem Baden-Württembergischen Krebsregister [37]. Im Krebsregister wurden 31,0 Ovarial-Karzinome auf 100.000 postmenopausale Frauen pro Jahr errechnet. Die 12.000 Kontrollen der Studien ergaben eine Inzidenz von 35,6 Karzinomfällen, unter den 279 Östrogen-Einnehmerinnen wurde das Risiko auf 26,7 Fälle berechnet, bei 733 Östrogen-Gestagen-Benutzerinnen jedoch nur 18,4 Fälle; dies entspricht einer deutlichen Risikoabsenkung durch die kombinierte Hormonsubstitution.

Mamma-Karzinom

Für die Nordamerikanerinnen errechnet sich das Lebenszeitrisiko eines Mamma-Karzinoms auf 1 zu 8, dies entspricht einer Risikoverdoppelung seit 1940. Diese bedauerliche Entwicklung über das vergangene halbe Jahrhundert schlägt Kliniker und Epidemiologen in den Bann. Risikofaktoren wurden identifiziert, die einen Einblick in die Genese des Mamma-Karzinoms gewähren sollen. So entwickeln US-Amerikanerinnen oder Europäerinnen wesentlich häufiger ein Mamma-Karzinom als Asiatinnen. Eine persönliche oder familiäre Vorgeschichte eines Mamma-Karzinoms erhöht das Risiko drei- bis fünffach. Frauen, deren Schwestern ein Karzinom vor dem vierzigsten Lebensjahr entwickeln, haben ein noch höheres Risiko, das weiterhin gesteigert wird bei bilateraler Krebsanlage. Die familiäre Häufung von Brustkrebs bei Verwandten ersten Grades und das in wenigen Familien beobachtete Auftreten von Brustkrebs in jungem Alter hat zur Kartierung eines Genortes BRCA1 geführt und zum Beweis der Beteiligung von Genen beim Brustkrebs. Dennoch wird nur ein kleiner Anteil aller Brustkrebs-Erkrankungen durch eine Familienvorgeschichte erklärt, wodurch die Bedeutung nicht genetisch bedingter Faktoren bei der Brustkrebs-

Entstehung unterstrichen wird. Der BRCA1-Locus bzw. Mutationen in diesem Locus sind für die Erkrankung verantwortlich in der Mehrheit der Familien, in denen mindestens sechs Brustkrebs-Fälle im Alter unter 45 Jahren aufgetreten sind, sowie in nahezu allen Familien mit Brust- und Eierstockskrebs. Genträgerinnen einer BRCA1-Mutation haben ein Risiko von 72 % bis zum Alter von 50 Jahren und 87 % bis zum Alter von 70 Jahren, an Brustkrebs zu erkranken. Das Risiko, an Eierstockskrebs zu erkranken, beträgt 29 bzw. 44 % [38]. Untersuchungen bei anderen Krebsarten haben gezeigt, daß Veränderungen in den gleichen Genen, die bei der vererbten Form beteiligt sind, auch an der Entstehung aller anderen Fälle in der Bevölkerung beteiligt sind. Zum Beispiel wird sowohl für das dominant vererbte Retinoblastom als auch die familiäre adenomatöse Polypose aufgrund einer Keimbahnmutation das Krankheitsgen in den Körperzellen durch ein Allel inaktiviert. Da die Krankheitsgene von Herkunft tumorsupprimierende Gene sind, findet man eine Mutation bzw. den Verlust des zweiten Allels in Tumorzellen und damit den Ausfall beider Allele [39]. Bei nicht-familiären Fällen hat man in Tumorzellen somatische Mutationen in den gleichen Genen gefunden. Die normale Funktion von tumorsupprimierenden Genen in der Regulierung von Zellteilung und Proliferation geht bei Mutationsereignissen verloren. Es gibt Hinweise, daß das BRCA1-Gen ein Tumorsuppressorgen ist [39]. Mit der Identifizierung des Gens kann seine normale Funktion gesucht werden. Erst dann lassen sich die zur Zellentartung führenden Abläufe, die durch eine Fehlfunktion des mutierten Gens verursacht werden, im einzelnen herausarbeiten.

Exogene Faktoren sind möglicherweise ebenso wichtig wie genetische Ursachen. Zu den „strengen" Risikofaktoren gehören höheres Alter, eine verlängerte reproduktive Lebensphase mit nicht unterbrochenen Zyklusabläufen (späte erste Schwangerschaft, Nulliparität), Herkunft (ohne ethnischen Bezug), wohl auch Eßgewohnheiten, Alkoholkonsum und möglicherweise Hormonanwendung. Die Frage, inwieweit eine Substitution mit Östrogenen mit oder ohne Gestagenkombination das Brustkrebs-Risiko beeinflußt, soll im folgenden an den uns verfügbaren epidemiologischen Kerndaten erörtert werden, die für unser praktisches ärztliches Handeln von Bedeutung sind.

In der zwischen 1975 und 1985 veröffentlichten Literatur schwankt das relative Risiko eines Mamma-Karzinoms nach Östrogensubstitution (ERT) zwischen 0,62 bis 1,95. Neuere Publikationen seit 1986 ergaben keine engeren Assoziationen, da die relativen Risiken weiterhin zwischen 0,70 bis 1,67 variierten. Hierfür sind unter anderem unterschiedliche Ein- und Ausschlußkriterien verantwortlich. Die gesamte Schwankungsbreite aller seit 1975 veröffentlichten Daten erstreckt sich von 0,61 bis 1,95. Weitere Gründe für methodische Fehler sind der Einschluß prämenopausaler Frauen, fehlende Altersgrenzen oder keine korrektes „Matching" der Kontrollen. Die Freiwilligen wurden teils über die Gesundheitsdienste, teils mit Hilfe von Screeningprogrammen oder anläßlich klinischer Untersuchungen rekrutiert. Weitere bedeutsame Variable des Brustkrebs-Risikos sind die Ovarialfunktion, das Menopausealter, Art und Dosis des substituierten Östrogens und Dauer der ERT. Auch wird das Ergebnis durch die Art der Kontrolle mit bestimmt. Hospitalisierte Frauen unterscheiden sich in ihrem Risikoprofil von der allgemeinen Bevölkerung [40]. Auch ist die Tatsache einer ERT häufig schlecht definiert, und es gibt Studien, die Einnahmeepisoden von einem Monat, 3 Monaten oder 6 Monaten als Einschlußkriterien zulassen. Wiederum andere Autoren verlangen bis zu 5 Jahre einer kontinuierlichen Östrogeneinnahme, um eine Frau als Östrogen-Anwenderin einzustufen. Zahlreiche Studien schlüsseln die Resultate nicht auf nach dem Einfluß der Östrogen-Dosis und des Östrogen-Typs. Auch wird häufig nicht danach gefragt, ob eine Pilleneinnahme vor der Menopause das Risiko beeinflußt haben könnte. In einigen Studien werden epidemiologische oder statistische Grundregeln verletzt. Aus diesen Gründen erlauben die heute vorliegenden Berichte einzelner Arbeitsgruppen keine abschließende Beurteilung.

Derartigen methodischen Irrtümern sollen sogenannte Meta-Analysen abhelfen, die alle wichtigen Studien zu einer bestimmten Fragestellung zusammenstellen und nach deren wissenschaftlichen Seriösität und Bedeutung mit einem Faktor versehen, welcher dem Gewicht der enthaltenen Information entspricht. Aber auch Meta-Analysen können durch unklare Studienanlagen beeinflußt werden, indem die unterschiedlichen Definitionen, die in den einzelnen Studien verwendet wurden, auch in die Meta-Analysen einfließen oder indem bestimmte Studien, je nach der Definition der Autoren, in die Meta-Analyse mit eingeschlossen werden oder nicht [41].

Die beiden Meta-Analysen von Dupont und Page [42] und von Steinberg et al. [43], die ein mittleres relatives Risiko von 1,08 (95 % Vertrauensintervall 0,96–1,7) errechneten, erlauben die Schlußfolgerung, daß eine postmenopausale Östrogensubstitution mit 0,625 mg konjugierten Östrogenen über bis zu 20 Jahre das relative Risiko eines Brustkrebses nicht erhöht. Während Steinberg in seiner Meta-Analyse bei mehr als 5jähriger Einnahmedauer nach natürlicher oder chirurgischer Menopause auf ein leicht erhöhtes Risiko schließt, sieht er bis zu 5 Jahren keinerlei Veränderungen, auch nicht nach Verdoppelung der Östrogendosis von 0,625 mg konjugierter Östrogene auf 1,25 mg pro Tag. Die größte je organisierte prospektive Untersuchung, die US Nurses Health Study, sieht keine bedeutsamen Risikoänderungen bei Dosen zwischen 0,3 bis 1,25 mg konjugierter Östrogene pro Tag für Anwendungszeiträume zwischen ein und 20 Jahren [44]. Langzeitanwenderinnen, die höhere Dosen als 1,25 mg konjugierter Östrogene pro Tag einnehmen, sind wenig untersucht; deshalb gilt als Rationale der Hormonsubstitution, sich für eine minimale Östrogendosis zu entscheiden, die gerade die klimakterischen Ausfallserscheinungen kupiert und einen sicheren Osteoporoseschutz gewährleistet.

Nicht unerwähnt bleiben darf an dieser Stelle die Analyse von Hunt und Vessey [45], die 14 Fallkontroll- und 7 Kohortenstudien einschließt mit verschiedenen Anwendungsschemata und Einnahmedauern. In 10 Analysen ergab sich ein signifikanter Trend zur Risikoerhöhung, in den übrigen 7 konnte dieser nicht nachgewiesen werden und stimmen die Ergebnisse mit denen von Dupont und Page überein.

Eine genauere Analyse der von Colditz und Mitarbeitern organisierten Health Study in Boston, an der mehr als 120.000 postmenopausale Krankenschwestern teilnahmen, umfaßt insgesamt 367.182 Frauenjahre [44]. Es wurde nach „never-users" (Frauen ohne jede Östrogeneinnahme), „current users" (gegenwärtig substituierte Frauen) und „past users" (früher substituierte Frauen) gesondert analysiert. Das relative Risiko der current users lag bei 1,40 und damit höher als das durchschnittliche metaanalytische Risiko von 1,08; der Unterschied zwischen current und never-users erreicht jedoch keine statistische Signifikanz. Auffallenderweise schwankt das relative Risiko der current users in Abhängigkeit vom Alkoholkonsum. Frauen, die regelmäßig Alkohol trinken, hatten ein relatives Risiko von 1,56 im Gegensatz zu Abstinenten mit 0,99; letzteres ist identisch mit den Kontrollen und past users. Aus diesen Gründen bleibt offen, inwieweit ein unterschiedlicher Lebensstil mit allen seinen Folgen nicht viel eher verantwortlich ist für die in den epidemiologischen Studien erarbeiteten Unterschiede des Krebsrisikos. Alkoholkonsum als ein einzelnes herausgegriffenes Element der Lebensführung deckt bereits die gesamte Variationsbreite der vorgelegten Risikoanalysen ab. Deshalb richten sich die gegenwärtigen Untersuchungen ganz besonders auf diese „life style factors".

Eine Alterskorrektur ergibt in der großen Bostoner prospektiven Studie keinen Hinweis für ein unterschiedliches Brustkrebs-Risiko bei HRT. Werden ehemalige Hormonanwenderinnen nach dem Zeitintervall seit Abschluß der Hormoneinnahme klassifiziert, so nimmt das relative Risiko mit zunehmendem Zeitintervall ab. Ist das relative Risiko 12 Monate nach Abbruch der HRT 0,90, so erreicht es 10 Jahre später einen Wert von 0,70. Solche Erfahrungen sollten eingehen in Überlegungen zur Langzeitanwendung. Eine präexistente gutartige Brusterkrankung wurde als relative Kontraindikation gegen HRT betrachtet. Sowohl die retrospektive Meta-Analyse von Dupont und Page als auch die prospektive Bostoner Studie lassen jeden Hinweis auf einen Zusammenhang zwischen gutartigen Brusterkrankungen und Veränderungen des Brustkrebs-Risikos unter HRT vermissen. Aus diesem Grunde ist die gutartige Brusterkrankung keine Kontraindikation für eine postmenopausale Hormonsubstitution.

Progesteron und Mamma

Zu den typischen Wachstumsfaktoren des Brustdrüsengewebes zählen neben Östradiol auch das Progesteron, Androgene und Prolaktin. Histologische Veränderungen des Drüsenepithels und Myoepithels wurden während des Menstruationszyklus beobachtet [46]. Eindeutige Zuordnungen zyklusabhängiger Veränderungen sind jedoch problematisch, der histologische Zugang zur gesunden Brust verständlicherweise erschwert. An 125 Gewebeproben normalen Brustdrüsengewebes fiel besonders die erhöhte Zellteilungsaktivität in der zweiten Zyklushälfte auf, in deutlichem Gegensatz zum Endometrium. Dies gilt auch für das Phänomen der zellulären Apoptose und die Variation der spezifischen Steroidrezeptoren [47]. Während der Schwangerschaft proliferiert das Drüsenepithel etwa dreifach stärker als während des Menstruationszyklus; nach der 20. Schwangerschaftswoche geht die mitotische Aktivität jedoch zurück auf Zyklusniveau. Andere konstitutionelle Faktoren beeinflussen die DNA-Aktivität des Drüsenepithels. In experimentellen Untersuchungen induziert Östradiol Wachstumsfaktoren und deren Interaktion in hormonabhängigem Brustkrebs-Gewebe, es gibt jedoch keine Untersuchungen über einen unabhängigen Einfluß des Progesteron auf diese autokrinen und parakrinen Mechanismen der Wachstumsregulation. Die Entwicklung eines hormonabhängigen Brusttumors zur Hormonunabhängigkeit hängt von multiplen genetischen Mechanismen der Onkogenaktivierung ab, einem Verlust des Östrogenrezeptors oder der Hormonresponsivität anderer Genprodukte. Die initiale Karzinogenese und fortschreitende Kanzerisierung des Brustdrüsenepithels erfordert wahrscheinlich sowohl proliferative Stimuli (und damit Östrogen, Zytokine und Wachstumsfaktoren) als auch den Gendefekt, der die Hormonsensitivität qualitativ ändert. Die vorliegenden wenigen epidemiologischen und klinischen Untersuchungen einer kombinierten Östrogen-

und Gestagensubstitution und ihre Beziehung zum relativen Brustkrebs-Risiko sind kurz skizziert. Gambrell hat mit seinen Mitarbeitern die ersten epidemiologischen Untersuchungen vorgestellt [48, 49]. Ein vermindertes relatives Brustkrebs-Risiko und damit einen protektiven Gestageneffekt haben sowohl Gambrell [49] wie auch Frau Nachtigall [50] beobachtet.

Letztere verglich 84 postmenopausale Frauen unter Substitution mit konjugierten Östrogenen und Medroxyprogesteronacetat zur gleichen Zahl von Kontrollpersonen; innerhalb von 10 Jahren wurden in der HRT-Gruppe keine Mamma-Karzinome im Vergleich zu 4 Fällen in der Placebo-Gruppe observiert ($p < 0{,}05$). Die prospektive Ulmer Studie von Lauritzen [51] ergab 109 Brustkrebs-Fälle auf 100.000 Frauenjahre im Vergleich zu 154 Fällen in der Kontrollgruppe ($p < 0{,}05$). Frau Ewertz [52] konnte in ihrer dänischen Fallkontrollstudie ebenfalls keinen signifikanten Anstieg des Brustkrebs-Risikos unter HRT mit Östrogenen und Gestagenen beobachten; eine Untergruppe mit 56 Frauen unter Östrogen- plus Androgen-Substitution hatte jedoch einen signifikanten Anstieg auf ein RR von 2,3. Ob dies als Hinweis auf einen krebsfördernden Effekt der Androgene interpretiert werden darf, bleibt abzuwarten. Besonders in Europa wurde ein breites Spektrum von Gestagenen eingesetzt wie die Abkömmlinge des 17-α-OH-Progesterons, des Testosterons und die Retroprogesterone; neben methodischen Ursachen mag auch hierin eine Ursache für die Variation der errechneten Brustkrebs-Risiken unter HRT zu suchen sein. Die Uppsala-Studie umfaßt 23.000 Frauen; während das Brustkrebs-Risiko der Gesamtbevölkerung identisch mit der Analyse von Dupont und Page ist, wurde nach Zugabe eines Gestagens ein erhöhtes Risiko errechnet [53]. Da diese Untersuchungen über die Komedikation mit Gestagenen erhebliche methodische Probleme aufwarfen, z. B. enthielt diese Untergruppe nur 10 Brustkrebs-Fälle, ergab die weitere Auswertung in einem späteren Bericht der gleichen Autoren [54] keinen statistischen Unterschied des Brustkrebs-Risikos beim Vergleich einer Östrogen-Monosubstitution mit der kombinierten Östrogen- und Gestagen-Substitution. In zwei weiteren Studien beobachteten Palmer et al. [55] nur einen geringen und nicht signifikanten Anstieg des Brustkrebs-Risikos unter kombinierter HRT bei 607 Einnehmerinnen im Vergleich zu 12.014 angepaßten Kontrollen, und Kaufman und Mitarbeiter [56] sahen ebenfalls einen nur geringen, nicht signifikanten Anstieg des RR unter Östrogen-Gestagen-Komedikation.

Die Ergebnisse größerer gut geplanter Studien zum Einfluß der Hormonsubstitution auf das Brustkrebs-Risiko müssen abgewartet werden. Das betrifft sowohl andere Östrogene als die in den angelsächsischen Studien vor allem angewendeten konjugierten Östrogene sowie die Komedikation mit verschiedenen Gestagenen. Derzeit gibt es jedoch kein wissenschaftliches Argument gegen die Empfehlung einer sequentiellen Kombination eines Gestagens für 12 bis 14 Tage pro Monat zur ERT bei Frauen mit intaktem Uterus [57].

Postmenopausale Hormonsubstitution bei Zustand nach Mamma-Karzinom

Heute gibt es mehr Brustkrebs-Überlebende als je zuvor; deren nicht-onkologische Gesundheitsprobleme bilden eine zunehmende medizinische Herausforderung. Als Folge eines verstärkten Screenings beobachten wir eine Zunahme nicht-invasiver und kleiner, invasiver und Lymphknoten-negativer Mamma-Karzinome; in deren Folge nehmen offenbar auch die Fünf-Jahres-Überlebensraten des Brustkrebses seit

1979 zu [58]. Aus der oben geführten epidemiologischen Diskussion läßt sich kein Argument für ein signifikant erhöhtes Brustkrebs-Risiko unter Hormonsubstitution ableiten. Einflüsse des Lebensstiles wie Alkoholkonsum sind offenbar bedeutsamer. Das Lebensrisiko einer Frau, an einer koronaren Herzerkrankung zu sterben, ist zehnfach höher als das Risiko eines Todes infolge Brustkrebs. Die Lebenserwartung Östrogen-substituierter Frauen wird im Vergleich zu Nicht-Anwenderinnen um etwa 3 Jahre erhöht [59] (Tab. 3).

Noch bedeutsamer als eine verlängerte Lebenserwartung ist die Lebensqualität. In deren Verbesserung sehen wir auch den herausragenden Vorzug einer Hormonsubstitution neben der Absenkung metabolischer Risiken als Folge des Östrogenmangels. Eine Verweigerung der Östrogensubstitution vermag die Lebensqualität Brustkrebs-Überlebender zu mindern. Ein solches Versagen der Hormonsubstitution, das Betroffene ihrem erhöhten koronaren Herzerkrankungsrisiko und der vermehrten osteoporotischen Frakturneigung überläßt, kann auch das Gesamtüberleben verringern. Ein anderer wesentlicher Aspekt ist die nicht krebsbedingte Mortalität, die überwiegend die nodal negative Brustkrebs-erkrankte Frau betrifft; kardiovaskuläre Erkrankungen sind die häufigste nicht neoplastische Ursache. Andere wesentliche Punkte betreffen die Auslösung einer prämaturen Menopause nach adjuvanter Chemotherapie des Mamma-Karzinoms. Die weit gebräuchliche Kombination von Cyclophosphamid, Methotrexat und 5-Fluoro-Uracil induziert altersabhängig ein deutlich erhöhtes Amenorrhoerisiko [63] (Tab. 4). Ein iatrogenes permanentes Ovarialversagen betrifft altersabhängig etwa 9 von 10 Behandelten [63] (Tab. 4).

Ob Lebensqualität und verlängerte Lebenserwartung eine Östrogensubstitution bei Brustkrebs-Überlebenden rechtfertigen, wird unter den Experten zunehmend debattiert [67]. Während das amerikanische College of Obstetricians and Gynecologists die Östrogensubstitution postmenopausaler Frauen unterstützt, das Mamma-Karzinom jedoch als Kontraindikation betrachtet [68], hat die Deutsche Gesellschaft für Senologie auf der anderen Seite subtile Empfehlungen für dieses sehr delikate und schwierige Thema veröffentlicht [69]. Nach letzteren Empfehlungen werden Patienten hinsichtlich ihres Hormonrezeptor- und Nodal-Status klassifiziert. Dabei sollen folgende Prinzipien beachtet werden:

1. Der behandelnde Onkologe muß über den Beginn einer Hormonsubstitution orientiert werden und damit einverstanden sein.

Tabelle 3: Brustkrebs-Mortalität bei Östrogen-substituierten Frauen

Referenz	Design	Anzahl Mamma-Ca.	RR (95 % CI)	P
Bergquist et al. [53]	Kohorte	2.610	0,68 (0,52–0,87)	< 0,01
Gambrell [49]	Kohorte	50	0,53	< 0,007
Hunt et al. [45]	Kohorte	50	0,55 (0,28–0,96)	< 0,05
Henderson et al. [60]	Kohorte	148	0,81	< 0,06
Criqui et al. [61]	Kohorte	42	0,73 (0,44–1,22)	< 0,05

2. Die Patientin muß über den Nutzen und die Risiken der Hormonsubstitution in ihrem speziellen Fall orientiert sein und sollte vor Beginn eine Einverständniserklärung abgeben.

Die Zuordnung zu vier Erkrankungsgruppen mit den entsprechenden Empfehlungen der Hormonsubstitution sind in Tabelle 6 dargestellt. Die Empfehlungen basieren auf der Tatsache, daß eine Östrogensubstitution postmenopausaler Frauen mit der Vorgeschichte eines Mamma-Karzinoms ruhende Tumorzellen aktivieren kann (Tab. 7). Es gibt jedoch kaum klinische Belege für eine solche Betrachtungsweise. Wenn wir annehmen, daß endogene Östrogene das Brustkrebs-Wachstum fördern, sollten Frauen mit einer Brustkrebs-Erkrankung in der Postmenopause eine bessere Prognose als ihre prämenopausalen Leidensgefährtinnen haben. Das ist jedoch nicht der Fall. Statt dessen haben postmenopausale Mamma-Karzinome einen schnelleren Progreß [71]. Offenbar arbeitet die lokale autokrine und parakrine Steuerung der Wachstumsfaktoren des Brustdrüsengewebes unabhängig von dem Konzentrationsgradienten zu den peripheren Östrogenen [72]. Wenn eine Östrogensubstitution wiederum nachteilig wäre für Brustkrebs-behandelte Frauen, so sollten diejenigen, deren Brustkrebs sich unter Östrogensubstitution entwickelte, auch eine ungünstigere Prognose haben. Es haben jedoch unter ERT Brustkrebs-erkrankte Frauen eine bessere Prognose (Tab. 5). Frauen, bei denen Brustkrebs innerhalb eines Jahres nach Absetzen einer Östrogensubstitution erkannt wurde, überleben relativ länger als Nicht-Substituierte oder Frauen mit einer mehr als ein Jahr zurückliegenden Östrogeneinnahme [66]. Beson-

Tabelle 4: Östrogen-Substitution bei Status nach Mamma-Karzinom

A. Unterstützende Argumente

- Kann Lebensqualität bei Brustkrebs-Überlebenden fördern
- Verbessert Gesamtüberleben durch Absenken des kardiovaskulären und osteoporotischen Frakturrisikos
- Überwindet die Ausprägung einer praematuren Menopause, ausgelöst z. B. durch adjuvante Chemotherapie mit CMF:
  Amenorrhoe bei:
  53 % der Frauen < 35 Jahre alt
  84 % der Frauen 35–44 Jahre alt
  94 % der Frauen ≥ 45 Jahre alt
  Permanente Ovarialinsuffizienz bei:
  86 % der Frauen unter 40 Jahren
  96 % der Frauen über 40 Jahre

Bonadonna et al., 1979 [63]

Tabelle 5: Östrogen-Substitution bei Status nach Mamma-Karzinom

B. Weitere unterstützende Argumente

- Nicht-neoplastische Todesursache vorherrschend bei nodal negativen Brustkrebs-Überlebenden ohne Chemotherapie
- Schwangerschaft ohne Einfluß auf Brustkrebs
  Zemlickis et al., 1992 [64]
- ERT vor einer Brustkrebsdiagnose reduziert die relative Brustkrebs-Mortalität
  Hunt et al., 1987 [49]
  Henderson et al., 1991 [60]
  Criqui, Barret-Connor et al., 1988 [61]
  Bergquist et al., 1992 [65]
  Gambrell, 1984 [66]
- Frauen mit Brustkrebsdiagnose innerhalb eines Jahres nach ERT überleben länger als Nicht-Einnehmerinnen oder Frauen mit über einem Jahr zurückliegender ERT
- Frauen mit postmenopausal aufgetretenem Brustkrebs haben keine bessere Prognose als prämenopausal Brustkrebskranke

ders die in der Tabelle 5 zitierten Untersuchungen von Gambrell weisen auf eine Brustkrebs-Mortalität von 22 % nach Diagnose unter ERT hin im Vergleich zu 46 % bei Nicht-Anwenderinnen ($p < 0,002$). Dabei waren 57 % der Hormonanwenderinnen Lymphknoten-negativ im Vergleich zu 42 % der Nicht-Anwenderinnen; innerhalb der Lymphknoten-negativen Gruppe lag die Mortalitätsrate bei 8 % für Hormonanwenderinnen und 25 % für Nicht-Anwenderinnen ($p < 0,05$). Die ebenfalls zitierte Arbeitsgruppe von Henderson [60] bestätigt diese Erfahrung und berichtet über eine 19 %ige Absenkung der Brustkrebs-Mortalität unter 4.988 Frauen unter ERT im Vergleich zu 3.865 Nicht-Anwenderinnen, die in der Folge einen Brustkrebs entwickelten. Die massive hormonelle Exposition während einer Schwangerschaft führt ebenfalls zu keinem adversen Einfluß auf die Brustkrebs-Erkrankung [64]. Auch hat der Pillengebrauch innerhalb eines der Brustkrebs-Diagnose vorangehenden Jahres keinen adversen Effekt; die Frauen mit Pilleneinnahme entwickeln im Gegenteil einen besser differenzierten Tumor, der häufiger nodal negativ ist.

Es gibt eine Reihe klinischer Untersuchungen zur Östrogensubstitution bei Brustkrebs-Überlebenden. Stoll et al. [73] sahen keine Tumorreaktivierung unter HRT mit einer Östrogen-Gestagen-Kombination (0,625 mg konjugierte Östrogene mit 0,15 mg Norgestrel); dabei verglichen sie Brustkrebs-behandelte Frauen ohne und mit Hormonsubstitution; letztere hatten ein Follow-up über 2 Jahre, in dessen Verlauf keine Rezidive beobachtet werden konnten. Wile et al. [74] untersuchten 25 Brustkrebs-Überlebende mit HRT, fallkontrolliert; das Intervall zwischen Diagnose und Östrogensubstitution betrug 2 Jahre; ein Todesfall der Behandlungsgruppe wurde der Krebserkrankung zugeordnet, zwei Fälle unter den Kontrollen [74]. Eine erweiterte Auswertung der Ergebnis-

Tabelle 6: Hormonelle Substitutionstherapie bei Brustkrebs

Empfehlungen (Stadium I):
(Deutsche Gesellschaft für Senologie)

1. Rezeptor negativ/nodal negativ
   - keine Kontraindikation gegen monophasische, kontinuierlich-kombinierte HRT (tägliche Verabreichung eines Östrogens und eines Gestagens)

2. Rezeptor negativ/nodal positiv
   - Verabreichung nur von MPA
   - monophasische, kontinuierlich-kombinierte HRT

3. Rezeptor positiv/nodal negativ
   - MPA (Monotherapie)
   - Tamoxifen + MPA
   - ≥ 5 Jahre nach Tumordiagnose: monophasische, kontinuierlich-kombinierte HRT

4. Rezeptor positiv/nodal positiv
   - Tamoxifen (+ MPA)

Tabelle 7: Östrogen-Substitution bei Status nach Mamma-Karzinom

Gegenargumente

- Ruhende Tumorzellen werden aktiviert
- Frauen mit Brustkrebs-Familienanamnese können besonders empfänglich für den Tumor-Promotoreffekt der Östrogene sein
- Tamoxifen reduziert das Risiko des kontralateralen Mamma-Karzinoms bei Frauen mit Brustkrebs-Vorerkrankung

Nayfield et al., 1991 [70]

se dieser Studie wurde 2 Jahre später publiziert [75]; die Brustkrebs-Patientinnen wurden inzwischen im Mittel über 35 Monate beobachtet, danach hatten drei Frauen unter ERT ein Brustkrebs-Rezidiv.

Klinische Studien der Hormonsubstitution Brustkrebs-überlebender Frauen sind durch ethische Einwände beschränkt worden. Die hier aufgeführten fehlenden Hinweise auf eine nachteilige Wirkung der Östrogensubstitution bei Zustand nach Brustkrebs-Erkrankung und die potentiellen günstigen Wirkungen der ERT auf den allgemeinen Gesundheitszustand der Frau sind allzu gute Gründe, um in Zukunft klinische Studien der Östrogensubstitution bei Brustkrebs-Überlebenden zu fördern [67]. Was die Interaktion von Östrogenen und Tamoxifen auf das Brustgewebe betrifft, so haben neuere Untersuchungen zeigen können, daß die Tamoxifen-Wirkung durch andere Mechanismen als über Östrogenrezeptoren zustande kommt. Tamoxifen hemmt die Sekretion stimulierender Wachstumsfaktoren wie TGF-α, IGF-2 und PDGF und fördert die Sekretion inhibitorischer Wachstumsfaktoren wie TBG-β [76]; es hemmt auch den mitogenen Effekt der Wachstumsfaktoren auf das ductale Epithel der Brustdrüse in Abwesenheit von Östrogenen [77]. Tamoxifen kann die Proteinkinase C blockieren und Calmodulin aktivieren, die Permeabilität der Zellmembran beeinflussen und moduliert außerdem immunregulatorische Funktionen [19]. Diese Wirkungsmechanismen sind unabhängig von peripheren Östrogenspiegeln. Derartige Beobachtungen erlauben den Schluß, daß die Östrogensubstitution den therapeutischen Effekt von Tamoxifen nicht beeinträchtigt und können dessen Effektivität bei prämenopausalen Frauen mit metastasierendem Mamma-Karzinom erklären. Deshalb hat Tamoxifen beim Brustkrebs-Therapeuten die Ovarektomie als initiale Behandlung der Wahl verdrängt. Tamoxifen kommt offenbar auch prämenopausalen Frauen in adjuvanten Therapiestudien im Placebo-Vergleich zugute. In dem National Surgical Adjuvant Breast Project B-14 wurden Lymphknoten-negative und Östrogenrezeptor-positive Mamma-Karzinom-Patientinnen auf Tamoxifen oder Placebo randomisiert. In dieser Studie [78] hatten prämenopausale Frauen einen höheren Benefit nach Tamoxifen als postmenopausale. Dennoch wird den gleichen prämenopausalen Frauen bei Eintritt in die Menopause die Östrogensubstitution verwehrt [67].

Aus dieser Sicht muß die gegenwärtige Haltung der Spezialisten hinsichtlich der Hormonsubstitution bei Brustkrebs-Überlebenden sorgfältig überdacht werden. Klinische Untersuchungen auf diesem Hintergrund sollten geplant und akzeptiert werden. Der individuellen Entscheidung des betreuenden Arztes ist größerer Freiraum zu gewähren.

LITERATUR

1. Gusberg SB. Precursors of corpus carcinoma, estrogens, and adenomatous hyperplasia. Am J Obstet Gynecol 1947; 54: 905.

2. Gusberg SB, Kaplan AL. Precursors of corpus cancer. Am J Obstet Gynecol 1963; 87: 662.

3. Fearon ER, Vogelstein B. A genetic model for colorectal tumorigenesis. Cell 1990; 61: 759–67.

4. Kurman RJ, Kaminski PF, Norris HJ. The behavior of endometrial hyperplasia. A long-term study of „untreated" hyperplasia in 170 patients. Cancer 1985; 56: 403–12.

5. Bursch W, Liehr JG, Sirbasku DA et al. Control of cell death (apoptosis) by diethylstilbestrol in an estrogen-dependent kidney tumor. Carcinogenesis 1991; 12: 855–60.

6. Weinberg RA. The integration of molecular genetics into cancer management. Cancer 1992; 70 (suppl): 1653–8.

7. Hunter T. Cooperation between oncogenes. Cell 1991; 64: 249–70.

8. Quint BC. Changing patterns in endometrial adenocarcinoma. Am J Obstet Gynecol 1975; 122: 458–501.

9. Smith DC, Prentice R, Thompson DC et al. Association of exogenous estrogen and endometrial carcinoma. N Engl J Med 1975; 293: 1164–7.

10. Ziel HK, Finkle WD. Increased risk of endometrial carcinoma among users of conjugated estrogens. N Engl J Med 1975; 293: 1167–70.

11. Mack TM, Pike MC, Henderson BE et al. Estrogens and endometrial cancer in a retirement community. N Engl J Med 1976; 294: 1262–7.

12. McDonald TW, Annegers JF, O'Fallon WM et al. Exogenous estrogen and endometrial carcinoma: case-control and incidence study. Am J Obstet Gynecol 1977; 127: 572–80.

13. Gray Sr LA, Christopherson WM, Hoover RW. Estrogens and endometrial carcinoma. Obstet Gynecol 1977; 49: 385–9.

14. Horwitz RI, Feinstein AR. Alternative analytical methods for case-control studies of estrogens and endometrial cancer. N Engl J Med 1978; 299: 1089–94.

15. Antunes CMF, Stolley PD, Rosenshein NB et al. Endometrial cancer and estrogen use. Report of a large case-control study. N Engl J Med 1979; 300: 9–13.

16. Jick H, Watkins RN, Hunter JR et al. Replacement estrogens and endometrial cancer. N Engl J Med 1979; 300: 218–22.

17. Shapiro S, Kelly JP, Rosenberg L et al. Risk of localized and widespread endometrial cancer in relation to recent and discontinued use of conjugated estrogens. N Engl J Med 1985; 313: 969–72.

18. Persson I, Adami H-O, Bergqvist L et al. Risk of endometrial cancer after treatment with oestrogen alone or in conjunction with progestogens. Br M J 1989; 298: 147–51.

19. Schneider HPG, Birkhäuser M. Does HRT modify risk of gynecological cancers? Int J Fertil 1995; in press.

20. Hulka BS. Effect of exogenous estrogen on postmenopausal women: The epidemiologic evidence. Obstet Gynecol Surv 1980; 35: 6: 389–99.

21. Samsioe G. The endometrium: Effects of estrogen and estrogen-progestogen replacement therapy. Int J Fertil 1994; 39 (suppl 2): 84–92.

22. Whitehead MI, Hillard TC, Crook D. The role and use of progestogens. Obstet Gynecol 1990; 75: 59–76.

23. Sturdee et al. Abstract. 7th International Congress on the Menopause, Stockholm, 1993.

24. Gusberg SB. The individual at high-risk for endometrial carcinoma. Obstet Gynecol 1976; 126: 535–42.

25. Gambrell RD Jr. Estrogens, progestogens and endometrial cancer. J Reprod Med 1977; 18: 301–6.

26. Gambrell RD Jr. Prevention of endometrial cancer with progestogens. Maturitas 1986; 8: 159–68.

27. Coulan CB, Annegers JF. Chronic anovulation may increase postmenopausal breast cancer risk. JAMA 1983; 249: 445–6.

28. Gambrell RD Jr, Massey FM, Castaneda TA et al. Use of progestogen challenge test to reduce the risk of endometrial cancer. Obstet Gynecol 1980; 55: 732–8.

29. Fletcher R, Kaufman RH. Endometrial adenocarcinoma in Stein-Leventhal syndrome. Cancer 1974; 34: 444–52.

30. Fraser D, Whitehead MI, Endacott J et al. Are fixed-dose estrogen-progestogen combinations ideal for all HRT users? Br J Obstet Gynaecol 1989; 96: 776.

31. Creasman WT, Henderson D, Hinshaw W, Clarke-Pearson DL. Estrogen replacement therapy in the patient treated for endometrial cancer. Obstet Gynecol 1986; 67: 326–30.

32. Lee RB, Burke TW, Park RC: Estrogen replacement therapy following treatment for stage I endometrial carcinoma. Obstet Gynecol 1990; 67: 326–30.

33. Whittemore AS, Harris R, Itnyre J & the Collaborative Ovarian Cancer Group. Characteristics relating to ovarian cancer risk: Collaborative analysis of 12 US case-control studies. II. Invasive epithelial ovarian cancers in white women. Am J Epidemiol 1992; 136: 1184–203.

34. Fathalla MF. Incessant ovulation – a factor in ovarian neoplasia? Lancet 1971; 716: 163.

35. Casagrande JT, Louie EW, Pike MC et al. „Incessant ovulation" and ovarian cancer. Lancet 1979; 8135: 170–3.

36. Henderson BE, Ross RK, Pike MC. Hormonal chemoprevention of cancer in women. Science 1993; 259: 633–8.

37. Lauritzen C. Das Krebsrisiko unter Hormontherapie. Ther Umsch 1994; 51: 755–66.

38. Jacobsen O. Heredity in Breast Cancer. A Genetic and Clinical Study of 200 Probands. Lewis, London 1946; 3–6.

39. Chang-Claude J, Eby N, Becher H. Die Bedeutung genetischer Faktoren für die Entstehung von Brustkrebs. Zentralbl Gynäkol 1994; 116: 660–9.

40. Ross RK, Paganini-Hill A, Gerkins VR et al. A case control study of menopausal estrogen therapy. JAMA 1988; 243: 1635–9.

41. Birkhäuser M. Hormone replacement therapy and estrogen-dependent cancers. Int J Fertil 1994; 39 (suppl 2): 99–114.

42. Dupont WD, Page DL. Menopausal estrogen replacement therapy and breast cancer. Arch Intern Med 1991; 151: 67–72.

43. Steinberg KK, Thacker SB, Smith SJ et al. A metaanalysis of the effect of estrogen replacement therapy on the risk of breast cancer. JAMA 1991; 265: 1985–90.

44. Colditz GA, Stampfer MJ, Willett WC et al. Prospective study of estrogen replacement therapy and risk of breast cancer in postmenopausal women. JAMA 1990; 264: 2648–53.

45. Hunt K, Vessey M, McPherson K et al. Long-term surveillance of mortality and cancer incidence in women receiving hormone replacement therapy. Br J Obstet Gynaecol 1987; 94: 620–35.

46. Vogel PM, Georgiade NG, Fetter BF et al. The correlation of histological changes in the human breast with the menstrual cycle. Am J Pathol 1981; 104: 23–4.

47. Anderson TJ, Battersby S. The involvement of oestrogen in the development and function of the normal breast: histological evidence. Proc Roy Soc Edinb 1989; 95 B: 23–32.

48. Gambrell RD, Maier RC, Sanders BT. Decreased incidence of breast cancer in postmenopausal estrogen-progestogen users. Obstet Gynecol 1983; 62: 435–43.

49. Gambrell RD. Hormone replacement therapy and breast cancer. Maturitas 1987; 9: 123–33.

50. Nachtigall LE, Nachtigall RH, Nachtigall RB et al. Estrogen replacement II. A prospective study in the relationship to carcinoma and cardiovascular and metabolic problems. Obstet Gynecol 1979; 54: 74–9.

51. Lauritzen C, Meier F. Risks of endometrial and mammary cancer morbidity and mortality in long-term oestrogen treatment. In: Van Herenda H, Van Herenda B, Riphagen FE et al (eds). The Climacteric: An Update. Lancaster, MTP Press 1984; 207–16.

52. Ewertz M. Influence of non-contraceptive exogenous and endogenous sex hormones on breast cancer risk in Denmark. Int J Cancer 1988; 42: 832–8.

53. Bergquist L, Adami HO, Persson I et al. The risk of breast cancer after estrogen and estrogen-progestin replacement. N Engl J Med 1989; 321: 293–7.

54. Persson I, Yuen J, Bergquist L et al. Combined oestrogen-progestogen replacement and breast cancer risk. Lancet 1992; 340: 10044.

55. Palmer JR, Rosenberg I, Clarke EA et al. Breast cancer risk after estrogen replacement therapy: Results from the Toronto Breast Cancer Study. Am J Epidemiol 1992; 134: 1386–95.

56. Kaufman DW, Palmer JR, de Mouzon J et al. Estrogen therapy and risk of breast cancer: Results from the case control surveillance study. Am J Epidemiol 1991; 134: 1375–85.

57. Sitruk-Ware R. Estrogens, progestins and breast cancer risk in post-menopausal women: state of the ongoing controversy in 1992. Maturitas 1992; 15: 129–39.

58. Miller RA, Feuer EJ, Hankey BF et al. Recent incidence trends for breast cancer in women and the relevance of early detection: an update. CA Can J Clin 1993; 43: 27–41.

59. Ross RK, Paganini-Hill A, Mack TM et al. Cardiovascular benefits of oestrogen replacement therapy. Am J Obstet Gynecol 1989; 160: 1301–6.

60. Henderson BE, Paganini-Hill A, Ross RK. Decreased mortality in users of estrogen replacement therapy. Arch Intern Med 1991; 151: 75–8.

61. Criqui MH, Suarez L, Barret-Connor E et al. Postmenopausal estrogen use and mortality. Am J Epidemiol 1988; 128: 606–14.

62. Metha RR, Beattie CW, Das Gupta T. Endocrine profile in breast cancer patients receiving chemotherapy. Breast Cancer Res Treat 1991; 20:125–32.

63. Bonadonna G, Valagussa P, Rossi A et al. CMF adjuvant chemotherapy in operable breast cancer. In: Jones SE, Salmon SS (eds). Adjuvant Therapy of Cancer II. New York, NY, Grune & Stratton Inc 1979; 227–35.

64. Zemlickis D, Lishner M, Degendorfer MA et al. Maternal and fetal outcome after breast cancer in pregnancy. Am J Obstet Gynecol 1992; 166: 781.

65. Bergquist L, Adami HO, Persson J et al. Prognosis after breast cancer diagnosis in women exposed to estrogen and estrogen-progestogen replacement therapy. Am J Epidemiol 1992; 130: 221–28.

66. Gambrell DR. Proposal to decrease the risk and improve the prognosis in breast cancer. Am J Obstet Gynecol 1984; 150: 119–28.

67. Cobleigh MA, Berris RP, Bush T et al. Estrogen replacement therapy in breast cancer survivors. JAMA 1994; 272: 540–5.

68. American College of Obstetricians and Gynecologists: Hormone Replacement Therapy. Washington, DC, American College of Obstetricians and Gynecologists 1992; 166.

69. Breckwoldt M. Hormonsubstitution bei hormonsensitiven Neoplasien. Gynäkologe 1993; 26: 137–40.

70. Nayfield SG, Karp JE, Ford LG et al. Potential role of tamoxifen in prevention of breast cancer. J Natl Cancer Inst 1991; 83: 1450–8.

71. Adami HO, Malker B, Holmberg L et al. The relation between survival and age at diagnosis in breast cancer. N Engl J Med 1986; 815: 559–63.

72. Miller WR, O'Neill JS. The relevance of local oestrogen metabolism within the breast. Proc Roy Soc Edinb 1989; 95 B: 203–17.

73. Stoll BA, Parbhoo S. Treatment of menopausal symptoms in breast cancer patients. Lancet 1988; 8597: 1278–9.

74. Wile AG, Opfell DA, Margileth DA et al. Hormone replacement therapy does not affect breast cancer outcome. Proc Am Soc Clin Oncol 1991; 10: 58.

75. Wile AG, Opfell RW, Margileth DA. Hormone replacement therapy in previously treated breast cancer patients. Am J Surg 1993; 165: 872–5.

76. Sunderland MC, Osborne CK. Tamoxifen in premenopausal patients with metastatic breast cancer: a review. J Clin Oncol 1991; 9: 1283–97.

77. Vignon F, Bonton MM, Rochefort H. Antiestrogens inhibit the mitogenic effect of growth factors on breast cancer cells in the total absence of estrogens. Biochem Biophys Res Commun 1987; 146: 1502–8.

78. Fisher B, Costantino J, Redmond C et al. A randomized clinical trial evaluating tamoxifen in the treatment of patients with node-negative breast cancer who have estrogen receptor-positive tumors. N Engl J Med 1989; 320: 279–484.

Ätiologie und Pathogenese der Osteoporose

M. PETERLIK

Wenn im folgenden von Osteoporose die Rede ist, dann ist hauptsächlich jenes Krankheitsbild gemeint, das Störungen im „Knochenstoffwechsel" widerspiegelt, die ohne erkennbare äußere Ursache auftreten und letztlich zu einem ausgeprägten Knochenschwund führen. Nach einer international anerkannten Definition ist die „Osteoporose eine Skeletterkrankung, die durch eine niedrige Knochenmasse und eine Störung der Mikroarchitektur des Knochengewebes mit daraus resultierender erhöhter Knochenbrüchigkeit und steigendem Frakturrisiko charakterisiert ist". Es ist jedoch zu beachten, daß diese Definition der Osteoporose nur das Krankheitsbild selbst, nicht aber die vielfältigen ätiologischen und pathogenetischen Zusammenhänge des Krankheitsprozesses beschreibt, die zu seiner Entstehung führen: Es sind dies im wesentlichen genetische und hormonelle Einflüsse sowie Faktoren des individuellen Lebensstils (Nahrungsgewohnheiten und -zusammensetzung, körperliche Aktivität, Rauchen, Alkohol, Koffeingenuß etc.), die den Aufbau der Knochenmasse bzw. Knochenmineraldichte am Ende der Skelettentwicklung (= peak bone mass) um das 30. Lebensjahr sowie die Geschwindigkeit der Involution der Knochensubstanz nach diesem Zeitpunkt beeinflussen.

1. Physiologie des Knochenumbaus

Nicht nur während des Längenwachstums sondern darüber hinaus während des ganzen Lebens des menschlichen Organismus unterliegt der Knochen einem kontinuierlichen Umbau. Es ist leicht einzusehen, daß die Aufrechterhaltung einer für Struktur und Funktion des Skelettsystems adäquaten Knochenmasse nur dann möglich ist, wenn Knochenneubildung und Knochenabbau wenigstens näherungsweise im Gleichgewicht sind. Sehr vereinfacht gesehen, wird das durch das Zusammenspiel von zwei Zelltypen erreicht, nämlich von Osteoblasten und Osteoklasten, deren Proliferation und Differenzierung aus den jeweiligen Progenitorzellen, die zur Expression unterschiedlicher zellspezifischer Funktionen führt, durch Hormone, Wachstumsfaktoren und Zytokine koordiniert wird [1].

1.1. „Bone remodelling"

Unter „bone remodelling" versteht man die in lokalen Einheiten, den sogenannten „basic multicellular units" (BMU), zyklisch ablaufenden Umbauvorgänge, denen der Knochen zeitlebens unterworfen ist, und die aus der engen Kopplung von Resorption durch Osteoklasten und Knochenneubildung durch Osteoblasten („resorption/formation coupling") resultieren [vgl. z. B. 2]. Bei der Osteoporose wird häufig eine verzögerte Knochenneubildung bei gleichbleibender Dauer des Umbauzyklus beobachtet, was schon allein, d. h. ohne zusätzliche Aktivierung der osteoklastären Resorption, zu einer negativen Knochenbilanz führen muß [3].

BMU bestehen auf allen Knochenoberflächen, also unter dem Periost, in den Markräumen entlang des Endostes und in den Gefäßkanälen (vorwiegend in der Kompakta), und enthalten alle an den Umbauvorgängen beteiligten Zelltypen bzw. deren undifferenzierte Vorläufer.

Die Vorläufer der Osteoblasten sind unter den Stromazellen zu finden, wobei im Knochenmark aber auch in extramedullären Organen im lockeren Bindegewebe, d. h. im pluripotenten Mesenchym des Erwachsenen, sogenannte Osteoprogenitorzellen experimentell charakterisiert werden konnten, die sich über Präosteoblasten in reife Osteoblasten weiterentwickeln können [4]. Während in der Initialphase der Knochenneubildung die Proliferation von Präosteoblasten und die Differenzierung zu eher unreifen Osteoblasten, die gleichzeitig Matrixproteine (wie z. B. Kollagen Typ I) und Proteoglykane synthetisieren, von besonderer Bedeutung sind, so sind zur Erzielung einer ausreichenden Mineralisierung und damit Strukturierung des neugebildeten Knochens die weitere Differenzierung der Osteoblasten und die gleichzeitige Expression spezialisierter Zellfunktionen, wie z. B. die Induktion der alkalischen Phosphatase und die Synthese von Osteocalcin, notwendig [5].

Osteoklasten sind vielkernige Riesenzellen, die sich aus hämatopoetischen Stammzellen entwickeln und mit Monozyten/Makrophagen eine gemeinsame Vorläuferzelle in den CFU-M besitzen. Aus diesen entstehen einkernige Osteoklastenprogenitorzellen, die in Kontakt mit Osteoblasten und mit der Knochenmatrix eine Umwandlung in Präosteoklasten erfahren, die dann zum reifen vielkernigen Osteoklasten verschmelzen. Die Aktivierung der Osteoklasten, als deren morphologisches Äquivalent die Ausbildung einer als „ruffled border“ bezeichneten Resorptionszone anzusehen ist, erfolgt indirekt durch die Osteoblasten, da nur dieser Typ von Knochenzellen die spezifischen Membran- und zytoplasmatischen Rezeptoren für die resorptionsaktivierenden Hormone, Zytokine und Wachstumsfaktoren aufweist [6].

1.2. „Resorption/formation coupling“

Für die Aufrechterhaltung der Form, Struktur und damit der Funktion des Knochens ist eine relativ enge Kopplung der Knochenan- und -abbauvorgänge in den lokalen BMU von entscheidender Bedeutung. Ein effektives „resorption/formation coupling“, dessen Mechanismen wir erst ansatzweise verstehen, dürfte darauf beruhen, daß die wichtigsten regulatorisch wirkenden Hormone, wie das 1α,25-Dihydroxyvitamin D_3, die Schilddrüsenhormone und das Parathormon, aber auch die von den resorptionsfördernden Zytokinen und Mediatoren freigesetzten Prostaglandine – wahrscheinlich in Abhängigkeit von ihrer Gewebskonzentration – sowohl Knochenabbau als auch Knochenanbau fördern können [7]. Zelluläre Grundlage für dieses scheinbare Paradoxon ist die Tatsache, daß die genannten Faktoren, mit Ausnahme des Calcitonins, die verschiedenen Mechanismen der intrazellulären Signaltransduktion, die zu einer entsprechend koordinierten Änderung der Genexpression führen, nur in Osteoblasten aktivieren können. Das führt u. a. auch dazu, daß – wie schon erwähnt – die osteoklastäre Resorption nur in Anwesenheit von Osteoblasten vor sich gehen kann und weitgehend von deren Funktionszustand abhängig ist [6, 8].

1.3. Hormone, Zytokine und Wachstumsfaktoren

Das relative Ausmaß von Knochenneubildung und -resorption und damit die Tatsache, ob es – besonders wie im Fall der Osteoporose – zu einer negativen Knochenbilanz kommen kann, wird sowohl durch systemische Regulation, d. h. insbesondere durch die extraossären Wirkungen von 1α,25-Dihydroxyvitamin D_3 und Parathormon bestimmt, als auch durch die lokale Interaktion der genannten und anderer Hormone (Sexualsteroide, Schilddrüsenhormone, Glukokortikoide) mit Zytokinen (IL-1, IL-4, IL-6, IL-11, IFN-γ), Wachstumsfaktoren (IGF-I, EGF, TGF-β) [9] und lokalen Mediatoren, insbesonders Prostaglandinen [7].

1α,25-Dihydroxyvitamin D_3 übt eine positive Wirkung auf die Kalzium- und Phosphatabsorption im Darm und die Kalziumrückabsorption in der Niere aus und schafft so die Voraussetzungen für eine ausreichende Mineralisierung der organischen Knochenmatrix. Für die Knochenneubildung ist aber entscheidend, daß das Steroidhormon durch rezeptorvermittelte sequentielle An- und Abschaltung von Genen in (Prä-) Osteoblasten sowohl deren Proliferation als auch die nachfolgende Differenzierung fördert [5]. Es kommt somit unter dem Einfluß des aktiven Vitamin D-Metaboliten zu einer Vermehrung der Knochenmasse, und zwar zuerst durch die Ablagerung von Matrixproteinen und Proteoglykanen und sodann durch deren Mineralisierung, wofür die durch Vitamin D stimulierte Freisetzung von Osteocalcin und alkalischer Phosphatase aus Osteoblasten eine der notwendigen Voraussetzungen ist.

Östrogene haben nicht nur eine – hauptsächlich aus klinischen Beobachtungen postulierte – „antiresorptive" Wirkung auf den Knochen, sondern fördern auch die Neubildung über eine Änderung von Genaktivitäten in Osteoblasten [10]: Sie stimulieren – ebenso wie auch die Androgene – z. B. die Synthese von α1 (I)-Prokollagen und von „transforming growth factor" (TGF)-β, einem für den Aufbau von Knochengewebe wichtigen Wachstumsfaktor.

Die Bedeutung der Schilddrüsenhormone für die Knochenneubildung im Rahmen der Skelettentwicklung ist hinlänglich bekannt; sie spielen jedoch auch nach deren Abschluß für den Knochenumbau eine wichtige Rolle [vgl. dazu 11], da sie im Rahmen der Osteoblastendifferenzierung z. B. die Expression des Gens für den „insulin-like growth factor" (IGF)-I stimulieren.

Die erwähnten Wachstumsfaktoren IGF-I und TGF-β sind für die Knochenneubildung von Bedeutung, da sie potente Mitogene für Präosteoblasten bzw. Osteoblasten sind und auch die Kollagensynthese im Knochengewebe fördern [1].

Einer besonderen Erwähnung bedürfen allerdings auch die Glukokortikoide, deren negativer Effekt auf die Knochenbilanz aus zahlreichen klinischen Beobachtungen seit langem bekannt und dokumentiert ist. Abgesehen von einer möglichen Störung des Vitamin D-Stoffwechsels und einer Hemmung der intestinalen Kalziumabsorption ist im Zusammenhang mit Knochenneubildung und Frakturheilung besonders die direkte Wirkung der Glukokortikoide auf die Osteoblastenfunktion hervorzuheben, die u. a. in einer Hemmung der Synthese von Prokollagen I-mRNA besteht [12].

Ebenso wie die Neubildung des Knochens unterliegt auch sein Abbau durch Osteoklasten einer komplexen Regulation durch Hormone, Wachstumsfaktoren und auch Zytokine. An erster Stelle ist hier das Parathormon zu nennen, das einerseits die „Rekrutierung" von Osteoklasten aus undifferenzierten Knochenmarkszellen fördert und andererseits zu deren Aktivierung – über eine entsprechende Wirkung auf die Osteoblasten – beiträgt. Eine gleichsinnige Wirkung haben aber auch 1α,25-Dihydroxyvitamin D_3 und die Schilddrüsenhormone [6, 11].

Die Tatsache, daß systemische und lokale Entzündungsreaktionen und Immunreaktionen einer effizienten Knochenneubildung abträglich sind, ist allgemein bekannt. Der Grund dafür ist darin zu sehen, daß die bei diesen Vorgängen freigesetzten Zytokine und Entzündungsmediatoren teils direkt, teils indirekt über Aktivierung der Synthese von Prostaglandinen, namentlich von PGE_2 [6, 9] den Knochenabbau durch Rekrutierung und Aktivierung von Osteoklasten fördern. Dies gilt im besonderen für das IL-1 [13].

Von den resorptionsfördernden Zytokinen seien das IL-6 und das IL-11 unter anderem deswegen erwähnt, weil ihre Freisetzung aus peripheren mononukleären weißen Blutzellen durch Östrogene gehemmt wird [14].

Die resorptionshemmende Wirkung des Calcitonins beruht auf einer direkten Wirkung des Peptidhormons auf aktivierte Osteoklasten, die im Laufe ihrer Differenzierung die entsprechenden Rezeptoren an ihrer Plasmamembran exprimieren. Außer dem Calcitonin sind auch IL-4 [15] und insbesondere IFN-γ [16] als wirksame Inhibitoren der Knochenresorption bekannt. Letzteres kann sowohl direkt als auch über eine Hemmung der Prostaglandinsynthese die Rekrutierung und die Funktion von aktiven Osteoklasten negativ beeinflussen.

2. Pathogenese der Osteoporose

Das charakteristische Erscheinungsbild der Osteoporose, das sich röntgenologisch als vermehrte Strahlentransparenz, in der Osteodensitometrie als verminderte Knochenmineraldichte und in der Histomorphometrie als verminderte Knochenmasse manifestiert, muß – wie eingangs erwähnt – als Resultante von zwei Komponenten angesehen werden: Es sind dies einerseits ein relativ verringerter Aufbau der Knochensubstanz im juvenilen und frühen Erwachsenenalter und die daraus resultierende inadäquate Knochenmasse bzw. -mineraldichte bei Abschluß der Skelettentwicklung sowie andererseits ein danach mit fortschreitendem Lebensalter erfolgender über das altersbedingte Ausmaß hinausgehender Abbau der Knochensubstanz. Daher müssen auch alle Faktoren, die entweder in einem oder häufiger sogar in beiden Lebensabschnitten in die Regulation des Knochenumbaus derart eingreifen, daß sie die Knochenneubildung durch Osteoblasten verzögern und/oder osteoklastäre Resorptionsvorgänge beschleunigen, als Risikofaktoren für die Entwicklung einer Osteoporose betrachtet werden. Im folgenden sei auf die wichtigsten von ihnen eingegangen.

Daß eine genetische Disposition für die Entwicklung einer Osteoporose besteht, kann aus der Tatsache abgeleitet werden, daß Frauen, deren Mütter an Osteoporose erkrankt waren, ein signifikant höheres Risiko für diese Krankheit aufweisen als Frauen mit Müttern ohne Osteoporose [17]. Es ist allerdings vollkommen unklar, welche genetisch bedingten Regulationsstörungen für diese Beobachtung verantwortlich sind. Interessant, aber für eine Erklärung keineswegs ausreichend, ist die Beobachtung der Arbeitsgruppe von Eisman [18], daß eine bestimmte Allelkonstellation des Vitamin D-Rezeptors mit einer verringerten Knochenmineraldichte und damit mit einem höheren Osteoporoserisiko korreliert sein kann.

Obwohl es unzweifelhaft feststeht, daß mangelnde Kalziumzufuhr mit der Nahrung über einen längeren Zeitraum zu einer negativen Kalziumbilanz und damit zu einer verringerten „peak bone mass" bzw. zu einem erhöhten Knochenschwund führen muß, ist der Umkehrschluß, daß erhöhte Kalziumzufuhr zur Vermehrung der Knochenmineraldichte beiträgt bzw. Knochenschwund verhindern kann, wegen des komplexen Zusammenhanges zwischen Kalziumzufuhr mit der fraktionellen intestinalen Resorption, auf den hier nicht eingegangen werden kann, nicht unumstritten. Neuere Untersuchungen haben jedenfalls gezeigt, daß ein erhöhtes Nahrungskalzium, wenn schon nicht den postmenopausalen so doch den prämenopausalen Knochenschwund verzögern kann [19]. Als Basistherapie bei der medikamentösen Behandlung der Osteoporose ist Kalziumsupplementation jedoch unverzichtbar.

Ähnliche Überlegungen werden auch hinsichtlich der Bedeutung der körperlichen Aktivität als prophylaktische bzw. zusätzliche therapeutische Maßnahme angestellt. Schon lange vor den Erfahrungen der Weltraummedizin war bekannt, daß längere Immobilisation zu einer negativen Kalziumbilanz des Organismus führen muß und daß daher unzureichende körperliche Aktivität zu einem erhöhten Knochenschwund beitragen muß. Unzweifelhaft stellt mechanische Belastung einen Stimulus für den Prozeß der Knochenneubildung durch Osteoblasten dar [20], wobei wahrscheinlich endogene Prostaglandine eine Rolle als Mediatoren spielen, doch dürfte ein Effekt auf die Knochenmineraldichte vor allem nur dann zu erwarten sein, solange z. B. bei der Frau die Knochenumbauprozesse noch unter dem Einfluß der ovariellen Östrogenproduktion stehen [21].

Damit soll auch angedeutet sein, daß von allen hormonellen Faktoren das Fehlen der Östrogene mit Beginn der Menopause den größten Einfluß auf die Entstehung einer Osteoporose hat. Dies führt dazu, daß von diesem Zeitpunkt an die altersbedingte Involution des Knochengewebes bei Frauen rascher als bei Männern vor sich geht, so daß die osteodensitometrisch festgelegte Frakturschwelle früher und häufiger unterschritten wird. Es ist daher klar, daß bei der nach Melton und Riggs [22] definierten Typ I-Osteoporose, die dem klinischen Bild der „postmenopausalen Osteoporose" entspricht, das Manifestationsalter ca. 50–70 Jahre und die Inzidenz bei Frauen und Männern 6:1 betragen muß.

In diesem Zusammenhang muß auch darauf hingewiesen werden, daß Östrogenmangel keineswegs die alleinige Ursache für die Entstehung einer Osteoporose sein kann. Wenn auch nach amerikanischen Statistiken 25 % aller Frauen über 65 Jahre an dieser Erkrankung leiden, so heißt das aber auch, daß in 75 % der Fälle die ovarielle Insuffizienz ohne manifeste Auswirkungen auf das Skelettsystem geblieben ist. Zudem ist zu bedenken, daß sich auch bei Männern der altersbedingte Knochenschwund im Sinne einer Osteoporose auswirken muß – und zwar in einem bisher weit unterschätzten Ausmaß: Nach neueren Untersuchungen treten osteoporotische Wirbelkörperdeformitäten bei 10 % aller Männer über 50 Jahre auf [23]. Abgesehen vom Östrogenmangel muß daher für das Auftreten der „senilen Osteoporose" oder Typ II-Osteoporose nach Melton und Riggs [22] hinsichtlich der hormonellen Faktoren eine altersbedingte Verminderung der endogenen Synthese von 1α,25-Dihydroxyvitamin D_3, die zusammen mit einer ebenfalls im Alter beobachteten Endorganresistenz zu einer Kalziummalabsorption im Darm [24] und zu einer verminderten Osteoblastenaktivität führt, verantwortlich gemacht werden. Mit der dadurch bedingten geringeren Neubildung von mineralisiertem Knochen geht zudem ein erhöhter Knochenabbau infolge des durch Vitamin D-Mangel ausgelösten reaktiven Hyperparathyreoidismus einher, wodurch es zu einer weiteren Beschleunigung des Knochenverlustes kommt.

Da die zuletzt beschriebenen Regulationsstörungen der Kalziumhomöostase in gleichem Ausmaß sowohl bei Männern als auch bei Frauen auftreten, scheint eine strenge Abgrenzung der „senilen" von der „postmenopausalen" Osteoporose als eigenständige Krankheitsbilder nicht sehr sinnvoll. Es hat sich daher zunehmend eingebürgert, von einer „primären Osteoporose" des Erwachsenenalters zu sprechen und diese – vor allem differentialdiagnostisch – von den sogenannten „sekundären Osteoporosen" auseinanderzuhalten [25], die eigentlich als begleitende, „metabolische" Osteopathien zu definieren sind, weil sie im Rahmen von extraossären Erkrankungen, wie z. B. der Leber, der Niere, des Gastrointestinaltraktes, des Endokriniums (Hyperkortisolismus, Hyperthyreose, Hypoöstrogenämie etc.) sowie bei einer Reihe von Malignomen, aber auch infolge von Langzeitmedikation mit Glucocorticoiden, Gerinnungshemmern, Antiepileptika etc. [26] auftreten können.

LITERATUR

1. Canalis E. Regulation of bone remodeling. In: Favus MJ (ed). Primer on the metabolic bone diseases and disorders of mineral metabolism. Raven Press New York 1993; 33–7.

2. Eriksen EF, Axelrod DW, Melsen F. The Cellular Basis of Bone Remodeling. In: Bone Histomorphometry. Raven Press New York 1994; 13–20.

3. Eriksen EF, Axelrod DW, Melsen F. Bone Remodeling in Metabolic Bone Disease. In: Bone Histomorphometry. Raven Press New York 1994; 51–9.

4. Burkhardt R. Der Osteoblast – Schlüssel zum Verständnis des Skelettorgans. Osteologie 1992; 1: 139–70.

5. Stein GS, Lian JB, Owen TA. Relationship of cell growth to the regulation of tissue-specific gene expression during osteoblast differentiation. FASEB J 1990; 4: 3111–23.

6. Vaes G. Cellular biology and biochemical mechanism of bone resorption. A review of recent developments on the formation, activation, and mode of action of osteoclasts. Clin Orthop Rel Res 1988; 231: 239–71.

7. Raisz LG. The role of prostaglandins in the local regulation of bone metabolism. In: Peterlik M, Bronner F (eds). Molecular and Cellular Regulation of Calcium and Phosphate Metabolism. Wiley Liss New York 1990; 195–203.

8. Rodan GA, Martin TJ. Role of osteoblasts in hormonal control of bone resorption – a hypothesis. Calcif Tissue Int 1981; 33: 349–51.

9. Raisz LG. Local and systemic factors in the pathogenesis of osteoporosis. New Engl J Med 1988; 318: 818–28.

10. Ernst M, Schmid C, Froesch ER. Enhanced osteoblast proliferation and collagen gene expression by estradiol. Proc Natl Acad Sci 1988; 85: 2307–10.

11. Peterlik M. Schilddrüsenhormone und Knochenstoffwechsel. In: Reinwein D, Weinheimer B (Hrsg). Therapie der Hyperthyreose. Walter de Gruyter, Berlin–New York 1994; 371–9.

12. Oikarinen AI, Uitto J, Oikarinen J. Glucocorticoid action on connective tissue: from molecular mechanisms to clinical practice. Med Biol 1986; 64: 221–30.

13 Pacifici R. Is there a causal role for IL-1 in postmenopausal bone loss? Calcif Tissue Int 1992; 50: 295–9.

14. Manolagas SC. Cytokines, hematopoiesis, osteoclastogenesis and estrogens. Calcif Tissue Int 1992; 50: 199–202.

15. Watanabe K, Tanaka Y, Morimoto I, Yahata K, Zeki K, Fujihira T, Yamashita U, Eto S. Interleukin-4 as a potent inhibitor of bone resorption. Biochem Biophys Res Comm 1990; 172: 1035–41.

16. Peterlik M, Hoffmann O, Swetly P, Klaushofer K, Koller K. Recombinant γ-interferon inhibits prostaglandin-mediated and parathyroid hormone-induced bone resorption in cultured neonatal mouse calvaria. FEBS Lett. 1985; 185: 287–90.

17. Seeman E, Hopper JL, Bach LA, Cooper ME, Parkinson E, McKay J, Jerums G. Reduced bone mass in daughters of women with osteoporosis. New Engl J Med 1989; 320: 554–8.

18. Morrison NA, Qi JC, Tokita A, Kelly PJ, Crofts L, Nguyen TV, Sambrook PN, Eisman JA. Prediction of bone density from vitamin D receptor alleles. Nature 1994; 367: 284–7.

19. Elders PJM, Lips P, Netelenbos JC, Van Ginkel FC, Khoe E, Van der Vijgh WJF, Van der Stelt PF. Long-term effect of calcium supplementation on bone loss in perimenopausal women. J Bone Min Res 1994; 9: 963–70.

20. Burger EH, Klaushofer K (eds). Functional regulation of bone cell biology by mechanical factors. J Bone Min Res 1992; 7 (Suppl. 2): 367–455.

21. Rodan GA. Mechanical loading, estrogen deficiency, and the coupling of bone formation to bone resorption. J Bone Min Res 1991; 6: 527–30.

22. Melton LJ, Riggs BL. Clinical spectrum. In: Riggs BL, Melton LJ (eds). Osteoporosis. Etiology, diagnosis, and management. New York Raven Press 1988; 155–79.

23. Mann T, Oviatt SK, Wilson D, Nelson D, Orwoll ES. Vertebral deformity in men. J Bone Min Res 1992; 7: 1259–65.

24. Armbrecht HJ. Effect of age on calcium and phosphate absorption. Role of 1,25-dihydroxyvitamin D. Miner Electrolyte Metab 1990; 16: 159–66.

25. Raisz LG. Pathogenetic mechanisms of secondary osteoporosis. In: Bronner F, Peterlik M (eds). Extra- and Intracellular Calcium and Phosphate Regulation. From Basic Research to Clinical Medicine. CRC Press, Boca Raton 1991; 1293–6.

26. Stern PH. Side effects of drugs on bone. In: Bronner F, Peterlik M (eds). Extra- and Intracellular Calcium and Phosphate Regulation. From Basic Research to Clinical Medicine. CRC Press, Boca Raton 1992; 119–28.

OSTEOPOROSE UND IHRE DIAGNOSTISCHEN MÖGLICHKEITEN

M. A. DAMBACHER, M. FELDER, H. BRÖLL

Der Titel des vorliegenden Buches lautet: Die Menopause – die Hormonsubstitution im Wandel der Zeit. Bezüglich der Osteoporose können somit in der folgenden Abhandlung eigentlich nur die densitometrischen Methoden abgehandelt werden.

Es hat sich jedoch gezeigt, daß ohne die klassischen, altbewährten Basisuntersuchungen die ausschließliche Durchführung von densitometrischen Messungen zu eklatanten Fehlinterpretationen führt.

Wir pflegen deshalb überspitzt zu formulieren, daß eine für die Patientinnen auch brauchbare Interpretation nur dann möglich ist, wenn der Beurteilende die Patientinnen auch kennt.

Im folgenden wollen wir daher den Untersuchungsgang skizzieren, dem wir folgen, wenn wir mit einer „Patientin" konfrontiert werden, und zwar in unserer Praxis.

Eine Patientin konsultiert uns entweder mit der Fragestellung: „Bin ich Osteoporose-gefährdet, ja oder nein, wenn ja, welches sind für mich die Konsequenzen, sei es in meiner Lebensführung oder sei es medikamentös?"; oder wir bekommen eine Patientin überwiesen mit der Fragestellung, ob eine Osteoporose vorliege, und wenn ja, welches die daraus zu ziehenden Konsequenzen sind.

Während wir noch vor wenigen Jahren praktisch ausschließlich mit der Therapie der manifesten Osteoporose konfrontiert waren (Klientel 2), werden zunehmend Fragen der Prophylaxe (Klientel 1) an uns gestellt. Der Grund hierfür liegt darin, daß die Osteoporose auch im Bewußtsein der Bevölkerung einen immer breiteren Raum einnimmt. Bei der ersten Gruppe handelt es sich vorderhand nicht um Patientinnen, sondern um perimenopausale Frauen, die über ihr Osteoporose-Risiko und die entsprechende Prophylaxe informiert werden möchten. Die zweite Klientel weist demgegenüber ein Alter ab etwa 60–65 Jahren und darüber auf.

Praktisch gestaltet sich der Untersuchungsgang folgendermaßen:
1. Anamnese und Risikofaktoren;
2. Untersuchung;
3. Laboruntersuchung zur Demaskierung einer allfälligen „radiologischen Osteoporose"; falls zur Verfügung: biochemische Marker der Dynamik des Knochenumsatzes;
4. Densitometrie;
5. Szintigraphie;
6. Knochenbiopsie.

Tabelle 1: Osteoporose-Risikofaktoren

Ja	Nein				
		Menarche	Alter:		
O	O	Menopause	Alter:		
O	O	Periode bis zur Menopause:	regelmässig		
O	O		Amenorrhoe seit:		
O	O		gelegentl. Ausbleiben für wie lange?		
O	O	Ovulationshemmer	Dauer:	Grund:	
O	O	Geburten	Anzahl:	Abort:	
			Erbschäden, Skelettprobleme:		
O	O	Hysterektomie	Alter:	Grund:	
O	O	Ovarektomie	Alter:	Grund:	
O	O	Hormontherapie	Alter:	Dauer:	
			Grund:	Medikament:	
O	O	Familienanamnese	Osteoporose:		
			Skelettprobleme:		
O	O	Nikotinabusus PY:	Dauer:	Stop:	
O	O	Alkoholabusus	Menge/T:	Dauer:	
O	O	Dauermedikation:	Laxantien:	Welche? Dauer?	
			Antidiabetica:		
			Antieptileptica		
			Diuretika:		
O	O	Kortison:	Oral/Spray:		
			von:	bis:	Dosis:
			Grund:		
O	O	Operationen Magen/Darm:			
O	O	Schilddrüse:			
O	O	Nierensteine:			
O	O	Sonnenallergie:	seit:		
O	O	Sonne meiden	seit:		
O	O	Rachitis	Diabetes	Hepatitis	
		Scheuermann			
O	O	Andere schwere Erkrankungen			
O	O	Frakturen:			
		Alter:			
		Trauma:			
O	O	Sport (in den letzten 2 Jahren)			
O	O	Hochleistungssport			
		Tägliche Calciumzufuhr:			
O	O	Besonderes			

1. Anamnese und Risikofaktoren

Wir erfragen entsprechend Tabelle 1 die Osteoporose-Risikofaktoren. Zur Erfassung der täglichen Kalziumzufuhr kann der Fragebogen (s. Tabelle 2) verwendet werden. Der tägliche Bedarf an Kalzium ist in Tabelle 3 dargelegt.

In unseren Praxen werden die Risikofaktoren von der Mitarbeiterin, die die Densitometrie durchführt, erfragt. Bei der Konsultation sprechen wir jedoch die einzelnen Punkte mit der Patientin noch einmal durch. Es ist erstaunlich, wieviel Diskrepanzen wir dann bei diesem „Gegen-Checken" noch aufdecken. Von der Quantifizierung der Risikofaktoren mittels eines Punktesystems sind wir abgekommen, da es schwierig ist, im Einzelfall mit den Risikofaktoren das effektive Risiko abzuschätzen – es scheint, daß das Zusammentreffen von zwei Risiken wertiger ist. Neuerdings wird auch diskutiert, ob die Risikofaktoren nur dann relevant sind, wenn eine genetische Prädisposition zur Osteoporose vorhanden ist (siehe die entsprechenden Ausführungen über die Vitamin D-Rezeptor-Allele). Zur Abschätzung des Frakturrisikos wird heute die Densitometrie (s. unten) („fracture treshold") eingesetzt.

Wir haben an insgesamt 8.990 45–54jährige Frauen, wohnhaft in der Stadt Zürich, einen Fragebogen versandt, um die Häufigkeit der klassischen Risikofaktoren zu erfassen. 4.217 Fragebogen wurden so ausgefüllt, daß sie ausgewertet werden konnten. Wir erhielten bei den 45–54jährigen Frauen folgende Resultate:

Nulliparität 27 %
Bewegungsmangel 10 %
niedrige Kalziumaufnahme 22 %
hagerer Körperbau 8 %
hoher Konsum von:
- Kaffee 22 %
- Zigaretten 16 %
- Alkohol 4 %
- tierischem Eiweiß 8 %

Die Auswertung dieser Zahlen ergibt:
ohne irgendeinen Risikofaktor: 1 von 3 Frauen
Trägerinnen von einem Faktor: 1 von 3 Frauen
Trägerinnen von zwei Faktoren: 1 von 5 Frauen
Trägerinnen von drei bis sieben Faktoren: 1 von 7 Frauen

Raucherinnen (mehr als zehn Zigaretten/Tag) und Frauen mit drei oder mehr dieser acht Risikofaktoren hatten eine vorzeitige Menopause. Dies läßt den Schluß zu, daß den Risikofaktoren doch eine Bedeutung im Entstehen der postmenopausalen Osteoporose zu kommt.

Eine wichtige Rolle spielt sicher die frühzeitige Ovarektomie bzw. die frühe Menopause. Dies zeigt sich auch am Beispiel junger Hochleistungssportlerinnen mit hyperprolaktinämischer Amenorrhöe, bei denen es zu einem massiven Spongiosaverlust kommt, und umgekehrt an der Tatsache, daß es bei der Östrogen-/Gestagen-

Tabelle 2: Fragebogen zur Errechnung der Kalziumzufuhr

Name: ____________ Vorname: ____________

Geburtsdatum: ____________ Geschlecht: ____________ Besuchsdatum: ____________

KONTROLLFRAGEBOGEN

Dieser Fragebogen ermöglicht die Kalziummenge zu bestimmen, welche Sie durch Ihre Nahrung aufnehmen. Bitte notieren Sie Ihre Antworten oder umringen Sie die betreffenden Kästchen. Besten Dank.

1 / Trinken Sie jeden Tag Milch?
- Wenn ja, wieviele Gläser pro Tag?
  - Anzahl Gläser ☐ x 120
  - Anzahl Tassen ☐ x 120
  - Anzahl Schalen ☐ x 360
- Wenn nein, wieviel trinken Sie pro Woche?
  - Anzahl Gläser ☐ x 17
  - Anzahl Tassen ☐ x 17
  - Anzahl Schalen ☐ x 51

2 / Essen Sie Yoghurt oder Rahm-Dessert?
Wenn ja, wieviel pro Woche? ☐ x 21

3 / Essen Sie Quark? Wenn ja:
Wieviele Becher à 100 g pro Woche? ☐ x 14
Wieviele Becher à 500 g pro Woche? ☐ x 68
Wieviele Becher à 1 Kg pro Woche? ☐ x 136

4 / Essen Sie Hartkäse (Greyerzer, Edam, Gouda ...)?
Wenn ja, wie oft pro Woche? ☐
Welche Portionen? KLEINE x 19 | MITTLERE x 38 | GROSSE x 56

5 / Essen Sie Weichkäse (Camembert, Brie, Ziegenkäse)?
Wenn ja, wie oft pro Woche? ☐
Welche Portionen? KLEINE x 9 | MITTLERE x 17 | GROSSE x 26

6 / Essen Sie jeden Tag Fleisch oder Fisch (inkl. Schinken und Wurst)?
Wenn ja, wieviel pro Tag? ☐
Welche Portionen? KLEINE x 7 | MITTLERE x 15 | GROSSE x 22
Wenn nein, wie oft pro Woche? ☐
Welche Portionen? KLEINE x 1 | MITTLERE x 2 | GROSSE x 3

7 / Wieviele Eier essen Sie durchschnittlich pro Woche?
☐ x 4

8 / Wie oft essen Sie Kartoffeln pro Woche (im Wasser oder Dampf gekocht)? ☐
Welche Portionen? KLEINE x 1,5 | MITTLERE x 3 | GROSSE x 4

9 / Wie oft essen Sie Pommes Frites pro Woche? ☐
Welche Portionen? KLEINE x 7 | MITTLERE x 14 | GROSSE x 21

10/ Wie oft essen Sie Teigwaren oder Griess pro Woche?
☐
Welche Portionen? KLEINE x 0,7 | MITTLERE x 1,4 | GROSSE x 2

11 / Wie oft essen Sie Trockengemüse (Linsen, getrocknete Bohnen, Kichererbsen) pro Woche? ☐
Welche Portionen? KLEINE x 4 | MITTLERE x 8 | GROSSE x 11

12 / Wie oft essen Sie Frischgemüse (inkl. Gemüsesuppe) pro Woche? ☐
Welche Portionen? KLEINE x 7 | MITTLERE x 13 | GROSSE x 20

13 / Wieviel Brot essen Sie durchschnittlich pro Tag?
Anzahl Portionen à 50 g ☐ x 13
Anzahl Zwieback pro Tag ☐ x 4

14 / Wieviele Früchte essen Sie pro Woche?
☐ x 4

15 / Essen Sie Milchschokolade oder weisse Schokolade?
Wenn ja, wieviel pro Woche?
Anzahl Rippli pro Woche ☐ x 6
Anzahl Tafeln pro Woche ☐ x 31

16 / Essen Sie schwarze Schokolade?
Wenn ja, wieviel pro Woche?
Anzahl Rippli pro Woche ☐ x 2
Anzahl Tafeln pro Woche ☐ x 9

17 / Wieviel Hahnenwasser trinken Sie pro Tag?
Wenn ja:
Anzahl Gläser pro Tag ☐ x 9
Anzahl Liter pro Tag ☐ x 90

18 / Trinken Sie Mineralwasser?
Wenn ja:
Anzahl Gläser pro Tag ☐ x 10
Anzahl Liter pro Tag ☐ x 100

19 / Trinken Sie jeden Tag Wein, Bier oder Fruchtsaft?
Wenn ja:
Anzahl Gläser pro Tag ☐ x 7

Täglicher Kalzium-gehalt

1 ____
2 ____
3 ____
4 ____
5 ____
6 ____
7 ____
8 ____
9 ____
10 ____
11 ____
12 ____
13 ____
14 ____
15 ____
16 ____
17 ____
18 ____
19 ____

Tägliche Kalziumzufuhr, TOTAL ☐

Therapie der Osteoporose nicht nur zu einer Verringerung des Verlusts, sondern sogar zu einer Zunahme von Spongiosa (und, aber in geringerem Ausmaß, von Kompakta) kommt. Ein weiterer sehr wichtiger Faktor ist der Nikotinabusus. Dieser führt zu einer beschleunigten Bildung von inaktiven Östrogenmetaboliten. Baron konnte zeigen, daß bei Raucherinnen prämenopausal die Knochendichte der Wirbelsäule einen signifikanten Minder-Wert aufwies [1].

Im Mittelpunkt der anamnestischen Überlegungen bei Osteoporose-Patientinnen stehen die Wirbelkörpedeformierungen. Es hat sich sehr bewährt, intensiv nach früheren Rückenproblemen in der Jugend und im frühen Erwachsenenalter zu fragen, sich nicht mit vagen Angaben zufriedenzugeben, sondern zu versuchen, auch objektive Daten (noch) zu finden. Dabei stießen wir nicht selten auf Röntgenbilder, die Jahrzehnte zuvor in der Jugend angefertigt wurden, und radiologisch eindeutig einen Morbus Scheuermann mit Keilwirbelbildung erkennen lassen. So konnte belegt werden, daß die vermeintlich im Alter entstandene Keilwirbelbildung bereits in der Jugend als Folge eines Morbus Scheuermann erkennbar war und nicht auf eine postmenopausale Osteoporose zurückzuführen ist. Außerdem ist es uns gelungen, mit diesen Nachforschungen eine Osteoporose als bereits viele Jahre zuvor schon bekannten Osteogenesis imperfecta, als Hypogonadismus oder als Hyperthyreose zu erkennen.

Der größte Risikofaktor ist sicher die reduzierte Knochendichte: *„fracture treshold"*. Zur Abschätzung dieser verwenden wir in Zürich die hochempfindliche, quantitative, bildgebende, periphere Computertomographie [2], und wir stellen hier auf die Spongiosa des Radius ab. Mit dieser Methode beträgt die „fracture treshold" 140 mg Hydroxyapatit/cm^3. Die verminderte Knochendichte hat zur Folge, daß es auch ohne adäquates Trauma, infolge der Knochenbrüchigkeit, zu Frakturen kommt. Schwierigkeiten ergeben sich hier jeweils bei dem Begriff „adäquat". Auch hier darf man sich nicht mit der vagen Aussage „Sturz" zufriedengeben, sondern muß z. B. nachfragen, ob es sich um ein Hinunterstürzen über eine vereiste Treppe mit mehrfachem Aufschlagen auf den Rücken (adäquates Trauma) oder nur um ein geringfügiges Ausgleiten auf einer Baumwurzel (inadäquates Trauma) gehandelt hat (Extrembeispiele). Problematisch und im Einzelfall auch versicherungstechnisch eher schwierig zu entscheiden sind folgende Beispiele, mit denen wir schon mehrfach konfrontiert wurden: In-die-Höhe-Heben oder spontanes festes Umarmen der Partnerin in der Neujahrsnacht (Rippenfrakturen), Aufheben von Enkelkindern bei der

Tabelle 3: Täglicher Kalziumbedarf

Kinder	700–1.000 mg
Adoleszente	1.200–1.500 mg
Erwachsene	1.000 mg
Schwangere/Stillende	1.200 mg
Prämenopause	1.000 mg
Postmenopause	1.500 mg

Begrüßung mit vornübergebeugter Haltung (Spontanfraktur Brustwirbelkörper), Hineinheben von Winterpneus mit Felgen im Frühjahr in den Kofferraum des Autos nach dem Wechseln auf die Sommerausrüstung, im Herbst Herausharken und Herausziehen von Pflanzenstöcken im Garten, von einem kräftigen Hund an der Leine gezogen werden mit Sturz über Randstein oder Treppenstufen (jeweils LWK Frakturen). Problematisch war auch die Frage, ob das Aufspannen eines Wäscheschirms mit unmittelbar akuten Rückenschmerzen und radiologischer LWK Fraktur als adäquates Trauma anzusehen war. Es hat sich dann herausgestellt, daß der betreffende Wäscheschirm ein sehr altes Modell war, leicht klemmte und zum Aufspannen erhebliche Kräfte benötigte, so daß es sich hier sicherlich um ein adäquates Trauma gehandelt hat.

Aus diesen Beispielen geht hervor, wie *wichtig der genaue Unfallhergang* für die Entscheidung ist, ob weitere Abklärungen vorangetrieben werden sollen, ganz abgesehen von den versicherungstechnischen Fragen.

Schmerzen

Akute, auf einem Deckplatteneinbruch mit subperiostaler Blutung oder einer Wirbelkörperfraktur beruhende Schmerzen werden von den Patienten, wie obengenannte Beispiele zeigen, nicht selten mit einer abrupten, ungewohnten oder belastenden Bewegung in Zusammenhang gebracht und sehr genau lokalisiert. Hier erscheint es uns wichtig darauf hinzuweisen, daß man sich bei dringendem Verdacht auf eine Kompressionsfraktur oder einen Wirbelkörpereinbruch nicht mit einem unauffälligen Röntgenbild, das unmittelbar nach dem akuten Ereignis angefertigt wurde, zufriedengeben, sondern einige Tage später nochmals röntgen sollte. Wir haben schon mehrfach beobachtet, daß die Zusammensinterung erst Tage nach dem Ereignis aufgetreten ist.

Demgegenüber klagen die Patienten bei chronischen Schmerzen hauptsächlich über Rückenschmerzen, mehrere Segmente betreffend, vor allem im Bereich der unteren BWS und der oberen LWS (Abb. 1). Dabei handelt es sich um lokalisierte (und nicht wie bei der Osteomalazie um generalisierte) Schmerzen. Nicht selten steht im Vordergrund der Klagen ein Müdigkeitsgefühl im Rücken, insbesondere gegen Nachmittag, welches die Patienten zum Ausruhen zwingt. Wahrscheinlich ist dieser Schmerz auf eine vermehrte Haltearbeit der Muskulatur bei Wirbelsäulendeformierungen infolge von Frakturen zurückzuführen, also auf die Hyperkyphose und die Hyperlordose. Typischerweise klagen Patienten auch über Rückenschmerzen im Bereich der mittleren Brustwirbelsäule bei Arbeiten, welche sie vornübergebeugt ausführen müssen, wie zum Beispiel Bügeln, Geschirr abwaschen, Betten machen, Büroarbeit. Die Pathogenese dieser letztlich durch die Wirbelkörperdeformierungen verursachten chronischen Schmerzen ist in Details noch nicht geklärt.

Keil- oder Fischwirbel führen zur Deformierung einzelner Wirbelsäulenabschnitte und damit vor allem zur Hyperlordose der Lendenwirbelsäule mit Fehlbelastung der lumbosakralen Bewegungssegmente, zu entsprechenden schmerzhaften, reflektorischen Muskelverspannungen, zu schmerzhaften, sekundären Arthrosen der Wirbelgelenke und zu Subluxationen, ferner zur Berührung der Dornfortsätze der Wirbelkörper (kissing spines). Wie erwähnt, bestehen meist gleichzeitig eine Hyperkyphose der BWS und ein nach vorne verlagertes Abdomen; der ganzen Schultergürtel hängt dann sozusagen an der Halswirbelsäule. Dadurch wird verständlich, daß Patienten mit Osteoporose nicht nur über Schmerzen im Bereich der Brust- und Len-

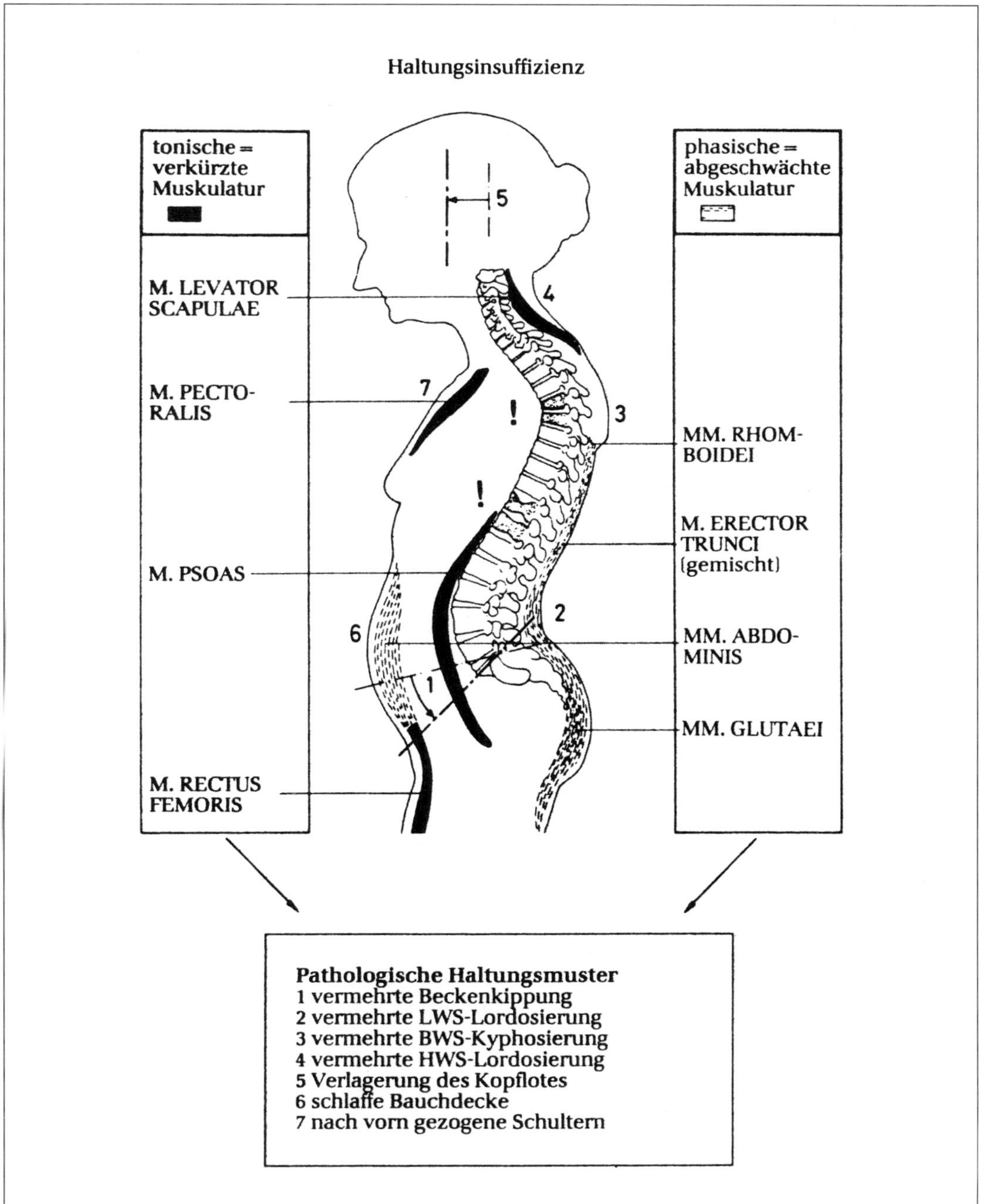

Abbildung 1: Schmerzgenese bei der Osteoporose

denwirbelsäule, sondern genauso häufig auch über Schmerzen des Muskel- und Bandapparates der Schulterhalsregion klagen.

Es ist zu differenzieren, ob es sich um Schmerzen handelt, die gürtelförmig nach ventral ausstrahlen, oder ob diese durch Provokation eines erhöhten Liquordrucks, wie bei Husten, Niesen oder Pressen während der Defäkation, als Ausdruck einer Bandscheibenprotrusion erklärt werden können. Jedenfalls – und das soll nochmals betont werden – handelt es sich nicht, wie bei der Osteomalazie, um generalisierte, sondern um lokalisierte Schmerzen oder um solche, die sich auf wenige Segmente der Wirbelsäule beschränken. Die betroffene Altersgruppe (Patientinnen in der Menopause) zeigen häufig noch eine larvierte Depression, die sich ebenfalls in Beschwerden des Bewegungsapparats äußern kann. Anderseits ist aber zu bedenken, daß umgekehrt chronische Schmerzen ihrerseits oft zu depressiven und reizbaren Verstimmungen führen können, so daß ein Circulus vitiosus entstehen kann. Zurückhaltung in der Anwendung von Psychopharmaka ist sehr zu empfehlen, da die-

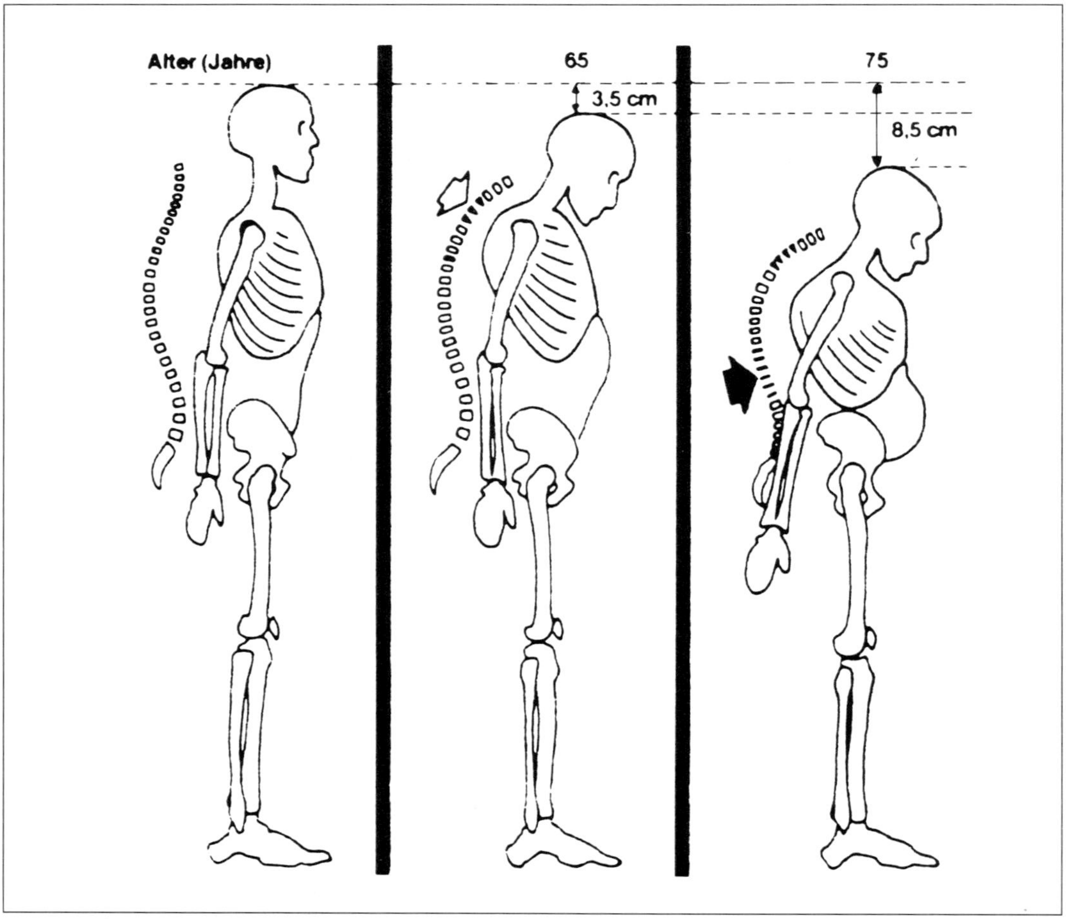

Abbildung 2: Typische Entwicklung des Habitus (siehe auch das vorgewölbte Abdomen und die „kissing ribs + spines") zur Osteoporose hin

se auch zu einer Gangunsicherheit und damit zu einer Neigung zu Stürzen führen können. Hier hat sich die aktive und die passive Physiotherapie einschließlich der Zuwendung der Physiotherapeutin, in Einzelfällen unterstützt durch monatliche Gaben (drei bis vier Monate lang) von 50 mg Deca Durabolin, bewährt.

Größenabnahme

Aus diesen hyperkyphotischen und hyperlordotischen Wirbelkörperdeformierungen resultiert auch die Größenabnahme (Abb. 2). Dabei weisen Patienten nicht selten auf frühere Paßeintragungen hin, ferner darauf, daß sie ihrem männlichen Partner gegenüber kleiner geworden sind (Männer bekommen keine Osteoporose?), oder daß sie im Badezimmer die Toilettenartikel nicht mehr in der gleichen Blickhöhe vor sich sehen können. Typisch ist die Reduzierung der Körperoberlänge, und es fällt bei diesen Patienten auf, daß die Fingerspitzen der Hände sehr weit in Richtung auf das Knie reichen und die Patienten die Angabe machen, daß sie, um in gleicher Höhe mit ihren Freundinnen sitzen zu können, den Sitz erhöhen müssen (mittels Kissen oder sogar Telefonbuch).

Die Gibbusbildung kann sehr ausgeprägt sein, so daß einerseits die Rippen die Beckenkämme berühren, „kissings ribs" (sehr schmerzhafte Periostreizung), und sich anderseits schräg abwärts ziehende Hautfalten im Bereich des Rückens bilden (Tannenbaumeffekt) (Abb. 3). Die Reduzierung der Länge des Oberkörpers führt auch zu einem Ausweichen des Abdomens nach vorne, zumal durch das Kleinerwerden auch hier überschüssiges Gewebe vorhanden ist (Kugelbauch). Die Patientinnen geben dann nicht an, ihre Röcke kürzer oder länger, sondern weiter machen zu müssen, weil sie keine Taille mehr haben. Somit stellen sich der Tannenbaumeffekt und der Kugelbauch als ein Parallelphänomen dar. Neben der Anamnese ist für die Diagnosefindung und vor allem für das weitere Prozedere die Untersuchung von Bedeutung.

2. Untersuchung

Erwähnt wurden schon bei den Überlegungen über die Pathogenese des Schmerzes die

- Größenabnahme;
- Hyperkyphose;
- Hyperlordose.

Wichtigste Zeichen des Kleinerwerdens sind: das erwähnte Tannenbaumphänomen, der Kugelbauch, das

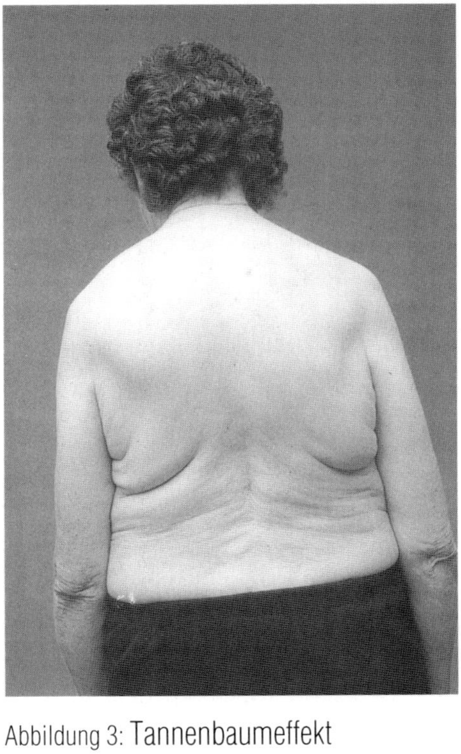

Abbildung 3: Tannenbaumeffekt

Berühren der Rippen mit der Oberkante des Beckens, das Heranreichen der Fingerspitzen bis zu den Knien. Zudem gehen manche Patientinnen vornübergebeugt und geben an, sie würden wie ein Taschenmesser zusammenklappen.

Hinweise bezüglich periostbedingter Schmerzen infolge von Deckplatteneinbrüchen des Achsenskeletts erhalten wir, indem wir versuchen, einen Kompressions- oder Stauchschmerz auszulösen.

Durch das Beobachten, wie eine Patientin eine Last aufhebt, wie sie sitzt oder sich hinlegt, können wir feststellen, wieweit sie über ihre Erkrankung überhaupt informiert worden ist. Im Prinzip sollte sich bei der Erstuntersuchung jede Patientin entkleiden, wobei dann z. B. während der neurologischen Untersuchung zusätzlich zu den oben erwähnten Phänomenen noch auf Hautveränderungen (Mastozytose, Cushing-Syndrom) und die Qualität der Haare (Hyper- und Hypothyreose) zu achten wäre. Möglicherweise wird man auch noch durch das Beobachten der Fingernägel, der Hautdicke (Patientinnen mit Osteoporose zeigen häufig eine dünne, pergamentartige Haut ohne Fettpolster) und der Körperbehaarung (Hypogonadismus) Aufschlüsse über die Art der Osteoporose erhalten.

3. Röntgen

Die verminderte Knochendichte führt zu vermehrter Strahlendurchlässigkeit, die aber erst ab etwa 30 bis 50 % Substanzverlust radiologisch erfaßt werden kann.

Hinter einer radiologischen Osteoporose (Abb. 4) können sich, wie bereits eingangs erwähnt, zahlreiche andere Osteopathien verbergen. Eine „radiologische" Osteoporose muß somit demaskiert werden (Tab. 4). „Basisröntgenbilder" sind BWS und

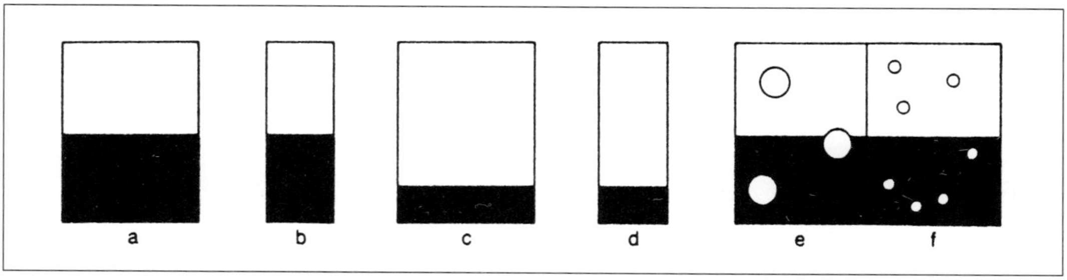

Abbildung 4: Differentialdiagnose der radiologischen Osteoporose: Die Rechtecke repräsentieren die Gesamtskelettmasse, die schwarzen Flächen den Mineralanteil.

a. Normaler Knochen. b. Osteopenie (Altersatrophie und Osteoporose) mit Reduktion der Gesamtskelettmasse bei annähernd regelrechter Verteilung von Grundsubstanz und Mineral. c. Osteomalazie mit normaler Knochenmasse, aber stark vermindertem Mineralanteil. d. Kombination von Osteoporose und Osteomalazie. e. normale Skelettmasse und Mineralisation, aber große makroskopisch sichtbare Knochendefekte wie Metastasen. f. Hier liegen nur mikroskopisch kleine Defekte vor, die radiologisch als Osteoporose imponieren, z. B. bei der Osteoklastose des Hyperparathyreoidismus, bei Leukämien und auch bei der Skelettmetastasierung.

LWS ap und auch seitlich, da andernfalls z. B. Metastasen in die Bogenwurzeln (Abb. 5) übersehen werden können.

4. Blutchemische Untersuchungen

Routineuntersuchungen beinhalten bei uns:

- im Serum: Kalzium; Phosphor; alk. Phosphatase; Kreatinin; Bilirubin, SGOT, SGPT; Senkung/Elektrophorese; Diff. Blutbild
- Urinstatus

Es ist vor dem Trugschluß zu warnen, Senkung und Elektrophorese würden bereits ein Plasmozytom ausschließen. Es gibt nichtsezernierende Plasmozytome, die nur durch eine Sternalpunktion objektiviert werden können. Je nach Anamnese und Re-

Tabelle 4: Demaskierung einer „radiologischen" Osteoporose

Affektion	Röntgen	Serum-kalzium	Serum-phosphat	Alkalische Phosphatase	Parat-hormon
Osteopenie (Altersatrophie und Osteoporose)	bei Osteoporose: Wirbelfrakturen und -infraktionen Keilwirbel (BWS), einzelne Fischwirbel (LWS) Struktur scharf gezeichnet mit Betonung der Wirbelabschlußplatten	→	→	→ ↑ (bei frischen Frakturen)	→
Osteomalazie	Serien von Fischwirbeln, evt. Keilwirbel, Looser-Pseudofrakturen, Struktur schummrig-verwaschen (Renoir-Effekt, Fehlbeurteilung: schlechte Röntgenaufnahme), subperiostale Usuren (sekundärer Hyperparathyreoidismus)	↓, →	↓, →	↑	↑, →
renale Osteodystrophie	Kombination von Fibroosteoklasie (sekundärer Hyperparathyreoidismus), Osteomalazie und gelegentlich Osteosklerose	↓, →	↑	→, ↑	↑
primärer Hyperparathyreoidismus	selten Osteoporose + subperiostale Usuren + Zysten (nur in 10 % der Fälle)	↑	↓, →	→, ↑	↑
Metastasen (Mamma-, Bronchus-, Prostata-, Nieren-, Schilddrüsenkarzinom) und hämatogene Prozesse	osteolytische und osteoblastische Herde	↑, →, ↓	→, ↓	→, ↑	→, ↓
Osteodystrophia deformans Paget	typisch grobmaschige Struktur mit Aufhellungs- und sklerotischen Zonen: herdförmiger Befall (in erster Linie lokalisiert im Becken und Kreuzbein, untere Extremitäten, Schädel), bei älteren Patienten zudem häufig Osteoporose der nicht befallenen Skelettanteile	→ (bei Immobilisierung ↑)	→	↑↑	→

↑ = erhöht; ↓ = vermindert; → = in der Norm

sultat der Routineuntersuchung müssen nachfolgen, z. B. Parathormon; Östrogene, FSH, LH; T_3, T_4, TSH; Cortisol; 25 und $1.25'(OH)_2D_3$.

Biochemische Parameter des Knochenumsatzes

In Tabelle 5 sind die Parameter des Knochenanbaus und auch die Parameter des Knochenabbaus angeführt. Nach wie vor wird diskutiert, ob diese wirklich im Einzelfall den Knochenumsatz repräsentieren, oder ob für die Erfassung des „high bone turnover" vorderhand (noch) hochempfindliche, densitometrische Methoden verwendet werden sollten, da der hohe Knochenumsatz postmenopausal identisch ist mit einem schnellen Knochenverlust. Biochemische Marker des Knochenumbaus gehören noch nicht zur Routinediagnostik bei Patienten mit Osteoporose. Sie können aber in Zukunft für die Erfassung des aktuellen Zustandes (fast-, slow bone losers) und für die Verlaufs- und Therapiekontrolle nützlich sein [3]. Als Marker der

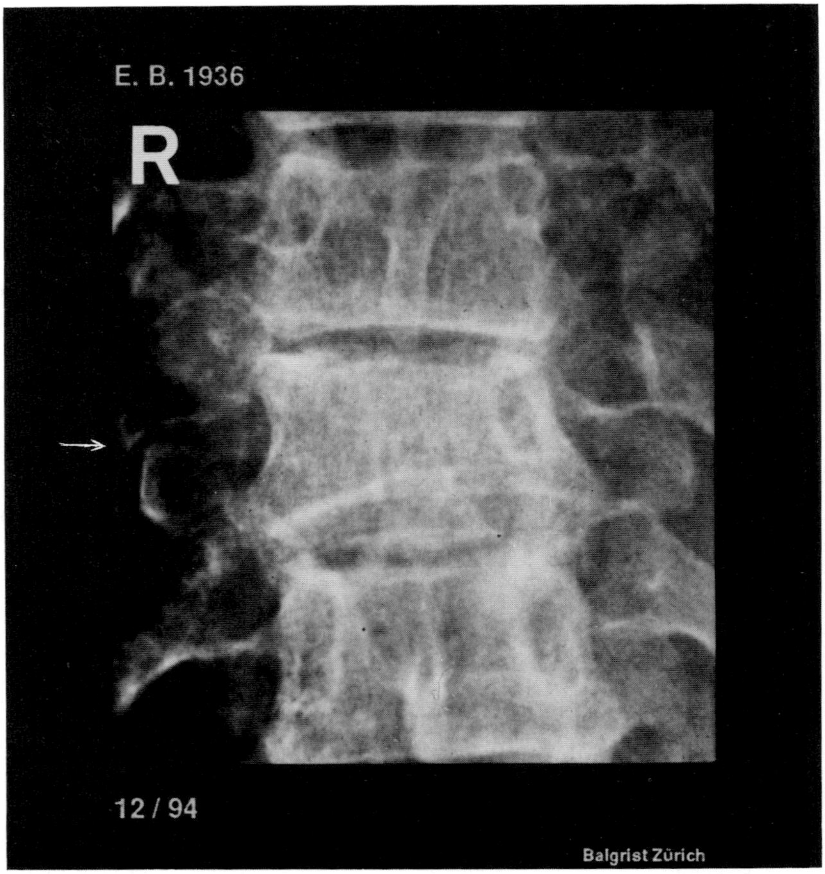

Abbildung 5: Fehlende Bogenwurzel als Zeichen einer Metastasierung

Knochenneubildung seien die gesamte, insbesondere die knochenspezifische alkalische Phosphatase genannt, das Serum-Osteocalcin und die Typ I-Kollagen-Propeptide im Serum. Die Methoden zur Messung der Knochenresorption sind Kalzium und Hydroxyprolin im Urin. Pyridinolin und Desoxypyridinolin im Urin, die von Kollagen-Bindungsgliedern stammen, und knorpel- und knochenkollagenspezifisch sind, werden als noch sensitivere Parameter in Zukunft an Bedeutung gewinnen. Die tartratresistente, saure Phosphatase im Plasma, Kollagen Typ I-Telopeptide im Serum und Urin und Galaktosylhydroxylysin im Urin sind Marker des Knochenabbaus, an deren Optimierung für die Routine gearbeitet wird. Die Messung eines Carboxylierungsdefektes am Osteocalcin im Serum könnte sich in der Zukunft als besonders bedeutsam herausstellen, da hierbei Defekte in Knochenmatrix und damit in der Knochenqualität aufgrund von Vitamin D- bzw. Vitamin K-Mangel offengelegt werden, die ein nachfolgendes Hüftfrakturrisiko aufgrund erhöhter Fragilität vorhersagen könnten. Neuerdings wird spekuliert, daß aus einer einzigen Urinprobe, kombiniert mit einer einzigen Blutprobe, durch Messung von bestimmten biochemischen Markern bei Berücksichtigung von Alter, Gewicht und Größe individuell das Risiko eines erhöhten Verlustes an Knochenmasse kalkuliert werden kann. Diese Untersuchung kurz nach der Menopause könnte bei der Entscheidung helfen, ob eine medikamentöse Intervention angesichts eines erhöhten Frakturrisikos nötig ist. Außerdem wird die Entscheidung betreffend Differentialtherapie („fast bone loser“ oder „slow bone loser“) erleichtert, der Verlauf der Erkrankung effektiver kontrollierbar (z. B. Änderung des Phänotyps) und obendrein der Erfolg der therapeutischen Maßnahmen ohne große technische Ausrüstung schneller transparent. In Tabelle 6 sind die Probleme der biochemischen Marker vereinfacht dargestellt.

Optimal ist natürlich diese Diagnostik *nur in Verbindung mit einer exakten Knochendichtemessung*, da auf diese Weise die beiden wichtigsten Osteoporosedeterminanten, nämlich geringe Knochenmasse und erhöhter Knochenmasseverlust, erfaßt werden. Aussagen, daß mit biochemischen Markern der Verlauf des Knochenverlustes auf 15 Jahre hinaus vorausgesagt werden kann, widersprechen der Logik und unserer täglichen Erfahrung: Einmal weist der Knochendichteverlust einen phasenhaften Verlust auf, zum anderen müßten dann zahlreiche unserer Patientinnen „Schnecken“ (d. h. ohne Skelett) sein: Beispiel: Ein heute mit biochemischen Markern gemessener Skelettverlust von 10 %/Jahr führt zu einem Verlust von 150 % in 15 Jahren, d. h. sogar zu einem „Minus-Schneck“!!!

Tabelle 5: Biochemische Parameter des Knochenan- und -abbaus (Knochenumsatz)

Biochemical analysis	
reflecting bone stimulation	serum osteocalcin bone specific alkaline phosphatase serum procollagen I
reflecting bone resorption	collagen crosslinks esp. deoxypyridinolines in urine urinary hydroxy-proline plasma tartrat-resistent acid phosphatase urinary hydroxylysine-glycosides

5. Skelettszintigraphie

Ist es aufgrund der aufgeführten blutchemischen Untersuchungen und der Röntgenaufnahmen immer noch nicht möglich, eine definitive Diagnose zu stellen, dann kann die Ganzkörperskelettszintigraphie eingesetzt werden. Diese Methode weist zwar eine hohe Empfindlichkeit, dafür aber eine geringere Spezifität auf. Anderseits sind mit Hilfe der Szintigraphie ungefähr doppelt so viele Metastasen erfaßbar wie mit der Röntgenmethode. Die Ganzkörperskelettszintigraphie erlaubt es, diejenigen Anteile, die eine pathologische Anreicherung zeigen, *gezielt* zu röntgen oder in diesem Bereich *gezielt* eine Biopsie vorzunehmen.

6. Knochenbiopsie

Da die Knochenbiopsie einen operativen Eingriff darstellt und die Aufarbeitung des Biopsiematerials gerade dann, wenn es sich um die Abklärung einer metabolischen Osteopathie handelt, sehr aufwendig ist, steht sie im Laufe des diagnostischen Abklärungsvorgangs nicht zu Beginn. In den vergangenen Jahren sind sicher weniger Knochenbiopsien als früher durchgeführt worden, da heute ein Teil der Fragen, die wir früher an den Pathologen beziehungsweise den Anatomen gestellt haben, vom Physiker mittels quantitativer oder computertomographischer Methoden beantwortet werden können, so zum Beispiel die Frage nach der Aktivität des Osteoporoseprozesses, die Frage, ob vorwiegend Kompakta oder Spongiosa betroffen sind, und auch die Frage nach der Vernetzung der Spongiosastrukturen. Selbst Biopsien können heute computertomographisch ausgewertet werden [2].

Tabelle 6: Probleme der biochemischen Knochenmarker, vereinfacht dargestellt

- verschiedene Bestimmungsmethoden sind verfügbar mit unterschiedlicher Empfindlichkeit und Präzision
- Tag-zu-Tag-Variationen
- Labor-zu-Labor-Variationen
- Instabilität (z. B. Osteocalcin), die enorme Probleme für die tägliche Praxis verursacht (Einfrieren, Transport)
- keine Erfassung der Knochendichte
- keine Voraussage des Frakturrisikos
- teilweise komplizierte Vorbedingungen (Hydroxyprolin: Gelatine-freie Kost; Kalzium: wie lange zuvor calciumfreie Kost: 5 Tage?; oder genügt das vorbedingungsfreie Nüchtern-Urin-Sammeln?)
- Interaktionen mit Medikamenten (Osteocalcin mit Corticosteroiden, Antikoagulantien, Vitamin D)

Die Knochenbiospie ist indiziert, wenn

- das Szintigramm einen Malignomenverdacht ergeben hat, und dann an szintigraphisch positiven Arealen biopsiert werden kann;
- der Verdacht auf eine hämatologische Erkrankung besteht;

vor allem aber dann, wenn:

- die bisherigen Abklärungen keine genaue Unterscheidung zwischen Osteoporose und Osteomalazie erlaubt haben;
- bei allen „ungewöhnlichen" Osteoporosen, z. B. bei jungen, noch menstruierenden Frauen.

Voraussetzung einer morphometrischen Auswertung von Knochenbiopsieproben ist jedoch, daß das entnommene Biopsiematerial genügend groß und nicht zerstört ist, zum Beispiel bei der Entnahme mit der Burkhard-Hohlfräse aus der Spongiosa des Beckenkamms. Die Weiterverarbeitung muß an unentkalkten Präparaten erfolgen, weil es dort nicht zu einer Schrumpfung kommt und die Tetrazyklinmarkierung zur Erkennung der Mineralisationsfront sichtbar bleibt. Nur an unentkalkten Präparaten kann unterschieden werden, ob eine Osteoidose oder eine echte Osteomalazie vorliegt (Tetrazyklinmarkierung vorhanden oder diffus). Eine Osteoidose beobachten wir zum Beispiel bei hohem Knochenumsatz (Fluoridtherapie), eine Osteomalazie dagegen bei der Malabsorption und der Maldigestion. Es kann nicht genug darauf hingewiesen werden, daß die Tetrazyklinmarkierung unabdingbare Voraussetzung für eine korrekte Interpretation der Knochenbiopsie darstellt. Ferner erlauben unentkalkte Präparate, morphometrische Strukturparameter zu errechnen (sofern keine Computertomographie zur Verfügung steht), sowie insbesondere die Osteoblasten und die Osteoklasten quantitativ zu erfassen. Diese Parameter können dann später für die gezielte Therapie verwendet werden, zum Beispiel wird aus ihnen ersichtlich, ob der mit der quantitativen Computertomographie objektivierte Skelettverlust auf eine Insuffizienz der Osteoblasten oder eine Vermehrung der Osteoklasten zurückzuführen ist. Osteoblasten können mit Fluorid oder Anabolika stimuliert werden, während die Osteoklasten durch Östrogene, Calcitonin, Phosphonate, D-Hormon Metaboliten (z. B. Rocaltrol® oder Doss®) oder Kalzium gebremst werden.

7. Densitometrie

Die Tabelle 7 zeigt die heute zur Verfügung stehenden densitometrischen Methoden. Die wichtigste Indikation ist nicht die Diagnose „Osteoporose", zu der heute die densitometrischen Methoden vor allem mißbraucht werden, sondern der aktuelle Stand der Knochendichte und vor allem die Verlustrate, also die Objektivierung von „slow" und „fast-loser" Patienten. Hierauf kann dann sowohl prophylaktisch als auch therapeutisch eine gezielte Behandlung aufgebaut werden.

Wie oben bereits erwähnt ist zur Erfassung von Risikopatientinnen die konventionelle Röntgentechnik nicht geeignet, da ein Verlust an Knochendichte erst dann erkannt werden kann, wenn er etwa 30–40 % beträgt. Weit aussagekräftiger und empfindlicher sind die modernen Methoden zur Messung der Knochendichte, die wie das Computertomogramm neben der quantitativen Aussage auch ein qualitative Beurteilung zulassen. Die Entwicklung dieser Methoden wurde insbesondere von der Weltraumfahrt forciert, um den Skelettverlust der Astronauten sowohl beim Training wie auch während der Erdumkreisung festzustellen. Dieser Skelettverlust entspricht übrigens der Immobilisations-Osteoporose und geht auf das Belastungsdefizit zurück.

Die derzeit international gültige Definition der Osteoporose lautet: „Die Osteoporose ist eine Krankheit, die charakterisiert ist durch eine niedrige Knochenmasse, Störung der Mikroarchitektur des Knochengewebes mit daraus folgender erhöhter Knochenbrüchigkeit und steigendem Frakturrisiko". Die Deutsche Gesellschaft für Endokrinologie fügt noch hinzu, daß zwei Formen der Osteoporose unterschieden werden können, nämlich diejenigen mit hohem und diejenigen mit niedrigem Knochenumsatz.

Aus diesen beiden „Definitionen" geht schon die Wichtigkeit folgender Parameter hervor:

- Knochendichte
- Knochendichteverlust
- Knochenstrukturen

Tabelle 7: Heute zur Verfügung stehende densitometrische Methoden einschließlich ihrer Charakterisierung

Methode	Präzision	Strahlung (µSV)	Meßbereich	Vorteile	Nachteile
DXA	1–2 %	3	Wirbelsäule Femur	einfache rasche Untersuchung; niedrige Strahlendosis	keine Unterscheidungsmöglichkeit zwischen kortikalen/trabekulären Knochen; Resultate fraglich bei Wirbelfraktur/Deformationen/Spondylarthrose
QCT	2–3 %	50	Wirbelsäule	Unterscheidungsmöglichkeit zwischen kortikalen/trabekulären Knochen; Struktur	Resultate fraglich bei Wirbelfraktur/Deformationen; hohe Strahlungsintensität
pQCT	0,3–0,9 %	0,1	Radius Tibia	große Genauigkeit; niedrige Strahlendosis; Unterscheidungsmöglichkeit zwischen kortikalen/trabekulären Knochen; Struktur	Wirbelsäule und Oberschenkel nicht meßbar

Unserer Gruppe in Zürich stehen folgende Methoden zur Verfügung:

- hochempfindliche, quantitative, periphere Computertomographie mit „multiple slice" Technik (DENSISCAN 1000);
- DXA von Wirbelsäule und Femur (Lunar);
- Computertomographie der Wirbelsäule (Somatom Hi Q-S);

Wichtige Begriffe sind:

- Die *Reproduzierbarkeit* (Genauigkeit), wobei Kurz- und Langzeitreproduzierbarkeit zu unterscheiden sind, wird in Prozenten der Abweichungen von der Ausgangsmessung angegeben; je kleiner der entsprechende Wert, desto besser die Reproduzierbarkeit. Diese kann sich sowohl auf Meßkörper (Phantome) beziehen als auch auf Gesunde, Kranke oder gemischte Kollektive. Die Reproduzierbarkeit ist abhängig von den Geräten und auch von der Beschaffenheit des Meßobjektes, wobei bei den meisten Geräten zusätzlich der „human factor" (z. B. Positionierung) eine nicht zu unterschätzende Rolle spielt. Um nun bei Verlaufsmessungen einen Dichteunterschied mit 95 %-Sicherheit (Konfidenz) erfassen zu können, muß aus statistischen Gründen die Reproduzierbarkeit mit dem Faktor 2,8 multipliziert werden. Beispiel: Hat eine Methode eine Reproduzierbarkeit von 2 %, dann können, vereinfacht errechnet, Unterschiede von 6 % erfaßt werden. Bei der Osteoporose ist eine „fast-loser" Patientin definiert als eine Patientin, die, auf ein Jahr hochgerechnet, mehr als 3,5 % an Knochendichte verliert. Da aber nur Unterschiede von 6 % gemessen werden können, benötigt man mit dieser Methode 2 Jahre, um eine solche „fast-loser" Patientin zu erfassen. Einen Zeitraum von 2 Jahren für eine Diagnostik zu benötigen, ist jedoch untragbar. Im Gegensatz dazu hat die hochempfindliche, periphere, quantitative Computertomographie (pQCT) eine Reproduzierbarkeit von 0,3 %, d. h., sie kann Veränderungen ab 0,9 % feststellen. Wendet man diesen Wert auf die „fast-loser" Patientinnen an (Verlust von > 3,5 %/Jahr), dann ist es möglich, mit dieser Methode diesen metabolischen Verlustprozeß bereits in 3–4 Monaten festzustellen und damit sehr schnell zu einer schlüssigen Aussage über die Geschwindigkeit des Knochenverlustes zu kommen.
- *„Accuracy":* Dieser Begriff gibt an, wie genau die Methode den Hydroxyl-Apatit Gehalt des Skeletts feststellen läßt.
- *„Sensitivity":* Diese Bezeichnung ist identisch mit der „Discrimination Power", die aussagt, wie treffsicher die Methoden sind, um z. B. eine Osteoporose, die klinisch charakterisiert ist, durch eine verminderte radiologische Schattendichte und Wirbelkörperdeformierungen ohne adäquates Trauma zu erfassen.
- *T und Z Score:* Achtung: diese beiden Begriffe werden unterschiedlich gebraucht. Unter T Score versteht man den prozentualen Minderwert im Vergleich zur (hypothetischen) perimenopausalen Ausgangslage, unter Z Score den prozentualen Minderwert im Vergleich zu dem altersentsprechenden Mittelwert. Dies bedeutet, daß ein Wert (Z) noch im altersentsprechenden Normbereich liegt, aber gegenüber den „peak bone mass" perimenopausal (T) bereits einen deutlichen Minderwert darstellt (Abb. 6).

- Die *Risiko-Frakturschwelle* („fracture treshold") ist von den eingesetzten Methoden abhängig und beträgt z. B. für die Spongiosa des Radius bei der pQCT 140 mg/cm^3. Dieser Wert ist erarbeitet worden an Patienten, die osteoporotische Wirbelkörperfrakturen aufweisen. Eine andere Möglichkeit ist es, von der „peak bone mass" auszugehen, also von der höchsten perimenopausal erreichten Knochendichte. Als Osteoporose-gefährdet wird hier dann angesehen, wer einen Dichtewert aufweist, der unter 2 SD der mittleren „peak bone mass" liegt. Im übrigen erhöht sich das Frakturrisiko um einen Faktor 2,7 bei einer Verminderung der Knochendichte um eine SD (eine Verminderung um eine SD entspricht einer Reduzierung der Knochendichte um jeweils ~ 10 %), um einen Faktor 2–3 alle 10 Jahre und bei bereits vorhandenen früheren atraumatischen Frakturen.

Die derzeitig empfindlichste Methode ist die periphere Messung am Radius (Delmas, Bone Fragility 2000, Perth, Australien, Februar 1995). Wir verwenden in Zürich die bildgebende periphere, quantitative Computertomographie (Reproduzierbarkeit 0,3 %). Sie ist eine echte Volumenmessung und erlaubt, neben der quantitativen Erfassung der Gesamtmineralisation, auch die getrennte Messung des corticalen und trabekulären Knochens. Dazu wird mit einem kollimierten Bündel von Photonen die zu untersuchende Extremität (Radius und Tibia) aus verschiedenen Win-

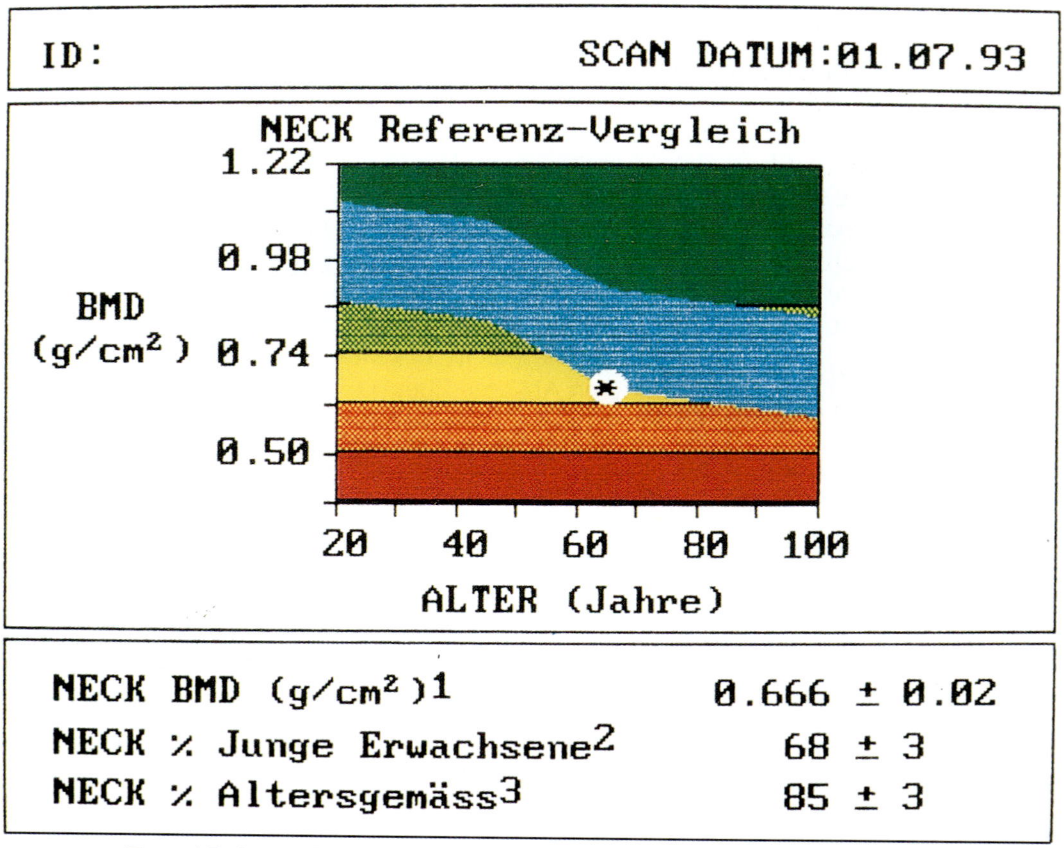

Abbildung 6: T- und Z-Score, DEXA-Methode. Der Wert liegt, ausgehend vom Z-Score noch im Normbereich, ausgehend vom T-Score bereits im Osteoporosebereich.

keln abgetastet. Messungen in der Peripherie sind repräsentativ für das Achsenskelett, sofern Gleiches mit Gleichem verglichen wird: z. B. periphere Spongiosa mit der Spongiosa des Achsenskeletts. Achtung: In der LWS kann die Spongiosadichte von Wirbel zu Wirbel bis zu 3 SD !!! variieren. Dabei ist auch zu beachten, daß Veränderungen von Spongiosa und Kompakta nicht parallel verlaufen müssen, sondern sogar gegensinnige Entwicklungen aufweisen können. So kommt es z. B. unter Fluoroid-Therapie der Osteoporose zu einer ausgeprägteren Zunahme der Spongiosa als der Kompakta. Mit den heute zur Verfügung stehenden Computertomographie-Apparaten mit hoher Auflösung (Densiscan 1000) ist mit größerem Aufwand auch die Darstellung von Strukturen bis in den histologischen Mikrobereich hinein möglich (räumliche Auflösung 0,2 mm). Dies bedeutet, daß in unsere Beurteilung auch die Strukturen mit einbezogen werden. Heilende Mikrofrakturen z. B. ergeben einen zu hohen absoluten Meßwert, so daß Fehlinterpretationen unausweichlich sind. So sind schon heute schichtweise Aufarbeitungen der Dichtedaten möglich, die unter Anwendung geeigneter bildgebender Verfahren dreidimensionale Modelle ergeben, die anatomischen oder histologischen Präparaten genau entsprechen. Die Möglichkeiten, die diese nicht invasiven Methoden für die Zukunft implizieren, sind noch nicht abzuschätzen. Jedenfalls ist heute schon abzusehen, daß eine Dichtezunahme, je nach Veränderung der „Strukturen", nicht in jedem Fall auch eine entsprechende Verbesserung der „Knochen-Stabilität" bedeutet.

Entscheidend scheint uns, daß die erhaltenen Daten sowohl von den „Gerätebetreibern" als auch von den diese Daten verwendenden Kollegen gewertet werden können. Wir erleben hier Tag für Tag groteske Fehlbeurteilungen. Daß auch zwischen den einzelnen Gerätetypen, je nach Hersteller, große Unterschiede bestehen können und daher Vergleiche nur bedingt möglich sind, wurde in den „Lunar News" vom 07.06.1993 eindrücklich dargelegt.

Entscheidend ist, daß postmenopausal ein hoher Knochenumsatz zu einem

Tabelle 8: Zusammenhang zwischen Knochenumsatz und Dichteverlust. Dies gilt nur postmenopausal, nicht prämenopausal!

Der hohe Knochenumsatz
ist identisch
mit einem
schnellen Skelettverlust,
und dieser
ist identisch
mit einem
hohen Knochenumsatz.

Tabelle 9: Knochenanbaustimulierende und knochenabbauhemmende Substanzen

Knochenanbaustimulierende Substanzen
- Fluoride
- Anabolika
- Ossein-Hydroxyapatit-Komplex (OHC)
- Vitamin-D-Metaboliten?

Antiresorptive Substanzen
- Östrogene
- Calcitonine
- Bisphosphonate
- Anabolika (antikatabol)
- Ossein-Hydroxyapatit-Komplex (OHC)
- Vitamin-D-Metaboliten

Substanzen mit Einfluß auf die Knochenqualität
- Bisphosphonat Alendronat („bone strength")
- Vitamin-D-Metaboliten (Reduzierung der Frakturrate ohne massive BMD-Zunahme)

schnellen Skelettverlust führt und daß umgekehrt ein densitometrisch gemessener schneller Skelettverlust mit einem hohen Umsatz korreliert ist (Tab. 8).

Diese Überlegungen erlauben es, die den Knochenabbau hemmenden und die den Knochenanbau stimulierenden Substanzen gezielt und individuell einzusetzen. In Tabelle 9 sind diese Substanzen zusammengestellt, und in Tabelle 10, wie wir sie differenziert einsetzen. In Tabelle 11 sind nochmals die absoluten und die relativen Indikationen für die Osteodensitometrie dargelegt, in Anlehnung an die Schweizerische Osteoporose-Gesellschaft.

Tabelle 10: Differenzierter Einsatz der knochenanbaustimulierenden und knochenabbauhemmenden Substanzen, in Abhängigkeit von Knochendichte und Knochendichteverlust

Trabekuläre Knochendichte	Verlust	Prophylaktische Behandlung
100 %	Keiner	Keine
	< 3,5 %/Jahr	Ca oder OHC oder Vitamin-D-Metaboliten
	> 3,5 %/Jahr	Östrogene oder Calcitonin oder Bisphosphonate (oder Vitamin-D-Metaboliten?)*
60 % = Osteoporose	Keiner	Monofluorophosphate **
	< 3,5 %/Jahr	Monofluorophosphate ** oder OHC oder Anabolika oder Vitamin-D-Metaboliten
	> 3,5 %/Jahr	Östrogene oder Calcitonin oder Bisphosphonate (oder Vitamin-D-Metaboliten?)*
		* Vitamin-D-Metaboliten = Calcitriol = 1α-Calcidol ** Zusätzlich Calcitriol ist von Vorteil für die Mineralisation

Tabelle 11: Indikationen für die Knochendichtemessung

1. Absolute Indikationen

1.1. PRÄMENOPAUSAL
1.1.1. Primäre Amenorrhoe
1.1.2. Sekundäre Amenorrhoe (länger als 6 Monate)
1.2. POSTMENOPAUSAL
1.2.1. Risikopatientinnen, wenn sie eine Prophylaxe/Behandlung ablehnen
1.2.2. Nach einer prämenopausalen Hysterektomie (FSH-Werte > 30 IU)

2. Relative Indikationen

2.1. Fraktur nach inadäquatem Trauma
2.2. Therapieverlauf bei der Osteoporose
2.3. Evaluierung von „fast" und „slow bone loser" Patientinnen
2.4. Risikopatientinnen
2.5. Endokrine Erkrankungen
2.5.1. Hypogonadismus beim Mann
2.5.2. Hyperthyreose
2.5.3. Primärer Hyperparathyreoidismus
2.6. Gastrointestinale Erkrankungen
2.7. Ungewöhnliche Skeletterkrankungen

Zum Schluß möchten wir betonen, daß wir bei der Diagnose und der Therapie der Osteoporose auch unsere Emotionen und Erfahrungen einbringen, und daß wir Tag für Tag angesichts unserer Patienten Enscheidungen *entgegen* dem oben Dargelegten fällen, da „L'homme n'est pas une machine!"

LITERATUR

1. Baron JA, La Vecchia C, Levy F. The antiestrogenic effect of cigarette smoking in women. Am J Obstet Gynecol 1990.

2. Rüegsegger P. The use of peripheral QCT in the evaluation of bone remodelling. The Endocrinologist 1994; 4: 167.

3. Delmas PD. Biochemical markers of bone turnover for the clinical investigation of osteoporosis. Osteoporosis Int 1993; Suppl. 1: 81–6.

Übersichtsarbeiten:

Bröll H, Dambacher MA (eds). Osteoporosis. Rheumatology 1995; 18.

Ringe JD. Osteoporose. Thieme Verlag, Stuttgart; 1995.

Kritische Stellungnahme zu den unterschiedlichen Ultraschallmethoden der bildgebenden Verfahren am Knochen

E.-G. LOCH

Die Osteoporose nimmt heute unter den generalisierten Skeletterkrankungen die erste Stelle ein. Sie zählt mit zu den häufigsten metabolischen Veränderungen, die den Prozeß des Alterns begleiten. Dabei befällt die postmenopausale Osteoporose ungefähr 1/3 aller Frauen. Letztlich entwickelt früher oder später jede oder jeder eine klinisch relevante Osteoporose [1, 15].

Dabei liegen in den biochemischen und mechanischen Veränderungen des Gewebes und daraus resultierend im Funktionsverlust des Bewegungsapparates die Grundprobleme. Aufgrund der bisherigen physiologischen Erkenntnisse über den Knochenschwund wurden dementsprechende diagnostische Verfahren entwickelt. Sie zielen meist auf das Erkennen des Knochenkalkverlustes und der daraus sich ableitenden laborchemischen Parameter [5, 17, 22].

Ein weiterer diagnostischer Baustein sind die metrischen Verfahren, um die Struktur des Knochens zu erkennen. Beide – Labor und Apparatetechnik – dienen dazu, individuelle Veränderungen festzustellen oder bei einer eingeleiteten Therapie den Erfolg sichtbar zu machen. Dementsprechend stützt sich die Osteoporosediagnostik auf drei Säulen: die klinischen, laborchemischen und metrischen Möglichkeiten.

Aufgrund der Altersstruktur der Bevölkerung erhalten die physiologischen Veränderungen und ihre Folgen eine besondere Bedeutung. Es ist deshalb berechtigterweise in Diskussion, die Osteoporose in die Gruppe der Volkskrankheiten einzureihen. Dementsprechend ist man um die Entwicklung von brauchbaren – aber auch für die Sozialgemeinschaft bezahlbaren – Untersuchungsmethoden bemüht [7].

Die Vielzahl diagnostischer Möglichkeiten, derartige Veränderungen frühzeitig, vor einer klinischen Manifestation, zu erkennen, deutet schon darauf hin, daß es bisher keine pathognomonisch erfaßbaren Parameter gibt, um den in Frage kommenden Personenkreis zu erkennen. Einen Aufschwung in der Frühdiagnostik meinte man verzeichnen zu können, als radiologische und szintigraphische Methoden entwickelt wurden, um die Knochenstruktur zu bestimmen. Entsprechend der angewendeten Methodik war es nur Spezialisten vorbehalten, die sogenannte Osteodensitometrie durchzuführen. Durch Medien schnell verbreitet, entwickelte sich eine Bedarfsweckung, die fast vor keiner ärztlichen Praxis Halt machte. Doch dies führte schließlich zu einer zunehmenden kritischen Betrachtung der Messungen [7]. Ein nachteiliger Punkt ist die zwar geringe, aber nicht zu vernachlässigende Strahlenbelastung. Diese addiert sich zu der mittleren Strahlenbelastung, der wir alle unterliegen. Das Wissen um die effektive Strahlendosis in der Bundesrepublik liegt bei 3,5 Millisievert (mSv). Ein Sv entspricht dabei 100 rem. Die Hauptquelle dieser Belastung (ca. 2,4 mSv) ist natürlichen Ursprungs. Sie kommt aus dem Kosmos sowie aus natürlichen radioaktiven Stoffen. Die Folgen von Tschernobyl werden durchschnittlich mit noch 0,04 mSv angenommen. Dazu zählt ferner die Strahlenbelastung der Kernkraftwerke, die im Mittel unter 0,01 mSv liegt. Aus diesen Zahlenangaben ist ersichtlich, daß die Röntgendiagnostik für den einzelnen die größte Belastung ausmacht. Deshalb sollte sie in jeder Situation so gering wie möglich gehalten werden [19].

Daraus resultiert auch die Entwicklung der SPA (Single-Photonen-Absometrie), der DPA (Dual-Photonen-Absometrie) und DEXA (Dualenergie-X-ray-Absorptiometrie) und der QCT (Quantitative Computer-Tomographie). Letztere ist zwar die empfindlichste und beste Methode, aber in Bezug auf die Strahlenexposition die intensivste. Auch die Variante der QCT in der Skelettperipherie (pQCT) ist zwar weniger strahlenintensiv und gut reproduzierbar, behält jedoch auch eine gewisse Strahlenbelastung (Abb. 1).

Der Vorteil des Verfahrens liegt insbesondere in der exakten Differenzierung zwischen Kortikalis- und Spongiosadichte. Das Messen in der Peripherie hat darüber hinaus noch den Vorteil, daß die Abhängigkeit der Meßwerte von störenden Parameter nicht so hoch ist. Um eine Vergleichbarkeit der Messungen zu gewährleisten, müssen Verlaufskontrollen immer mit der gleichen Technik erfolgen.

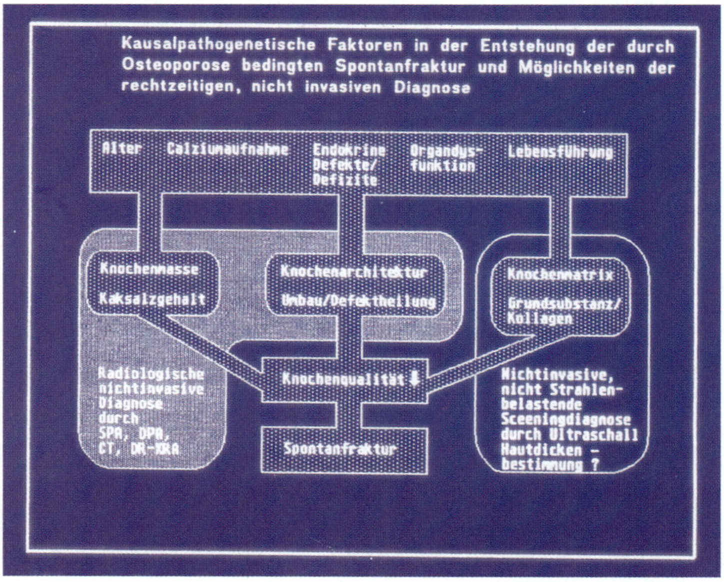

Abbildung 1: Verschiedene physikalische Möglichkeiten der Darstellung von Knochen

Um die Strahlenbelastung ganz zu vermeiden, und trotzdem die physiologische Veränderung des Knochens im Hinblick auf die Abnahme seines Mineralgehaltes in der Postmenopause zu erfassen, versuchte man sich anderer physikalischer Methoden zu bedienen. Ein in der Industrie zu Materialprüfung bewährtes Verfahren ist die Ultraschallmeßtechnik. Für die Medizin wurden Ultraschallmeßsonden mit Möglichkeiten für das Transmissions- und Reflexionsverfahren entwickelt. Eine Strahlenbelastung ist ausgeschlossen, denn physikalisch benutzt man, im Gegensatz zu den elektromagnetischen Wellen des Röntgenverfahrens, mechanische Wellen. Derartige Wellen bauen sich aus den Schwingungen der einzelnen Stoffteilchen auf. Selbst in Festkörpern, d. h. also im homogenen Material, bestehen Schwingungen. Durch elastische Kräfte sind die einzelnen Teile jedoch an ihrem Ort gebunden. Je nachdem, wie eng verschiedene Teile aneinander liegen, breiten sich mechanische Wellen in dem betreffenden Gewebe aus. Je homogener ein Gewebe ist, desto gleichmäßiger wird sich die Welle durch den zu messenden Anteil fortsetzen. Jede unterschiedliche Dichtigkeit der Gewebe führt deshalb zu einer Veränderung der Frequenz und ist feststellbar.

Kenngrößen einer Welle sind die Frequenz, d. h. Anzahl der Schwingung der Teilchen pro Sekunde, und die Wellenlänge. Sie zeichnet den Abstand zweier Ebenen, in den sich die Teilchen jeweils im gleichen Bewegungszustand befinden, exakt auf. Dabei gilt physikalisch, daß die Wellenlänge umgekehrt proportional der Frequenz berechnet wird. Hohe Frequenzen gehören zu kleinen, niedrige Frequenzen zu großen Wellenlängen. Da sich die Wellenausbreitung hinsichtlich der Berechnung, Beugung und Streuung ähnlich dem Licht verhält, müssen die gleichen Gesetzmäßigkeiten, die in der Optik Beachtung finden, berücksichtigt werden.

In der medizinischen Ultraschalldiagnostik unterscheiden wir im wesentlichen das *Transmissions- und Reflexionsverfahren.* Letzteres hat sich in den letzten Jahrzehnten in allen medizinischen Fachgebieten bewährt und ist aus der Diagnostik nicht mehr fortzudenken. Auch die Doppler-Technik fußt ebenfalls auf Ultraschallinfor-

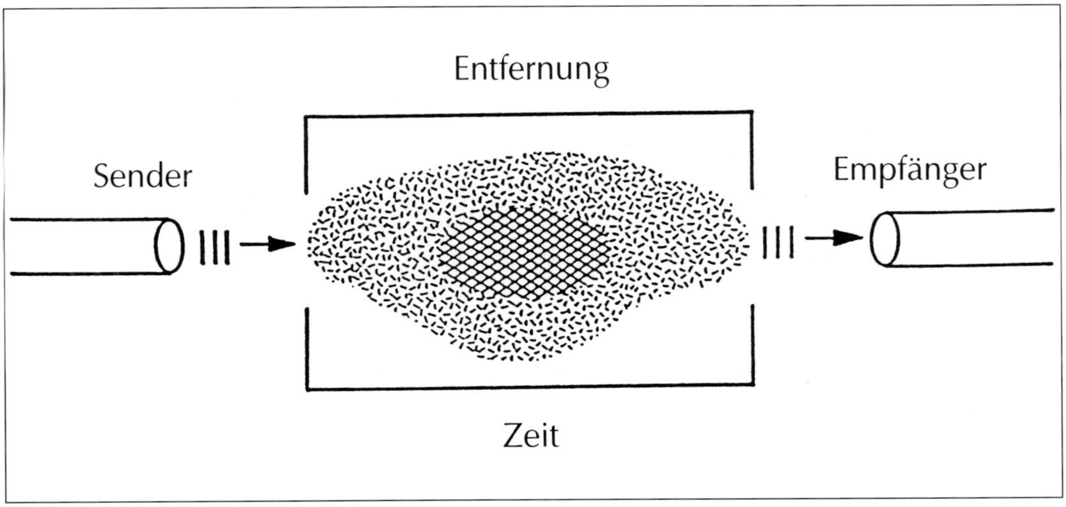

Abbildung 2: Transmissionsverfahren mit Ultraschall an der Patella (K IV, Fa. Minhorst, Meudt)

mationen durch Reflexion. Sie spielt jedoch z. Z. für diese Diagnostik noch keine Rolle.

Transmissionsverfahren: Hier wird mit zwei niederfrequenten Sonden gearbeitet, wobei die eine als Sender und die andere als Empfänger dient (Abb. 2). Um eine exakte Aussage über die Knochenbeschaffenheit zu erhalten, erfährt der Ultraschall auf seinem Weg jedoch eine Verlangsamung durch die Haut, dem darunterliegenden Gewebe und dann eine Beschleunigung im Knochengewebe. Über intakte Trabekelbälkchen kann der Schall sich deshalb schnell, über fehlende nur langsam fortbewegen. Entsprechend der Wahl von zwei Meßorten können natürlich nur Organe in die Messung einbezogen werden, bei denen man die Sonden übersichtlich anordnen kann.

Zum Messen wird ein ganzes Spektrum von Schallwellen unterschiedlicher Frequenzen ausgesendet. Dabei wird ein Teil der Wellen ungehemmt und relativ schnell in der Kortikalis weggebeugt, ein anderer Teil wird absorbiert, umgelenkt oder weggestreut. Nur ein niederfrequenter Teil im Frequenzbereich 200–300 Kilohertz kommt auf direktem, d. h. auf geradem Wege bei der Empfängersonde an und kommt zur Beurteilung.

Für die Osteoporose I gilt es, die Spongiosa zu betrachten. Ist die Spongiosa vermindert oder anderweitig geschädigt, durch teilweise zusammengesinterte Trabekelstrukturen und eingelagertes Fett, so wird die Schallaufzeit im Knochen verständlicherweise verlangsamt. Die Differenz zwischen der Schallaufzeit im gesunden Knochengewebe und im kranken Knochengewebe dient dann als Referenzangabe für den Grad der Schädigung.

Um die Streuung zu vermindern, werden Untersuchungen im Wasserbad angestellt. Wichtig ist dabei die Temperatur des verwendeten Wassers. Jeder Gradunterschied findet bei der Messung Berücksichtigung. Bei Kontrolluntersuchungen müssen dann die Sonden nicht nur an der gleichen Stelle angelegt werden, sondern gleichzeitig muß die gleiche Wassertemperatur gewährleistet sein. Entsprechend der unterschiedlichen Anordnungen der Messungen schwanken aus diesem Grunde auch die bisher veröffentlichten Werte [9, 10, 16, 21].

Es gilt also eine Korrelation zwischen dem Meßort in der Abhängigkeit zum gesamten Skelett zu finden. So werden im Transmissionsverfahren einerseits der Calcaneus [21], andererseits die Patella [2, 16] oder aber auch die Finger bzw. der Radius geschallt. Dabei wird entweder die Ausbreitungsgeschwindigkeit der Schallwellen im Knochen oder die Bestimmung des Energieverlustes der niederfrequenten Ultraschallwellen bei dem Durchlaufen des Knochens für die Diagnostik verwendet. Die bisherigen Ergebnisse zeigen eine gewisse Korrelation zu den strahlenbelastenden Verfahren [9, 10, 16, 21].

Nach der anglo-amerikanischen Nomenklatur werden dabei zwei verschiedene Abkürzungen benutzt, Speed-of-Sound (SOS) [16] oder Broadband-Ultrasound Attenuation (BUA) [8, 21]. Es sind Verfahren, die sich für eine Beurteilung der Qualität der Knochenstruktur als nicht strahlenbelastende Methode für die Zukunft anbieten werden.

Beurteilen wir die strahlenbelastenden Verfahren als Etablierte, ergeben sich auch für beide Ultraschallverfahren deutlich altersabhängige spezifische Parameter für die Schallaufgeschwindigkeit in den Knochen. Gleiches gilt auch für die Absorption. In Diskussion bleibt wie bei den anderen Meßverfahren, inwieweit das einzelne Organ als repräsentative Aussage für die Gesamtsituation des Spongiosaverlustes bewertet werden kann.

Die *Reflexionsverfahren* unterscheiden sich durch direkte und indirekte Meßmethoden. Bei der direkten Messung kann durch Aufsetzen des Schallkopfes auf die Tibia entsprechend der Wahl der Frequenz die Kortikalis beurteilt werden. Ein Möglichkeit die sich eher für die Beurteilung der Osteoporose II anbietet.

Als indirekte Methode muß die Beurteilung des Kollagens der Haut gelten. Von der deutschsprachigen Menopausengesellschaft wurde diese sonographische Darstellung zur Beurteilung des Kollagens der Haut – des Koriums – ausgezeichnet [6]. Unbestritten gehört die Haut zu einem sehr sensiblen, endokrinen Organ, das deutliche Abhängigkeit zu den Östrogenen aufweist. Hypothetischer Ansatz des Verfahrens ist die Entstehung des Kollagens der Haut und der Spongiosa aus dem paraxialen Mesoderm [4, 13, 14, 18].

Dieses embryonale Bindegewebe ist gleichzeitig das Muttergewebe für die Fibroblasten, Myoblasten, Chondroblasten, Osteoblasten und Osteoklasten. Nach den heutigen Auffassungen über die Entstehung der Osteoporose kommt gerade dem Kollagen und damit der kollagenen Struktur unabhängig von der Lokalisation eine große Bedeutung zu. Die kollagenen Fasern im Knochen bieten letztlich den Grund der Stabilisierung der einzelnen Knochenbälkchen. Nur durch die außerordentliche Stoffwechselaktivität im Knochen kann ein Knochenauf- und -abbau erfolgen. Die Grundsubstanz ist ein Mukopolysaccharid-Proteinkomplex sowie das Tropokollagen. Dies gilt als ein Baustein für die kollagenen Fasern des Typ 1. Sie sind verantwortlich dafür, daß ein dichtes Flechtwerk – die Matrix – entsteht. Es wird auch als Osteoid bezeichnet. Der Begriff Kollagen kommt aus dem Griechischen und bedeutet leimerzeugend. Wie ein Netz hüllt sich das Kollagen um die aufgebauten, eingelagerten Kristalle. Gemeinsam bilden sie schließlich die Hartsubstanz des Knochens. Dabei spielen elektrostatische Vorgänge eine Rolle, die je nach Wechsel der spezifischen Ladung dafür Sorge tragen, ob ein Knochenauf- oder -abbau zustande kommt. Hier greift im Rahmen der Osteoporose und insbesondere der klimakterischen Osteoporose der Abfall der Östrogene ein.

Dies bedeutet gleichzeitig, daß bereits eine unzureichende Produktion an Östrogenen im jugendlichen Alter zu einem unzureichenden Aufbau der Knochensubstanz führt. Folglich muß bereits zu diesem Zeitpunkt die richtige Weichenstellung für die Bildung der Knochensubstanz erfolgen.

Bei einem Östrogenmangel einer Heranwachsenden erfolgt eine unzureichende Ausbildung der Kollagen- und Knochensubstanz. Während der demineralisierte Knochen noch ca. 90–95 % Kollagen enthält, trifft das für die Haut 68–72 % zu. Bedingt durch ihre andere Funktion liegt zwar ein anderes Kollagen vor, aber in der Stoffwechselabhängigkeit von den Östrogenen können beide Systeme in ihrer Auf- und Abbautätigkeit verglichen werden. Durch die gewählte hohe Frequenz von 20 MHz gelingt eine genaue Differenzierung zwischen der Epidermis, dem Korium und den anderen darunterliegenden Hautschichten. Diese Diskriminierung ist durch die axiale Auflösung von 0,016 mm begünstigt (Abb. 3).

Auch in der klinischen Chemie werden jetzt ähnliche Wege der Beurteilung einer Osteoporose durch die Bestimmung der Hydroxyproline und der Pyridinium-Crosslinks eingeschlagen. Diese Untersuchung im Urin reflektieren die direkte Menge des abgebauten Kollagens.

Ebenso wie eine alleinige Messung des Knochens ist auch sicherlich die Einzelbeurteilung des Kollagens keine endgültige Aussage, um definitiv das Vorliegen einer Osteoporose oder ein Frakturrisiko festzulegen. Ähnlich wie die anderen bildgebenden Verfahren erhält man einen diagnostischen Mosaikstein, diese für die Patientin so wichtige metabolische Veränderung frühzeitig zu erkennen. Unter Würdigung der individuellen Anamnese kann dann mit den heute zur Verfügung stehenden Methoden therapiert werden.

Eigene Langzeituntersuchung zeigen, daß sich dabei ähnlich wie bei der Osteodensitometrie Möglichkeiten der Überwachung ergeben und sich damit eine Ökonomisierung der gesamten Therapie eröffnet.

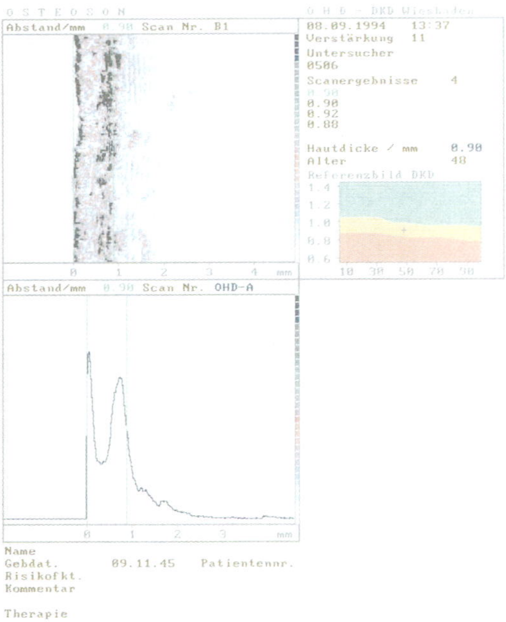

Abbildung 3: Darstellung der Haut im A- und B-Bild mit gleichzeitiger Beurteilung eines Osteoporoserisikos (Osteoson D III, Fa. Minhorst)

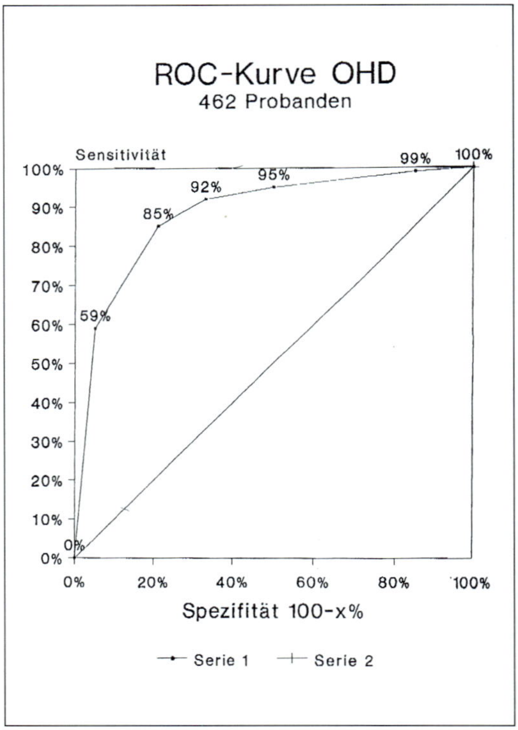

Abbildung 4: Sicherheit der Vorhersage bei der OHD-Messung (OHD = Osteoson-Haut-Dicke)

Bekannt ist der positive Effekt des Parathormons und des Adrenalins sowie der Östrogene und des Testosterons auf die Haut [3]. Der Glykosaminoglykan-Gehalt des Bindegewebes nimmt unter einer Östrogentherapie zu. Damit steigt der Gehalt an Hyaluronsäure, dem größten Glykosaminoglykan in der Haut. Den dadurch erhöhten Wassergehalt der Haut erkennt man leicht am besseren Hautturgor, insbesondere bei hormonsubstituierter Frauen. Durch die bisherigen Erfahrungen mit der Sensitivität und Spezifität der Methode in Abhängigkeit von der Anamnese können zufriedenstellende prädiktive Aussagen gemacht werden [20] (Abb.4). Ein direkter Vergleich mit den anderen Verfahren ist dadurch nur bedingt zulässig. Aufgrund dieser physiologischen und pathophysiologischen Überlegungen werden die Ultraschallverfahren ihren Einsatz finden und dementsprechende Aussagen über den individuellen Zustand einer möglichen Osteoporose machen können.

Schlussfolgerung

Alle Transmissions-Verfahren erlauben Auskunft zur Strukturerkennung der Spongiosa und der Kortikalis. Niederfrequente Reflexionsverfahren dienen der Beurteilung der Kortikalis. Hochfrequente Reflexverfahren beurteilen das Kollagen u. a. der Haut – des Koriums. Es ergibt sich dadurch unabhängig vom Alter ein sehr früher Einstieg in die Diagnostik. Gleichzeitig ist eine Möglichkeit gegeben, die Therapieüberwachung engmaschiger zu gestalten. Bei älteren Patientinnen kann durch die Wahl geringer Hormondosen vielleicht nicht sofort die Spongiosastruktur meßbar verändert, aber die Qualität der Elastizität des Knochens durch einen besseren Kollagengehalt merkbar verbessert werden. Erst zu einem späteren Zeitpunkt kann dann durch Erhöhung der erforderlichen Hormondosis der ausreichende Wert für die Stabilität und Funktionalität des Knochens erreicht werden. Die individuelle Begleitung und klinische Beurteilung sowie die Kenntnisse der Interpretation von Ultraschallsignalen mit dem Wissen über den erforderlichen therapeutischen Einsatz von Sexualsteroiden sind für die Frauenärztin/Frauenarzt wichtig, um sich verantwortungsvoll für die Lebensqualität der Patientinnen einsetzen zu können.

LITERATUR

1. Albright at al. Postmenopausal Osteoporosis J Amer Med Ass 116 (1941): 2465.

2. Brandenburger GH, Mc Dougall SW, Olson CL, Avioli LV, Chesnut CH, Heany RP, Lappe J, Recker RR, Creighton U, Omaha NE. Effects of estrogen cessation on bone mass and apparent velocity of ultrasound.transmission. Osteoporosis congress, Kopenhagen, Abstr. 427, 1990.

3. Brincat M, Moniz CE, Studd JWW. Sex hormons and skin collagen content in postmenopausal women. Brit Med J 287 (1983): 1337.

4. Brincat M, Studd JWW. Skin and the menopause. The menopause 8 (1988): 85.

5. Kanis JA, Melton LJ III, Christiansen C, Johnston CC, Khaltaev N. The Diagnosis of Osteoporosis. J Bone Min Res 9 (1994): 1137.

6. Kluge A. Hautdickenmessung mit Hochfrequenz-Ultraschall zur Früherkennung eines Osteoporoserisikos. In Lauritzen C. Menopause, Hormonsubstitution heute, 6. Aesopus Verlag, Basel 1993.

7. Lange S, Richter K, Köbberling J. Der diagnostische Wert der Osteodensitometrie beim Krankheitsbild Osteoporose. Forschungsgutachten des Bundesministeriums f. Gesundheit, 1993.

8. Laughton CM, Palmer SB, Porter RW. The measurement of broadband ultrasonic attenuation in cancellous bone. MEP 13 (1984): 89.

9. Loch E-G, Pech A, Kluge A, Wasmayr M. Ultraschallhautmessung: Zusammenhang von Hautdicke und Knochendichte als diagnostisches Kriterium der Osteoporose. In Gebhardt G und andere (Hrsg.). Ultraschalldiagnostik 89. Springer Verlag, Berlin 1990.

10. Massie A, Reid DM, Porter RW. Screening for Osteoporosis: Comparison between Dual-Energy-x-Ray-Absorptiometry and Broadband Ultrasound Attenuation in 1.000 perimenopausal women. Osteoporosis Int 3 (1993): 107.

11. Mattern H. M1 Bindegewebe. In Krück: Pathophysiologie, Pathobiochemie. Urban u. Schwarzenberg, München, 2. Auflage 1994.

12. Mattern H. M2 Knochen. In Krück: Pathophysiologie, Pathobiochemie. Urban u. Schwarzenberg, München, 2. Auflage 1994.

13. Pech A, Loch E-G, v Seelen W. Anatomic Measurement of Skin Thickness. In Altmeier A. Dermatology. Springer Verlag, Berlin 1993.

14. Rauramo L, Punnonen R. Wirkung von Kastration und Östrogentherapie auf die Haut der Frau. Therapeut Umschau 31 (1974): 137.

15. Ringe J-D. Epidemiologie und sozioökonomische Bedeutung in Osteoporose. Hrsg. Ringe J-D. deGruyter, Berlin, 1991.

16. Schönau E, Wentzlik U, Rodermacher A, Keuth B, Michalk D, Scheidhauer K. Measurement of density and structure in bones. Lancet 343 (1994): 1635.

17. Seibel MJ, Woitge HW, Ziegler R. Biochemische Marker des Kochenstoffwechsels I. Grundlagen. Klin Lab 39 (1993): 717.

18. Stautner-Brückmann C. Vergleichende Messungen der Hautdicke des Handrückens mit Caliper und Ultraschall. Bildgebung 57 (1990): 67.

19. Streffer Ch. Strahlenrisiko im niedrigen Dosisbereich – Wie ist der Wissensstand? Dtsch Ärztebl 88 (1991): C 1271.

20. Tholen WW. OHD-Messung zur Früherkennung der Osteoporose. Frauenarzt 35, 1994, 224.

21. Vahlensieck M, Glüer CC, Engelke K, Faulkner KG, Genant HK. Osteoporosediagnostik mittels Breitband-Ultraschallabschwächung (BUA): Korrelation zu etablierten Meßverfahren der Knochendensitometrie. Fortschr Röntgenstr 158 (1993): 479

22. Woitge HW, Seibel MJ, Ziegler R. Biochemische Marker des Knochenstoffwechels: Klin. Anwendung. Klin Lab 39 (1993): 839.

Therapie der Osteoporose aus heutiger Sicht

R. ZIEGLER

Definition und Einteilung

In der Vergangenheit wurde der Begriff Osteoporose gleichgesetzt mit „manifester" Osteoporose, d. h. eine verminderte Knochenmasse mit eingetretenen Frakturen. Nach den Konsensus-Konferenzen 1991 und 1993 [1] wird eine deutlich erniedrigte Knochenmasse mit erhöhtem Osteoporoserisiko eingeschlossen – man definiert also jetzt Osteoporose als systemische Skeletterkrankung, charakterisiert durch niedrige Knochenmasse und Beeinträchtigung der Mikroarchitektur des Knochengewebes mit daraus resultierendem Anstieg in der Fragilität des Knochens und der Anfälligkeit für Frakturen. Damit wird die Definition für die Osteoporose ohne Frakturen unschärfer, und sie hängt von willkürlich gezogenen Grenzen bei Knochendichtebestimmungen ab. Im folgenden wird daher zur medikamentösen Therapie der manifesten Osteoporose (mit eingetretenen Frakturen) Stellung genommen, die absolut therapiebedürftig sind. Je nach Risikosituation können die Empfehlungen für erniedrigte Knochendichtewerte (minus 1? minus 2 Standardabweichungen unterhalb der Mittellinie des gesunden Kontrollkollektivs?) übernommen werden.

Die manifeste Osteoporose kann entweder primär, idiopathisch sein – eine Leitstörung als Ursache wird dann nicht ersichtlich. Mehrheitlich wird die postmenopausale Osteoporose der Frau ebenfalls als idiopathisch bezeichnet, obwohl der postmenopausale Knochenmassenverlust häufig beteiligt ist – die Begründung für „idiopathisch" ist die Tatsache, daß alle Frauen die Menopause erfahren, nur ein Teil jedoch (10–20 %) eine Osteoporose entwickeln.

Sekundäre Osteoporosen (Tabelle 1) sind diejenigen, bei denen sich eine eindeutige Leitstörung eruieren läßt, z. B. Gonadenhormonmangel beim Manne, Hypogonadismus bei der praemenopausalen Frau (also zu einer Zeit, zu der normalerweise Sexualhormone vorhanden sind), Kortisolexzess etc.

Übersicht über das Angebot der Osteoporose-Therapeutika

Die Therapie der manifesten Osteoporose beruht auf drei Komponenten: Bewußt wird an erster Stelle die physikalische Therapie genannt, die die Remobilisierung zum Ziele hat, ohne die medikamentöse Ansätze zum Knochenaufbau zum Scheitern verurteilt sind; zum zweiten bedarf die akute Schmerzsituation der intensiven Schmerzbehandlung, und auch für chronische Schmerzen muß ein vernünftiges

Konzept angeboten werden; zum dritten ist die eigentliche Osteoporosetherapie indiziert, die die Stabilisierung des Knochens zum Ziele hat: Minimum ist das Aufhalten des weiteren Knochenmassenverlustes – darüberhinaus ist aber neuerlicher Knochenaufbau anzustreben, da ja das zur Zeit der Diagnosestellung bestehende Defizit bereits das Frakturrisiko beinhaltet.

Tabelle 1: Einteilung der Osteoporosen

A. Idiopathische Osteoporose
(= primäre Osteoporose)
- juvenil (beide Geschlechter)
- prämenopausal
- postmenopausal Typ I (trabekulärer Knochen betroffen: Wirbelfraktur)
- Postmenopausal Typ II (senile Osteoporose; auch kompakter Knochen betroffen: Schenkelhalsfraktur)
- beim erwachsenen Mann

B. Sekundäre Osteoporose

1. Endokrinologisch verursachte Osteoporose:
- Sexualhormonmangel
- Glucocorticoidexzeß (endogen, exogen)
- Hyperthyreose
- Hyperparathyreoidismus

2. im Rahmen komplexer Osteopathien:
- gastroenterologische Ursachen (Malnutrition, z. B. Anorexie, Malabsorption, Malassimilation)
- besondere Formen der renalen Osteopathie

3. Im Rahmen neoplastischer Erkrankungen:
- z. B. multiples Myelom, Mastozytose, myeloproliferative Erkrankungen

4. Entzündungen:
- z. B. chronische Polyarthritis, entzündliche Darmerkrankungen

5. Im Rahmen hereditärer Erkrankungen
- z. B. Osteogenesis imperfecta und andere Collagenkrankheiten

6. Reduktion der statischen Kräfte am Knochen:
- z. B. Immobilisation, Schwerelosigkeit

Wenn man das therapeutische Angebot nebeneinanderstellt, so gibt es zahlreiche Medikamente, für die in Einzelstudien der Nachweis erbracht wurde, daß Wirbelfrakturen bei den Behandelten abnehmen (Abbildung 1) [2]. Das Dilemma für den mit dem Angebot konfrontierten Arzt liegt darin, daß die mit den Informationen angebotenen Daten in der Regel auf den jeweiligen Wirkstoff begrenzt sind. Es ist eine verführerische Vorstellung, ein „Breitband"-Antiosteoporotikum anzubieten, das für alle Formen der Osteoporose gleich wirksam ist. Ein derartiges Universal-Medikament ist eine Fiktion, und es wäre wünschenswert, wenn mehr vergleichende Therapiestudien erfolgen würden, bei denen die Potenz von Medikamenten unterschiedlicher Angriffspunkte miteinander verglichen würde. Nachdem derartige vergleichende Daten fehlen, muß der Arzt mosaikartig aus den vorhandenen Daten und unseren heutigen Kenntnissen über die Pathophysiologie ein differentialtherapeutisches Konzept entwickeln. Dieses wird im folgenden versucht.

Abbildung 2 begründet, warum die genannten Therapieprinzipien alle ihre Berechtigung haben – sie greifen in die Pathogenese der Osteoporose, d. h. den Weg vom Östrogenmangel zum Knochenmassenverlust als Intervention ein – allerdings auf verschiedenen Ebenen bzw. unterschiedlichen Stufen des Weges zum Verlust [3]. Nach dem Verlust der Östrogene kommt es zur Steigerung des Knochenumbaus, wobei die Resorption über den Anbau überwiegt, so daß Knochen verloren geht. Verantwortlich ist der Anstieg von den Abbaustimulierenden Cytokinen (Interleukin 1, Interleukin 6). Der ebenfalls diskutierte Abfall des Calcitonins (als Wegfall eines Schutzfaktors) ließ sich nicht schlüssig beweisen. Mit drei verschiedenen, aber gleichartig wirkenden Prinzipien läßt sich die gesteigerte Osteolyse wieder abbremsen: Östrogene, Calcitonine, Bisphosphonate.

Infolge der gesteigerten Osteolyse geht vermehrt Kalzium in die Blutbahn über (ohne daß es zur Hyperkalziaemie kommt). Einerseits führt dies zur Zunahme der Kalziumausscheidung über die Nieren, andererseits zum Abfall des Parathormons – zur verstärkten Kalziurie trägt die Abnahme des ja die Kalziurie vermindernden PTH-Effektes bei. Auch bei der gesunden Frau steigert sich die Kalziumausscheidung nach Ausfall ihrer Östrogene um etwa 30 mg pro Tag – bei schnell knochenverlierenden Frauen kann es auch das Doppelte oder Mehrfache dieser Menge sein. 30 mg Kalziumverlust zusätzlich bedeutet in einem Jahr ein Prozent des gesamten Knochenkalziums von etwa einem Kilogramm! Der gesteigerte Knochenstoffwechsel der Östrogen-verarmten Frau geht somit mit erniedrigtem Parathormon einher – es ist ein nicht-parathyreoidaler high turnover. Der Parathormonmangel prägt sich an der Niere nicht nur als vermehrte Kalziurie aus, sondern auch als verminderte Bildung des Vitamin D-Hormons, 1,25-Dihydroxycholecalciferol = Calcitriol. Der

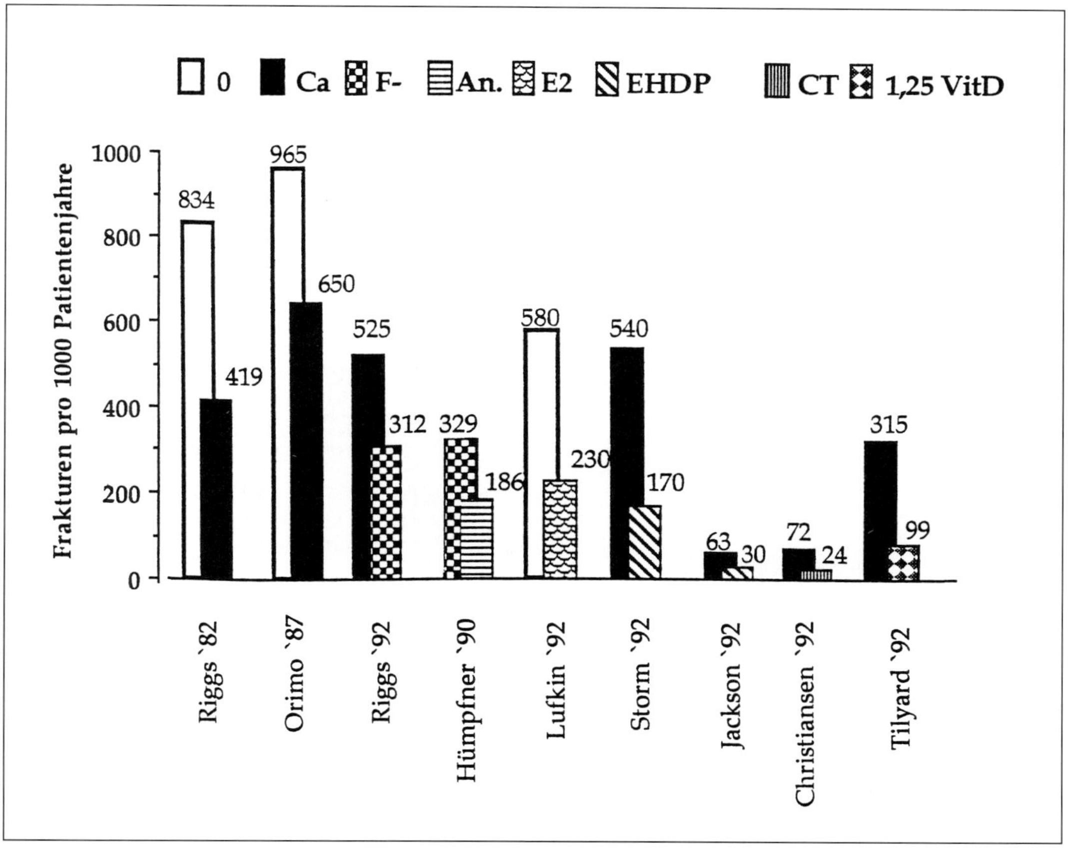

Abbildung 1: Übersicht über die Abnahme von Wirbelfrakturen unter verschiedenen Osteoporose-Therapeutika. (0 = keine Therapie bzw. Placebo; Ca = Calcium; F = Fluorid; An = Anabolica; E_2 = Östrogene; EHDP = Etidronat; CT = Calcitonin; 1,25 Vit D = Calcitriol)

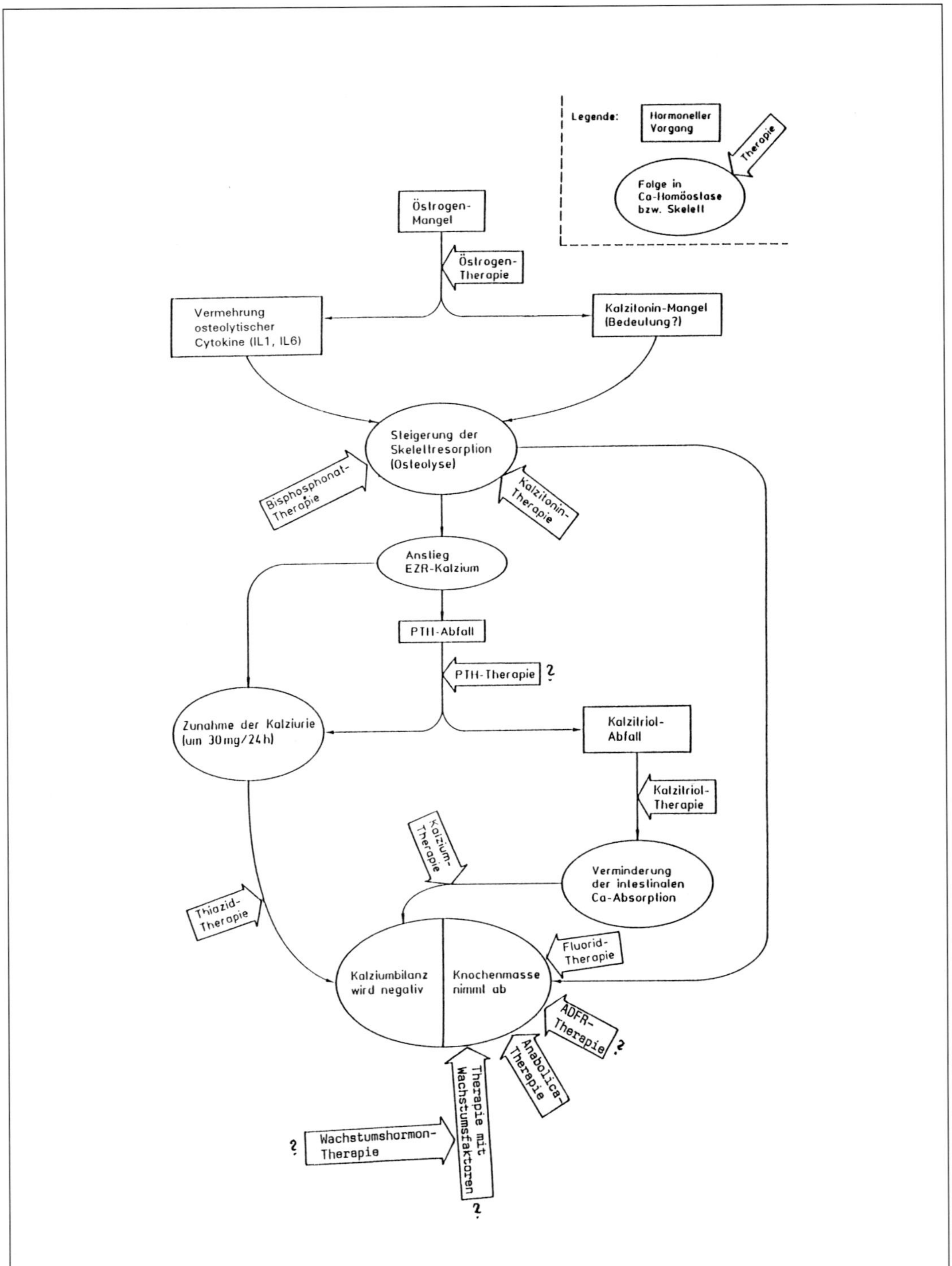

Abbildung 2: Angriffspunkte Osteoporose-wirksamer Medikamente auf dem Wege vom Östrogenmangel zum Knochenmassenverlust.

Calcitriolmangel führt zur verminderten Absorption von Kalzium im Darm bei unverändertem Angebot. Die negative Kalziumbilanz setzt sich also aus zwei Komponenten zusammen: Gesteigerter renaler Kalziumverlust, verminderte intestinale Kalziumaufnahme. Als „Kalziumschiene" kann hier entgegentherapiert werden: Kalzium substituiert direkt den Mangel, Vitamin D und seine Metaboliten verstärken die Kalziumabsorption, Hydrochlorothiazide mindern die Kalziumausscheidung. Wenn das System unbeeinflußt über längere Zeit in der negativen Bilanz verharrt ist, ist eine entsprechende Menge an Knochen verloren gegangen. Nunmehr muß Anbau-stimulierend therapiert werden – neben den Fluoriden seien stichwortartig die Anabolica und auch experimentelle Therapieformen (ADFR, Wachstumshormon) genannt.

Voraussetzung für die Differenzialtherapie: Abschätzung der Knochenstoffwechsel-Umbaugeschwindigkeit

Aus Abbildung 2 ging hervor, daß Osteoporosemedikamente nicht beliebig austauschbar sind – zu unterscheiden sind Medikamente, die eher den Abbau bremsen, von solchen, die eher den Anbau stimulieren. Unter welchen Bedingungen haben sie jeweils ihre Berechtigung?

Abbildung 3 illustriert dies an dem Tempo des Knochenumbaus. Die praemenopausale, mit Östrogenen versorgte Frau weist das mittlere Umbautempo des Erwachsenen auf, wie wir es auch beim eugonadalen Mann finden. Mit dem Ausfall der

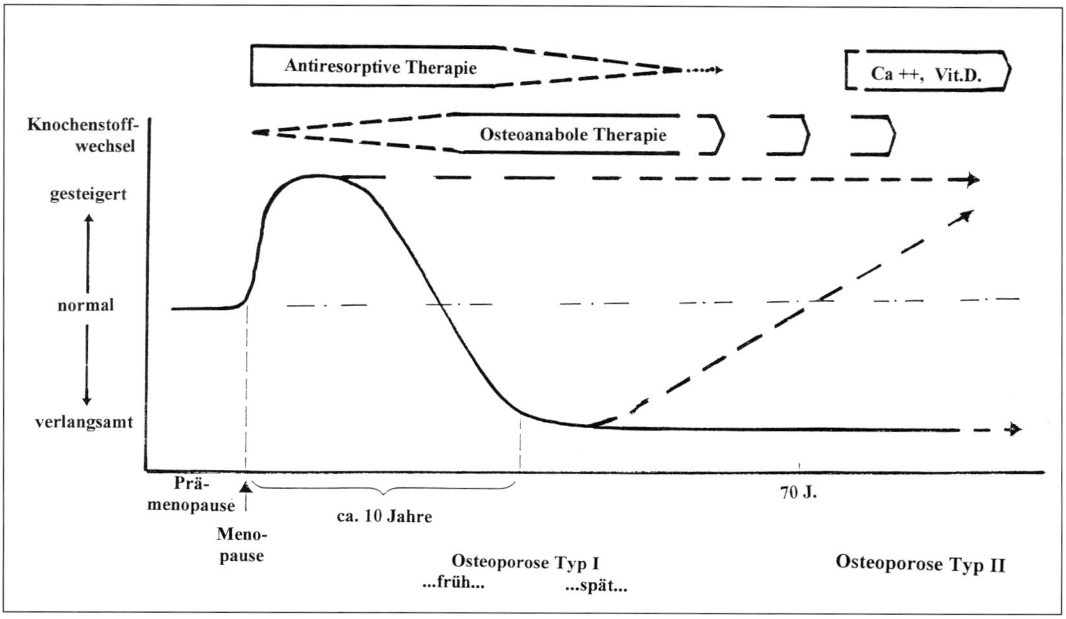

Abbildung 3: Verlauf der Knochenumbaugeschwindigkeit nach der Menopause als Orientierung für die Wahl des Medikamententyps.

Östrogene findet die Knochenstoffwechsel-Aktivierung statt, wie oben beschrieben. Die „high turnover"-Phase erstreckt sich etwa über 8–10 Jahre. Es ist nicht nur einleuchtend, sondern auch durch entsprechende Studien bewiesen, daß antiresorptiv wirkende, Osteoklasten-hemmende Medikamente in dieser Situation besonders wirksam sind.

Nach etwa einem Jahrzehnt ist das Knochengewebe Östrogen-entwöhnt, und es pendelt sich auf ein langsameres Umbautempo ein (vorausgesetzt, daß keine anderen Faktoren wie Kalziummangel den Umbau stimulieren). Nunmehr liegt eine „low turnover"-Situation vor. Antiresorptive Medikamente sind zwar nicht unwirksam – der durch sie erreichte Effekt ist jedoch so gering, daß er für eine erfolgreiche Osteoporosetherapie, d. h. nicht nur Erhalt des noch vorhandenen Knochens, sondern auch Aufbau neuen zusätzlichen Knochens, nicht ausreicht. Anbau-stimulierende, osteoanabole Therapeutika sind nunmehr das Mittel der Wahl (eventuell durchaus in Kombination mit einem Antiresorptivum). Das low turnover-Stadium beginnt etwa ein Jahrzehnt nach der Menopause und erstreckt sich auch auf das Senium, sofern nicht andere Noxen neuerlich zum high turnover führen.

Im Alter um 80 haben „gesund"-lebende Frauen mit ausreichend Kalzium und Vitamin D in der Nahrung und ausreichend Besonnung weiterhin den langsamen Knochenumsatz – mehr und mehr findet sich aber neuerlich ein high turnover infolge ungenügender Kalziumzufuhr mit der Ernährung, ungenügender Besonnung, also Lebensbedingungen eingeschränkterer Beweglichkeit in Verbindung mit ungünstigeren Unterbringungsbedingungen (Altenheim). Der high turnover dieser Lebensphase ist infolge seiner Entstehung mit einem leichten sekundären Hyperparathyreoidismus vergesellschaftet – er setzt sich in seiner Entstehung als hyperparathyreoter high turnover vom unmittelbar postmenopausalen, nicht-parathyreoidalen high turnover ab. Der sekundäre Hyperparathyreoidismus könnte natürlich theoretisch durchaus auch mit antiresorptiven Medikamenten, die die Osteoklasten bremsen, behandelt werden – selbstverständlich ist jedoch viel sinnvoller, ursachengemäß zu therapieren: Kalzium und Vitamin D sind in dieser Situation höchst wirksam. Das typische Frakturereignis in dieser Zeit ist die Schenkelhalsfraktur als Ausdruck einer Osteoporose Typ II (im Gegensatz zur Osteoporose Typ I, die mehr den spongiösen Wirbelkörper betrifft und mehr das 6. und 7. Lebensjahrzehnt belastet).

Wie kann nun der Arzt die Diagnose des Umbautempos stellen? In der Mehrzahl der Fälle reicht eine ausführliche Anamneseerhebung und physikalische Untersuchung aus: Wenn eine Frau ihr erstes Wirbelkörperereignis schon fünf Jahre nach der Menopause hat, kann mit ausreichender Wahrscheinlichkeit ein high turnover angenommen werden. Ereignet sich die erste Wirbelfraktur 15 Jahre nach der Menopause und war Ernährung und Lebensweise der Betroffenen eigentlich ohne Hinweis auf Kalziummangel u. ä., ist eine low turnover-Situation zu vermuten. Bei der 80jährigen Patientin mit Schenkelhalsfraktur sind Klinik und Anamnese ebenfalls richtunggebend: Die bleiche, reduziert bewegliche Altersheimbewohnerin hat mit Wahrscheinlichkeit den oben angesprochenen sekundären Hyperparathyreoidismus, während die aktive Patientin mit Resten der Sonnebräune und der Anamnese des regelmäßigen Käse- und Quarkgenusses eher einen low turnover aufweisen dürfte.

In fraglichen Fällen kann versucht werden, durch Laborparameter (sog. Knochenmarker) zusätzliche Informationen zu gewinnen. Da sich aber die Kollektive Knochengesunder und Osteoporosekranker hinsichtlich des Verhaltens der Marker stark überschneiden, sei hier vor einer Überschätzung und auch Überdiagnostik gewarnt – zu empfehlen ist, sich mit einem Anbau- und einem Abbau-Marker, mit dem man vertraut ist, zu beschränken. Zusatzparameter wie Parathormon oder 25-OH-Vitamin D sind bei offensichtlicher Unklarheit in der Klinik zu überlegen. Die Ausschlußdiagnostik sekundärer Osteoporosen ist aus Empfehlungen der Fachgesellschaften zu ersehen [4, 5]. Differentialdiagnostische Unklarheiten (Ausschluß eines Plasmozytoms) können die Knochenbiopsie erforderlich machen, deren Histologie naturgemäß die Situationen „high turnover" oder „low turnover" am besten unterscheiden hilft.

Antiresorptive Therapie

Die „physiologischste" Therapie der Osteoporose im Zustand des Östrogenmangel-high turnover ist verständlicherweise die Östrogensubstitution. Sie bremst den Abbau in einer Phase des gesteigerten Verlustes – es kommt zum Zugewinn mehrerer Prozent an Knochen, wie vor allem die Präventionsstudien erbracht haben. Die Wirksamkeit auch bei der manifesten Osteoporose ist nachgewiesen [6]. Bei der Dosierung richtet man sich nach den Dosen, die für die verläßliche Prävention als

Tabelle 2: Osteoporosetherapie mit antiresorptiven Medikamenten

Medikament(engruppe)	Dosierung	Dauer	Besonderheiten
Östrogene (komb. mit Gestagenen) [6, 7]	s. Kapitel Hormonsubstitution (z. B. 0,6 mg konj. Östrogene + Gestagen oder 1–2 mg Östradiolvalerat + Gestagen u. a.)	8–10 Jahre	Gynäkologische Kontrollen erforderlich
Antiöstrogene (z. B. Tamoxifen) [8]	etwa 20–30 mg tägl.	1–2 Jahre	z. B. bei Kontraindikation gegen Östrogene
Calcitonine (vom Menschen oder Lachs) [9–12]	zwischen 100 IE tägl. und 3 x 50 IE pro Woche s. c.	max. 1,5 bis 2 Jahre	Erzeugt gelegentlich Übelkeit; bei Lachs kommen neutralisierende AK vor
Bisphosphonate: Etidronat [13, 14]	400 mg tägl. über 14 Tage, dann 10 Wochen lang 1.000 mg Calcium täglich	3 Jahre, evt. länger	in Deutschland noch nicht zur Osteoporosetherapie zugelassen
Alendronat [15]	10 mg tägl., dazu getrennt 500–1.000 mg Calcium tägl.	2 Jahre, evt. länger	

wirksam befunden wurden (s. Kapitel Hormonsubstitution). Selbstverständlich bedarf auch bei der manifesten Osteoporose die Frau mit vorhandenem Uterus der zusätzlichen Gestagengabe. In der Therapiedauer wird man sich auch an der Prävention orientieren und einen Zeitraum von 8–10 Jahren (unter regelmäßiger gynäkologischer Kontrolle) anstreben. Wenn die Phase des high turnover vorbei ist, so bringt die gleiche Dosierung an Östrogenen einen deutlich geringeren Effekt [7] – Anbaustimulierende Medikamente sind vorzuziehen oder zumindest gleichzeitig zu verabreichen (s. nächster Abschnitt).

Bei verhältnismäßig seltenen Kontraindikationen oder auch der Ablehnung einer Östrogentherapie durch die Patientin wird man auf diese verzichten müssen. Beispielsweise beim noch aktuellen Mammakarzinom ist die Östrogentherapie eventuell risikoreich – stattdessen kann durchaus eine Antiöstrogentherapie (z. B. mit Tamoxifen) nützlich sein [8]. Die intrinsische Östrogenwirkung der Antiöstrogene hat sich als Knochen-protegierend erwiesen, so daß hier eine günstige Alternativlösung angeboten wird. Es laufen zur Zeit Studien mit Antiöstrogenen als Behandlungsversuch der Osteoporose auch ohne Kontraindikation gegen die Östrogene – für exakte Präparateempfehlungen und Dosisrichtlinien müssen weitere Studienergebnisse abgewartet werden.

Wenn Patientinnen mit manifester Osteoporose (high turnover) Sexualhormonpräparate ablehnen, können alternativ Calcitonine oder Bisphosphonate verabreicht werden. Viele Studien mit Calcitonin haben eine präventive Wirkung (Verhinderung des postmenopausalen Verlustes) erwiesen – die Daten bei der manifesten Osteoporose sind spärlicher [9]. Dennoch kann als ausreichend wahrscheinlich gelten, daß die Calcitonintherapie bei der high turnover-Osteoporose nützlich ist [10, 11]. Dosisempfehlungen liegen zwischen 100 IE täglich und 3 x 50 IE pro Woche subkutan. Für den Nasalspray, bei dem nur ein Teil des Calcitonins absorbiert wird, fehlen noch entsprechend genaue Angaben. Der mit Calcitonin erreichbare Effekt scheint nach eineinhalb bis längstens zwei Jahren erreicht zu sein. Ob darüberhinaus therapiert werden soll, ist wenig untersucht. Ob eine zyklische Therapie (drei bis vier Monate mit nachfolgenden Pausen gleicher Länge) das Ansprechen auf Calcitonin günstiger gestaltet, muß ebenfalls durch Studien erwiesen werden. Calcitoninjektionen können bei einigen Frauen zu Übelkeit (selten Erbrechen) führen. Gelegentlich machen beim Lachs-Calcitonin neutralisierende Antikörper den Effekt später zunichte. Auch für Calcitonine gilt, daß ihr Ansprechen bei niedrigem Knochenumsatz wesentlich geringer, ja fraglich ist im Vergleich zum high turnover [12].

Ebenfalls Osteoklasten-hemmend wirken die Bisphosphonate. Im Gegensatz zu einigen europäischen und überseeischen Ländern ist in Deutschland noch kein Bisphosphonat für die Therapie der Osteoporose zugelassen. Im Ausland finden vor allem zwei Bisphosphonate Verwendung: Etidronat wird zyklisch in der Dosis von 400 mg täglich über 14 Tage verabreicht – während der restlichen Wochen eines Quartals erhält die Patientin täglich 1.000 mg Kalzium. Die gesamte Therapiezeit kann drei Jahre und länger betragen – auch hier sind Studien im Gange, die weitere Informationen liefern werden [13, 14].

Alendronat wird täglich verabreicht (10 mg), getrennt von seiner Einnahme ist ebenfalls die Kalziumtherapie zu empfehlen [19]. Empfohlen werden zwei Jahre, eventuell längere Zeiträume (in Abhängigkeit von den Ergebnissen laufender Studien). Bei der Bisphosphonattherapie ist bisher eine exakte Unterscheidung zwischen high turnover und low turnover nicht erfolgt – zu vermuten ist jedoch auch hier die Abhängigkeit des Erfolges von der Knochenstoffwechsellage.

Aufbau-stimulierende Therapie

Weiterhin ist die Fluoridtherapie das Mittel der Wahl bei der low turnover-Osteoporose: Die Osteoblasten müssen aktiviert werden, da die Hemmung der Aktivität der wenigen tätigen Osteoklasten kaum einen ausreichenden Erfolg mit sich bringt. Fluoride verstärken vermutlich die Wirkung endogener Wachstumsfaktoren auf den

Tabelle 3: Osteoporosetherapie mit Knochenaufbau-stimulierenden Medikamenten

Medikament(en-gruppe)	Dosierung				Dauer	Besonderheiten
	„Voll-dosis“ F^-	„Halbierte“ Dosis F^- (bzw. reduzierte Dosis)	Adjuvantien			
			Ca^{++}	Vit. D		
Fluoride						
Natriumfluorid Ospur F 25 NaF 25 Baer Ossiplex ret. (25 mg)	3 Tbl. = 33,9 mg	2 Tbl. = 22,6 mg (selten 1 = 11,3 mg)				Jährliche Röntgenkontrolle: Beendigung bei beginnender Fluoridose
Ossin (40 mg) [16–18]	2 Tbl. = 36,2 mg	1 Tbl. = 18,1 mg	1.000 mg	1.000 IE	3–4 Jahre	
Monofluorophosphat, MFP Tridin (à 5 mg F^-)	4 Tbl. = 20 mg	2 Tbl. = 10 mg	(enth. 150 mg pro Tabl.)	1.000 IE		Jährliche Osteodensitometrie: Bei zu „gutem“ Ansprechen (Zunahme über 8–10 % pro Jahr) Dosis reduzieren
Monotridin (à 10 mg F^-) [18, 19]	2 Tbl. = 20 mg	1 Tbl. = 10 mg	1.000 mg			
Anabolika:						
Nandrolon-dekanoat [20]	25–50 mg alle 3–4 Wochen i. m.				1–2 Jahre, evt. länger	auf virilisierende Nebenwirkungen achten, ggf. Dosis reduzieren

Knochen. Die Fluoride sind durch Studien in den USA in Mißkredit geraten, in denen rückblickend unnötig hohe Fluoriddosen partiell zur Osteosklerose mit neuerlich höherer Brüchigkeit führten [16, 17]. Die Fluoridtherapie kann nicht mit einer starren Dosis jahrelang ohne Anpassung durchgeführt werden, sondern sie setzt das Ansteuern eines therapeutischen Fensters voraus. Dieses Fenster wird folgendermaßen begrenzt: Zu niedrige Dosen sind unwirksam, zu hohe Dosen führen zur Osteosklerose mit damit verbundenem Verlust an Frakturstabilität.

Wir empfehlen folgendes Vorgehen (Tabelle 3): Mit einer „Volldosis" sollte begonnen werden, um nicht bei systematischem Beginn mit niedriger Dosis ein scheinbares Therapieversagen, das in Wahrheit eine Unterdosierung ist, zu induzieren.

Die Patienten, die weniger Fluorid als die Volldosis benötigen, können folgendermaßen erkannt werden: 20–30 % der Patienten entwickeln unter der Volldosis innerhalb von Monaten das Fluorid-typische Schmerzsyndrom an den Unterschenkeln bzw. im Bereich der Sprunggelenke. Zugrunde liegen Umbauherde, die röntgenologisch als Verdichtungen und knochenszintigraphisch als Anreicherungen nachweisbar sind (ohne daß dieser Nachweis bei Therapieerfahrung erforderlich wäre). Wir empfehlen beim Auftreten dieser Beschwerden eine Unterbrechung der Fluoridgabe für vier Wochen – anschließend therapieren wir mit halbierter, reduzierter Dosis weiter [10].

Die Fluoridtherapie sollte durch jährliche Osteodensitometrie an der Wirbelsäule überwacht werden. Zeigt sich eine Zunahme an Knochenmasse über acht bis zehn Prozent, so ist dies die Gefahr einer überschießenden Reaktion, d. h. einer Osteoskleroseentwicklung. Auch hier empfiehlt sich die Dosisreduktion.

Beachtet man diese Empfehlungen, so kann man in konsequenter Fluoridtherapie über drei bis vier Jahre 15–20 % an Knochenmassengewinn erzielen (mehr ist nicht erwünscht). Adjuvantien sind Kalzium (Größenordnung 1.000 mg) und Vitamin D (Größenordnung 1.000 IE) täglich. Therapiert man mit Natriumfluorid, empfiehlt sich seine Gabe (gesamte Tagesdosis) am Abend nach dem Abendessen – Kalzium sollte dann morgens verabreicht werden.

Therapiert man mit Monofluorophosphat (MFP), ist die Trennung zwischen Kalzium und Fluorid nicht erforderlich – Tridin als Kombinationspräparat enthält z. B. neben 5 mg F^- 150 mg Kalzium. Vom MFP kann etwa ein Drittel weniger angeboten werden als vom NaF (infolge einer höheren Absorptionsquote). Bei „high turnover" ist die Fluoridtherapie als einziges Behandlungsprinzip nicht zu empfehlen – gegebenenfalls könnte man nach einer Phase der antiresorptiven Therapie anschließend mit Fluorid beginnen. Erfahrung ist hier jedoch erforderlich.

Anabolika waren vor drei Jahrzehnten zur Osteoporosetherapie verwendet worden – Nebenwirkungen durch Überdosierung beendeten ihren Einsatz. In den letzten Jahren haben Studien mit vorsichtigerer Dosierung gezeigt, daß Anabolika bei Osteoporose nützlich sind. Einerseits entfalten sie einen gewissen substitutiven Effekt auf den postmenopausalen Sexualhormonmangel, auf der anderen Seite übertreffen sie aber die Östrogenwirkung durch ihren muskulotropen Effekt, der ja bekanntlich im Sport zum Mißbrauch verführen kann. Studien bei postmenopausalen Frauen haben jedoch einen Zugewinn an Knochen über den durch Östrogene induzierbaren hinaus erbracht [20]. Therapiert werden kann z. B. mit Nandrolondekanoat, 25–50 mg alle drei bis vier Wochen i. m. Augenblickliche Therapieerfahrungen erstrecken sich auf ein bis zwei Jahre, Aussagen zu längeren Zeiträumen werden erarbeitet. Auf virilisierende Nebenwirkungen ist weiterhin zu achten. Bei Hyperlipidaemikerinnen könnte Vorsicht geboten sein. Es wird allgemein empfohlen, Anabolika bei Frauen im ersten Jahrzehnt nach der Menopause noch nicht einzusetzen – in dieser Phase spricht ja auch die high turnover-Situation eher für eine klassische antiresorptive Therapie.

Als empirische Versuche zur Aktivierung des Knochenstoffwechsels kann man die Parathormontherapie, eventuell kombiniert mit Östrogenen [21] einordnen, die zum Teil nach dem ADFR-Schema erfolgt: Man stimuliert den Knochenumbau durch PTH, Schilddrüsenhormon o. ä. (A = Aktivierung), anschließend unterdrückt man die Osteoklasten, damit keine zu großen Defekte entstehen (D = Depression). Die von den Osteoklasten aktivierten Osteoblasten sollen nun im freien Intervall Knochen bilden (F = Formation oder freies Intervall) – anschließend muß man, nachdem sich die Zellen wieder beruhigt haben, den Zyklus wiederholen (R = Repetition). Das von der Theorie her für sich einnehmende Konzept bedarf jedoch exakterer Wirkungsnachweise, ehe es außerhalb von Studien für Einzelfälle der Praxis empfohlen werden kann.

Ähnliches gilt für die Therapie mit Wachstumshormon [22]. Zwar scheinen hypophyseninsuffiziente Patienten auch infolge ihres Wachstumshormonmangels weniger Knochen zu haben als Gesunde – die Umsetzung derartiger Befunde in eine Therapieempfehlung mit menschlichem Wachstumshormon ist jedoch noch nicht möglich. Die Wissenschaft arbeitet an der Frage, ob die direkte Gabe von Wachstumsfaktoren (Somatomedine), wie sie auch vom Wachstumshormon induziert werden, nützlicher sein könnte.

Basistherapie: Kalzium und Vitamin D

Inwieweit ein Kalzium- (und Vitamin D-) Mangel zur Entstehung der idiopathischen Osteoporose maskiert beiträgt, ist ungeklärt und vermutlich von Land zu Land unterschiedlich: Die Osteoporose japanischer Frauen scheint mit einer sehr niedrigen Kalziumzufuhr verquickt zu sein und gut auf Kalzium und Vitamin D anzusprechen [23], in Mitteleuropa einschließlich Deutschland könnte ein stärkerer Vitamin D-Mangel vorliegen als in den USA, die in weiten Teilen eine stärkere Sonneneinstrahlung haben und auch Milch mit Vitamin D anreichern. Für Deutschland kann man getrost die Empfehlung aussprechen, daß alle Erwachsenen zur Gesunderhaltung ihres Knochens täglich 1.000 mg Kalzium mit der Nahrung zu sich nehmen sollten. Bei der Sonnenexposition reichen 20–30 Minuten pro Tag (mit dem bekannten kumulativen Effekt mit Speicherung für sonnenfreie Tage) aus. Postmenopausal steigt der Kalziumbedarf der nicht mit Östrogen substituierten Frau auf 1.500 mg an. Viele, gerade auch schlanke Frauen werden u. U. diese Kalziummengen nicht zuführen (Milch und Milchprodukte bergen eine beträchtliche Kalorienzahl), so daß hier ein Ausweichen auf kalziumreiche Mineralwässer möglich ist – Kalziumpräparate werden für die Prophylaxe in der Regel nicht benötigt.

Bei *manifester Osteoporose* sollte man sich nicht unbedingt darauf verlassen, daß die erforderlichen Kalziummengen, die bei Anregung des Knochenstoffwechsels (Fluoridtherapie) höher liegen, erreicht werden – Kalziumpräparate haben daher ihren Sinn, wenn die Nahrungszufuhr doch nicht zuverlässig ist. Insofern kann die Therapie mit 500–1.000 mg Kalzium täglich und 500–1.000 IE Vitamin D täglich bei manifester Osteoporose als Basis angesehen werden. Bei der high turnover-Situation postmenopausal begleiten Kalzium und Vitamin D die Antiresorptiva, beim low turnover begleiten sie die Fluoride. Eine besondere Bedeutung haben Kalzium und Vitamin D bei der Osteoporose Typ II, die zumeist den high turnover durch sekundären Hyperparathyreoidismus aufweist (s. o.). Studien in Frankreich haben die Wirksamkeit einer solchen Therapie als Prophylaxe ergeben [24], und die Übertragung auf die manifeste Typ II-Osteoporose ist gerechtfertigt. Ob zusätzlich weitere Medikamente sinnvoll sind, muß die Individualanalyse ergeben: Die Patientin mit Schenkelhalsfraktur und langsamem Knochenumsatz (ohne Kalziummangel) bedarf eher einer Anabolikatherapie, eventuell auch (bei mehrjähriger Lebenserwartung) einer Fluoridtherapie. Die indirekte Kalziumtherapie durch Verminderung der Kalziurie durch Hydrochlorothiazidgabe kann in folgenden individuellen Situationen sinnvoll sein: Hat eine Osteoporotikerin gleichzeitig Bluthochdruck, so nützt ihr als Diuretikum Furosemid wenig, da es die Kalziumausscheidung eher vermehrt – stattdessen vermindert ein Thiazidpräparat nicht nur die Kalziumausscheidung (und das retinierte Kalzium kommt dem Knochen zugute), sondern es senkt auch den Blutdruck. Eine andere Situation ist das rezidivierende Nierensteinleiden: Einen damit behafteten Osteoporotiker wird man weniger gern mit Kalzium und Vitamin D therapieren. Das Hydrochlorothiazid stellt einerseits eine Nierensteinprophylaxe durch Verminderung der Kalziurie dar, zum anderen nützt das retinierte Kalzium dem Knochen.

Manche Studien (z. B. in Japan, [23]) haben gezeigt, daß Vitamin D-Metaboliten die Wirksamkeit einer reinen Kalziumtherapie steigern können. Es ist wenig befriedigend, daß in derartigen Studien immer nur ein Vitamin D-Metabolit verwendet wurde, für dessen Propagierung dann der Eindruck erweckt wird, ein metabolisiertes Vitamin D sei erforderlich [25]. Demgegenüber hat jedoch gerade die französische Studie aufgezeigt, daß die betagte Frau um 80 mit ausreichender Vitamin D-Zufuhr durchaus weniger Schenkelhalsfrakturen entwickelt [24]. Bis zum Nachweis in einer Studie, daß die Metaboliten tatsächlich wirksamer sind als das genuine Vitamin D, kann in der Osteoporosetherapie durchaus mit der Ausgangssubstanz behandelt werden.

Sekundäre Osteoporosen

Bei der sekundären Osteoporose muß einerseits die Grundkrankheit, zum anderen die Osteoporose therapiert werden. Häufigstes Beispiel ist die glucocorticoidinduzierte Osteoporose. Ihrer Entstehung sollte durch eine „Minimalprophylaxe" entgegengewirkt werden – zu empfehlen sind 1.000 mg Kalzium und 1.000 IE Vitamin D, um die durch Glucocorticoide verminderte Kalziumabsorption auszugleichen.

Kommt es unter dieser Prophylaxe dennoch zum Knochenmassenverlust, der mittels jährlicher Osteodensitometrie aufgedeckt werden kann, ist die Fluoridtherapie das Mittel der Wahl (in Analogie zu Tabelle 3). Sie wirkt auch bei schweren glucocorticoidinduzierten Osteoporosen wie z. B. nach Herz- und Lebertransplantation überzeugend [26].

Ist eine sekundäre Osteoporose z. B. durch ein Plasmozytom oder andere diffuse Neoplasien hervorgerufen, sollte bei der individuellen Therapie an den Einsatz der Bisphosphonate gedacht werden, die sich ja auch bei Tumorhyperkalziaemien und sich ausbreitenden Knochenmetastasen bewähren. Bei den sekundären Osteoporosen durch Hyperparathyreoidismus oder Hyperthyreose ist in der Regel nach Heilung der Endokrinopathie eine ordentliche spontane Erholung des Knochenmassenverlustes möglich – selten wird darüberhinaus eine knochenaufbauende Therapie erforderlich sein.

LITERATUR

1. Consensus Development Conference: Prophylaxis and treatment of osteoporosis: Am J Med 1993, 94: 646–50.

2. Ziegler R: Was ist gesichert in der Behandlung der Osteoporose der Frau in der Menopause? Internist 1993, 34: 18–24.

3. Ziegler R: Was ist gesichert in der Therapie der Osteoporose? Internist 1990, 31: 680–8.

4. Kruse K: Empfehlungen zur laborchemischen Diagnostik bei Osteoporose. Endokrinologie-Informationen 1991, 15: 204–6.

5. Seibel MJ, Raue F: Biochemische Marker des Knochenstoffwechsels und ihre Bedeutung bei der Osteoporose-Diagnostik. Endokrinologie-Informationen 1993, 17: 18–21.

6. Lufkin EG, Wahner HW, O'Fallon WM, Hodgson SF, Kotowitz MA, Lane AW, Judd HL, Caplan RH, Riggs BL. Treatment of postmenopausal osteoporosis with transdermal estrogen. Ann Intern Med 1992, 117: 1–9.

7. Quigley MET, Martin PL, Burnier AM, Brooks P. Estrogen therapy arrests bone loss in elderly women. Am J Obstet Gynecol 1987, 156: 1516–23.

8. Wüster C, Runnebaum B, Rabe T. Antiöstrogene und Knochenstoffwechsel. Der Frauenarzt 1994, 35: 1023–7.

9. Burckhardt P, Burnand B. The effect of treatment with calcitonin on vertebral fracture rate in osteoporosis. Osteoporosis Int 1993, 3: 24–30.

10. Overgaard K, Christiansen C. Long-term treatment of established osteoporosis with intranasal calcitonin. Calcif Tissue Int 1991, 49: 60–3.

11. Christiansen C, Overgaard K. Clinical use of salmon calcitonin – new findings. Workshop on osteoporosis. Florence, Italy, April 23–24.

12. Civitelli R, Connelli S, Zacchei F, Bigazzi S, Vattimo A, Avioli LV, Gennari C. Bone turnover in postmenopausal osteoporosis. Effect of calcitonin treatment. J Clin Invest 1988, 82: 1268–74.

13. Storm T, Thamsborg G, Kollerup G, Sorensen HA, Genant HK, Steiniche T, Melsen F, Sorensen OH. Five years of intermittent, cyclical etidronate therapy increases bone mass and reduces vertebral fracture rate in postmenopausal osteoporosis. Bone Min 17, 1992, Abstract 328: 157.

14. Jackson RD, Harris ST, Genant HK, Watts NB, Wasnich R, Licata AA, Miller PD, Chesnut III CH. Clinical etodronate treatment of postmenopausal osteoporosis: 4 years experience. Bone Min 17, 1992, Abstract 316: 154.

15. Adami S, Baroni MC, Broggini M, Carratelli L, Caruso I, Gnessi L, Laurenzi M, Lombardi A, Norbiato G, Ortolani S, Ricerca E, Romanini L, Subrizi S, Weinberg J, Yates AJ: Treatment of postmenopausal osteoporosis with continuous daily oral alendronate in comparison with either placebo or intranasal salmon calcitonin. Osteoporosis Int 1993, 3: 21–7.

16. Riggs BL, Hodgson SF, O'Fallon WM, Chao EYS, Wahner HW, Muhs JM, Cedel SL, Melton III LJ: Effect of fluoride treatment on the fracture rate in postmenopausal women with osteoporosis. N Engl J Med, 1990, 322: 802–9.

17. Riggs BL, O'Fallon WM, Lane A, Hodgson SF, Wahner HW, Muhs J, Chao E, Melton III LJ. Clinical trial of fluoride therapy in postmenopausal osteoporotic women: Extended observations and additional analysis. J of Bone and Min Res 1193, Vol. 9, N. 2: 265–75.

18. Ziegler R. Fluoridtherapie der Osteoporose. Therapeutische Umschau. 1991, Band 48, Heft 2.

19. Affinito P, Di Carlo C, Primizia M, Petrillo G, Napolitano V, Tremolaterra F, Nappi C. A new fluoride preparation for the prevention of postmenopausal osteoporosis: calcium monofluorophosphate. Gynecol Endocrinol 1993, 7: 201–5.

20. Erdtsieck RJ, Pols HAP, vanKuijk C, Birkenhäger-Frenkel DH, Zeelenberg J, Kooy PPM, Mulder P, Birkenhäger JC. Course of bone mass during and after hormonal replacement therapy with and without addition of nandrolone decanoate. J of Bone and Min Res 1994, Vol 9, N 2: 277–83.

21. Bradbeer JN, Arlot ME, Meunier PJ, Reeve J. Treatment of osteoporosis with parathyroid peptide (hPTH 1-34) and oestrogen: increase in volumetric density of iliac cancellous bone may depend on reduced trabecular spacing as well as increased thickness of packets of newly formed bone. Clin Endocrinol 1992, 37: 282–9.

22. Wüster C, von zur Mühlen A, Ranke MB. Das Syndrom des Wachstumshormonmangels beim Erwachsenen. Deutsches Ärzteblatt – Ärztliche Mitteilungen. 1994, 37: A: 2402–8, B: 1795–8, C: 1559–62.

23. Orimo H, Shiraki M, Hayashi T, Nakamura T. Reduced occurrence of vertebral crush fractures in senile osteoporosis treated with 1 alpha(OH)-vitamin D3. Bone Min 1987, 3: 47–52.

24. Chapuy MC, Arlot ME, Duboeuf F, Brun J, Crouzet B, Arnaud S, Delmas PD, Meunier PJ. Vitamin D3 and calcium to prevent hip fractures in elderly women. N Engl J Med 1992, 327: 1637–42.

25. Tilyard MW, Spears GFS, Thomson J, Dovey S: Treatment of postmenopausal osteoporosis with calcitriol or calcium. N Engl J Med 1992, 326: 357–362.

26. Meunier PJ. Fluoride therapy in vertebral post-menopausal osteoporosis and corticosteroid-induced osteoporosis. Proc. 4th Internat. Symp. on Osteoporosis, Hongkong 1993. C. Christiansen and B. Rijs, Eds. Handelstrykkeriet Aalborg Aps, Aalborg, Denmark, p. 428–32.

OSTEOPOROSEPROPHYLAXE MIT ÖSTROGENEN

M. H. BIRKHÄUSER

EINLEITUNG

Die hormonale Prophylaxe der Osteoporose war vor mehr als 20 Jahren eingeführt worden, zunächst mit Östrogenen allein, wie das heute nur noch gelegentlich in den Vereinigten Staaten durchgeführt wird. In Europa ist die Substitution mit einer alleinigen Gabe von Östrogenen durch die kombinierte Verschreibung eines Östrogens und eines Gestagens ersetzt worden. Dabei müssen die allgemein bekannten Therapieprinzipien eingehalten werden, welche für jede Substitutionstherapie nach der Menopause gelten. Wenn es heute darum geht, die aktuelle Prophylaxe der postmenopausalen Osteoporose zu diskutieren, so steht immer noch die Verabreichung von Östrogenen im Vordergrund, in der Regel kombiniert mit einem Gestagen.

Die maximale Knochenmasse (Peak Bone Mass) wird zwischen dem Alter von 25 und 30 Jahren erreicht. Danach ändert sich die Knochendichte bis zum Menopauseneintritt praktisch nicht mehr. Nach dem progressiven Rückgang der Ovarialfunktion, besonders nach dem vollständigen Stopp der zyklischen Östrogensekretion, beginnt die Knochendichte ab- [2,3] und die Häufigkeit von Frakturen zuzunehmen [4]. Die kritische Schwelle des Auftretens von Knochenbrüchen nach inadäquaten Traumen wird zunächst auf der Ebene der Wirbelsäule erreicht. Erst einige Jahre später folgt die erhöhte Frakturenanfälligkeit auch am Schenkelhals. Am Wirbelkörper dominiert die Osteoporose des Typus I (postmenopausale Osteoporose), am Schenkelhals überwiegt die Komponente der Osteoporose des Typus II (senile Osteoporose). Eine beidseitige Kastration vor der natürlichen Menopause führt ebenfalls zu einer Abnahme der Knochenmasse, welche, trotzdem sie vorzeitig ist, genau den gleichen physiopathologischen Regeln folgt und die gleichen klinischen Konsequenzen zeigt, wie die Östrogenmangelosteoporose nach der Menopause. Sehr viel weniger bekannt ist es, daß auch eine beidseitige Kastration in den ersten Jahren nach der Menopause den Knochenverlust beschleunigt, da die residuelle Steroidsekretion durch die Ovarien, insbesondere diejenige der ovariellen Androgene, dadurch eliminiert wird. Das Ovar ist somit in den ersten Jahren nach der Menopause keineswegs das inaktive und unnütze Organ, als welches es gelegentlich angesehen wird, sondern erfüllt weiterhin eine wesentliche endokrine physiologische Aufgabe [5, 6]. Mehrere epidemiologische Arbeiten zeigen, daß die Prophylaxe der Osteoporose durch die Verabreichung von Östrogenen und Gestagenen nicht nur die Knochendichte verbessert, sondern auch tatsächlich die Frakturinzidenz bei postmenopausalen Frauen reduziert [7, 8, 9]. Die Unterbrechung einer Substitution führt zu einer Reaktivierung des beschleunigten Knochenstoffwechsels, wie dies vor dem Beginn der Substitution bereits aufgetreten war. Dieser beschleunigte Knochenstoffwechsel führt zu einer negativen Knochenbilanz, die je nach Veranlagung verschieden stark ausgeprägt ist. Es ist diese negative Knochenbilanz, welche schlußendlich zur postmenopausalen Osteoporose und zur erhöhten Frakturenhäufigkeit führt.

Günstige Östrogen-Wirkungen am Skelett

Der Schutzeffekt einer hormonalen Substitution auf den Knochen verläuft proportional zu den Serumspiegeln von Östradiol oder Östron [10] und zur verabreichten Dosis der Östrogene [11, 12]. Tabelle 1 zeigt die minimalen wirksamen Dosen, welche zur Prophylaxe mit Östrogenen eingesetzt werden müssen. Im Gegensatz zu dem, was oft angenommen wird, gibt es keine Korrelation zwischen dem Ausmaß der subjektiven klimakterischen Symptome und der Abnahme der Knochenmasse an Wirbelsäule und Schenkelhals [13, 14]. Dagegen existiert eine gewisse Korrelation zwischen den Basalwerten der Knochendichte auf der einen Seite und dem Alter zum Zeitpunkt der Menarche und dem Body Mass Index auf der anderen Seite. Diese Korrelation ist für den Schenkelhals signifikant. Eine späte Menarche hat in der Regel eine verminderte Knochendichte zur Folge, ein erhöhter Body Mass Index führt zu einer besseren Knochenmasse, zum Teil via erhöhte azyklische, peripher aromatisierte Östrogene, zum Teil auch durch mechanische Faktoren (erhöhte Belastung des Skeletts!). In einer an unserer Klinik durchgeführten Untersuchung wurde der Schutz der Knochenmasse an der Wirbelsäule mit den zwei gebräuchlichsten galenischen Formen verglichen, der transdermalen und der peroralen Östrogengabe. Beide Gruppen erhielten zyklisch Dydrogesteron verabreicht. Beide Varianten der Östradiolsubstitution führten zu einer signifikanten Zunahme der Knochendichte innert 12 und 18 Monaten. Gleichzeitig trat in der unbehandelten Kontrollgruppe ein signifikanter Knochenmasseverlust ein [17]. Diese Beobachtung stimmt mit verschiedenen Arbeiten überein, welche andere Gestagene verwendet [17 a] oder andere Verabreichungswege gewählt hatten [17 a–c]. Wie wir zeigen

Tabelle 1: Prophylaxe der postmenopausalen Osteoporose: Minimale wirksame Östrogen-Dosierungen

Prophylaxe der postmenopausalen Osteoporose:
Minimale Dosierungen verschiedener bei der Östrogen-/Gestagen-Substitution eingesetzten Östrogene

täglich minimale wirksame Östrogen-Dosierungen:
1. perorale Verabreichung:
– 0,625 mg konjugierte equine Östrogene
– 2 mg mikronisiertes 17-ß-Östradiol
– 2 mg Östradiol-Valerat
2. transdermale (perkutane) Verabreichung:
– 50 µg 17-ß-Östradiol

konnten, ist die Zunahme der Knochendichte auch signifikant, wenn Tibolon verabreicht wird [16], ein Gestagen mit androgener und östrogener Partialwirkung.

Um eine optimale Compliance zu erhalten, muß die Verabreichungsform der hormonalen Osteoporose-Prophylaxe in Funktion der Bedürfnisse und der Vorlieben jeder einzelnen Frau individuell festgelegt werden. Es ist essentiell, daß eine optimale Akzeptanz erreicht wird, wenn wir eine Langzeitprophylaxe über mehrere Jahre

Tabelle 2: Hormonale Substitution nach der Menopause mit Östrogenen und Gestagenen: Grundprinzipien

1. Wahl des Östrogens:
- konjugierte („natürliche") equine Östrogene
- 17-ß-Östradiol

In der Postmenopause kein Ethinyl-Östradiol verabreichen!

2. Galenische Form:
- oral
- transdermal (perkutan)
- (Implantate)
- (vaginal, z. B. Vaginal-Ring)
- (intramuskulär)

3. Gestagene:

Die Beigabe eines Gestagens ist unverzichtbar, um
- das bei Östrogen-Monotherapie erhöhte Risiko eines Endometriumkarzinoms zu vermeiden,
- die Knochenschutzwirkung des Östrogens zu unterstützen.

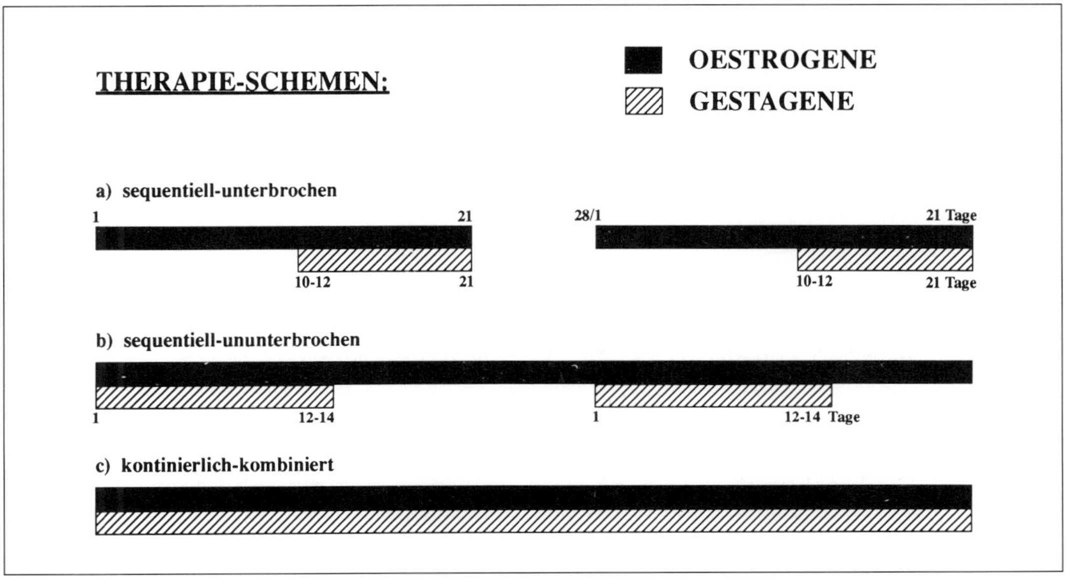

Abbildung 1: Östrogen-/Gestagen-Substitution nach der Menopause

durchführen wollen. Die Grundprinzipien jeder hormonalen Substitutionstherapie sind in Tabelle 2 zusammengefaßt. Im Gegensatz zu dem, was heute noch in den Vereinigten Staaten angetroffen werden kann, ist in Europa die alleinige Verabreichung von Östrogenen ohne Gestagene als Gegenspieler strikt kontraindiziert, wenn die Patientin noch eine intakte Gebärmutter besitzt. Von den auf Abbildung 1 gezeigten verschiedenen Therapievarianten ist die zyklisch-sequentielle unterbrochene Verabreichung vor allem unmittelbar vor und nach der Menopause gebräuchlich. Die zweite Variante, das zyklisch-sequentielle Schema ohne Unterbrechung der Östrogenverabreichung, wird insbesondere innert der ersten 3–5 Jahre nach der Menopause eingesetzt. Allerdings ist es möglich, dieses Schema auch älteren Frauen weiter zu verschreiben, wenn die regelmäßigen Periodenblutungen akzeptiert werden, welche normalerweise an die Gestagenphase anschließen. Allerdings ziehen zahlreiche, aber nicht alle älteren Frauen eher die tägliche gleichzeitige Verabreichung eines Östrogens und eines Gestagens vor. Diese fixe Kombination wird während des ganzen Jahres täglich unverändert gegeben. Dieses Schema erlaubt es, das Wiederauftreten von Regelblutungen nach den ersten 3–6 Monaten, während der noch unregelmäßige Blutungen auftreten können, zu vermeiden. Die Patientin muß allerdings darüber informiert werden, daß zu Beginn unvorhersehbare unregelmäßige Blutungen häufig sind. Insgesamt gesehen gibt es nur wenig Fälle, wo der perorale Verabreichungsweg oder die transdermale Hormongabe aufgrund von klaren medizinischen Indikationen eindeutig vorgezogen werden müssen, indem entweder der First-Pass-Effekt bewußt beabsichtigt oder bewußt vermieden wird.

Wer muß eine Hormonsubstitution erhalten? Zunächst können wir uns auf die bekannte Liste der Risikofaktoren stützen, welche das Auftreten einer Osteoporose begünstigen. Wir dürfen aber nicht alle anderen klassischen Indikationen einer Hormonsubstitution vergessen, welche zusätzlich zur Indikation „Osteoporoseprophylaxe" bestehen (Tabelle 3). Frauen, welche bereits aus anderer Indikation eine Östrogen/Gestagen-Substitution erhalten, benötigen keine densitometrische Kontrolle der

Tabelle 3: Absolute und relative Indikationen für eine hormonale Substitution nach der Menopause mit Östrogenen und Gestagenen

1. Absolute Indikationen:
- primäre Ovarial-Insuffizienz vor dem Alter von 50 Jahren
- Osteoporose/verminderte Knochendichte/pathologische biochemische Knochenmarker
- urogenitale Atrophie zum Zeitpunkt der Menopause
- neuro-vegetative Dystonie
- Dysphorien/depressives Zustandsbild
- Schmerzen in Muskeln, Gelenken und Rücken

2. Relative Indikationen:
- familiäre Osteoporose
- familiäre Prädisposition für kardio-vaskuläre Erkrankungen
- Atrophie der Haut
- Atrophie der Schleimhäute
- Sekundär-Prophylaxe bei kardio-vaskulären Erkrankungen

Knochendichte. Diese bleibt denjenigen Fällen vorbehalten, bei denen erst die Bestimmung der Knochenmasse darüber entscheidet, ob sie ein genügendes Knochenkapital besitzen, oder ob sie allenfalls zur Osteoporoserisikogruppe gehören und aus diesem Grunde substituiert werden müssen. Es müssen aber immer folgende zwei Grundprinzipien berücksichtigt werden:

1. Die Knochendichte, welche an einer Skelettregion gemessen wird, erlaubt keine sicheren Rückschlüsse auf die Knochendichte an anderen Regionen des Skeletts, und damit keine globale Beurteilung des Frakturrisikos, insbesondere dann nicht, wenn es sich um einen Knochen mit einem anderen Skeletttyp handelt [18, 19, 20, 21].

2. Die Osteoporose ist nur eine Indikation unter anderen für eine hormonale Substitution. Der Entscheid für oder gegen eine Substitution darf nie allein aufgrund der Knochensituation gefällt werden.

Ein Knochenverlust von 0,5 bis 1 % pro Jahr kann noch als physiologisch eingestuft werden und als Folge der Alterung gelten [22, 23, 24]. Ein Verlust von 3 % oder mehr pro Jahr ist hingegen klar pathologisch und eine eindeutige Indikation zur hormonellen Substitution. Frauen mit einem erhöhten Verlust an Knochenmasse pro Jahr gehören zur Gruppe der sogenannten „fast-losers" [25]. Die zuverlässigste und auch gebräuchlichste Methode zur Bestimmung der Knochendichte ist die Dual-Energy-Radio-Densitometry oder DEXA [26, 27]. Die Bestimmung der Knochendichte mit einer DEXA-Methode erlaubt die Kontrolle des Knochens an der Wirbelsäule, am Schenkelhals und an der Tibia, ihre Präzision beträgt ca. 1 %. Messungen mittels der computerisierten peripheren Tomographie (pQCT), welche am Vorderarm oder an der Tibia durchgeführt wird, sind äußerst präzise, erlauben aber keine Beurteilung der Wirbelsäule.

Es ist selbstverständlich, daß außerhalb der hormonalen Substitution eine vernünftige Lebensführung mit Vermeiden der Risikofaktoren von großer Bedeutung ist. So verbessert zum Beispiel eine ausgeglichene Ernährung mit einer genügenden Kalziumzufuhr, eine ausreichende körperliche Aktivität und das Vermeiden exzessiven Rauchens oder Alkoholkonsums die Chancen klar, im hohen Alter eine gute Knochendichte zu erhalten.

Andererseits ist die Fraktur als Konsequenz der eingetretenen Osteoporose nicht allein die Folge einer verminderten Peak-Bone-Mass oder einer ungenügenden Östrogensekretion nach der Menopause (Abbildung 2). Vor allem bei älteren Personen, welche sich wenig im Freien aufhalten und eine geringe Sonnenexposition besitzen, muß überprüft werden, ob die minimalen Spiegel an 1,25-Dihydroxy-Vitamin D3 garantiert sind. Eine neuere Studie aus der Gruppe von Meunier zeigt in überzeugender Art die Bedeutung einer Vitamin-D-Substitution bei Risikogruppen. Tillyard et al. [28] haben therapeutisch mit gutem Erfolg direkt die aktive Form des Vitamin D3, das Calcitriol, eingesetzt. Schließlich wird das Frakturenrisiko nicht allein durch Knochenmasse bestimmt, sondern auch durch die Fallneigung, welche durch eine bessere Schulung der Gleichgewichtskontrolle vermindert werden kann, wozu regelmäßige Gymnastikübungen bis ins hohe Alter hilfreich sind. Das Sturzrisiko kann auch durch den Verzicht auf unnötige Schlaf- und Beruhigungsmitteleinnahme sowie durch eine Kontrolle der Wohnungen älterer Menschen auf Fallstricke wie frei herumliegende elektrische Kabel oder Teppichfalten herabgesetzt werden.

Trotz aller Anstrengungen zur Elimination von Risikofaktoren verbleiben ca. 30–35 % aller Frauen in der Gruppe von Patientinnen mit hohem Risiko für eine postmenopausale Osteoporose (Osteoporose Typ I), vermutlich wegen ihrer genetischen Prädisposition. Diese Gruppe ist typischerweise durch einen pathologisch erhöhten Turnover des Knochens charakterisiert, was durch die wiederholte Messung der Knochendichte und der biochemischen Knochen-Marker, insbesondere von Hydroxyprolin im 2-Stunden-Urin oder von Osteocalcin oder Pyridinolin im Serum nachgewiesen werden kann. Da in der Gruppe der Osteoporose vom Typ I das Östrogendefizit der hauptsächliche kausale Faktor ist, müssen diese Frauen erkannt werden, um sie gezielt von einer hormonalen Substitutionstherapie profitieren zu lassen. Seit den ersten Artikeln von Nordin et al. [29], von Lindsay et al. [30] und von Christiansen et al. [31], um nur einige der wichtigsten Autoren zu zitieren, wissen wir, daß die Östrogensubstitution es erlaubt, das erhöhte Frakturenrisiko auf ein normales Maß zurückzuführen. Dagegen kann die Osteoporose vom Typ II (senile Osteoporose) durch die alleinige hormonale Substitution nicht verhindert werden. Wir wissen heute, daß es keine Alterslimite gibt, um eine Prophylaxe der Osteoporose mit Sexualsteroiden zu beginnen: Eine Frau kann auch 10 Jahre nach der Menopause noch von der Aufnahme einer Hormonsubstitution profitieren, wenn sie eine Phase mit erhöhtem Knochen-Turnover durchläuft. Wir wissen auch, daß eine gewisse Regenerierung des Knochens durch eine Hormonsubstitution eingeleitet werden kann. Im Ausmaß ist sie allerdings beschränkt. Sogar bei Frauen mit einer klaren klinischen Osteoporose kann die Knochendichte der Wirbelsäule und des Schenkelhalses noch um bis zu 2–3 % pro Jahr zunehmen, wenn Östrogene und Gestagene in der korrekten Dosierung verabreicht werden [32]. Währenddem die Östrogene mehrheitlich auf den trabekulären Knochen und weniger auf den kortikalen Knochen wirken, scheint es, daß die Gestagene und Tibolon, welches den

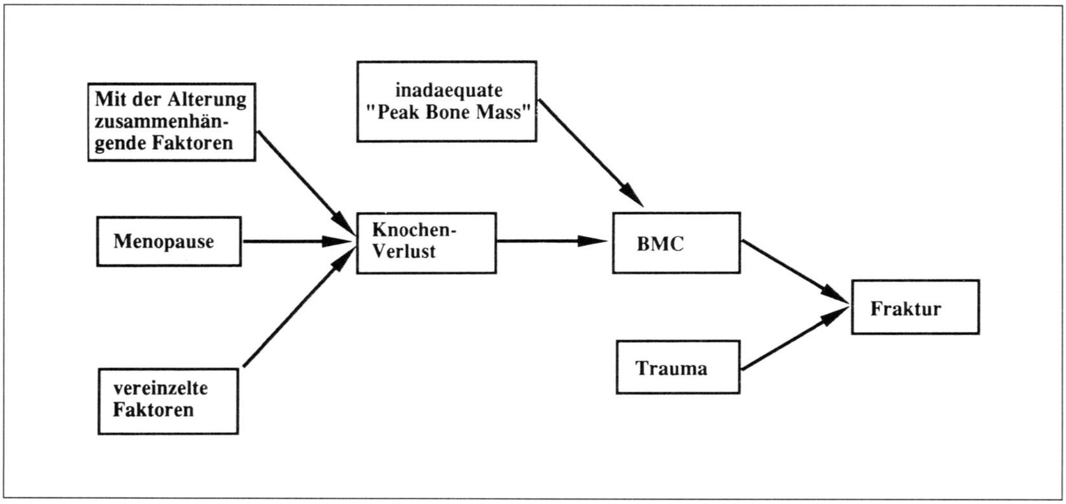

Abbildung 2: Osteoporose Typ I

klassischen Gestagenen nahe steht, auch den kortikalen Knochen schützen [33, 34, 35].

Auch wenn es keine Alterslimite dafür gibt, wann eine hormonale Substitution begonnen werden sollte, so muß sie dennoch mit Vorteil so früh als möglich nach der Menopause einsetzen, da der stärkste Knochenverlust in den ersten 3–5 Jahren nach der Menopause eintritt. Die minimale Dauer einer Substitution, welche eine sichere Osteoporoseprophylaxe gewährleistet, wird auf 7–10 Jahre geschätzt. Wenn wir die heutige mittlere Lebenserwartung mit einberechnen, so müßte eine Osteoporoseprophylaxe bis zum Alter von ca. 75 Jahren fortgeführt werden. Das Frakturenrisiko vermindert sich proportional zur Dauer der hormonalen Substitution.

Andererseits darf nicht vergessen werden, daß gerade bei der jungen Frau vor der Menopause eine frühzeitige Osteoporose-Prävention obligatorisch ist, wenn eine Amenorrhoe auftritt. Jede Amenorrhoe, welche die Zeitdauer von 6 Monaten übersteigt, kann eine Verminderung der Knochenmasse verursachen, wodurch das zum Zeitpunkt der Menopause noch verfügbare Knochenkapital beeinträchtigt wird. Wir müssen daher jede junge amenorrhoische Frau mit einer Östrogen/Gestagen-Kombination substituieren. Sofern gleichzeitig eine Kontrazeption notwendig ist, kann eine moderne niedrig dosierte Pille anstelle der üblichen Substitution gewählt werden. Auch eine Pille mit 20 μg Ethinylöstradiol garaniert noch den Erhalt der Knochendichte [36].

Weitere positive Wirkungen

Die positiven Auswirkungen einer Hormonsubstitution können nach dem anvisierten Zeithorizont gruppiert werden: Wir kennen Therapieziele, welche auf eine sofortige Wirkung ausgerichtet sind (z. B. Besserung der Wallungen), und wir kennen die positiven metabolischen Auswirkungen einer Langzeitadministration.

Zu den positiven Auswirkungen mit kurzem Zeithorizont gehören vor allem die Behandlung der klimakterischen Symptome wie Wallungen, Schweißausbrüche, Schlafstörungen, Dysphorien und andere psychische Probleme, dann Muskelschmerzen und Gelenkschmerzen sowie Rückenschmerzen (Tabelle 4).

Tabelle 4: Das klimakterische Syndrom

- neuro-vegetative Symptome (z. B. Wallungen)
- psychische Veränderungen, Dysphorien, Gedächtnisstörungen, Konzentrationsschwäche
- allgemeine Unpäßlichkeit/Schmerzen in Muskulatur, Gelenken, Rücken, Knochen
- körperliche Symptome: urogenitale Atrophie und deren Folgen; Atrophie der Haut; Veränderungen der Pilosität („Damenbart")
- Veränderungen des Knochenstoffwechsels: erhöhtes Osteoporose-Risiko
- Veränderungen des Lipidstoffwechsels und Ausfall der Östrogen-Wirkung an der Gefäßwand/erhöhtes Risiko für Herz-Kreislauferkrankungen

Die substitutive Behandlung hat als Langzeitziel die Verbesserung der metabolischen Störungen, welche als Folge des Östrogendefizites eintreten. Neben dem Knochenstoffwechsel ist hier vor allem die Beeinflussung des kardiovaskulären Risikos essentiell. Wie wir wissen, beträgt der Anteil der Verbesserung der kardiovaskulären Prognose, welche durch eine Veränderung des Lipidprofils erreicht werden kann, ca. 30 %. Ungefähr 70 % des kardio-protektiven Effektes sind die Folge einer direkten Wirkung der Östrogene auf dem Niveau der Gefäßwand. Somit sind die beiden Hauptziele einer Langzeitsubstitution die oben diskutierte Prophylaxe der Osteoporose und die Senkung des kardiovaskulären Risikos. Wir wissen heute, daß beide Ziele erreicht werden können. Eine korrekt substituierte Frau hat heute eine ca. 3 Jahre höhere Lebenserwartung als eine nicht-substituierte Frau. Es ist auch nachgewiesen, daß die Mortalität bis zum Alter von 75 Jahren um 60 % reduziert ist. Allerdings darf nicht vergessen werden, daß neben diesen statistischen Zahlen, welche die Lebenserwartung betreffen, für die Patientin selbst vor allem die Verbesserung der Lebensqualität entscheidend ist.

Nebenwirkungen und Risiken

Da die hormonale Substitution während einer Dauer von mindestens 15–30 Jahren aufrechterhalten werden muß, damit die metabolischen Benefits am Skelett und am Herz-Kreislauf-System auch erreicht werden, müssen die Nebenwirkungen und die eventuellen Risiken bei einer Langzeitverabreichung diskutiert werden. Einige Nebenwirkungen wie Mastalgien, Kopfschmerzen oder Stimmungsschwankungen können unsere Patientinnen stören, sind jedoch nicht gefährlich. Sie verschwinden in der Regel rasch nach einem Wechsel der galenischen Form oder des Typus des Östrogens oder des Gestagens. Im Prinzip kann für jede Frau die ihr zusagende Hormonkombination gefunden werden. Die oft befürchtete Gewichtszunahme ist, auch wenn wir unsere eigenen Daten betrachten, im Mittel um 300 g. Sie kann im wesentlichen auf die Rehydrierung des Gewebes zurückgeführt werden, welche sekundär zur Östrogenverabreichung ist. Eine Gewichtszunahme, welche 800 g übersteigt, wird oft fälschlicherweise auf die Hormonbehandlung an sich zurückgeführt. Sie ist aber in der Regel unabhängig von exogenen Hormonen und geht auf eine allgemeine Stoffwechselumstellung zurück. Es muß allerdings daran gedacht werden, daß bestimmte Gestagene unter Umständen das Hungergefühl anregen können, so daß die Patientin, ohne dies zu realisieren, mehr ißt. Ferner muß immer miteinberechnet werden, daß zum Zeitpunkt der Menopause auch Veränderungen im Zuckerstoffwechsel und in der Insulinsekretion eintreten können, wobei es bei entsprechender Veranlagung, welche oft mit dem klinischen Bilde des Polycystischen Ovar-Syndroms gekoppelt ist, zur bekannten Insulinresistenz kommen kann. Eine arterielle Hypertonie wird bei einer gesunden Patientin nicht durch eine Hormonsubstitution hervorgerufen. Dies steht im Gegensatz zu dem, was wir von der hormonalen Kontrazeption wissen. Der mittlere Blutdruck wird unter einer hormonalen Substitution sogar leicht gesenkt. Eine venöse Thrombose mit oder ohne Lungenembolie, ein kardiovaskulärer Zwischenfall oder ein cerebrovaskulärer Insult sind bei Frauen unter Substitution nicht häufiger als bei nicht-substituierten. Die Inzidenz dieser Affektionen wird sogar durch eine Substitution vermindert, wie dies für die kardiovaskulären Erkrankungen eindeutig belegt ist. Kardiovaskuläre und cerebrovaskuläre Erkrankungen sind heute sogar Indikationen für eine hormonale Substitution im Sinne einer Sekundärprophylaxe. Leider werden auch jetzt noch die Nebenwirkungen und Risiken einer hormonalen Kontrazeption zu oft mit den Auswirkungen einer korrekten hormonalen Substitution verwechselt, obschon die dabei eingesetzten Östrogene, das 17-beta-Östradiol bei der Substitution und das Ethinylöstradiol in der Pille, metabolisch völlig verschieden wirken. Die konjugierten equinen Östrogene sind in ihren metabolischen Auswirkungen dem 17-beta-Östradiol gleichzusetzen.

Obschon die metabolischen Vorteile ebenso wie die Verbesserung subjektiver klimakterischer Beschwerden von praktisch allen Frauen anerkannt sind, wissen wir, daß mehr als 50 % aller Frauen ihre Substitutionstherapien nach einem Jahr abbrechen, und daß nur 200 von 1.000 nach 10 Jahren ihre Substitutionstherapie noch weiter durchführen. Der Grund dieser schlechten Compliance ist wahrscheinlich eine nicht eingestandene Furcht vor eventuellen Nebenwirkungen und Risiken. Auch wenn die Hormonsubstitution heute als Routinebehandlung verstanden wird, haben zahlreiche Frauen noch Zweifel bezüglich des Verhältnisses zwischen Nutzen und Risiken einer Langzeittherapie.

Das Risiko, das am meisten Furcht auslöst, ist die Angst, daß eine hormonale Substitution eventuell einen Endometrium- oder Brustkrebs induzieren könnte.

Was das Endometriumkarzinom betrifft, so wissen wir heute durch eine eindeutige und übereinstimmende Literatur, daß das relative Risiko durch eine Hormonsubstitution nicht vermehrt wird, sofern die Östrogenwirkung durch die korrekte Beigabe eines Gestagens ausbalanciert wird (Abbildung 1). Einige Arbeiten weisen darauf hin, daß das Risiko eines Endometriumkarzinomes bei substitutierten Frauen sogar niedriger als bei einem nicht-substituiertem Vergleichskollektiv sein könnte.

Der Brustkrebs ist der von jeder Frau am meisten gefürchtete Krebs überhaupt. Eine Durchsicht der Literatur fördert äußerst kontroverse Meinungen zu diesem Thema zu Tage.

Wir wissen heute auch, daß eine vorbestehende gutartige Brusterkrankung das relative Risiko eines Brustkrebses nicht verändert. Eine gutartige Mastopathie ist somit keine Kontraindikation für eine Osteoporose-Prophylaxe mit Östrogenen. Interessan-

Tabelle 5: Anforderungen an eine hormonale Substitution nach der Menopause mit Östrogenen und Gestagenen

- Elimination der subjektiven Symptome des Östrogen-Mangels
- Prophylaxe der postmenopausalen Osteoporose
- Verminderung des erhöhten Risikos für kardio-vaskuläre Erkrankungen nach der Menopause
- Fehlen von Nebenwirkungen
- Fehlen eventueller Risiken
- gute Akzeptanz (Langzeit-Substitution!)
- günstiger Preis

terweise geht aus mehreren Arbeiten, welche den Verlauf von Brustkrebs bei Patientinnen verfolgt hatten, bei denen die Karzinomdiagnose während der Substitution gestellt worden war, klar hervor, daß die mittlere Lebenserwartung nach der Diagnose des Brustkrebses in dieser speziellen Gruppe substituierter Frauen nicht schlechter ist als bei den nicht-substituierten Vergleichspatientinnen. Der Artikel von Henderson et al. [37] bestätigt diese Hypothese und gibt sogar eine Verminderung der Mortalität von 20 % bei Frauen mit Brustkrebs an, bei denen das Karzinom während einer hormonalen Substitution diagnostiziert worden war.

Ob Östrogene und Gestagene unter Umständen auch bei Frauen nach bereits eingetretenem Mammakarzinom zur Osteoporoseprophylaxe verabreicht werden dürfen, wird zur Zeit eingehend diskutiert. Es sei zu diesem Thema auf die einschlägige Literatur verwiesen. Nach Empfehlungen der Deutschen Gesellschaft für Senologie scheint es, daß die Verabreichung von Östrogenen und Gestagenen unter bestimmten Voraussetzungen auch bei Frauen möglich ist, welche früher einmal an einem Mammakarzinom ohne Lymph- oder Fernmetastasen erkrankt waren. Es muß aber auch berücksichtigt werden, daß das Anti-Östrogen Tamoxifen osteoprotektiv wirkt, wie dies auch bestimmte Gestagene und den Gestagenen nahestehende Steroide wie das Tibolon tun. In jedem Falle ist aber vor einem Therapieentscheid genaue Rücksprache mit dem die Patientin betreuenden Onkologen zu nehmen [38].

LITERATUR

1. Anderson JJ, Tylavsky FA, Halioua L, Metz JA. Determinants of peak bone mass in young adult women: a review. Osteoporosis Int 1993; 3, Suppl 1: 32–6.

2. Richelson LS, Wahner HW, Melton III LJ, Riggs BL. Relative contributions of aging and estrogen deficiency to postmenopausal bone loss. N Engl J Med 1984; 311: 1273–5.

3. Smith DM, Khairi MRA, Norton J, Johnston CCj. Age and activity effects on rate of bone mineral loss. J Clin Invest 1976; 58: 716–21.

4. Jensen GJ, Christiansen C, Boesen J, Hegedus V, Transbol F. Epidemiology of postmenopausal spinal and long bone fractures: a unifying approach to postmenopausal osteoporosis. Clin Orthop 1982; 166: 75–81.

5. Melton LJ, Kan SH, Wainer HW, Riggs BL. Lifetime fracture risk: An approach to hip fracture risk assessment based on bone mineral density and age. J Clin Epidemiol 1988; 41: 985–94.

6. Palummeri E, Gelmini G, Bonati PA, Bergonzani M, Davoli L. Effect of ovariectomy on bone mass. Transverse study using photon densitometry. Minerva Ginecol 1987; 39: 607–13.

7. Stepan JJ, Pospichal J, Schreiber V, Kanka J, Mensic J, Presl J, Pacovsky V. The application of plasma tartrate-acid resistant acid phosphatase to assess changes in bone resorption in response to artificial menopause and its treatment with estrogen or norethisterone. Calcif Tissue Int 1989; 45: 273–80.

8. Lindsay R, Hart DM, Forrest C, Baird C. Prevention of spinal osteoporosis in oophorectomized women. Lancet 1980; 2: 1151–4.

9. Lindsay R. Sex steroids in the pathogenesis and prevention of osteoporosis. In: Riggs BL (ed.). Osteoporosis: Etiology, Diagnosis and Management. Raven Press 1988, New York; 333–45.

10. Ettinger B, Genant HK, Cann CE. Postmenopausal bone loss is prevented by treatment with low dosage estrogen with calcium. Ann Intern Med 1987; 106: 40–6.

11. Garnett T, Studd J, Watson N, Savvas M, Leather A. The effects of plasma estradiol levels on increases in vertebral and femoral bone density following therapy with estradiol and estradiol with testosterone implants. Obstet Gynecol 1992; 79: 968–72.

12. Lindsay R, Hart DM, Clark DM. The minimum effective dose of estrogen for prevention of postmenopausal bone loss. Obstet Gynecol 1984; 63: 759–63.

13. Ettinger B, Genant HK, Steiger P, Madvig P. Low-dosage micronized 17-ß-estradiol prevents bone loss in postmenopausal women. Am J Obstet Gynecol 1992; 166: 479–88.

14. Naessen T, Persson I, Ljunghall S, Bergstrom R. Women with clirnacteric symptoms: a target group for prevention of rapid bone loss and osteoporosis. Osteoporosis Int 1992; 2: 225–31.

15. Mazess RB, Barden HS. Interrelationships among bone densitometry sites in normal young women. Bone Miner 1990; 11: 347–56.

16. Haenggi W, Birkhäuser MH, Lippuner K, Jaeger Ph. Unpublished results.

17 a. Stevenson JC, Cust MP, Gangar KF, Hillard TC, Lees B, Whitehead MI. Effects of transdermal versus oral hormone replacement therapy on bone density in spine and proximal femur in postmenopausal women. Lancet 1990; 336: 265–9.

17 b. Studd J, Savvas M, Waston N, Garnett T, Fogelman I, Cooper D. The relationship between plasma estradiol and the increase in bone density in postmenopausal women after treatment with subcutaneous hormone implants. Am J Obstet Gynecol 1990; 163: 1474–9.

17 c. Ribot C, Trémollières F, Poullès JM, Louvet JP, Peyron R. Transdermal admini-stration of 17-ß-Oestradiol in postmenopausal women: preliminary results of a longitudinal study. In: Christiansen C, Johansen JS, Riis BJ (eds.). Osteoporosis 1987, 1: Osteopress ApS, KØbenhavn.

18. Eastell R, Wahner HW, O'Fallon WM, Amadio PC, Melton III LJ, Riggs BL. Unequal decrease in bone density of lumbar spine and ultradistal radius in Colle's and vertebral fracture syndromes. J Clin Invest 1989; 83: 168–74.

19. Riggs BL, Wahner HW, Seeman E, Offord KF, Dunn WL, Mazess RB, Johnston K, Melton LJ. Changes in bone mineral density of the proximal femur and spine with aging: differences between the postmenopausal and senile osteoporosis syndrome. J Clin Invest 1982; 70: 716–23.

20. Mazess RB, Barden H, Ettinger M, Schulz E. Bone density of the radius, spine and proxirnal femur in osteoporosis. J Bone Miner Res 1988; 3: 13–8.

21. Cummings SR, Black DM, Nevitt MC, Browner W, Cauley J, Ensrud K, Genant HK, Palermo L, Scott J, Vogt TM. Bone density at various sites for prediction of hip fractures. Lancet 1993; 341: 72–5.

22. Ott SM. Bone density in adolescents. N Engl J Med 1991; 325: 1646–7.

23. Hassager C, Jensen LT, Johansen JS, Riis BJ, Melkko J, Podenphant J, Risteli L, Christiansen C, Risteli J. The carboxy-terminal propetide of type I procollagen in serum as a marker of a bone formation: the effect of nandrolone decanoate and female sex hormones. Metabolism 1991; 40: 205–8.

24. Pouilles JM, Tremollieres F, Ribot C. The effects of menopause on longitudinal bone loss from the spine. Calcif Tissue Int 1993; 52: 340–3.

25. Christiansen C, Riis BJ, Rödbro P. Predietion of rapid bone loss in postmenopausal women. Lancet 1987; 1: 1105–7.

26. Genant HK, Faulkner KG, Glüer CC, Engelke K. Bone densitometry: current assessment. Osteoporosis Int 1993; 3, Suppl. 1: 91–7.

27. Christiansen C. Diagnosing the risk of osteoporosis – the modern approach. In: Riggs BL (ed.). Prevention and treatment of osteoporosis. Hogrefe & Huber Publishers 1992, Lewiston N.Y., Toronto, Bern, Göttingen; 21–9.

28. Tilyard MW, Spears GFS, Thomson J, Dovey S. Treatment of postmenopausal Osteoporosis with calcitriol or calcium. New Engl J Med 1992; 326: 357–62.

29. Nordin BEC, Horshman A, Crilly RG, Marshall DH, Simpson M. Treatment of spinal osteoporosis in postmenopausal women. Br Med J 1980; 280: 451.

30. Lindsay R, Tohme JF. Alterations in Skeletal Homeostasis With Age and Menopause. In: Mishell DR (ed.). Menopause: Physiology and Pharmacology. Year Book Medical Publishers Inc. 1987, Chicago, London; 165.

30. R. Lindsay, Hart DM, Clark PM. The minimum effective dose of estrogen for prevention of postmenopausal bone loss. Obstet Gynec 1984; 63: 759.

31 a. Christiansen C, Christensen M., Transbol IB. Bone mass in postmenopausal women after withdrawal of oestrogen/gestagen replacement therapy. Lancet 1981; 1: 459.

31 b. Christiansen C, Christensen MS, McNair P, Hagen PC, Stocklund KE, Transbol IB. Prevention of early postmenopausal bone loss: controlled study in 315 normal females. Eur J Clin Invest 1987; 10: 273.

32. Grey AB, Cundy TF, Reid IR. Continuous combined oestrogen/progestin therapy is well tolerated and increases bone density at the hip and spine in post-menopausal osteoporosis. Clin Endocrinol 1994; 40: 671–7.

33. Abdalla HI, Hart DM, Lindsay R, Leggate I, Hooke A. Prevention of bone mineral loss in postmenopausal women by norethisterone. Obstet Gynecol 1985; 66: 789–92.

34. Campagnoli C, Prelato Tousyn L, Belforte P, Ferruse L, Dolfin AM, Morra G. Effects of conjugated equine estrogens and oestriol on blood clotting, plasma lipids and endometrial proliferation in postmenopausal women. Maturitas 1981; 3: 135–44.

35. Lindsay R, Hart DM, Purdie D, Ferguson MM, Clark AS, Kraszewski A. C, Comparative effects of oestrogen and progestogen on bone loss in postmenopausal women. Clin Sci Mol Med 1978; 54: 193–5.

36. Haenggi W, Casez JP, Birkhäuser MH, Lippuner K, Jaeger Ph. Bone mineral density in young women with longstanding amenorrhea: limitedvbeffect oh hormone replacament therapy with ethinylestradiol and desogestrel. Osteoporosis Int 1994; 4: 99–103.

37. Dupont WD, Page DL, Rogers LW, Parl FF. Influence of exogenous estrogens, proliferative breast disease and other variables on breast cancer risk. Cancer 1989; 63: 948–57.

38. Birkhäuser MH. Hormone Replacement Therapy and Estrogen-Dependent Cancers. Int J Fertil 1994; 39, Suppl: 99–114.

OSTEOPOROSE UND ANABOLIKA

H. KOPERA

Anabolika werden seit über 30 Jahren als Indikation für die postmenopausale Osteoporose empfohlen. Dabei stützte man sich bis vor wenigen Jahren im wesentlichen nur auf subjektive Angaben der Behandelten, weil empfindliche Methoden zur Diagnose und Verlaufskontrolle von Behandlungsversuchen erst in letzter Zeit zur Verfügung stehen.

Der erhöhte Knochenumsatz namentlich in den ersten Jahren der Postmenopause führt zu raschem Skelettverlust [1, 2]. Dem kann man sowohl durch knochenanbaustimulierende als auch antiresorptive Substanzen begegnen. Die Anabolika wirken anabol und antikatabol, gehören also zu beiden Gruppen; sie regen die Knochenbildung an, vermindern den Knochenabbau und führen so zu einer Zunahme der Knochendichte, also einem Ausgleich des Knochenverlustes.

TIEREXPERIMENTELLE UNTERSUCHUNGEN

Die Wirkung der Anabolika auf den osteoporotischen Knochen wurde an ovarektomierte Ratten und Hunden sowie heparin-behandelten Mäusen hauptsächlich mit Nandrolon und Nandrolon Dekanoat (ND) durchgeführt (Abb. 1). Bei Ratten und Mäusen bewirkte ND eine signifikante Zunahme der Knochenmasse durch vermehrtes periostales und longitudinales Knochenwachs-

Model	Parameter			
	Growth	Remodelling	Trabecular density	Cortical density
Young ovariectomized rats	↑	↓	↓a	—
Old ovariectomized rats	↑	↓	↑	↑
Osteopenic rats	—	ND	—	↑
Ovariectomized, adrenalectomized rats	ND	↓	↑	ND
Male castrated rats (short-term treatment - 5 weeks)	—	↓	—	—
Male castrated rats (long-term treatment - 4 months)	—	↓	↑	↑
Old dogs	ND	↑b	ND	ND
Ovariectomized dogs fed a calcium-deficient diet	ND	—	—	—

Abbildung 1: Die Wirkung von Nandrolon Dekanoat auf Knochenwachstum, Knochen-„remodelling" und trabekuläre sowie kortikale Knochendichte bei verschiedenen Osteoporosemodellen am Tier [3].

↑ = Stimulation; ↓ = Reduktion; ↓a = teilweise Verhinderung des Ovariektomie-bedingten Knochenverlustes; — = kein Effekt; ND = nicht untersucht; ↑b = Aktivierung endokortikaler Knochenbildung.

Ausführlich vorgetragen auf der 8. Tagung der Menopause-Gesellschaft deutschsprachiger Länder, Baden bei Wien, 1994

tum, des Mineralgehaltes und der Dichte von kortikalem und trabekulärem Knochen sowie der biomechanischen Qualitäten des Knochens (gemessen an seiner mechanischen Widerstandsfähigkeit gegen Verformung). Zusätzlich vermindert es bei ovarektomierten und orchidektomierten Ratten die trabekuläre Knochenresorption und das Serumosteocalcin, was seinem antikatabolen Effekt entspricht. In der Knochenmatrix und im Serum kommt es zu einem Anstieg von IGF-I, einem lokal wirksamen Wachstums- und Differenzierungsfaktor für Osteoblasten; dies macht einen direkten Effekt auf die Knochenzellen wahrscheinlich. Möglicherweise ist IGF-I der Mediator für die Knochenwirkung von ND [3, 5].

Klinische Untersuchungen

Vergleichsuntersuchungen mit verschiedenen Osteoporosetherapien ergaben, daß 50 mg ND/Monat bei den sogenannten Knochen-„fast loser" Patienten innerhalb eines Jahres den Knochenverlust ausgleicht und zur Zunahme der Knochendichte führt. An der Tibia postmenopausaler Frauen beobachtete man eine Zunahme der Spongiosadichte um 4 % und der Kompakta um 1 %, während in 3 behandlungsfreien Monaten in beiden Arealen ein Verlust von 1 % aufgetreten war. ND hat also den Knochenanbau stimuliert und gleichzeitig den Knochenabbau vermindert, es wirkte anabol und antikatabol [Dambacher u. M. 6, 7, 8].

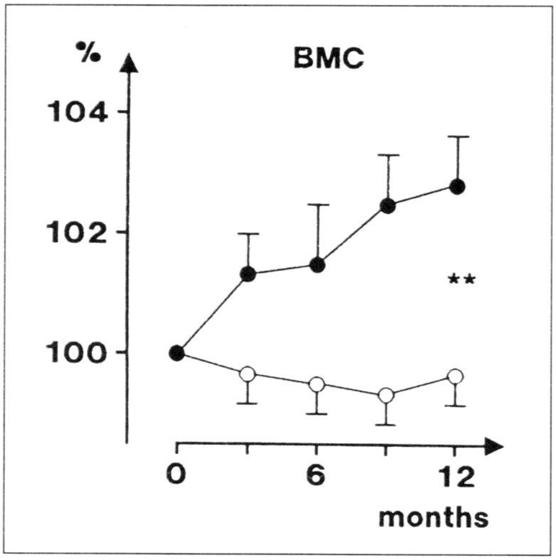

Abbildung 2: Veränderungen des für Fett korrigierten Mineralgehaltes (BMC) des Unterarmknochens während der Behandlung mit Nandrolon Dekanoat (●) bzw. Placebogabe (○). Angegeben sind die Mittelwerte (± SEM) der Prozente von den Ausgangswerten [2].

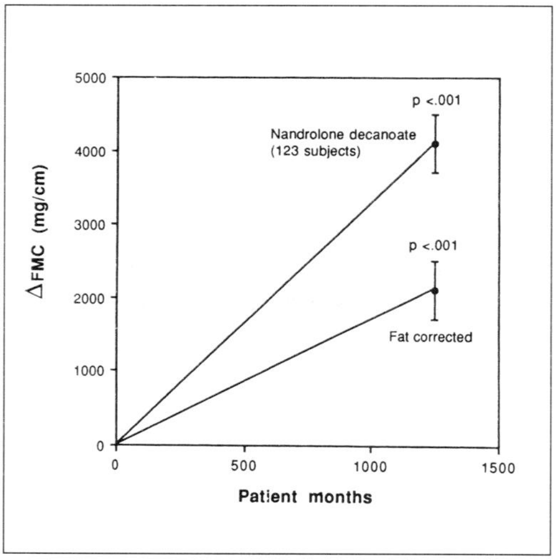

Abbildung 3: Kumulative Änderung des Mineralgehaltes im Unterarm (FMC) unter Nandrolon Dekanoat vor (obere Linie) und nach (untere Linie) Berücksichtigung der Änderungen des Fettgehaltes [11].

In einer doppelblind geführten, plazebokontrollierten Untersuchung beobachteten Hassager und Christiansen [2], daß 50 mg ND/3 Wochen nach 1 Jahr im Unterarm eine Zunahme des Knochenmineralgehaltes um 3 % bewirkte (Abb. 2). Man erklärte den Effekt als Folge einer Hemmung des Knochenabbaus.

Geusens und Dequeker [9] behandelten 48 Frauen und 12 Männer, die mindestens 1 Fraktur infolge Osteoporose hatten, 2 Jahre lang mit verschiedenen Medikamenten. Dabei zeigte sich, daß der Knochenmineralgehalt in keiner Behandlungsgruppe abnahm, aber unter ND nach dem 1. Jahr um 4 % und nach dem 2. Jahr um weitere 1 % zunahm. Die Dicke der Kortikalis der Metacarpalknochen nahm im ersten Jahr bei allen Gruppen ab, kehrte jedoch in der ND-Gruppe zum Ausgangswert zurück, während sie bei den anderen Patienten weiter abnahm. Das Anabolikum bewirkte also nicht bloß eine Zunahme des Knochenmineralgehaltes, sondern auch der Kortikalisdicke, was für eine Stimulierung des Knochenwachstums und eine Hemmung der Resorption spricht.

Nordin, Need u. M. studieren seit Jahren neben anderen Behandlungen die Wirkung von 50 mg ND/alle 2, 3 oder 4 Wochen in umfangreichen offenen und kontrollierten Vergleichsuntersuchungen [10, 11]. Die hervorstechenden Resultate sind: 50 mg ND/4 Wochen führt (Abb. 3) innerhalb von 6 Monaten zur 2 %-igen Zunahme der Knochendichte im peripheren Skelett. Das Anabolikum hat also eine knochenaufbaufördernde Wirkung. Gleichzeitig wird ein signifikanter Anstieg von Plasmakreatinin (Zunahme der Muskelmasse), Hämoglobin (Zunahme der Erythrozyten), der Dicke fettfreier Hautfalten (erhöhte Kollagensynthese), eine Abnahme des Fettgewebes und der Kalziumausscheidung sowie eine Verbesserung der Kalziumresorption festgestellt.

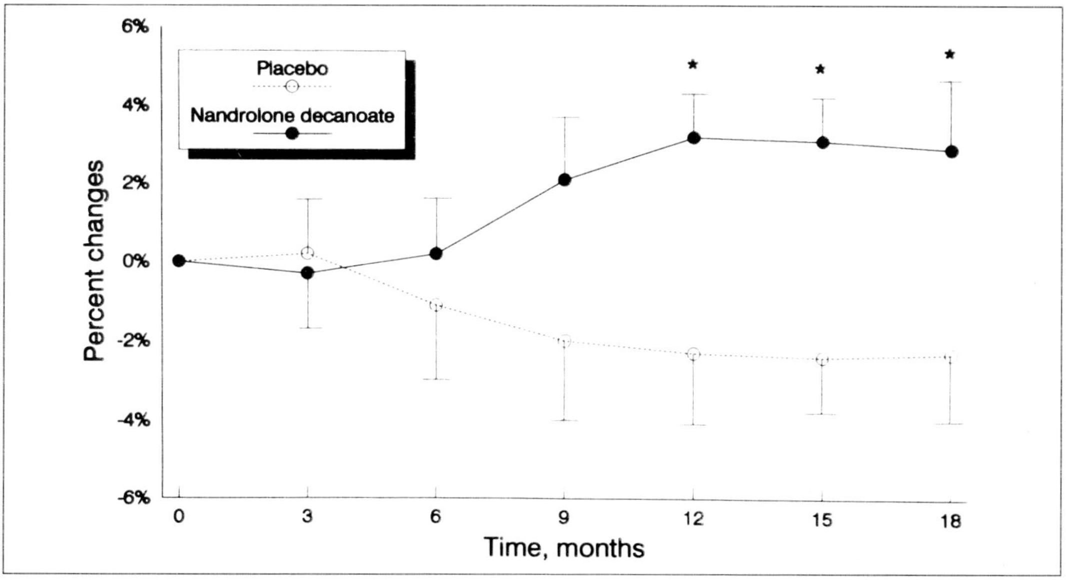

Abbildung 4: Änderungen der Mineraldichte des vertebralen Knochens (Mittelwert ± SEM). *P < 0,05 im Vergleich zum Ausgangswert der entsprechenden Gruppe [12].

Eine multizentrische doppelblinde, plazebokontrollierte Untersuchung in Italien und Holland (Passeri u. M. [12]) an 46 postmenopausalen osteoporotischen Frauen ergab, daß 50 mg ND/3 Wochen eine Zunahme des Mineralgehaltes der Wirbelsäule von 2,9 % bewirkt, während es in der Plazebogruppe zu einem Abfall von 2,3 % kommt (Abb. 4). Nach Meinung der Autoren dürfte die Hauptwirkung von ND eine Stimulierung der Knochenbildung sein.

Erdtsieck u. M. [13] veröffentlichten über eine randomisierte Studie an 33 Frauen mit postmenopausaler Osteoporose, die 3 Jahre lang entweder nur zyklische Hormone Replacement Therapy (HRT) oder HRT zusammen mit 50 mg ND/4 Wochen erhielten. Die Beobachtungen wurden auf ein 4. Jahr nach der Behandlung ausgedehnt. Man fand in den ersten zwei Jahren eine signifikante Zunahme der axialen und der appendikulären Knochenmasse unter beiden Behandlungen. Der Vorteil der zusätzlichen Gabe von ND wurde erst nach dem dritten Jahr signifikant und deutet darauf hin, daß bei einem Teil der Behandelten ein Escape von der antiresorptiven HRT erfolgt, die dann vom Anabolikum profitieren, wie die Messung der Knochendichte am axialen Skelett zeigte. Bemerkenswert ist, daß die beobachtete Wirkung 1 Jahr nach Absetzen der Medikamente bei den vorher mit dem Anabolikum Behandelten erhalten blieb, während sie bei den HRT Patientinnen wieder weitestgehend verschwand.

In der sogenannten Mediterranean osteoporosis study (MEDOS), deren Ergebnisse von Kanis u. M. [14] veröffentlicht worden sind, wurde die Wirkung von Medikamenten zur Prophylaxe von Schenkelhalsfrakturen bei Frauen nach dem 50. Lebensjahr untersucht. Die retrospektive Befunderhebung mittels Fragebögen und Interviews erfolgte in 14 Zentren von 6 Mittelmeerländern an 2.086 Frauen mit einer Schenkelhalsfraktur und 3.532 geeigneten Kontrollpersonen. Dabei fand man zwar eine deutliche aber nicht signifikante Abnahme des Frakturrisikos (RR = 0,6) durch Behandlung mit einem Anabolikum. An diesem Ergebnis ist wohl die zu geringe Fallzahl (42) im Gesamtkollektiv verantwortlich, denn eine weitere Analyse der Daten des Landes, in dem 70 % aller Anabolikabehandlungen durchgeführt worden waren [15], ergab eine hochsignifikante Abnahme des Frakturrisikos (Abb. 5). Dieser Befund unterstützt die früheren klinischen Beobachtungen amerikanischer

Treatment combination				
Calcitonin	Anabolic steroids	RR	95 % CI	P
No	No	1,00		
No	Yes	0,01	0,00–0,42	0,04
Yes	No	0,71	0,49–1,03	0,07
Yes	Yes	0,09	0,01–0,67	0,02

Abbildung 5: Multivariantanalyse des Effektes anaboler Steroide und von Kalzitonin bezüglich des relativen Risikos (RR) von Schenkelhalsfrakturen (+ 95 % Vertrauensintervalle, CI) bei 50jährigen und älteren Frauen aus Siena, Parma und Rom [15].

(Chestnut) und belgischer (Dequeker) Untersucher, wonach ND das Frakturrisiko der Wirbelknochen vermindert.

Nebenwirkungen

Die Nebenwirkungen sind durch die den anabolen Steroiden inhärenten androgenen Eigenschaften bedingt [4]. In Abhängigkeit von der Dosis (Menge und Frequenz der Gabe) und der individuellen Empfindlichkeit kommt es zu unterschiedlich häufigen und heftigen Virilisationserscheinungen wie Stimmveränderungen, Bartwuchs, Gewichtszunahme und offenbar wenig bedeutsamen Verschiebungen des Lipidspektrums. Sie zwingen nur selten zum Absetzen der Therapie. Die bei den 17 alkylierten Steroiden (meist orale Anabolika) unerwünschten Effekte auf die Leberfunktion fehlen den Fettsäureestern von Nandrolon wie dem ND. Häufigkeit und Stärke unerwünschter Wirkungen von ND werden niedrig gehalten, wenn eine Dosis von 50 mg/4 Wochen möglichst in Behandlungszyklen von 6 Monaten gegeben wird.

Zusammenfassung

Zur Erklärung der Wirkung der Anabolika auf den Knochen nimmt man an, daß Anabolika über die Androgenrezeptoren die Osteoblasten stimulieren und die Kollagensynthese in Osteoblasten-ähnlichen Zellen anregen. Gleichzeitig wird die trabekuläre Knochenresorption vermindert, woraus sich als Gesamteffekt ein Nettozuwachs an Knochen ergibt. Anabolika bewirken eine Vermehrung sowohl der kortikalen als auch der trabekulären Knochenmasse, und die biomechanische Qualität des Knochens wird verbessert. Außerdem beeinflussen sie das Skelett auf indirektem Wege über eine Zunahme der Muskelmasse und des Gesamtkalziums durch verbesserte Kalziumresorption und verminderte Kalziumausscheidung. Schließlich heben anabole Steroide das Allgemeinbefinden, regen die Hämatopoese an und führen zur deutlichen Verminderung der Osteoporoseschmerzen.

Man kann heute als gesichert annehmen, daß anabole Steroide zur Behandlung bestehender seniler Osteoporose – namentlich im Postklimakterium und später – geeignet sind. Sie stellen freilich keine durchschlagende Therapie dar, sind aber doch erwiesenermaßen so wirksam, daß auf ihre Verwendung als Medikamente zur Förderung des Knochenaufbaus, zur Hemmung exzessiven Knochenabbaus und zur Verminderung des Frakturrisikos nicht verzichtet werden sollte.

LITERATUR:

1. Geusens P, Dequeker J, Verstraeten A, Nijs J. Age-sex and menopause-related changes of vertebral and peripheral bone: a population study using dual and single photon absorptiometry and radiogrammetry. J Nucl Med 1986; 27: 1540–9.

2. Hassager C, Christiansen C. Epidemiology, Biochemistry and Some Results with Treatment of Postmenopausal Osteoporosis. In [4].

3. Schot LPC, Schuurs AHWM, Kloosterboer HJ. The Action of Anabolic Steroids on Bone in Experimental Animals. In [4].

4. Kopera H. Anabolic-Androgenic Steroids towards the year 2000. Blackwell-MZV, 1993.

5. Aerssens J, van Audekercke R, Geusens P, Schot LPC, Osman AA, Dequeker J. Mechanical Properties, Bone Mineral Content, and Bone Composition (Collagen, Osteocalcin, IGF-I) of the Rat Femur: Influence of Ovariectomy and Nandrolone Decanoate (Anabolic Steroid) Treatment. Calcif Tissue Int 1993; 53: 269–77.

6. Dambacher MA, Keller A, Felder M, Neff M, Rüegsegger P. Probleme der medikamentösen Behandlung der Osteoporose. Erkrankungen des Bewegungsapparates, 1993, 1: 23–31.

7. Dambacher MA, Keusch A, Merlin C, Rüegsegger P. Treatment of Osteoporosis with Nandrolone Decanoate in „Fast Loser" Osteoporotic Patients. Journal of Bone and Mineral Research, Vol. 9, Suppl. 1, 1994, Abstract nr. C310 on S397.

8. Dambacher MA, Rieben MU, Keusch A, Rüegsegger P. Treatment of Osteoporosis with the Anabolic Nandrolone Decanoate. Osteologie, Band 3, Heft 2; 125–33, 1994.

9. Geusens P, Dequeker J. Long-term effect of nandrolone decanoate, 1-hydroxyvitamin D3, or intermittend calcium infusion therapy on bone mineral content, bone remodelling and fracture rate in symptomatic osteoporosis: a double-blind controlled study. Bone Miner 1986, 1: 347–57.

10. Need AG, Nordin BEC, Chatterton BE. Double-Blind Placebo-Controlled Trial of Treatment of Osteoporosis with the Anabolic Nandrolone Decanoate. Osteoporosis Int. 1993, Suppl. 1: 218–22.

11. Need AG, Durbridge TC, Nordin BEC. Anabolic Steroids in Postmenopausal Osteoporosis. In [4].

12. Passeri M, Pedrazzoni M, Pioli G, Butturini L, Ruys AHC, Cortenraad MGG. Effects of nandrolone decanoate on bone mass in established osteoporosis. Maturitas, 17 (1993), 211–9.

13. Erdtsiek RJ, Pols HAP, van Kuijk C, Birkenhäger-Frenkel DH, Zeelenberg J, Kooy PPM, Mulder P, Birkenhäger JC. Course of Bone Mass During and After Hormonal Replacement Therapy With and Without Addition of Nandrolone Decanoate. J Bone Miner Res 1994, 9: 277–83.

14. Kanis JA et al. Evidence for efficacy of drugs affecting bone metabolism in preventing hip fracture. BMJ (1992), 305: 1124–8.

15. Kanis JA et al. Effects of anabolic steroids on cortical bone and fractures. In Christiansen C, Riis B. (eds.) Osteoporosis Proceedings 1993 Fourth International Symposium on Osteoporosis and Consensus Development Conference 27 March–2 April 1993, Hong Kong; pages 308–10.

SACHWORTVERZEICHNIS

Adenomatöse Hyperplasie 185
Adipositas 77, 146, 148
Altersdiabetes, Östrogene 99
Alzheimer 115 ff
Amyloid Plaques 116
Anabolika 249, 267
Androgene 36, 76 ff, 161, 194
– Nebenwirkungen 78
– Rezeptoren 109
– Therapie 78, 149
Androgen-Östrogen-Kombination 78
Androstendion 76
Angiotensinogen 42
Anwendung, lokale, topische Östrogene 45, 46
Apolipoprotein A (Apo A) 138
Apolipoprotein B (Apo B) 136
Apoptose 186
Applikation, parenterale 46
Applikationsformen, Östrogene 42 ff, 93
Applikationsformen, Gestagene 52, 62
Arteriosklerose 127 ff
Atherosklerose 134
Athropathia climacterica 153
Atresie, Follikel 37
Atrophie 39, 162, 168

Beipackzettel 180
Bisphosphonate 247
Blutung klimakterische 177
Blutungsstörungen 90
Bone remodelling 203

Calcitonin 246, 247
Calcium 250
Cholelithiasis 103
Cholestase 103
Cholesterin 135 ff
Cholezystitis 103
Climacterium praecox 35
– tardum 36
Clusteranalyse 31
Compliance 96
Corpus luteum 37
Corpus pineale 109
Chronic fatique Syndrom 78
Cyclophosphamid 83, 196
Cyproteronacetat 51

Dehydroepiandrosteron (DHA) 36
Dehydroepiandrosteronsulfat (DHA-S) 36
Demenz 115 ff
Densitometrie 225
Depression 23, 111
Desogestrel 51
Diabetes mellitus 99
Diethylstilböstrol (DES) 186
Dopamin 108
Dranginkontinenz 170
Dualphotonenabsorptiometrie 225
Dydrogesteron 51
Dysurie 170

Eizellen 37
Endometrium 92, 94
– Hyperplasie 185
Endometriumkarzinom 185, 187
– Risiko 187 ff
Endorphine 60
Entzugsblutung 64
Enzymdefekte 82, 83
Epidermis, Dicke 162
Epidermal Growth Factor 166
Ethinodioldiazetat 51
Ethinylestradiol (EE) 39

Fettabbau 146
Fettanbau 145
Fibrinogen 127
Firstpass Effekt 65
Fluorid 248
Follikel 81, 85
– Atresie 81, 82
Follikel-stimulierendes Hormon (FSH) 36, 37

Gefäßveränderungen 122 , 127
Gesamtcholesterin 135
Gestagene 51 ff, 59ff, 67
– Applikationsformen 52
Gestagen-Östrogen-Kombination 102
Gestagen-Provokations-Test 189
Gestagentherapie 91
Gewichtsreduktion 149
Gewichtszunahme 101, 145
Gonadotropin-Releasing-Hormon (GnRH) 107 ff
GnRH-Agonisten 86

Haarfollikel 161
Hämostase 128
Haut 87, 161 ff
Hautatrophie 162
HDL (Lipoproteine hoher Dichte) 124, 127, 138
Herzerkrankungen 124

Herzinfarkt 123 ff
Hitzewallungen 29, 110
Hormonwerte, Menopause 36
Hyperplasie 64
– Endometrium 185
Hypertonie 101
Hypertriglyceridämie 40, 139

Indikationen, Östrogenbehandlung 91 ff
Immunologische Ursachen 83

Katecholöstrogene 109
Kausalattribution 23
Klimakterium, Definitionen 35
– psychische Aspekte 23 ff
– Symptome 38, 89 ff
Knochenbiopsie 224
Knochenmasse 203, 206, 255
Knochenmasseverlust 206
Knochenmineralgehalt 204, 205
Knochenverlust 220, 226
Kollagengehalt 162
Kontraindikationen, Östrogenbehandlung 180 ff
– absolute 92, 191 ff
– relative 92
Koronarerkrankungen 138
Kosten-Nutzen-Frage, Östrogenbehandlung 99
Kupperman-Index 68

LDL (Lipoproteine niedriger Dichte) 98, 127, 133, 136
Lebenserwartung 17, 21, 168
Leberschädigung 40
Levonorgestrel 55
LH-(Luteinisierungs-Hormon-)Konzentrationen 36, 37
Lipidstoffwechsel 124, 133
Lipoproteine (HDL) 98
– (LDL) 127, 133
Luteinisierungs-Hormon (LH) 36

Malignom 181
Mammakarzinom 191, 263
– Risiko 186
Mastodynie 64
Medrogeston 51
Medroxyprogesteronacetat 54
Melatonin 109
Menarchenalter 37
Menopausenalter 17, 37
Morbus Alzheimer 115 ff
Myokardinfarkt 123 ff

Nikotinabusus 19, 37
Noradrenalin 108
Norethisteron 51
– acetat 54

Norgestrel 51
19-Nortestosteron-Derivate 51
Nutzen, Östrogen-Substitution 104

Opioide Peptide 108
17ß-Östradiol 40
Östradiol-Gel 45
Östradiolpflaster 44
Östradiolvalerat 44
Östriol 42
Östriolbehandlung 48 ff, 165, 171
Östrogene 40
– artifizielle 40
– konjugierte 40, 42
– Pharmakologie 39 ff
– topische, lokale Anwendung 44, 45, 156
Östrogenproduktion, Menopause 36
Östrogenrezeptor 41, 134, 162
Östrogen Substitutionsbehandlung 89 ff
– Blutungsstörungen 90, 177
– Dauer 91, 104
– Dosisäquivalente 94
– Indikationen 91
– Kontraindikationen 92, 180
– Kosten-Nutzen-Frage 99
– Morbidität 104
– Mortalität 104
– Nachteile 102
– Nebenwirkungen 100, 179, 262
– Nutzen-Risiko 104
– Präparatewahl 93
– Vorteile 175
Östron 39, 41
Östronsulfat 39, 41, 44
Orale Östrogenzufuhr 42, 93
Osteoblasten 203
Osteoklasten 203, 205
Osteoporose 203 ff
– Diagnostik 211 ff
– Prophylaxe 255 ff
– Risiko 212, 213
– Therapie 241 ff, 256 ff
– Typ I 207
– Typ II 208
– Überwachung 220 ff
Ovar 36, 37, 76, 255
Ovarialkarzinom 190 ff
Ovarialinsuffizienz 81

Palpitation 153
Perimenopause 35
Pharmakologie, Östrogene 39 ff
Postmenopause 35, 89 ff
Präklimakterium 35, 89 ff

Prämature Menopause 81 ff
Prämenopause 35, 89 ff
Primordialfollikel 37
Progestin 51 ff
Progesteron 59, 194
Progesteronmangel 36
Prolaktin 107 ff, 194
Psyche, Klimakterium 23 ff

Rauchen 19, 37
Reflexionsverfahren 237
Rheumatoide Arthritis 156
Risikofaktoren, Osteoporose 212

Schlaflosigkeit 111
Schleimhautatrophie 168
Schweißausbrüche 38
Senium 35
Serotonin 108
Sexualhormon-bindendes Globulin (SHBG) 78
Somatotropin 166
Störungen, metabolische 98
– vegetative 97
Streßinkontinenz 170
Szintigraphie 224

Tamoxifen 199
Testosteron 75 ff, 149
Tibolon 67 ff
Thrombembolie 101
Thrombembolierisiko 101
Transdermale Verabfolgung 93
Transmissionsverfahren 236
Triglyzeride 139
Tropicamid 117
Typ-I-Osteoporose 207
Typ-II-Osteoporose 208

Überwachung, Osteoporose 211 ff
– Substitutionsbehandlung 242 ff, 256
Urethralverschlußdruck 170
Urgeinkontinenz 169, 172
Urogenital-Atrophie 97, 168

Vasomotorische Symptome 38
Vegetative Symptome 97
Veränderungen, metabolische, Östrogenmangel 19
Verabreichung Sexualsteroide 93
– oral 93
– parenteral 93
Vitamin D 250

Wachstumshormon 149, 205
Wechseljahre, Definition 35

Zigarettenrauchen 37